D1919901

Der Windows Vista MCITP Trainer
Enterprise Support Technician

Nicole Laue

Der Windows Vista MCITP Trainer
Enterprise Support Technician
Vorbereitung zur MCTS-Prüfung 70-622

Verlag Nicole Laue

Bibliografische Information der Deutschen Bibliothek:
Die Deutsche Bibliothek verzeichnet diese Publikation in der Deutschen Nationalbibliografie; detaillierte bibliografische Daten sind im Internet über http://dnb.ddb.de abrufbar.

ISBN: 978-3-937239-25-5

© Januar 2008, Verlag Nicole Laue, Farchant

Alle Rechte vorbehalten

Druck: Buchproduktion Ebertin, Alte Poststrasse 28, D-88690 Uhldingen/Bodensee
Titelfoto: © Graça Victoria - Fotolia.com

Das Werk ist urheberrechtlich geschützt. Jede Verwertung außerhalb der engen Grenzen des Urhebergesetzes ist ohne Zustimmung des Verlages unzulässig und strafbar. Dies gilt insbesondere für die Vervielfältigung, Verarbeitung, Mikroverfilmung und die Einspeicherung und Verarbeitung in elektronischen Systemen.

Inhaltsverzeichnis

Für wen ist dieses Buch?

Dieses Buch ist für alle diejenigen geschrieben, die sich mit dem Themengebiet „Windows Vista“ auseinandersetzen möchten.

Dieses Themengebiet entspricht der MCSE-Prüfung 70-622 „PRO: Supporting and Troubleshooting Applications on a Microsoft Windows Vista Client for Enterprise Support Technicians“, und ist als Vorbereitung zum Bestehen dieser Prüfung zu sehen.

Hierbei ist besonders an zwei Hauptgruppen gedacht worden:

- Privatleute, die sich die Kenntnisse im Selbststudium aneignen möchten
- Schulungsunternehmen, die eine Schulungsunterlage benötigen

Dieses Buch ist für beide Personengruppen gleichermaßen geeignet, da es sowohl für das Selbststudium geschrieben wurde, als auch als hochwertige Schulungsunterlage eingesetzt werden kann.

Ein Schulungsbuch kann nur gut sein, wenn das Erlernte sofort in praktischen Übungen ausprobiert werden kann. Aus diesem Grund werden exakte Installationsanleitungen mitgeliefert, die Ihnen die Möglichkeit geben, sowohl eine private Umgebung aufzubauen, wobei ein minimaler Hardwarebedarf vorausgesetzt wird, als auch eine komplette Schulungsumgebung zu installieren, in der mehrere Kursteilnehmer alle praktischen Übungen absolvieren können.

Für die automatische Installation stehen auf der Homepage des Verlags http://www.laue-net.de Installationsdateien zum Download zur Verfügung. Hier können Sie sich auch Powerpoint Präsentationen für den Unterricht herunterladen.

Kursaufbau für das Selbststudium

Zum Selbststudium ist die Hardwarevoraussetzung nicht besonders hoch. Sie benötigen:

- einen Computer, der als Domänencontroller fungieren soll
- einen Computer, der als Windows Vista Client dient
- ein Crossoverkabel

Für einige Übungen in Kapitel 7 benötigen Sie zusätzliche Hardware. Dies sind ein Notebook, eine WLAN-Karte und ein zusätzlicher Monitor. Diese Hardware ist aber nicht zwingend erforderlich, es handelt sich nur um einige wenige Übungen.

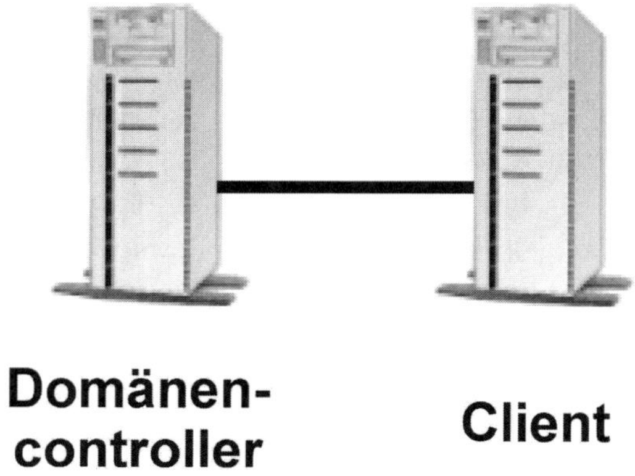

Abbildung 0.1: Installationsschema für das Selbststudium

Bevor Sie mit der Installation beginnen, erstellen Sie zuerst die Hardwareinfrastruktur, und partitionieren Sie die Festplatten mit jeweils 2 Partitionen zu je 20 GB, FAT32.

Für eine automatisierte Installation sollten Sie vor Beginn der Installation mithilfe der Downloads zwei Installationsdisketten erstellen:

- Installationsdiskette für den Domänencontroller Windows Server 2003
- Installationsdiskette für den Client

Wenn Sie das nicht machen möchten, können Sie natürlich auch die Installation von Hand vornehmen.

Installation des Domänencontrollers Windows Server 2003

Für diesen Kurs können Sie wahlweise einen Domänencontroller mit Windows Server 2003 oder Windows Server 2008 installieren.

Hardwaremindestvoraussetzungen für die Installation von Windows Server 2003:

- CPU mit 300 MHz
- 256 MB RAM
- Festplatte mit 8 GB
- Eine Netzwerkkarte, die Sie mit dem Crossoverkabel verbinden

Automatische Installation

Für die automatische Installation laden Sie sich die Datei „DC.ZIP" von der Homepage http://www.laue-net.de herunter.

- Entpacken Sie die 4 Dateien, und speichern Sie sie auf einer formatierten Diskette
- Legen Sie die Windows Server 2003 CD ins CD-Laufwerk, und stellen Sie das BIOS um, dass von der CD gestartet wird
- Legen Sie die Diskette ins Diskettenlaufwerk
- Starten Sie die Installation des Domänencontrollers

Die Installation erfolgt automatisch. Sie müssen nur den Product-Key manuell eingeben.

Nach einem Neustart wird Active Directory installiert.

- Nach dem nächsten Neustart müssen Sie nur noch die Datei "DHCP.CMD" starten, die sich auf der Diskette befindet. Damit konfigurieren Sie DHCP

Damit ist die Installation des Domänencontrollers abgeschlossen. Das Administratorkennwort zum Anmelden ist „Kennw0rt!" (Bitte beachten Sie: Dieses Kennwort enthält die Ziffer „0" und am Ende ein „!").

Manuelle Installation

Sie können natürlich auch den Domänencontroller manuell installieren. Dazu stellen Sie das BIOS ebenfalls so ein, dass von der CD gestartet wird, und legen Sie die Windows Server 2003 CD ein. Sie installieren das Betriebssystem mit den Standardeinstellungen. Besonderheiten werden hier dargestellt:

- Installieren Sie das Betriebssystem auf C:\, und wandeln Sie die Partition in NTFS um
- Auf der Seite „Benutzerinformationen" tragen Sie als Name „1" und als Organisation „Meistertrainer" ein
- Geben Sie den Product-Key ein
- Wählen Sie als Lizensierungsmodell „Pro Server" mit einer Anzahl der gleichzeitigen Verbindungen von 20
- Auf der Seite „Computername und Administratorkennwort" geben Sie als Computername den Namen W2K3 ein, und als Administratorkennwort geben Sie „Kennw0rt!" ein. (Bitte beachten Sie: Dieses Kennwort enthält die Ziffer „0" und am Ende ein „!")
- Bestätigen Sie Datum und Uhrzeit
- Bei den Netzwerkdiensten wählen Sie DHCP aus

- Bei den Netzwerkeinstellungen wählen Sie „Benutzerdefiniert“ und geben der Netzwerkkarte eine statische Adresse:

  IP-Adresse: 192.168.1.100

  Subnet Mask: 255.255.255.0

  DNS-Server: 192.168.1.100
- Bleiben Sie in der Standardarbeitsgruppe
- Nach dem Neustart installieren Sie Active Directory, indem Sie wählen:
  - Start
  - Ausführen
  - DCPROMO
- Ein Assistent führt Sie durch die Installation
- Domänencontroller für eine neue Domäne
- Domänencontroller in einer neuen Gesamtstruktur
- Neue Gesamtstruktur
- Name der neuen Domäne: MEISTERTRAINER.INFO
- NetBIOS-Domänenname: Angebot bestätigen
- Bestätigen Sie die Standardspeicherorte für die Active Directory Daten
- Auf der Seite „DNS Registrierungsdiagnose“ wählen Sie „Den DNS-Server auf diesem Computer installieren und konfigurieren und diesen DNS-Server als den bevorzugten DNS-Server auf diesem Computer verwenden“. Dies ist auch die Standardeinstellung
- Wählen Sie auf der Seite „Berechtigungen“ die Option „Nur mit Windows 2000 und Windows Server 2003 kompatibel“
- Administratorkennwort für Verzeichnisdienste wiederherstellen: „Kennw0rt!“ (Bitte beachten Sie: Dieses Kennwort enthält die Ziffer „0“ und am Ende ein „!“)
- Bestätigen Sie den Neustart
- Nach dem Neustart konfigurieren Sie den DHCP-Dienst
- Start – Alle Programme - Verwaltung – DHCP

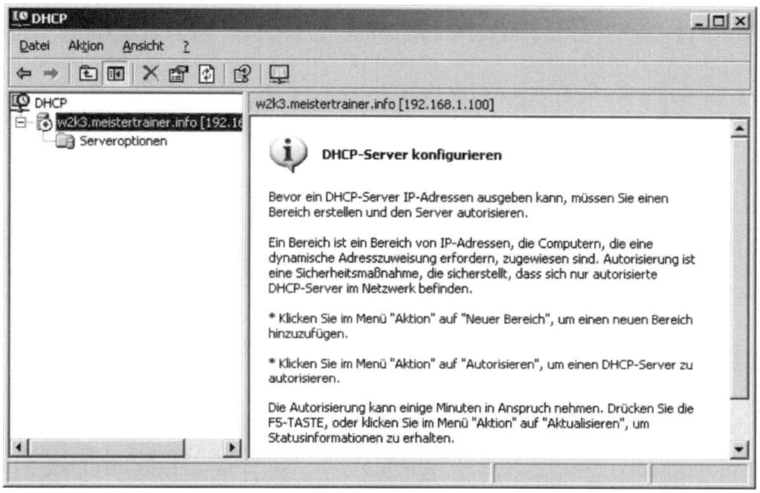

Abbildung 0.2: DHCP-Server konfigurieren

- Rechte Maustaste auf w2k3.meistertrainer.info
- Neuer Bereich
- Weiter
- Bereichsname „Classroom“
- Start-IP-Adresse: 192.168.1.1
- End-IP-Adresse: 192.168.1.99
- Länge 24
- Keine Ausschlüsse
- Leasedauer auf Standard belassen
- DHCP Optionen konfigurieren
- Router: kein Eintrag
- DNS-Server: 192.168.1.100
    - Hinzufügen
- WINS-Server: kein Eintrag
- Ja, diesen Bereich jetzt aktivieren

Installation des Domänencontrollers Windows Server 2008

Hardwaremindestvoraussetzungen für die Installation von Windows Server 2008:

- CPU mit 1,5 GHz
- 512 MB RAM
- Festplatte mit 20 GB
- Eine Netzwerkkarte, die Sie mit dem Crossoverkabel verbinden

Automatische Installation

Zur Drucklegung des Buchs war der Windows Server 2008 noch nicht erschienen. Deswegen wird momentan keine Automatisierung angeboten.

Besuchen Sie trotzdem unsere Homepage http://www.laue-net.de, dort stellen wir nach Erscheinen des Windows Server 2008 gerne Skripte zur Verfügung!

Manuelle Installation

Sie können natürlich auch den Domänencontroller manuell installieren. Dazu stellen Sie das BIOS ebenfalls so ein, dass von der CD gestartet wird, und legen Sie die Windows Server 2008 CD ein. Sie installieren das Betriebssystem mit den Standardeinstellungen.

Nach der Installation startet das Betriebssystem neu, und Sie nehmen folgende Konfigurationen vor:

- Klicken Sie im Fenster „Aufgaben der Erstkonfiguration" auf „Administratorkennwort festlegen" und geben Sie als Administratorkennwort „Kennw0rt!" ein. (Bitte beachten Sie: Dieses Kennwort enthält die Ziffer „0" und am Ende ein „!")
- Klicken Sie auf „Netzwerk konfigurieren", wählen Sie dann mit der rechten Maustaste die Eigenschaften der Netzwerkkarte aus
- Wählen Sie die Eigenschaften von „IPv4" und geben folgende statische Werte ein:
  - IP-Adresse: 192.168.1.100
  - Subnetzmaske: 255.255.255.0
  - Bevorzugter DNS-Server: 192.168.1.100
- Klicken Sie auf „Computername und Domäne festlegen"

- Klicken Sie auf „Ändern“
- Ändern Sie den Computernamen auf „DC2008“
- Starten Sie den Computer neu
- Klicken Sie ins Fenster „Rollen hinzufügen“
- Wählen Sie „Active Directory Domänendienste“ und „DHCP-Server“ aus
- Bestätigen Sie die nächsten Seiten mit „Weiter“
- Auf der Karte „DHCP-Bereiche hinzufügen oder bearbeiten“ klicken Sie auf „Hinzufügen“ und geben folgende Daten ein:
    - Bereichsname: Classroom
    - Start-IP-Adresse: 192.168.1.1
    - End-IP-Adresse: 192.168.1.99
    - Subnetzmaske: 255.255.255.0
- Setzen Sie den Haken bei „Diesen Bereich aktivieren“
- Klicken Sie auf „OK“
- Bestätigen Sie alle folgenden Fragen mit „Weiter“
- Installieren Sie diese Änderungen
- Klicken Sie auf „Start“
- Geben Sie bei „Suche starten“ ein „DCPROMO“
- Starten Sie den Assistenten
- Wählen Sie „Neue Domäne in neuer Gesamtstruktur erstellen“
- Vollständiger DNS-Name: Meistertrainer.info
- Gesamtstrukturfunktionsebene: Windows Server 2008
- Weitere Domänencontroller-Optionen: DNS
- Speicherort für Datenbanken: Weiter
- Wiederherstellungsmodus für Verzeichnisdienste: Kennw0rt! (Bitte beachten Sie: Dieses Kennwort enthält die Ziffer „0“ und am Ende ein „!“)
- Der Assistent installiert Active Directory, nach einem Neustart steht der Domänencontroller zur Verfügung
- Klicken Sie Start-Verwaltung-DHCP
- Klicken Sie mit der rechten Maustaste auf „DC2008.meistertrainer.info“ und wählen Sie „Autorisieren“

Installation des Clients

Hardwaremindestvoraussetzungen:

- CPU mit 1 GHz
- 512 MB RAM
- Festplatte mit 20GB
- Eine Netzwerkkarte, die Sie mit dem Crossoverkabel verbinden

Der Client wird während des Lehrgangs installiert.

Software

Die benötigte Software ist folgende:

Domänencontroller:	Windows Server 2003 oder 2008
Client:	Windows Vista

Kursaufbau für eine Schulungsumgebung

In einer Schulungsumgebung ist der Kursaufbau ähnlich. Der einzige Unterschied ist, dass Sie nicht nur einen Client für sich als Kursleiter benötigen, sondern mehrere, für jeden Teilnehmer einen eigenen.

Sie benötigen also:

- Einen Domänencontroller
- Mehrere Computer, die als Client dienen
- Einen Hub
- Mehrere Patchkabel

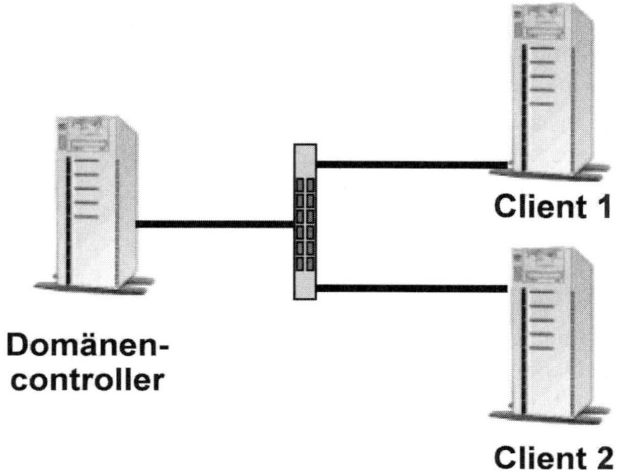

Abbildung 0.3: Installation der Schulungsraumumgebung

Installation des Domänencontrollers Windows Server 2003

Hardwaremindestvoraussetzungen:

- CPU mit 300 MHz
- 256 MB RAM
- Festplatte mit 8 GB
- Eine Netzwerkkarte, die Sie mit dem Hub verbinden

Automatische Installation

Für die automatische Installation laden Sie sich die Datei „DC.ZIP“ von der Homepage http://www.laue-net.de herunter.

- Entpacken Sie die 4 Dateien, und speichern Sie sie auf einer formatierten Diskette
- Legen Sie die Windows Server 2003 CD ins CD-Laufwerk, und stellen Sie das BIOS um, dass von der CD gestartet wird
- Legen Sie die Diskette ins Diskettenlaufwerk
- Starten Sie die Installation des Domänencontrollers

Die Installation erfolgt automatisch. Sie müssen nur den Product-Key manuell eingeben.

Nach einem Neustart wird Active Directory installiert.

- Nach dem nächsten Neustart müssen Sie nur noch die Datei "DHCP.CMD" starten, die sich auf der Diskette befindet. Damit konfigurieren Sie DHCP

Damit ist die Installation des Domänencontrollers abgeschlossen. Das Administratorkennwort zum Anmelden ist „Kennw0rt!" (Bitte beachten Sie: Dieses Kennwort enthält die Ziffer „0" und am Ende ein „!").

Manuelle Installation

Sie können natürlich auch den Domänencontroller manuell installieren. Dazu stellen Sie das BIOS ebenfalls so ein, dass von der CD gestartet wird, und legen Sie die Windows Server 2003 CD ein. Sie installieren das Betriebssystem mit den Standardeinstellungen. Besonderheiten werden hier dargestellt:

- Installieren Sie das Betriebssystem auf C:\, und wandeln Sie die Partition in NTFS um
- Auf der Seite „Benutzerinformationen" tragen Sie als Name „1" und als Organisation „Meistertrainer" ein
- Geben Sie den Product-Key ein
- Wählen Sie als Lizensierungsmodell „Pro Server" mit einer Anzahl der gleichzeitigen Verbindungen von 20
- Auf der Seite „Computername und Administratorkennwort" geben Sie als Computername den Namen W2K3 ein, und als Administratorkennwort geben Sie „Kennw0rt!" ein. (Bitte beachten Sie: Dieses Kennwort enthält die Ziffer „0" und am Ende ein „!")
- Bestätigen Sie Datum und Uhrzeit
- Bei den Netzwerkdiensten wählen Sie DHCP aus
- Bei den Netzwerkeinstellungen wählen Sie „Benutzerdefiniert" und geben der Netzwerkkarte eine statische Adresse:
    - IP-Adresse: 192.168.1.100
    - Subnet Mask: 255.255.255.0
    - DNS-Server: 192.168.1.100
- Bleiben Sie in der Standardarbeitsgruppe
- Nach dem Neustart installieren Sie Active Directory, indem Sie wählen:

    - Start
    - Ausführen
    - DCPROMO
- Ein Assistent führt Sie durch die Installation
- Domänencontroller für eine neue Domäne
- Domänencontroller in einer neuen Gesamtstruktur
- Neue Gesamtstruktur
- Name der neuen Domäne: MEISTERTRAINER.INFO
- NetBIOS-Domänenname: Angebot bestätigen
- Bestätigen Sie die Standardspeicherorte für die Active Directory Daten
- Auf der Seite „DNS Registrierungsdiagnose“ wählen Sie „Den DNS-Server auf diesem Computer installieren und konfigurieren und diesen DNS-Server als den bevorzugten DNS-Server auf diesem Computer verwenden“. Dies ist auch die Standardeinstellung
- Wählen Sie auf der Seite „Berechtigungen“ die Option „Nur mit Windows 2000 und Windows Server 2003 kompatibel“
- Administratorkennwort für Verzeichnisdienste wiederherstellen: „Kennw0rt!“ (Bitte beachten Sie: Dieses Kennwort enthält die Ziffer „0“ und am Ende ein „!“)
- Bestätigen Sie den Neustart
- Nach dem Neustart konfigurieren Sie den DHCP-Dienst
- Start – Alle Programme - Verwaltung – DHCP

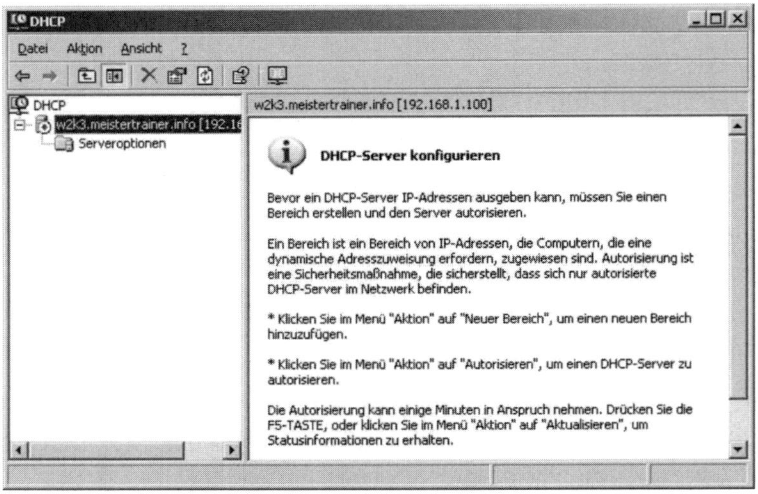

Abbildung 0.4: Konfiguration des DHCP-Servers

- Rechte Maustaste auf w2k3.Meistertrainer.info
- Neuer Bereich
- Weiter
- Bereichsname „Classroom“
- Start-IP-Adresse: 192.168.1.1
- End-IP-Adresse: 192.168.1.99
- Länge 24
- Keine Ausschlüsse
- Leasedauer auf Standard belassen
- DHCP Optionen konfigurieren
- Router: kein Eintrag
- DNS-Server: 192.168.1.100
    - Hinzufügen
- WINS-Server: kein Eintrag
- Ja, diesen Bereich jetzt aktivieren

Installation des Domänencontrollers Windows Server 2008

Hardwaremindestvoraussetzungen für die Installation von Windows Server 2008:

- CPU mit 1,5 GHz
- 512 MB RAM
- Festplatte mit 20 GB
- Eine Netzwerkkarte, die Sie mit dem Crossoverkabel verbinden

Automatische Installation

Zur Drucklegung des Buchs war der Windows Server 2008 noch nicht erschienen. Deswegen wird momentan keine Automatisierung angeboten.

Besuchen Sie trotzdem unsere Homepage http://www.laue-net.de, dort stellen wir nach Erscheinen des Windows Server 2008 gerne Skripte zur Verfügung!

Manuelle Installation

Sie können natürlich auch den Domänencontroller manuell installieren. Dazu stellen Sie das BIOS ebenfalls so ein, dass von der CD gestartet wird, und legen Sie den Windows Server 2008 Datenträger ein. Sie installieren das Betriebssystem mit den Standardeinstellungen.

Nach der Installation startet das Betriebssystem neu, und Sie nehmen folgende Konfigurationen vor:

- Klicken Sie im Fenster „Aufgaben der Erstkonfiguration“ auf „Administratorkennwort festlegen“ und geben Sie als Administratorkennwort „Kennw0rt!“ ein. (Bitte beachten Sie: Dieses Kennwort enthält die Ziffer „0“ und am Ende ein „!“)
- Klicken Sie auf „Netzwerk konfigurieren“, wählen Sie dann mit der rechten Maustaste die Eigenschaften der Netzwerkkarte aus
- Wählen Sie die Eigenschaften von „IPv4“ und geben folgende statischen Werte ein:
  - IP-Adresse: 192.168.1.100
  - Subnetzmaske: 255.255.255.0
  - Bevorzugter DNS-Server: 192.168.1.100
- Klicken Sie auf „Computername und Domäne festlegen“

- Klicken Sie auf „Ändern“
- Ändern Sie den Computernamen auf „DC2008“
- Starten Sie den Computer neu
- Klicken Sie ins Fenster „Rollen hinzufügen“
- Wählen Sie „Active Directory Domänendienste“ und „DHCP-Server“ aus
- Bestätigen Sie die nächsten Seiten mit „Weiter“
- Auf der Karte „DHCP-Bereiche hinzufügen oder bearbeiten“ klicken Sie auf „Hinzufügen“ und geben folgende Daten ein:
    - Bereichsname: Classroom
    - Start-IP-Adresse: 192.168.1.1
    - End-IP-Adresse: 192.168.1.99
    - Subnetzmaske: 255.255.255.0
- Setzen Sie den Haken bei „Diesen Bereich aktivieren“
- Klicken Sie auf „OK“
- Bestätigen Sie alle folgenden Fragen mit „Weiter“
- Installieren Sie diese Änderungen
- Klicken Sie auf „Start“
- Geben Sie bei „Suche starten“ ein „DCPROMO“
- Starten Sie den Assistenten
- Wählen Sie „Neue Domäne in neuer Gesamtstruktur erstellen“
- Vollständiger DNS-Name: Meistertrainer.info
- Gesamtstrukturfunktionsebene: Windows Server 2008
- Weitere Domänencontroller-Optionen: DNS
- Speicherort für Datenbanken: Weiter
- Wiederherstellungsmodus für Verzeichnisdienste: Kennw0rt! (Bitte beachten Sie: Dieses Kennwort enthält die Ziffer „0“ und am Ende ein „!“)
- Der Assistent installiert Active Directory, nach einem Neustart steht der Domänencontroller zur Verfügung
- Klicken Sie Start-Verwaltung-DHCP
- Klicken Sie mit der rechten Maustaste auf „DC2008.meistertrainer.info“ und wählen Sie „Autorisieren“

Installation der Clients

Hardwaremindestvoraussetzungen:

- CPU mit 1 GHz
- 512 MB RAM
- Festplatte mit 20GB
- Eine Netzwerkkarte, die Sie mit dem Crossoverkabel verbinden

Der Client wird während des Lehrgangs installiert.

Software

Die benötigte Software ist folgende:

Domänencontroller:	Windows Server 2003 oder 2008
Clients:	Windows Vista

Möglichkeiten der Virtualisierung

Sie können die Übungsumgebung auch auf virtuellen Maschinen aufbauen, in diesem Fall sollten Sie für jeden Arbeitsplatz folgende Konfiguration vornehmen:

- ein Domänencontroller (entweder Windows Server 2003 oder Windows Server 2008)
- zwei Vista Clients

Einer dieser Clients wird später in die Domäne aufgenommen, der andere bleibt in der Standardinstallationskonfiguration, und dient als Übungspartner.

Danksagung

An dieser Stelle möchte ich mich bei den vielen hilfreichen Freunden und Mitarbeitern bedanken, die erst ermöglicht haben, dass dieses Buch entstehen kann.

1 Verteilen einer Windows Vista Installation

Lernziele:

- Analyse
- System vorbereiten
- Die unbeaufsichtigte Installation
- Migration von Benutzerkonten
- Das Upgrade
- Dualboot
- Treiberprobleme
- Tools

Prüfungsanforderungen von Microsoft:

- Analyze the business environment and select an appropriate deployment method
- Prepare a system for clean installation or upgrade
- Deploy Windows Vista from a custom image
- Perform post-installation tasks
- Troubleshoot deployment issues

Quelle: Microsoft

1.1 Einführung

Das Verteilen einer Windows Vista Installation ist eine Aufgabe, die in größeren Firmen auf Sie zukommen kann.

Microsoft bietet dafür verschiedene Tools an, die alle im „Business Desktop Deployment (BDD) zu finden sind.

Der BDD ist eine Sammlung von Tools, mit denen Sie die Verteilung von Windows Vista automatisieren können.

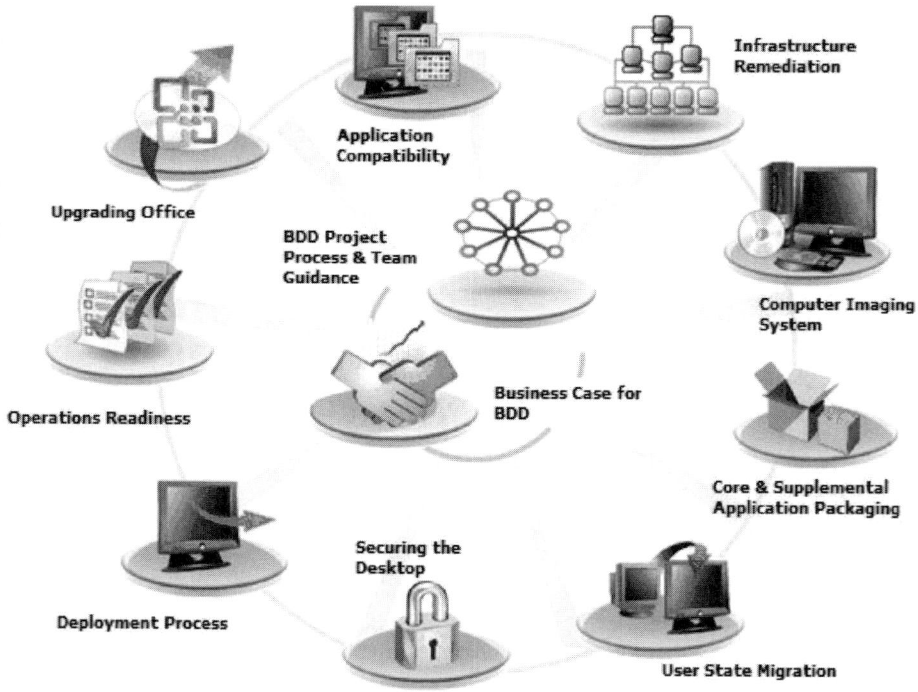

Abbildung 1.1: Komponenten des BDD, Quelle: Microsoft

Als Desktop-Supporter werden Sie zwar in den seltensten Fällen ein komplettes Massenrollout alleine vornehmen müssen, allerdings ist es möglich, dass Sie unterstützend mitarbeiten müssen.

In Folge werden wir uns mit den wichtigsten Tools von BDD beschäftigen.

1.2 Hardwarevoraussetzungen

Die Hardwarevoraussetzungen für Vista sind relativ hoch. Besonders, wenn Sie die AERO-Oberfläche benutzen wollen, benötigen Sie eine DirektX 9 kompatible Grafikkarte mit WDDM Treiber, und einem möglichst großen Grafikspeicher.

Hardware, die die Mindestanforderungen für Vista erfüllt, erhält die Bezeichnung „Vista Capable".

Für ein reibungsloses Arbeiten und die Möglichkeit, alle Funktionen nutzen zu können, gelten höhere Anforderungen. Wenn diese erfüllt werden, erhält die Hardware das Siegel „Premium Ready".

	Vista Capable	**Premium Ready**
CPU	800 MHz	1 GHz
RAM	512 MB	1 GB
Grafikkarte	DirectX 9	DirectX9 128 MB VideoRAM
HDD	20 GB	40 GB
Freier Speicher HDD	15 GB	15 GB
Optisches Laufwerk	CD	DVD

Man kann sagen, Vista läuft schneller und reibungsfreier, wenn die Hardware diese Anforderungen übertrifft. Wenn Sie einen neuen Rechner kaufen, sollten Sie diese Anforderungen als das absolute Minimum betrachten, und versuchen, gerade im Bereich Arbeitsspeicher diese Werte zu übertreffen.

1.3 Die unbeaufsichtigte Installation

Die unbeaufsichtigte Installation ist eine der größten Neuerungen, die Microsoft mit Windows Vista geschaffen hat.

Unbeaufsichtigte Installationen sind die Grundvoraussetzung für Massenrollouts. Immer wenn viele Rechner mit ein und demselben Betriebssystem ausgestattet werden müssen, ist es nicht mehr möglich, eine Installation über eine DVD zu starten, wie wir es bisher gemacht haben.

Massenrollouts setzen Vorbereitung voraus, unter anderem darf es nicht mehr nötig sein, die Informationen, wie Seriennummer oder Sprachversion manuell an jedem

Computer eingeben zu müssen.

Bisher war ein Massenrollout relativ schwierig, da jeder Computer einzeln installiert werden musste. Dies konnte zwar mit einigen Dateien vereinfacht werden, aber das Prinzip der Einzelinstallation blieb. Selbst mit Tools, die ein Image eines installierten Systems weiterverbreitet haben, stieß man schnell an die Grenzen des machbaren, da für eine solche Verteilung gleiche, oder zumindest ähnliche Hardware nötig war.

Windows Vista wird –auch beaufsichtigt- nicht mehr wie die älteren Windows Versionen durch Aufrufen eines Installationsprogrammes installiert, sondern hat ein komplett neues Konzept.

Windows Vista ist imagebasiert

Das klingt nicht überragend neu, denn es war ja bisher auch schon möglich, von installierten Systemen Images zu erstellen, und diese zu verteilen.

Doch Windows Vista wird bereits als Image ausgeliefert!

Dies ist sehr wohl neu, und wirft einige Fragen auf. Wie ist es möglich, dass ein Image auf den verschiedensten Hardwarekonfigurationen installiert werden kann?

Microsoft hat es geschafft, ein neues Imageformat zu kreieren, das völlig hardwareunabhängig ist. Dieses Format arbeitet auch mit einer hohen Kompressionsrate, deswegen ist es möglich, dass auf jeder Windows Vista DVD alle Versionen von Vista vorhanden sind! Das Format nennt sich „.WIM (Windows Imaging Microsoft).

Die relevanten Daten befinden sich in zwei Dateien:

- Install.WIM
- Boot.WIM

ACHTUNG

Tatsächlich sind auf einer Windows Installations-DVD alle 6 Versionen von Vista vorhanden. Welche Version installiert wird, wird lediglich durch den Produkt-Key festgelegt!

Es ist tatsächlich so, dass es nur noch zwei verschiedene Installations-DVDs gibt, eine für die 32-Bit Version und eine für die 64-Bit Version.

Das eröffnet natürlich für das Massenrollout neue Möglichkeiten.

Windows Vista ist sprachneutral

Alle Sprachpakete (inklusive Englisch) sind optionale Komponenten und können einzeln zum Betriebssystem hinzugefügt werden.

Das kann man erkennen, wenn man in der Registry einige Einträge mit den Einträgen vergleicht, die in früheren Windows Versionen zu finden waren.

Windows Vista startet die Installation nicht mehr im DOS-Modus

Alle vorherigen Windows Versionen haben die Installation immer im DOS-Modus gestartet.

Windows Vista dagegen startet die Installation mit Windows PE 2.0.

Windows PE 2.0 basiert auf dem Vista-Kernel und ist ein eigenes, kleines Betriebssystem, das aber nur eingeschränkte Funktion hat. Mit diesem System wird die Installation gestartet. Windows PE 2.0 findet sich in der Datei „Boot.WIM".

Außerdem stellt Microsoft für ein entsprechendes Massenrollout Tools zur Verfügung, die wir in diesem Kapitel betrachten werden.

Diese Tools finden Sie im „WAIK" (Windows Automated Installation Kit), den Sie von der Microsoft Seite herunterladen können.

1.3.1 Installieren mithilfe von WDS (Windows Bereitstellungsdiensten)

Die Installation mit WDS erfordert zwei Schritte: zunächst muss der Server konfiguriert werden, auf dem die Abbilder bereitgestellt werden, und dann muss der Client gestartet werden, um eine Installation zu erhalten.

Installation des WDS-Servers

Um Vista mithilfe von WDS bereitzustellen, benötigen Sie einen Server, auf dem der Dienst WDS installiert wird.

Dies muss nicht unbedingt der neue Windows Server 2008 sein, es ist auch möglich, WDS auf einem Windows Server 2003 zu installieren.

Der Windows Server 2003 benötigt auf jeden Fall SP2, denn erst mit diesem SP ist WDS verfügbar, in älteren Versionen gibt es nur das Vorgängermodell, RIS (Remote Installation Service), der aber eine Bereitstellung von Vista nicht unterstützt.

Zunächst müssen Sie die „Windows-Bereitstellungsdienste" installieren.

Abbildung 1.2: Installation der Windows-Bereitstellungsdienste unter Windows Server 2003

Nach der Diensteinstallation muss ein Neustart erfolgen.

Nach dem Neustart können Sie die entsprechende Verwaltungskonsole öffnen.

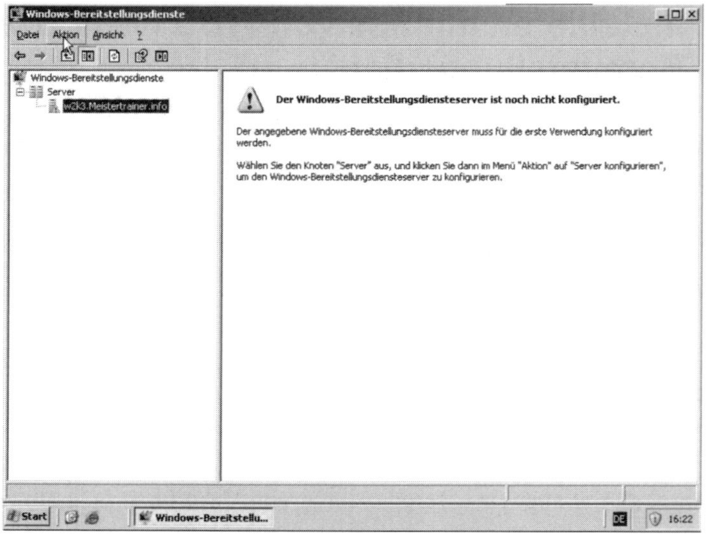

Abbildung 1.3: Konsole der Bereitstellungsdienste

Wie Sie sehen, ist der Server, der in unserem Beispiel „W2K3.meistertrainer.info" heißt, zwar aufgeführt, aber noch nicht konfiguriert. Wir müssen nun dafür sorgen, dass er die für die Bereitstellung benötigten Daten erhält:

- Boot.wim
- Install.wim

Dafür klicken wir auf „Aktion" und konfigurieren den Server.

Zunächst werden uns die Voraussetzungen für die Bereitstellung angezeigt.

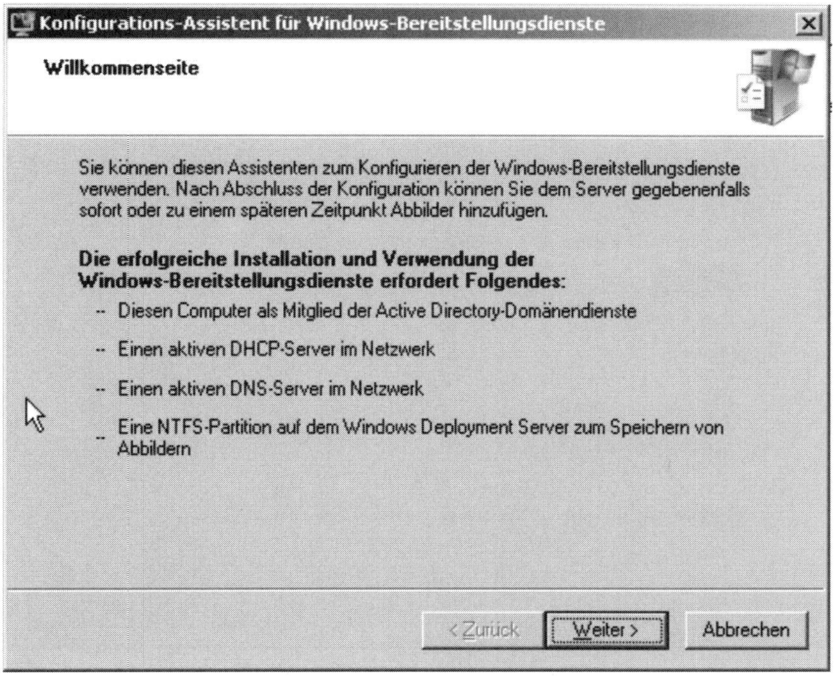

Abbildung 1.4: Voraussetzungen

Also ist WDS ein Dienst, der nur in einer Domänenumgebung mit entsprechend vorhandenen Netzwerkdiensten ausgeführt werden kann.

Active Directory wird benötigt, um einige Einstellungen zu konfigurieren, die die Sicherheit betreffen. Für eine Active Directory Domäne wird auch der Netzwerkdienst DNS benötigt, der auch die Namensauflösung vornimmt.

Ein DHCP-Server wird benötigt, damit die Clients bei der Installation eine IP-Adresse bekommen können. Ohne eine IP-Adresse können sie den WDS-Server nicht erreichen.

All diese Konfigurationen erfordern Kenntnisse über Active Directory und über die Netzwerkdienste, und sind deswegen an dieser Stelle nicht relevant.

Nun müssen Sie noch einen Speicherort wählen, der groß genug ist, um die .wim-Dateien speichern zu können. Diese Partition muss zwingend mit NTFS formatiert sein.

Wenn Sie alle diese Anforderungen erfüllt haben, werden die .wim-Dateien auf den Server kopiert, zunächst das Startabbild.

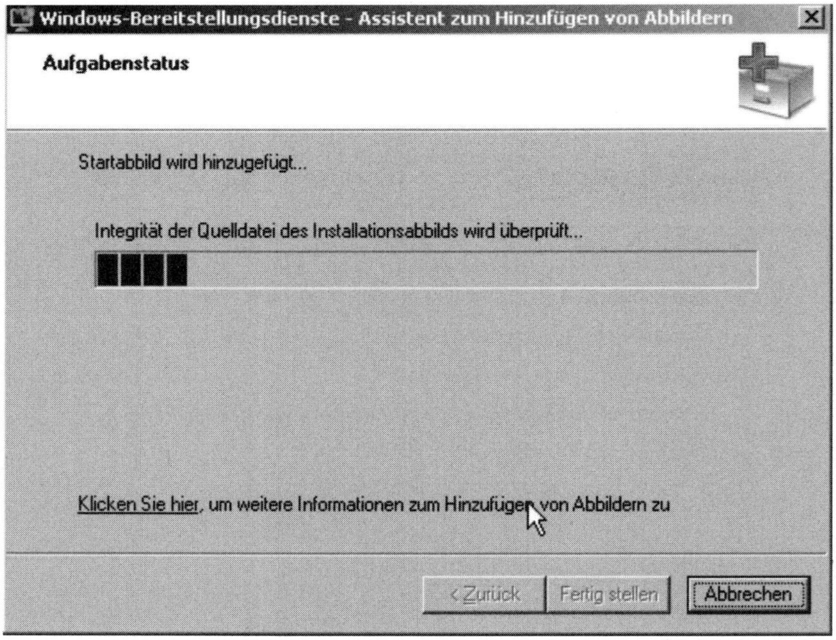

Abbildung 1.5: Kopieren des Startabbildes

Dies ist die Datei „Boot.wim".

Im Anschluss wird die Datei „install.wim" auf den WDS-Server kopiert.

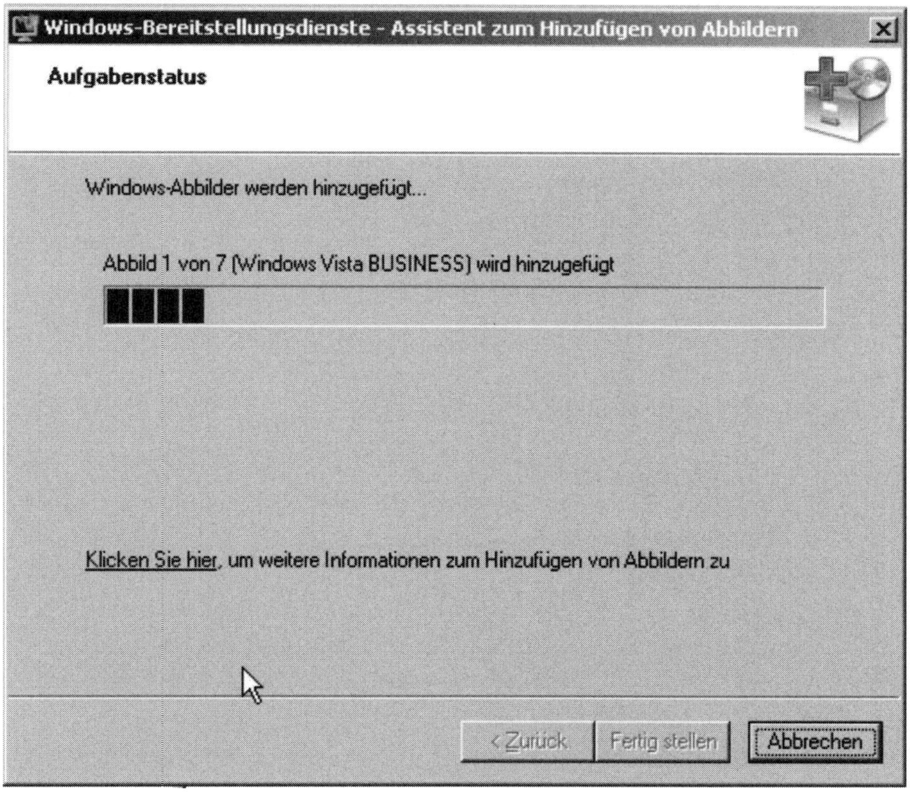

Abbildung 1.6: Kopieren der Windows Abbilder

Sie erinnern sich?

In der „install.wim“ Datei sind alle Vista Versionen gespeichert, deswegen werden natürlich auch alle Versionen auf den Server kopiert.

Den Beweis können Sie erkennen, sobald der Kopiervorgang abgeschlossen ist:

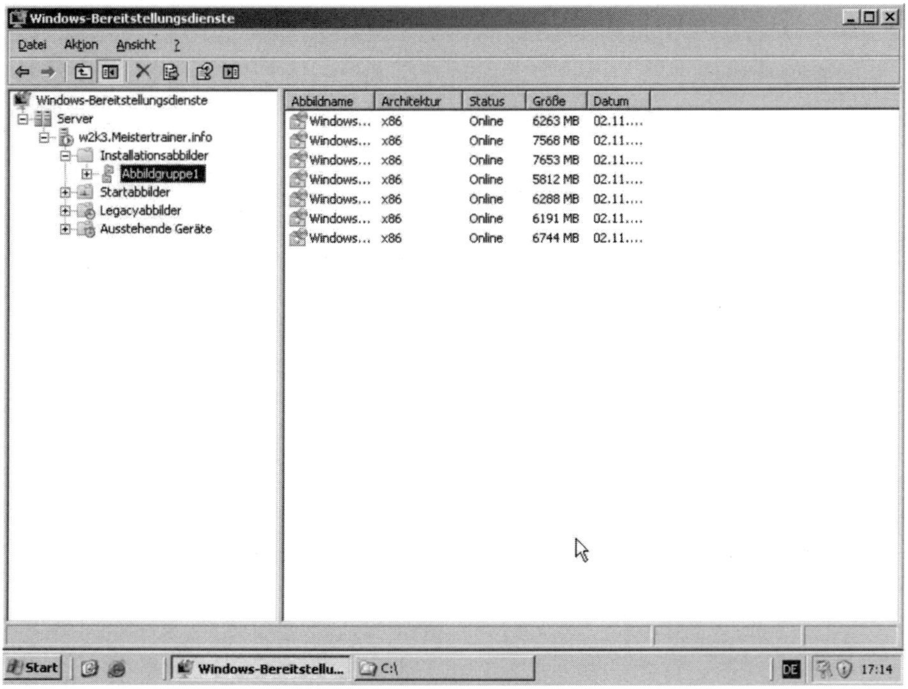

Abbildung 1.7: Alle Windows-Abbilder

Sie sehen alle Windows-Abbilder, die in der Datei „install.wim" vorhanden sind.

Damit ist die Seite des Servers konfiguriert, und Sie können einen Client für die Installation starten.

Installation des Clients mit WDS

Wenn der WDS Server richtig konfiguriert ist, starten Sie einen Client einfach im Netzwerk, und stellen das BIOS so ein, dass der Client einen Netzwerkstart macht.

In diesem Fall erhält der Client eine IP-Adresse vom DHCP-Server, und kann dann Kontakt mit dem WDS-Server aufnehmen.

Falls die Netzwerkkarte des Clients diese Startart nicht unterstützt, also nicht PXE-fähig ist, ist es auch möglich, den Client von einer speziellen CD zu starten.

Hierbei wird eine WIM-Datei erstellt, mit der Sie den nicht PXE-fähigen Client starten können.

Diese Datei erstellen Sie auf dem WDS-Server.

Sie suchen in der WDS-Konsole das Startabbild aus, klicken mit der rechten Maustaste darauf, und wählen „Suchstartabbild erstellen".

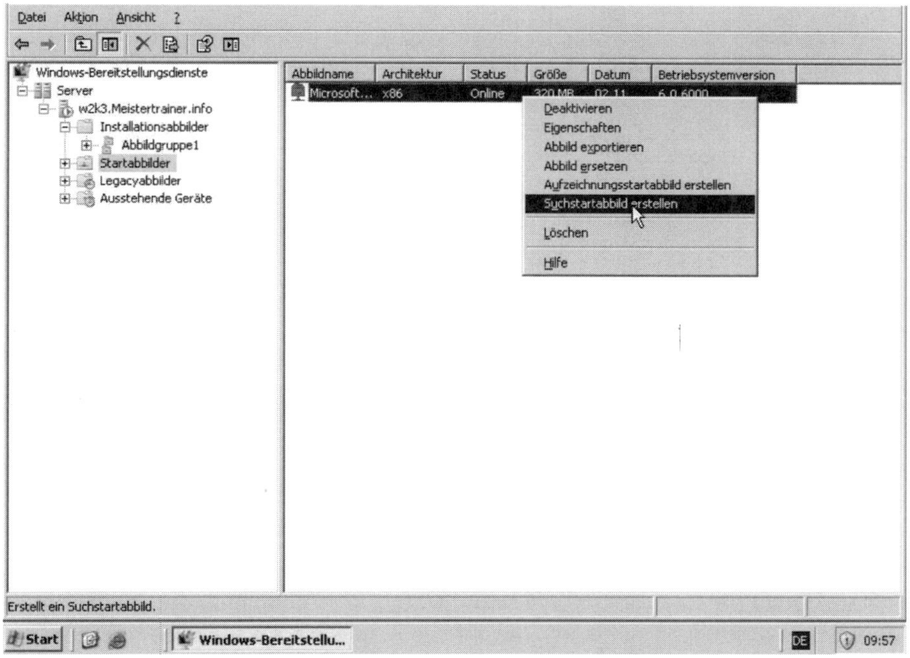

Abbildung 1.8: Suchstartabbild erstellen

Nun müssen Sie noch einige Fragen beantworten, wie den Speicherort der .wim-Datei, und den Namen des WDS-Servers, mit dem der Client Kontakt aufnehmen soll.

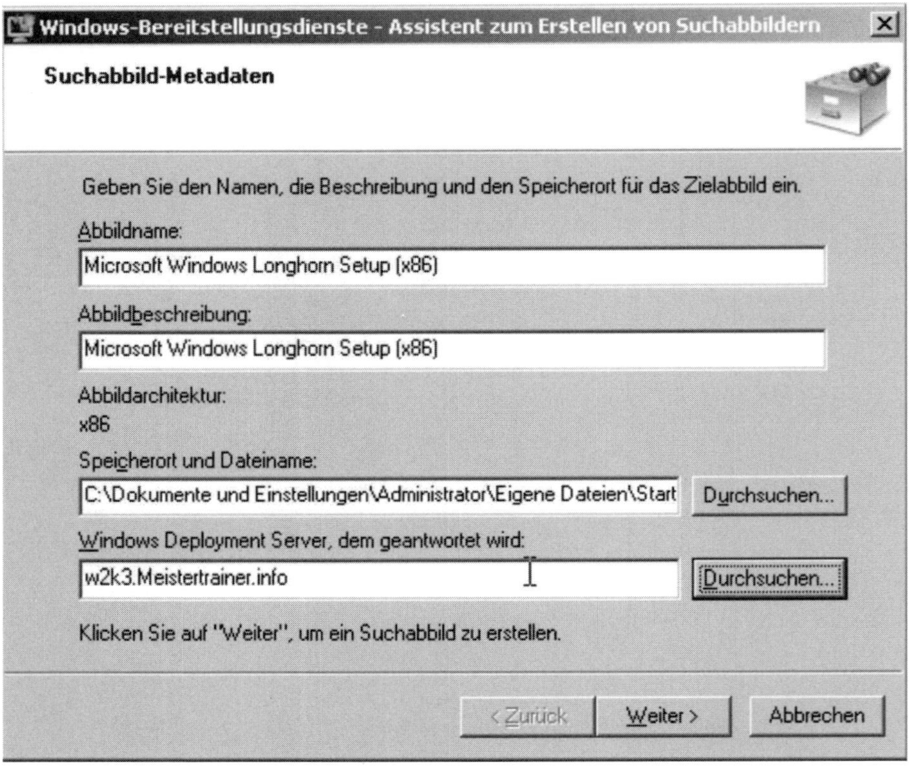

Abbildung 1.9: Eingabe der Daten

Im Anschluss wird die .wim-Datei erstellt.

Diese Datei muss nun mit einem Tool zu einer .iso-Datei umgewandelt werden, die Sie dann auf eine CD brennen können.

Microsoft stellt im „WAIK" (Windows Automated Installation Kit) das Tool „oscdimg.exe" zur Verfügung, mit dessen Hilfe Sie aus einer .wim-Datei eine .iso-Datei erstellen können. Eine .iso-Datei kann mit jedem handelsüblichen Brennprogramm zu einer CD gebrannt werden.

Mit dieser CD starten Sie den Client, und eine WDS-Installation ist so auch für nicht PXE-fähige Clients möglich.

Um eine startfähige CD für WDS zu erstellen, müssen Sie zunächst den „WAIK" installieren.

Diesen können Sie im Microsoft Downloadcenter erhalten.

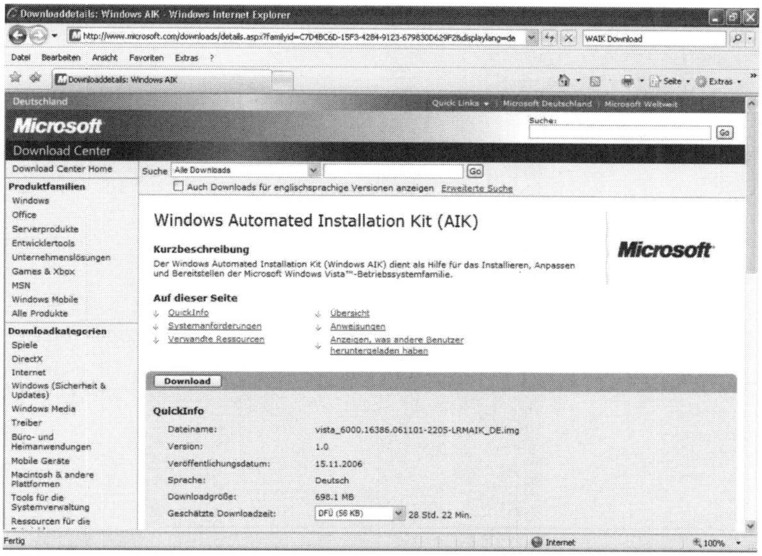

Abbildung 1.10: WAIK Download

Sie erhalten den WAIK als .img-Datei. Brennen Sie diese Datei auf eine DVD, und Sie erhalten eine selbststartende DVD.

Installieren Sie nun den WAIK.

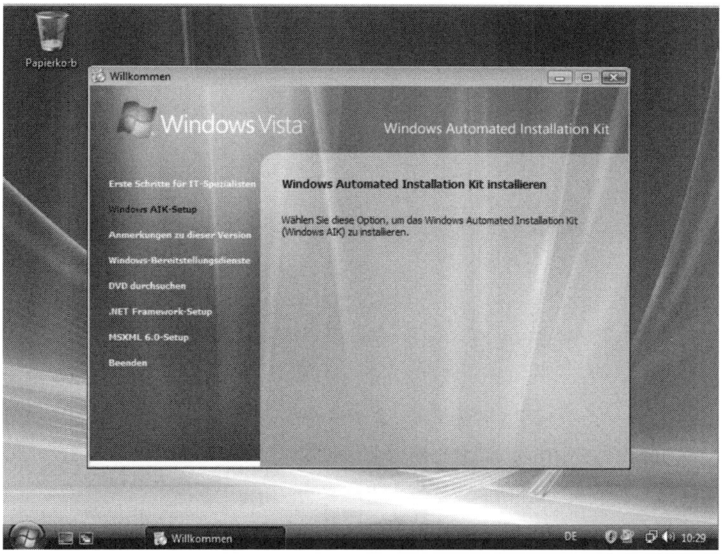

Abbildung 1.11: Installation des „WAIK“

Mit dem WAIK werden viele nützliche Tools installiert, die wir später noch sehen werden.

Nach der Installation starten Sie „Windows PE Tools Eingabeaufforderung". Diese Funktion finden Sie im WAIK.

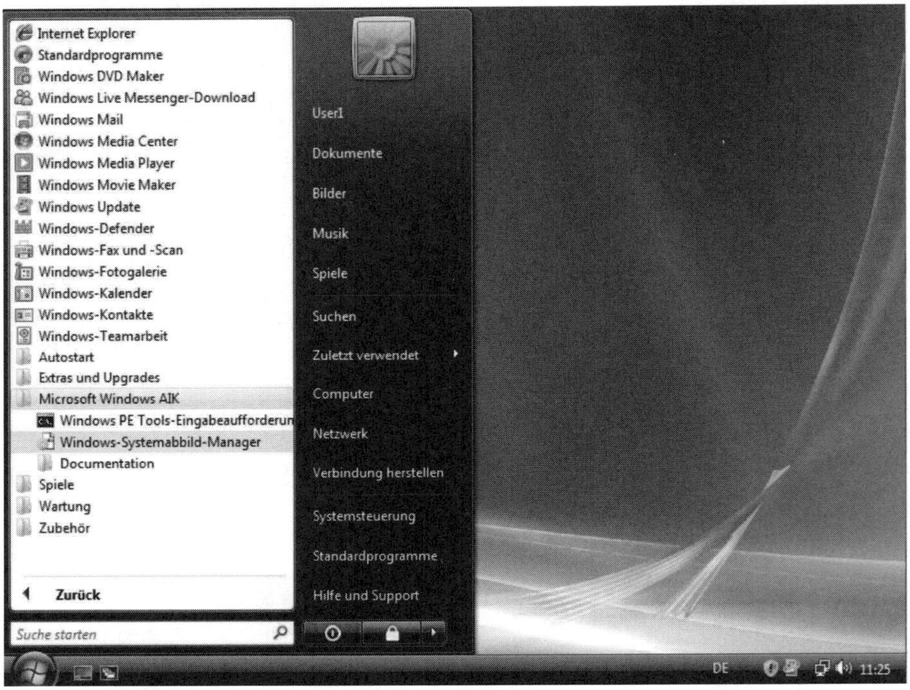

Abbildung 1.12: PE Tools

Leider müssen Sie in diesem Tool viele Eingaben über die Befehlszeile machen, es gibt hierfür keine GUI.

Sie lassen nun von dem PE Tool eine Ordnerstruktur erstellen, mit der Sie eine Boot-CD mit Windows PE machen können. Dies tun Sie mit dem Befehl

Copype.cmd x86 <Laufwerk>\winpe_x86

In unserem Fall ist die Kommandozeile folgende:

Copype.cmd x86 c:\winpe_x86

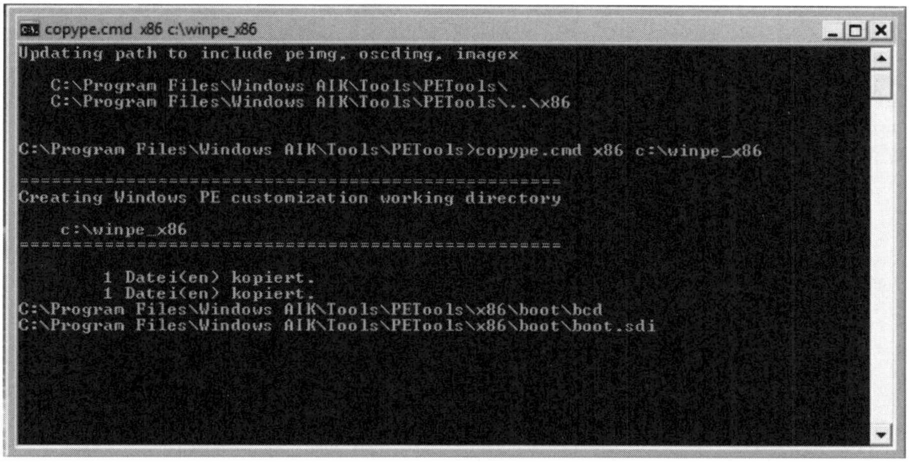

Abbildung 1.13: Erstellen der Verzeichnisstruktur für Boot PE

ACHTUNG!
Sollten Sie einen 64-bit Prozessor haben müssen Sie andere Befehle eingeben, anstelle von „x86“ entweder „amd64“ oder „ia64“!

Nun nehmen Sie die .wim-Datei, die Sie vorher auf dem WDS-Server erstellt haben, benennen sie in „Boot.wim“ um, und ersetzen die Originaldatei im eben erstellten Verzeichnis „winpe_x86\ISO\sources“.

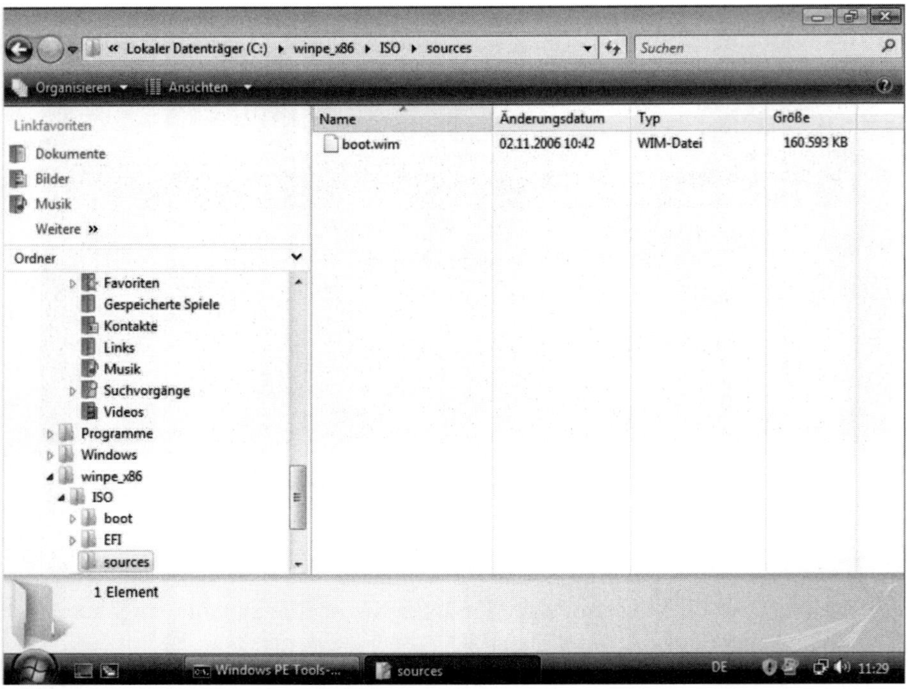

Abbildung 1.14: boot.wim

Damit haben Sie das Original Startimage gegen eines ausgetauscht, mit dem Sie einen Client zwingen können, mit dem WDS-Server Kontakt aufzunehmen.

Zu guter Letzt muss diese Verzeichnisstruktur noch in eine .iso-Datei gepackt werden, die dann gebrannt werden kann.

Dies können Sie mit dem Befehl:

Oscdimg –n-b<Laufwerk>\winpe_x86\etfsboot.com <Laufwerk>\winpe_x86\ISO <Laufwerk, Pfad und Name der ISO-Datei>

Für unser Beispiel angepasst ist die Kommandozeile folgendermaßen:

Oscdimg –n-bc:\winpe_x86\etfsboot.com c:\winpe_x86\ISO c:\winpe_x86\wds.iso

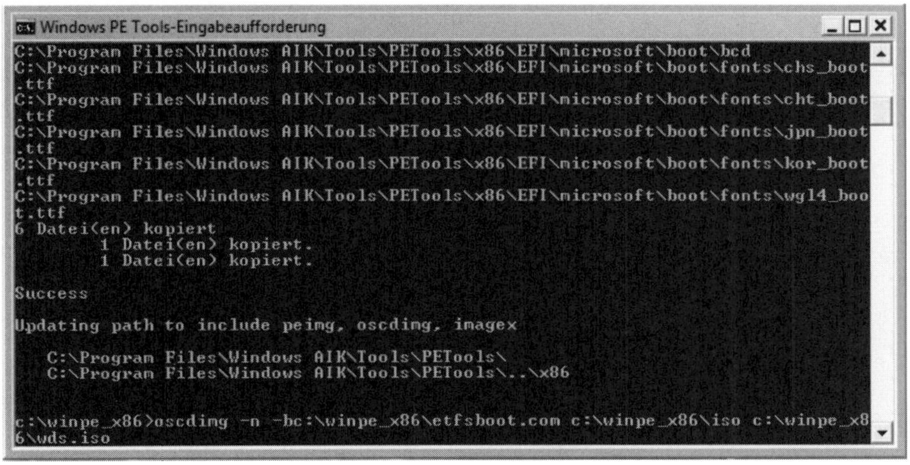

Abbildung 1.15: Erstellen der ISO-Datei

ACHTUNG!

Zwischen dem Parameter –b und der Laufwerksbezeichnung c:\ darf kein Leerzeichen sein!

Diese ISO-Datei brennen Sie nun auf CD, und haben eine PE Start-CD für nicht PXE-fähige Clients.

Aber egal, wie Sie den Client starten, in jedem Fall startet die Installation mit der Kontaktaufnahme mit dem WDS-Server.

Nun erfolgt automatisch eine Installation.

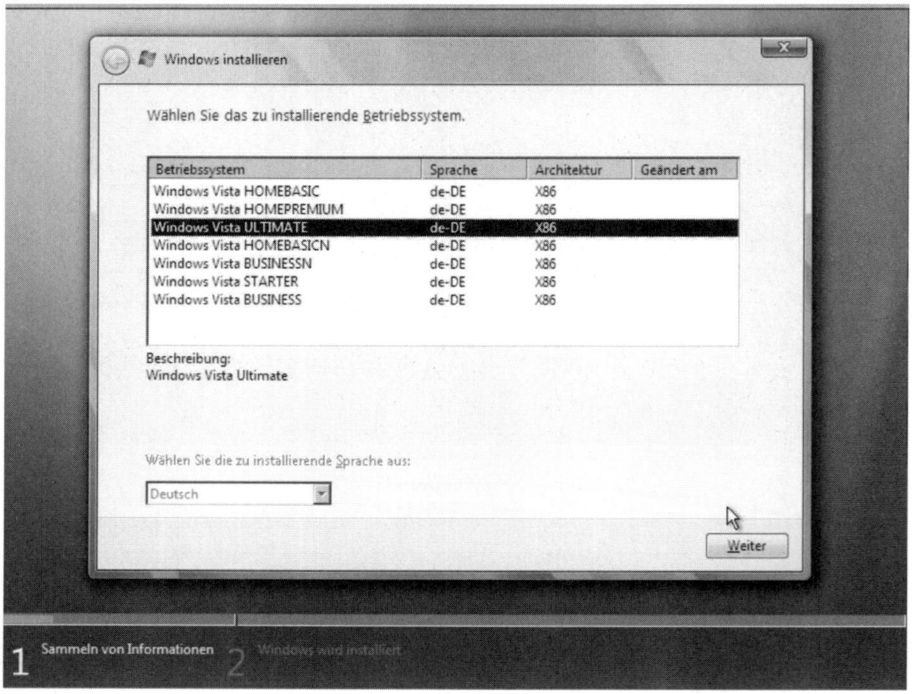

Abbildung 1.16: Installation über WDS

1.3.2 Die Tools Sysprep und ImageX

Eine weitere, sehr elegante Art, Massenrollouts zu gestalten, ist eine Installation zu klonen, und diese auf beliebig viele Computer zu verteilen.

Dazu installieren Sie einen Referenzcomputer, der genau so eingerichtet ist, wie Sie es gerne für alle Clients hätten. Das heißt, Sie installieren die Anwendungen, und konfigurieren den Rechner nach Ihren Wünschen.

Die weitere Vorgehensweise ist relativ einfach: Sie entfernen mit einem Tool alle eindeutigen Erkennungsmerkmale des Referenzcomputers, und erstellen ein Image.

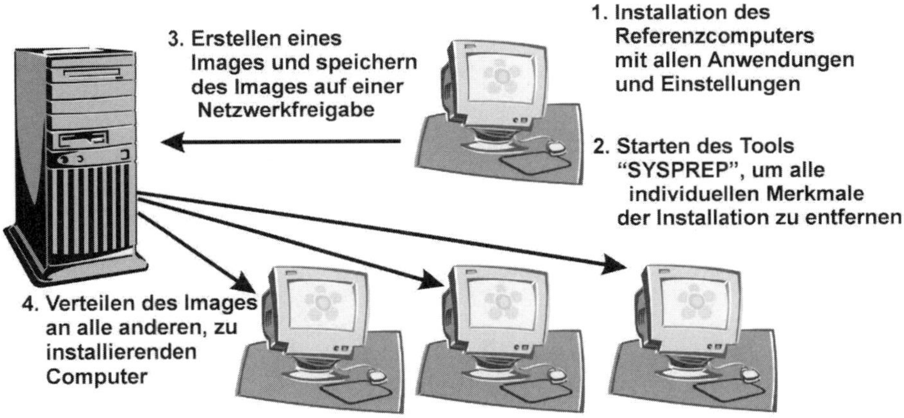

Abbildung 1.17: Das Prinzip eines Klonvorgangs

Das Entfernen der eindeutigen Erkennungsmerkmale, wie Computernamen, SID oder ähnliches ist nötig, damit jeder Computer innerhalb des Netzwerks einmalig ist. Wenn Sie diese Informationen vom Referenzcomputer nicht entfernen, erhalten Sie lauter gleiche Computer mit lauter gleichen Namen und SIDs, was natürlich nicht möglich ist.

Erstellen einer BOOT-PE CD

Bevor Sie einen Computer mit SYSPREP seiner Identität berauben, sollten Sie sich eine Boot-CD erstellen, mit der Sie nach dem Ausführen von SYSPREP den Computer klonen können.

Nach dem Ausführen von SYSPREP wird der Computer heruntergefahren. Wenn Sie ihn wieder starten, werden Sie nach den eindeutigen Informationen gefragt. Das wollen wir aber solange vermeiden, bis wir ein neutrales Image dieses Rechners erstellt haben. Also müssen wir den Computer mit einer Start-CD starten.

Auf dieser CD sollte im Idealfall natürlich auch ein Imagetool vorhanden sein.

Theoretisch können Sie jedes handelsübliche Imagetool benutzen, aber idealerweise benutzen Sie das Tool „ImageX“, das von Microsoft im WAIK zur Verfügung gestellt wird. Dieses Tool erstellt .wim-Dateien, deren Vorteile ja hinreichend bekannt sind.

Also gehen Sie zunächst genauso vor, wie beim Erstellen der WDS-CD: Sie erstellen mit dem PE Tool eine Ordnerstruktur, mit der Sie eine Boot-CD mit Windows PE machen können.

Dazu geben Sie an der Eingabeaufforderung ein:

Copype.cmd x86 <Laufwerk>\winpe_x86

In unserem Fall ist die Kommandozeile folgende:

Copype.cmd x86 c:\winpe_x86

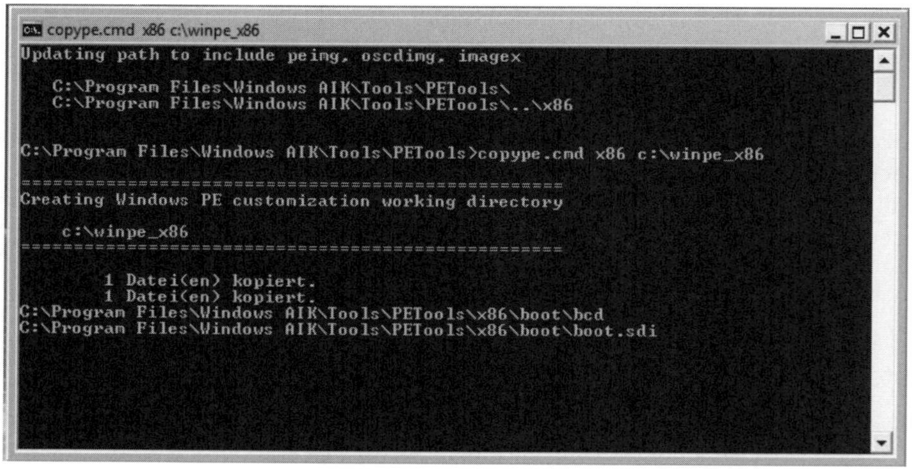

Abbildung 1.18: Erstellen der Boot-PE Struktur

Nun müssen aber noch zusätzliche Tools eingebunden werden, wie ImageX, indem Sie eingeben:

Copy „c:\Programme\Windows AIK\Tools\x86\imagex.exe" c:\winpe_x86\iso

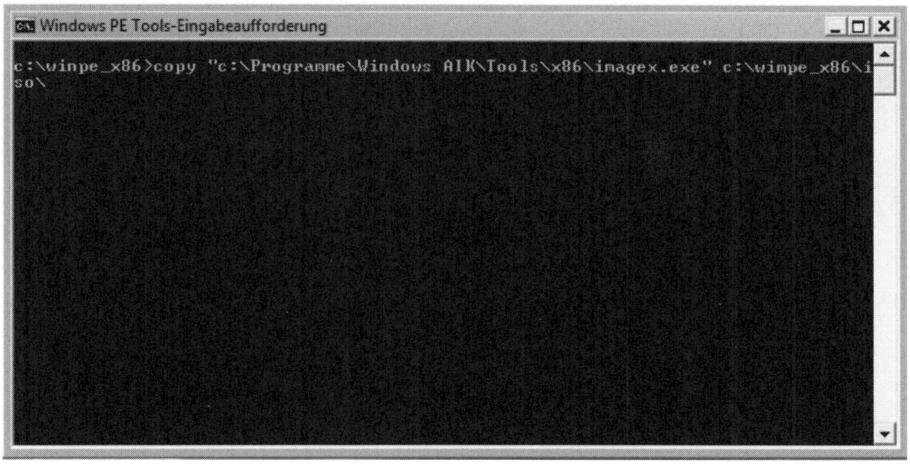

Abbildung 1.19: Einbinden des Tools ImageX

Nun muss wieder eine ISO-Datei erstellt werden, die auf CD gebrannt werden kann. Der Befehl dazu lautet:

Oscdimg –n-b<Laufwerk>\winpe_x86\etfsboot.com <Laufwerk>\winpe_x86\ISO <Laufwerk, Pfad und Name der ISO-Datei>

Für unser Beispiel angepasst ist die Kommandozeile folgendermaßen:

Oscdimg –n-bc:\winpe_x86\etfsboot.com c:\winpe_x86\ISO c:\winpe_x86\rettungscd.iso

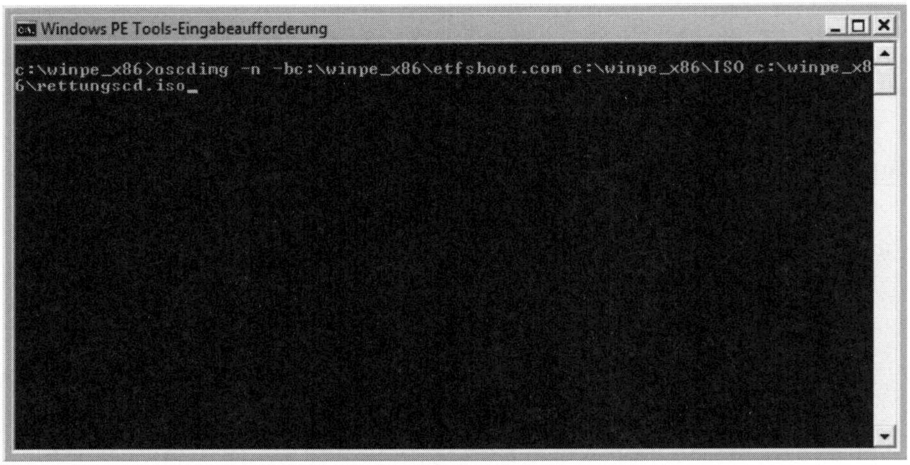

Abbildung 1.20: Erstellen der ISO-Datei

Damit ist die BOOT-PE CD erstellt.

Klonen des Clients

Auf dem Client, den Sie klonen möchten, starten Sie nun das Programm „Sysprep". Es befindet sich im %Systemroot%\System32\Sysprep.

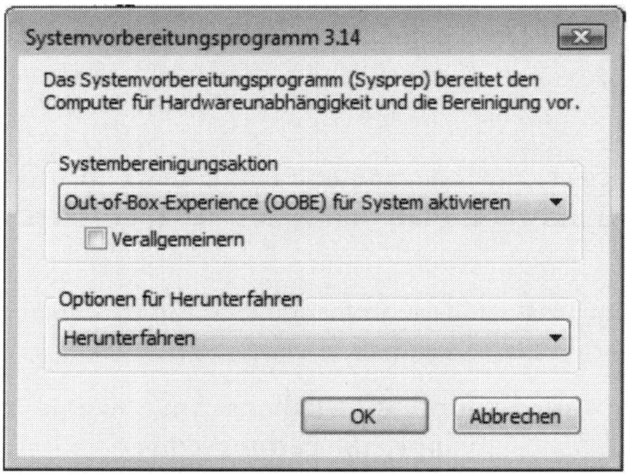

Abbildung 1.21: Sysprep

Nach dem Ausführen des Programmes wird der Rechner heruntergefahren.

ACHTUNG!
Sysprep kann auch an der Befehlszeile mit diversen Parametern angewendet werden. Manche dieser Parameter sind für ein vollautomatisiertes Rollout zwingend notwendig.
Diese Thematik sprengt aber den Rahmen des Buchs, und wird deswegen hier nicht besprochen.

Den Rechner starten Sie mit der zuvor erstellten BOOT-PE-CD, und benutzen das Tool „ImageX“, um ein WIM-Image der Festplatte zu erstellen.

In diesem Fall lautet die Befehlszeile:

Imagex.exe /compress fast/ capture c: <Pfad><”Beschreibung”>

In unserem Beispiel lautet die Befehlszeile so:

Imagex.exe /compress fast/ capture c: c:\Vista.wim “Vista mit Office 2007”

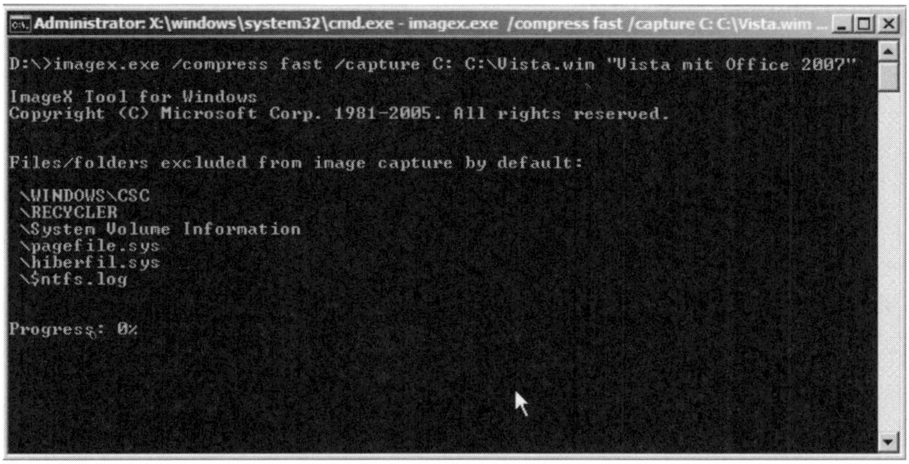

Abbildung 1.22: ImageX

Das so erstellte Image kann nun verteilt werden, sogar mithilfe von WDS.

1.3.3 Installieren mithilfe von Antwortdateien

Eine weitere interessante Möglichkeit der Installation von Windows Vista ist die Installation mithilfe von Antwortdateien.

Während der Installation werden viele Informationen abgefragt, zum Beispiel der Computername, oder auch die Zeitzone.

Bei einem Einzelplatzsystem ist das wohl noch kein großes Problem, aber durchaus schon störend.

Vista bietet die sehr schöne und einfache Möglichkeit, ein System mithilfe einer Antwortdatei zu installieren. In dieser Datei sind alle Informationen gespeichert, die Sie sonst über die Tastatur eingeben würden, und damit ersparen Sie sich viel Arbeit.

Vista benötigt für die automatisierte Installation eine .xml-Datei mit Namen „autounattend.xml". Diese wird auf einem Wechseldatenträger, wie einem USB-Stick gespeichert, der während der Installation angeschlossen sein muss. Vista sucht bei Beginn der Installation automatisch nach dieser Datei, und wendet sie an, wenn sie vorhanden ist.

Erstellen einer Antwortdatei

Eine Antwortdatei kann auch mit dem WAIK erstellt werden. Zunächst sollten Sie die Vista DVD in eine Freigabe auf dem Rechner kopieren, auf dem auch das WAIK installiert ist.

Dann starten Sie den „Windows-Systemabbild-Manager" aus dem WAIK, indem Sie wählen:

- Start
- Alle Programme
- Microsoft Windows AIK
- Windows-Systemabbild-Manager

Sie erhalten zunächst ein leeres Fenster. Um mit der Erzeugung einer Antwortdatei zu beginnen, muss zuerst ein Abbild (also eine .wim-Datei) gewählt werden. Dies ist die install.wim. Diese Datei befindet sich im Ordner „sources" der Vista-CD, die Sie zuvor auf die Festplatte kopiert haben.

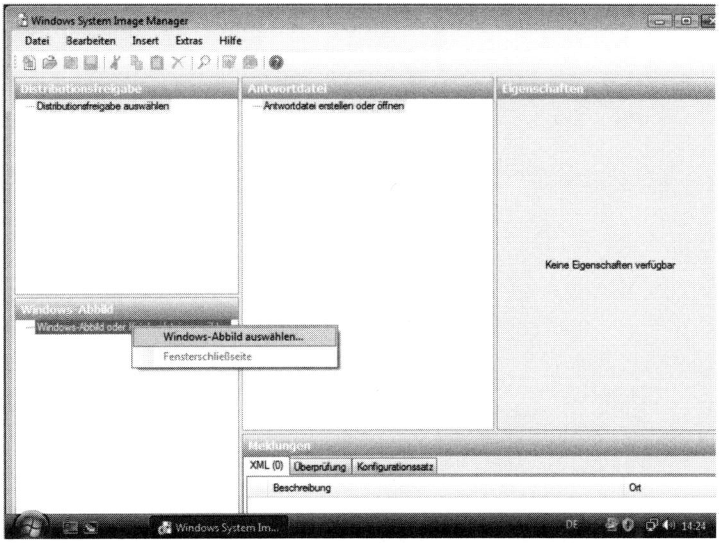

Abbildung 1.23: Abbild einfügen

Das Image wird untersucht, eine Katalogdatei wird erstellt, und Sie entscheiden sich, welche Vista Version Sie bearbeiten möchten. Dies sollte diejenige sein, für die Sie auch einen gültigen Product Key haben.

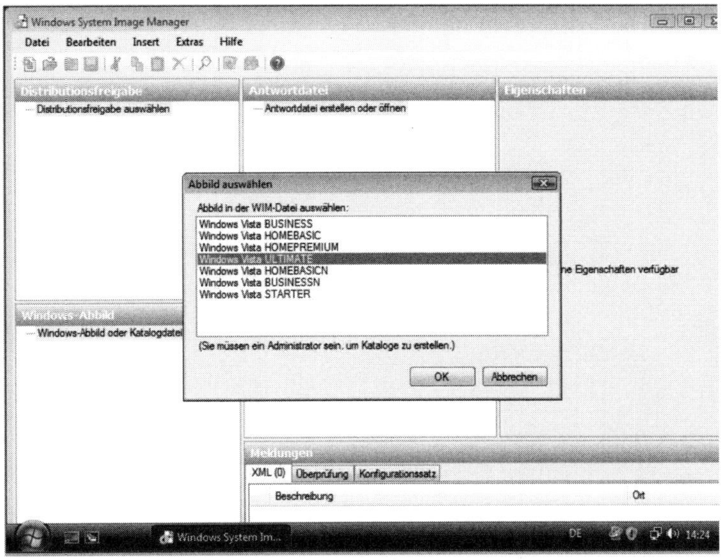

Abbildung 1.24: Auswahl Betriebssystem

Nun werden alle möglichen Komponenten unterhalb des ausgewählten Systems angezeigt.

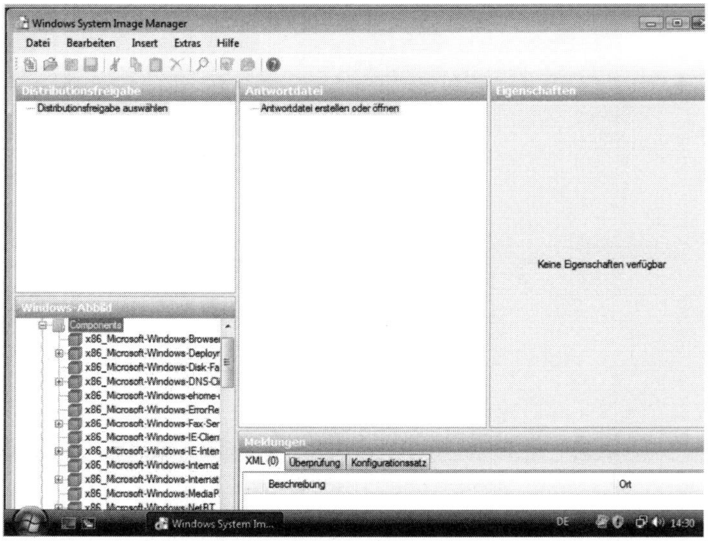

Abbildung 1.25: Komponenten

Im nächsten Schritt erstellen Sie eine leere Antwortdatei. Diese können Sie nun mit den verschiedenen Komponenten füllen.

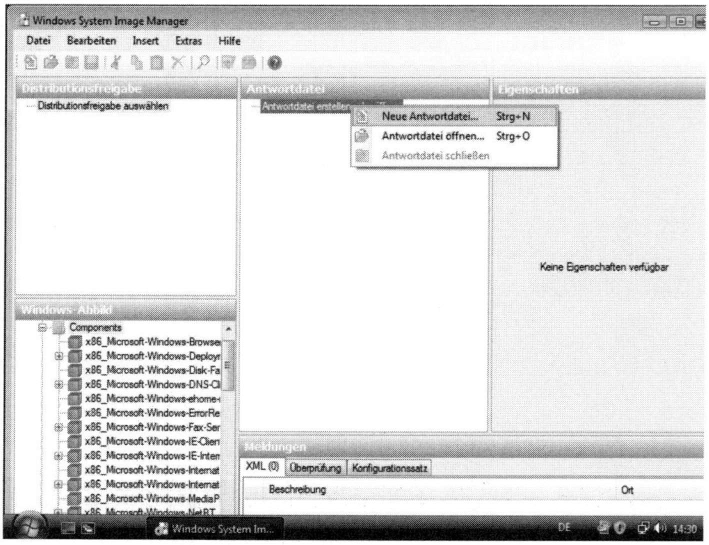

Abbildung 1.26: Neue Antwortdatei erstellen

Dazu klicken Sie die einzelnen Komponenten an, und fügen sie an die richtige Stelle ein.

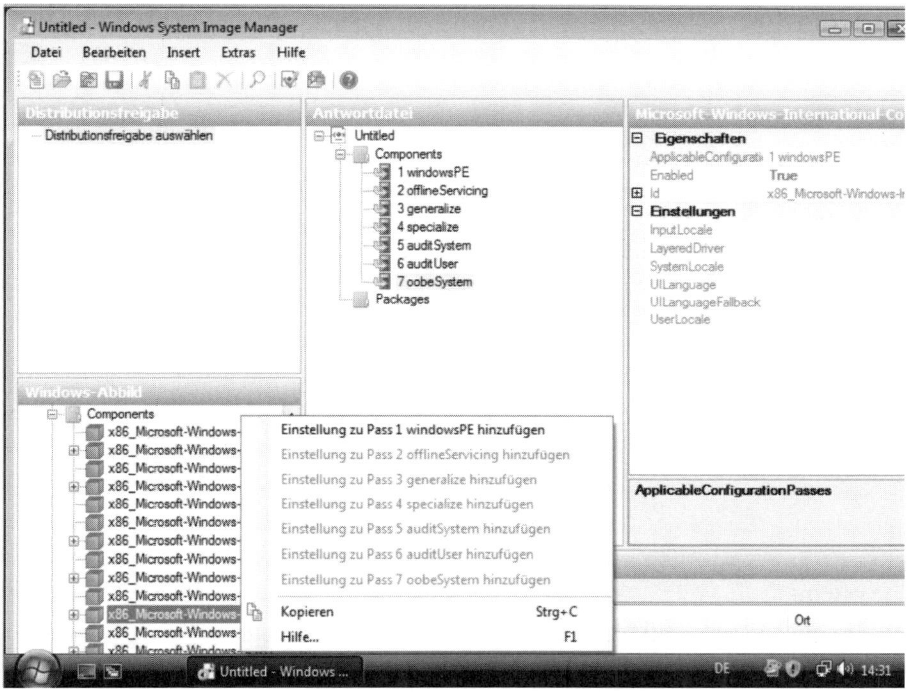

Abbildung 1.27: Komponenten hinzufügen

Doch was ist die richtige Stelle?

Eine Installation besteht aus 7 möglichen Phasen. Nicht alle Phasen sind in jeder Art der Installation vorhanden, beispielsweise ist die Installation anders, wenn Sie von einer DVD installieren, als wenn Sie mit ImageX ein Abbild erstellt haben, nachdem Sie SYSPREP angewendet haben.

Die 7 Phasen sind folgende:

windowsPE

Hier werden die Komponenten eingefügt, die die grundsätzlichen Einstellungen des Betriebssystems beinhalten, und noch während der PE-Phase ausgeführt werden, beispielsweise Partitionen auf der Festplatte oder die Eingabe des Product Keys.

offlineServicing

Mit dieser Komponente werden einem Image Updates zugewiesen. Auch Sprachpakete, oder Sicherheitsupdates können hier hinzugefügt werden.

generalize

Wenn Sie ein Systemabbild mit „sysprep“ und dem Parameter „/generalize“ erstellt haben, können Sie an dieser Stelle Konfigurationen machen. Diese Komponente wird nur benutzt, wenn ein Abbild mit „Sysprep/ generalize“ erstellt worden ist.

specialize

Hier können systemspezifische Konfigurationen zugewiesen werden. Beispielsweise kann man Netzwerkeinstellungen, internationale Einstellungen, sowie Domäneninformationen konfigurieren.

auditSystem

Wenn Sie ein Systemabbild mit „sysprep“ und dem Parameter „/audit“ erstellt haben, können Sie an dieser Stelle Konfigurationen machen.

Die Einstellungen betreffen die Zeitspanne, kurz bevor der Benutzer sich anmeldet.

oobeSystem

Hier werden die Einstellungen zugewiesen, die kurz bevor der „Willkommensbildschirm“ erscheint relevant sind.

Sobald Sie die Komponenten an die richtige Stelle in der Antwortdatei gesetzt haben, können Sie die Einstellungen konfigurieren.

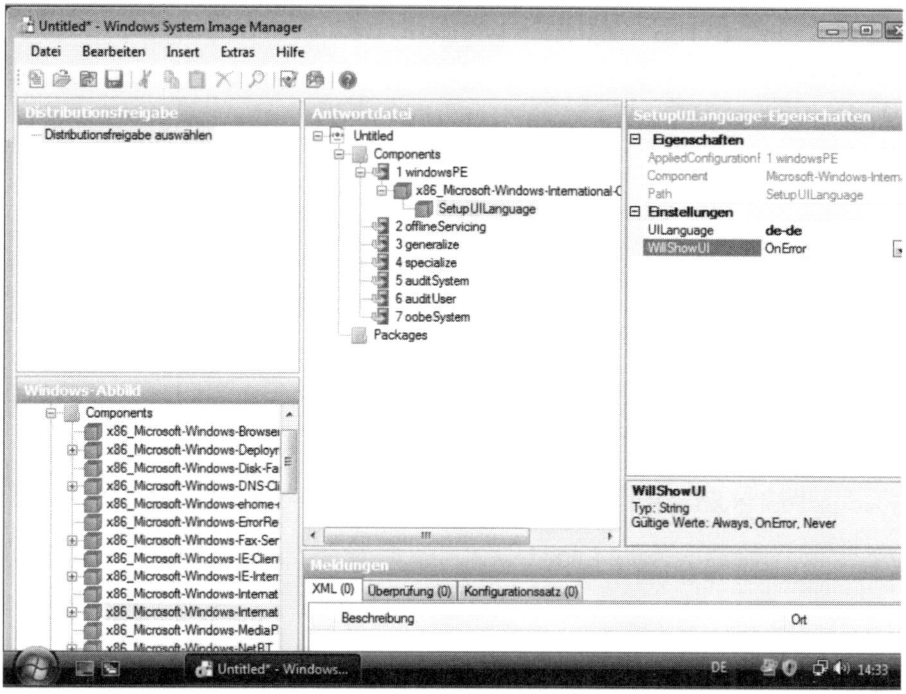

Abbildung 1.28: Konfiguration der Einstellungen

Zum Schluss müssen Sie diese Datei nur noch unter dem Namen „autounattend.xml“ speichern, und auf ein Wechselmedium kopieren.

1.4 Migration von Benutzerkonten

Oft ist eine Neuinstallation die bessere Lösung. Mit einem Upgrade werden alte Fehler und Unsauberkeiten des vorherigen Systems mitgeführt, was sich eventuell negativ auf die Systemstabilität auswirken kann.

In diesem Fall ist die Möglichkeit der Migration einer vorhandenen Benutzerumgebung sehr interessant. Bevor eine Neuinstallation gemacht wird, werden die alten Daten und Einstellungen weggesichert, und können nach der Neuinstallation wieder eingespielt werden. Dadurch haben Sie die Vorteile einer Neuinstallation und verlieren nicht die alten Daten und Einstellungen.

1.4.1 Übertragen mit grafischer Benutzeroberfläche

Vista bietet ein Tool an, das Ihnen mit einer schön zu bedienenden grafischen Benutzeroberfläche auf sehr einfache Art und Weise die Möglichkeit bietet, die Einstellungen zu übertragen. Dieses Tool heißt „Easy Transfer" und ist gut versteckt. Zum Öffnen gehen Sie folgenden Weg:

- Start
- Alle Programme
- Zubehör
- Systemprogramme
- Easy Transfer

Mit diesem Tool können Sie folgenden Eistellungen übertragen:

- Benutzerkonten
- Dateien und Ordner
- Programmdaten und -einstellungen
- Fotos, Musik und Videos
- Windowseinstellungen
- Interneteinstellungen

ACHTUNG!
Programme können mit diesem Tool nicht übertragen werden, diese müssen neu installiert werden!

Es ist aber nicht sehr wahrscheinlich, dass Ihr Quellcomputer ein System unter Windows Vista ist. Bei älteren Systemen steht diese Option natürlich nicht zur Verfügung.

In diesem Fall können Sie die Migration von der Vista-DVD aus starten.

Legen Sie die DVD ins Laufwerk Ihres alten Systems, dessen Daten Sie übertragen möchten.

Die DVD startet automatisch. Wählen Sie „Dateien und Einstellungen von einem anderen Computer übertragen".

Abbildung 1.29: Easy Transfer

Auf diese Weise startet das Programm ebenfalls.

Aber egal, von welchem System aus Sie migrieren, der Vorgang ist immer identisch.

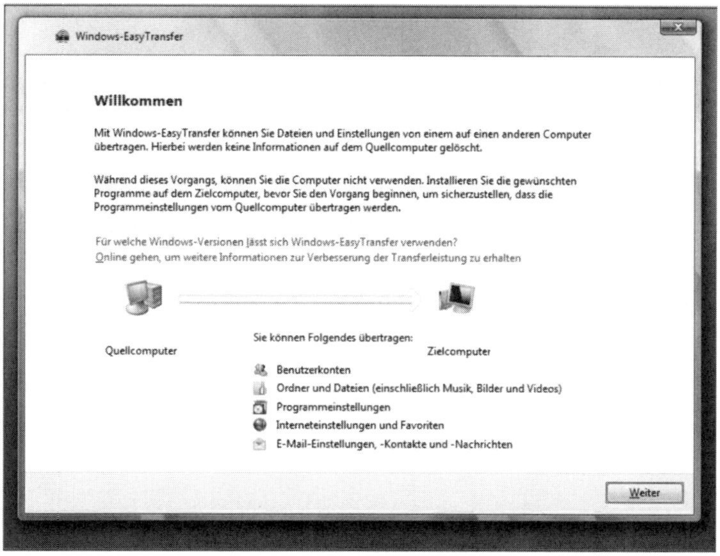

Abbildung 1.30: Easy Transfer

Wenn Sie auf „Weiter“ klicken, müssen Sie zunächst entscheiden, ob Sie einen bereits gestarteten Transfer wieder aufnehmen wollen, oder ob Sie einen neuen starten möchten.

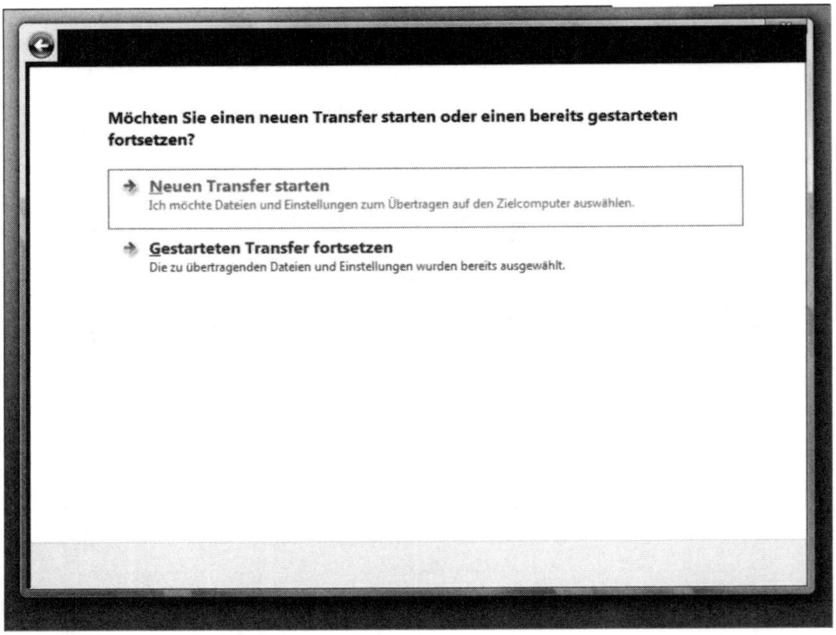

Abbildung 1.31: Neuer Transfer oder Fortsetzung

Danach geben Sie an, ob Sie sich momentan am Quellcomputer oder am Zielcomputer befinden.

Die nächste Entscheidung ist, wo Sie die migrierten Daten bis zum Wiedereinspielen speichern möchten.

Abbildung 1.32: Übertragungsarten

Es bietet sich in den meisten Fällen an, die Daten auf einem Netzwerkpfad zu speichern, auf den später einfach zugegriffen werden kann.

Nun geben Sie an, ob Sie alle Benutzerdaten, oder nur Ihre eigenen übertragen möchten.

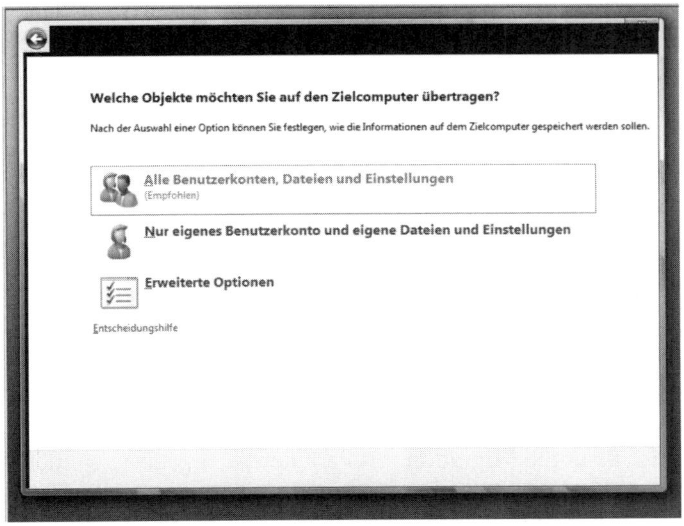

Abbildung 1.33: Auswahl der Benutzerdaten

Die Auswahl können Sie noch einmal überprüfen.

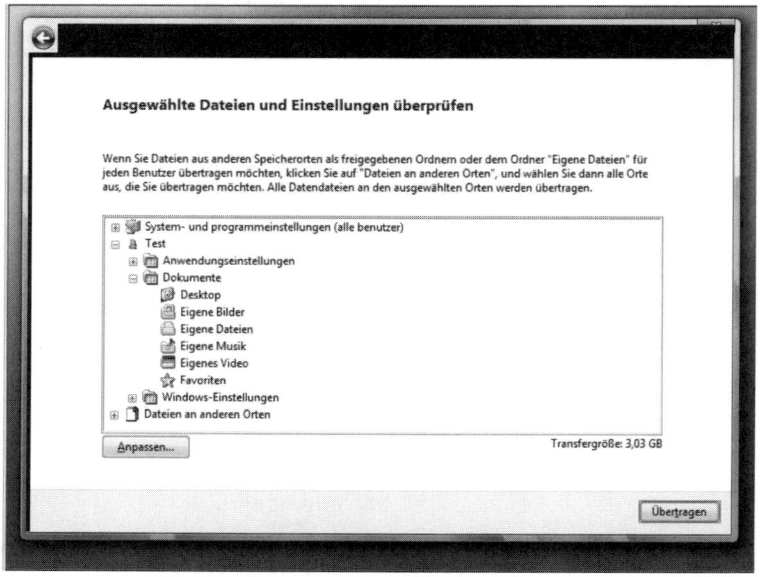

Abbildung 1.34: Überprüfung

Danach werden die Daten übertragen, was einige Zeit dauern kann.

Um die Daten später auf dem Zielcomputer wieder einzuspielen, navigieren Sie einfach zum Speicherort der Datei, und doppelklicken Sie diese, der Easy Transfer startet, und die Daten werden eingespielt.

1.4.2 Migration mit dem User State Migration Tool (USMT)

Eine zweite Möglichkeit, Benutzereinstellungen zu übertragen, ist das User State Migration Tool (USMT).

Das USMT ist ein Befehlszeilentool, und dafür gedacht, komplexere Migrationen zu machen, denn hier kann die Migration mit Parametern angepasst werden. USMT ist für Administratoren gedacht, nicht für einen Einzelbenutzer. USMT benötigt einen Domänencontroller, kann also nur in einer Domäne eingesetzt werden.

Sie können USMT in der aktuellen Version 3.0.1 herunterladen und installieren.

ACHTUNG!
Bitte achten Sie darauf, dass Sie nicht die Version 3.0 benutzen, denn diese funktioniert mit der deutschen Vista Installation nicht!

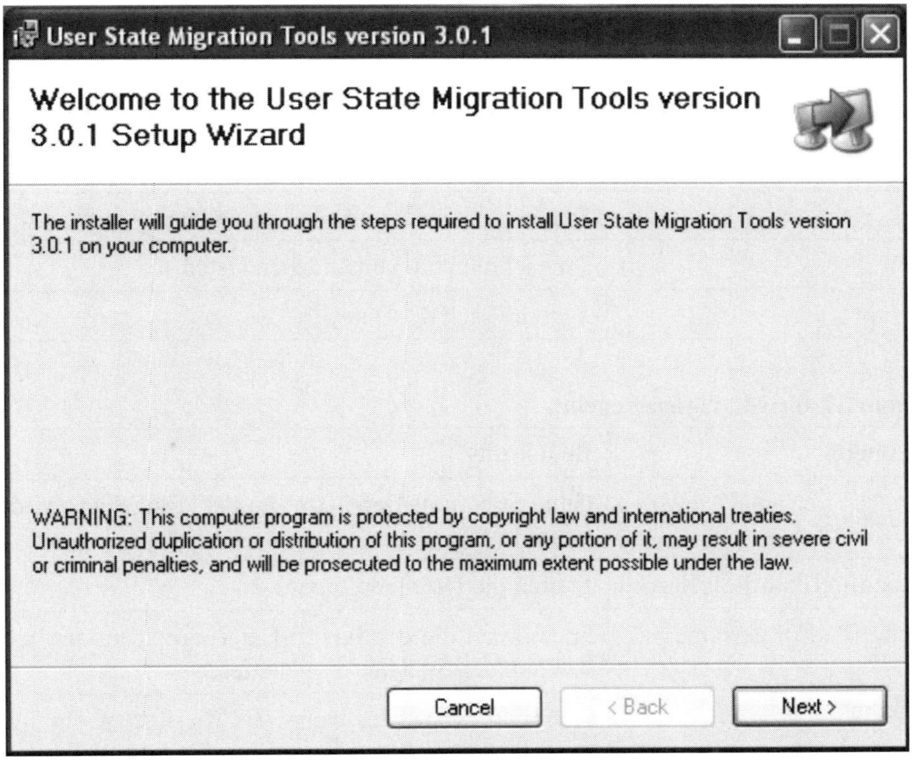

Abbildung 1.35: Installation von USMT

Danach steht es Ihnen als Befehlszeilentool zur Verfügung.

Scanstate

USMT setzt sich in erster Linie aus zwei Befehlen zusammen:

- Scanstate.exe
- Loadstate.exe

Außerdem gibt es noch einige .xml-Dateien.

Mit Scanstate können Sie auf dem Quellcomputer die Informationen aller Benutzer sammeln, mit Loadstate dagegen können Sie diese auf dem Zielrechner wieder einspielen.

Leider ist die Syntax von Scanstate und Loadstate nicht ganz einfach. Die beiden Befehle werden mit diversen Parametern eingesetzt, und sind Key-sensitiv.

Hier die wichtigsten Parameter des Tools „Scanstate“:

Parameter für Speicheroptionen:

Parameter	Bedeutung
Pfad	Der Pfad, in dem die Daten gespeichert werden
/o	Überschreibt die vorhandenen Daten
/encrypt	Verschlüsselt die Daten

Parameter für Migrationsregeln:

Parameter	Bedeutung
/i:[Path\]FileName	Gibt eine .xml-Datei an, in der festgelegt wird, was migriert wird
/genconfig:[Path\]FileName	Erstellt die Datei config.xml
/config:[Path\]FileName	Spezifiziert die config.xml-Datei, die Scanstate benutzen soll, um den Speicher zu generieren
/targetxp	Optimiert Scanstate, wenn das Zielsystem ein Rechner mit XP ist
/localonly	Migriert nur lokal auf dem Rechner gespeicherte Daten

Parameter für Überwachungsoptionen:

Parameter	Bedeutung
/c	Scanstate ignoriert nichtkritische Fehler
/r:TimesToRetry	Legt die Anzahl der Versuche fest, die Scanstate unternimmt, wenn auf dem Server Fehler gemeldet werden

Parameter für Verschlüsselung:

Parameter	**Bedeutung**
/efs:abort	Scanstate wird mit einem Fehler beendet, wenn eine verschlüsselte Datei entdeckt wird
/efs:skip	Verschlüsselte Dateien werden von Scanstate ignoriert
/efs:decryptcopy	Scanstate versucht, die Datei zu entschlüsseln, und abzubrechen, wenn sie nicht entschlüsselt werden kann
/efs:copyraw	Scanstate kopiert die Datei verschlüsselt

Loadstate

Auch Loadstate hat viele Parameter, mit denen das Tool benutzt wird.

Parameter für Speicheroptionen:

Parameter	**Bedeutung**
Pfad	Der Pfad, in dem die Daten gespeichert werden

Parameter für Migrationsregeln:

Parameter	**Bedeutung**
/i:[Path\]FileName	Beschreibt eine .xml-Datei, in der festgelegt ist, was migriert wird
/q	Loadstate kann ohne administrative Rechte ausgeführt werden
/config:[Path\]FileName	Legt die config.xml-Datei fest, die benutzt werden soll

Parameter für Überwachungsoptionen:

Parameter	**Bedeutung**
/c	Loadstate ignoriert nichtkritische Fehler
/r:TimesToRetry	Legt die Anzahl der Versuche fest, die Loadstate unternimmt, wenn auf dem Server Fehler gemeldet werden

Beachten Sie bei der Benutzung des USMT, dass Sie genügend Speicherplatz zur Verfügung haben, auf den sowohl der Quellcomputer als auch der Zielcomputer zugreifen kann.

1.5 Dual-Boot mit älteren Windows Versionen

Natürlich können Sie auch mehrere Betriebssysteme auf ein und demselben Rechner installiert haben. Dies kann von Bedeutung sein, wenn Sie einige ältere Programme haben, die unter Windows Vista nicht richtig funktionieren, obwohl dies selten sein wird.

Trotzdem haben Sie die Möglichkeit einer Dual-Boot Konfiguration, wobei Sie allerdings beachten müssen, dass der Startvorgang von Windows Vista völlig anders ist, als der aller vorhergehenden Windows Versionen.

1.5.1 Der Startvorgang bei Vista

Nachdem das BIOS die aktive Startpartition gefunden hat, wird der Bootmanager, mit Namen „Bootmgr.exe“ gestartet. Dieser stellt das Bootmenü bereit.

Diese findet er in einer Datenbank, der „Boot Configuration Data“ Datenbank (BCD), die sich bei normalen PCs mit herkömmlichen BIOS im Verzeichnis \Boot\BCD\ befindet. In dieser Datenbank sind auch die Starteinträge für ältere Betriebssysteme gespeichert.

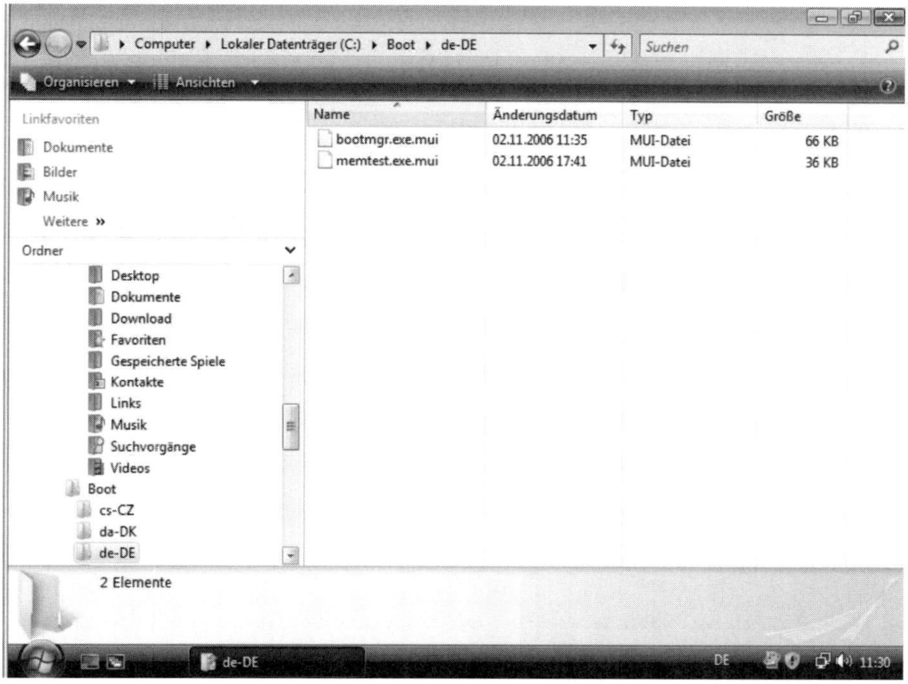

Abbildung 1.36: Speicherort der Datenbank

ACHTUNG!

Die Bootsequenz bei Vista ist bereits vorbereitet für die neuen Hardwaresysteme mit EFI-BIOS. Diese neueren Systeme arbeiten beim Hardwarestart etwas anders, und die BCD-Datenbank liegt in diesem Fall in einem anderen Verzeichnis: \FI\Microsoft\BOOT.

Allerdings ist der Ort, an dem die Datenbank gespeichert ist, nicht von Belang, denn sie ist nicht mehr so leicht zu editieren wie in den vorherigen Windows Versionen. Dort hieß das Gegenstück „Boot.ini“ und war mit einem einfachen Texteditor zu bearbeiten.

Die neue Datenbank ist nur noch mit einem Microsoft Tool mit Namen „BDCedit.exe“ zu editieren, das leider etwas komplexer ist.

Öffnen Sie „BCDedit“ immer in einem Fenster mit administrativen Rechten.

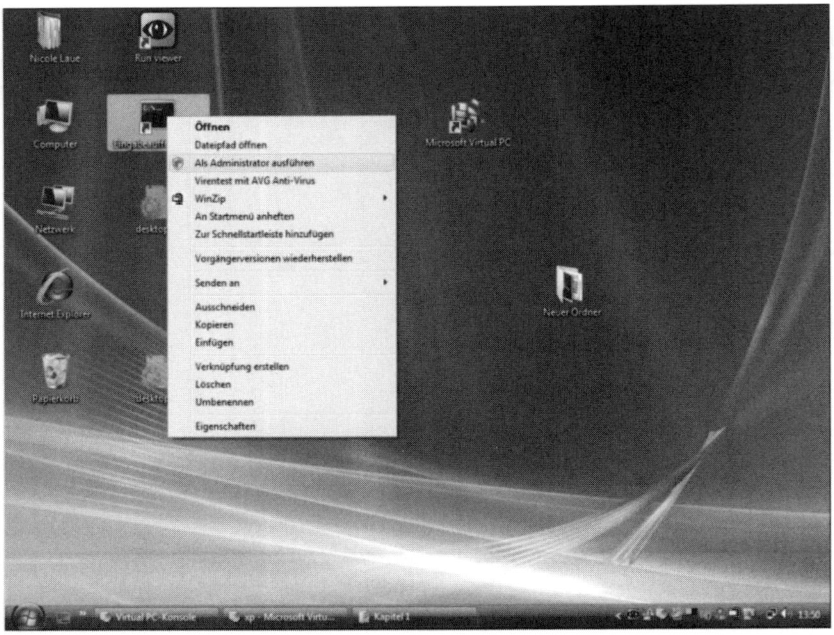

Abbildung 1.37: Öffnen von BCDedit

Wenn Sie nun BCDedit eingeben, erhalten Sie eine Übersicht.

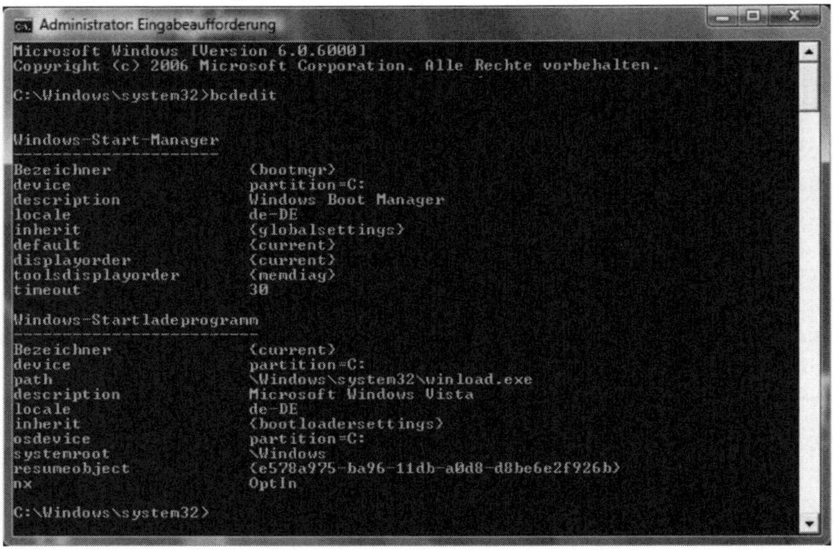

Abbildung 1.38: BCDedit

Zum Glück hat BCDedit eine gute Hilfefunktion. Wenn Sie eingeben BCDedit /? Erhalten Sie eine genaue Aufstellung über die Benutzung.

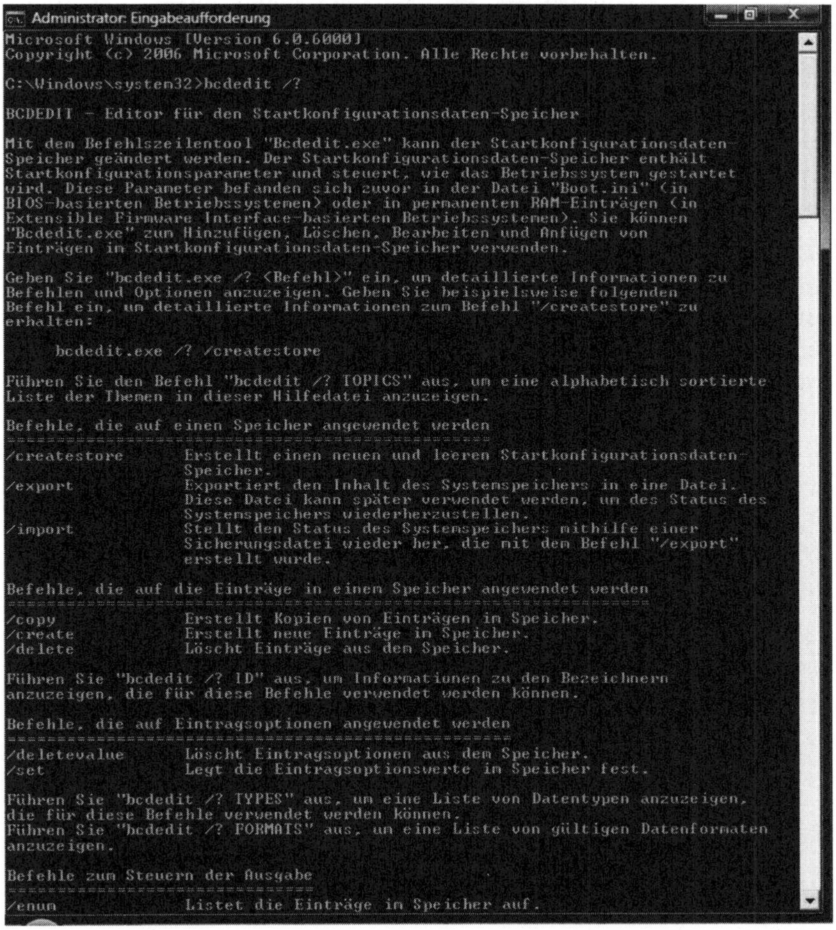

Abbildung 1.39: Die Hilfe in BCDedit

Aber egal, ob Sie die Datenbank original gelassen haben, oder manuell verändert haben, der Startvorgang geht immer gleich weiter.

Nach dem Auslesen der Datenbank wird für den Fall, dass Vista gestartet werden soll, die Datei „WINLOAD.EXE" gestartet, die wiederum das eigentliche Betriebssystem startet. Dies ist die Datei „NTOSKRNL.EXE", die sich im %systemroot\system32\ befindet.

1.5.2 Regeln für den Dual-Boot

Sie müssen die Betriebssysteme in der Reihenfolge ihrer Veröffentlichung installieren

Vista hat einen anderen Startvorgang wie alle älteren Windows Systeme. Die älteren Systeme können in die BCD integriert werden, aber natürlich können die älteren Systeme Vista nicht integrieren. Deswegen muss Vista immer als letztes System installiert werden.

Sollten Sie versehentlich zuerst Vista, und danach ein älteres System installiert haben, lässt sich Vista nicht mehr starten, da seine Startdateien überschrieben worden sind.

In diesem Fall müssen Sie entweder Vista neu installieren, und damit das ältere System in die BCD integrieren, oder Sie müssen Vista von der CD starten, und mit den Reparaturoptionen die zerstörte Startumgebung wiederherstellen. Leider lässt sich nach der Reparatur das ältere System nicht mehr starten, da Vista bei einer Reparatur dieses nicht erkennt.

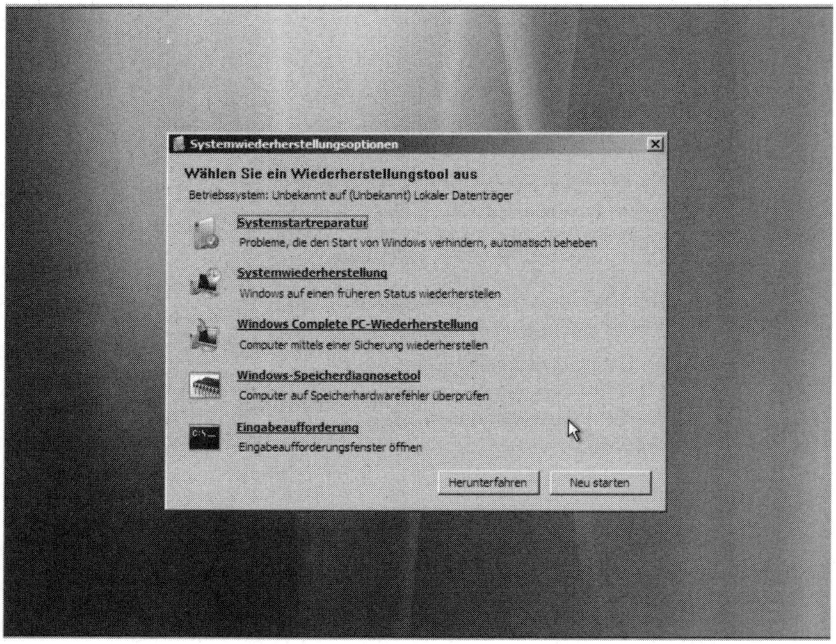

Abbildung 1.40: Startreparaturoptionen

Benutzen Sie für jede Installation eine eigene Partition

Wenn Sie mehrere Windows Installationen auf die gleiche Partition installieren wollen, wird das nicht funktionieren, da sie Ordner mit den gleichen Namen verwenden.

Installieren Sie jedes Betriebssystem auf eine eigene Partition.

Geben Sie den Installationen verschiedene Rechnernamen

Jede Installation wird im Netzwerk registriert. Damit es keine Verwechslungen geben kann, beispielsweise bei der Namensauflösung, sollten Sie jeder Installation einen eigenen Rechnernamen geben, obwohl die auf der gleichen Maschine installiert sind.

1.6 Treiberkonfiguration

Als Administrator müssen Sie sich sicher oft um Treiber und deren Installation und Wartung kümmern.

Nicht immer klappt alles völlig reibungslos, deswegen sollten Sie einige Werkzeuge an der Hand haben, mit denen Sie die Treiberverwaltung vereinfachen können.

1.6.1 Treiberrücksetzung

Eine innovative Möglichkeit, Probleme mit Treibern zu lösen, ist die Treiberrücksetzung.

Wenn Sie für ein Gerät einen neuen Treiber installieren, wird der alte Treiber nicht gelöscht, sondern gespeichert.

Falls Sie einen Treiber installiert haben, der nicht funktioniert, oder der Ihr System instabil macht, können Sie so auf sehr einfache Art den ursprünglichen Treiber wiederherstellen.

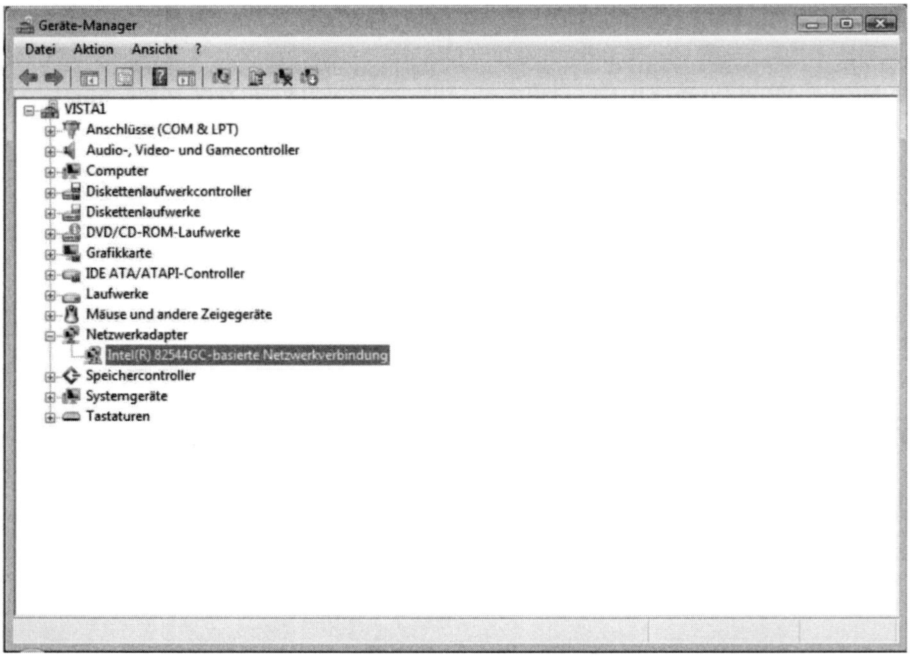

Abbildung 1.41: Geräte-Manager mit falschem Treiber

Wenn der Treiber nicht in Ordnung ist, sehen Sie das in den meisten Fällen im Geräte-Manager. Aber auch, wenn der Geräte-Manager keinen Fehler anzeigt, ist es möglich, dass der zuletzt installierte Treiber ein Problem verursachen kann.

Es wird aber immer nur die letzte Version aufgehoben, ältere Treiber werden verworfen.

Wenn Sie zu diesem alten Treiber zurückkehren wollen, setzen Sie im Geräte-Manager einen Doppelklick auf das Gerät, und wechseln Sie auf die Karteikarte „Treiber“.

Abbildung 1.42: Zum vorherigen Treiber zurückkehren

Klicken Sie auf „Vorheriger Treiber“. Sollte ein älterer Treiber vorhanden sein, bekommen Sie diese Abfrage:

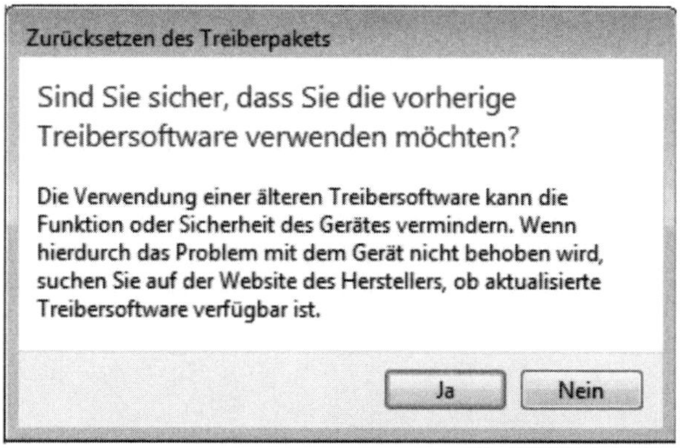

Abbildung 1.43: Abfrage

Wenn Sie mit „Ja“ antworten, wird Ihr System wieder mit dem alten Treiber konfiguriert, und damit der alte Zustand wiederhergestellt.

1.6.2 Device Driver Store

Windows Vista hat ein neues Treibermodell eingeführt. Es basiert auf der Annahme, dass nur mit signierten Einheitstreibern gearbeitet wird, die dem System eine höhere Stabilität verleihen sollen.

Diese Treiber sind alle im so genannten „Driver Store“ zu finden. In erster Linie finden wir dort natürlich die Treiber, die Microsoft bereits mitgeliefert hat. Es ist aber natürlich möglich, auch nachträglich Treiber in diesen „Driver Store“ zu legen. Dies kann entweder bereits beim Massenrollout getan werden, indem das Image angepasst wird, oder nachträglich mit Tools wie „pnputil.exe“.

Alle Treiber, die dort zu finden sind, kann der Benutzer auch ohne administrative Rechte installieren.

Sie finden den Driver Store im %Systemroot%\System32\driverstore. Dieses Verzeichnis ist schreibgeschützt, Sie können nur mit den oben erwähnten Tools Eintragungen machen.

Das Konzept

Windows Vista hat mit dem Driver Store ein neues Treiberkonzept entwickelt. Sie können als Administrator Treiber in diesen Driver Store legen.

Dazu geben Sie an der Eingabeaufforderung, die Sie mit erhöhten Rechten öffnen müssen, ein:

Pnputil.exe –a <NameDesTreiberpakets>

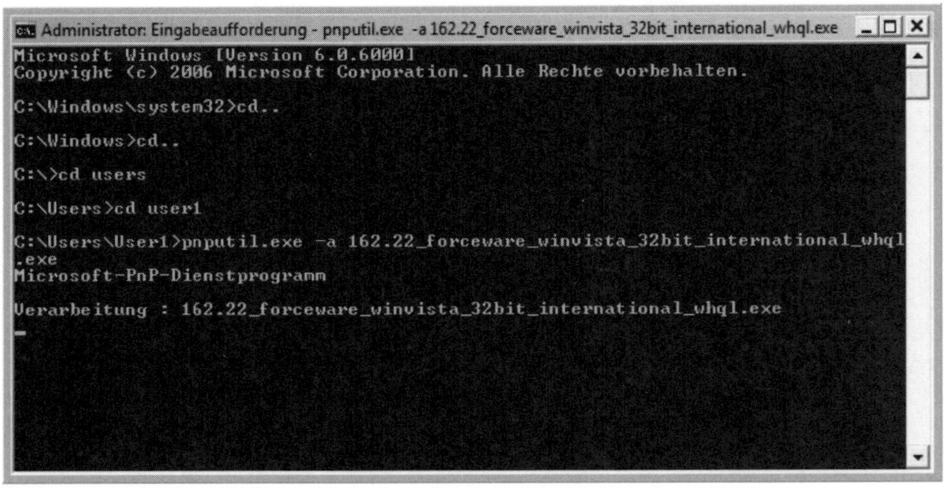

Abbildung 1.44: pnputil

Nun wird das Treiberpaket in den Driver Store hinzugefügt.

Aus diesem können die Treiber nun jederzeit installiert werden.

Was eine weitere Besonderheit ist: Sie können normalen Benutzern erlauben, bestimmte Treiber auch ohne administrative Rechte zu installieren.

Dazu erstellen Sie eine MMC, und fügen das Snap-In der lokalen Gruppenrichtlinie hinzu.

Hier navigieren Sie an folgende Stelle:

- Computerkonfiguration
- Administrative Vorlagen
- System
- Treiberinstallation

Wählen Sie an dieser Stelle: „Installation von Treibern für diese Gerätesetupklassen ohne Administratorrechte zulassen".

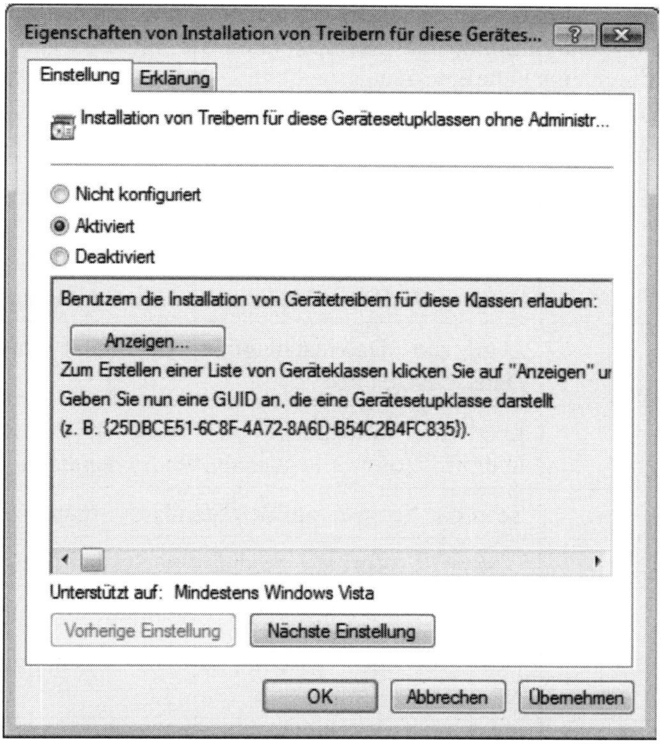

Abbildung 1.45: Auswahl der Installation ohne Administratorrechte

Wenn Sie die entsprechende GUID des Treibers angeben, können danach auch Benutzer ohne administrative Rechte diesen Treiber installieren.

1.7 Tools

Windows Vista liefert Ihnen einige ganz nützliche Tools mit, mit deren Hilfe Sie die Integrität der Systemdateien und der Treiberversionen feststellen können.

1.7.1 SFC

SFC.EXE ist das Systemdateien Überprüfungsprogramm.

Windows Vista schützt seine Systemdateien, indem in einem geschützten Verzeichnis immer eine weitere Version der benutzten Systemdateien gespeichert ist. Sollte eine Systemdatei nicht mehr funktionsfähig sein, können Sie mit dem Tool SFC.EXE die zerstörte Datei durch eine neue ersetzen.

Sinnvoll einzusetzen ist das Programm SFC nur mit den entsprechenden Parametern

Parameter	Bedeutung
/?	Zeigt die Hilfe an der Eingabeaufforderung an
/cachesize=x	Legt die Dateicachegröße (in MB) des Windows-Dateischutzes fest
/purgecache	Leert den Dateicache des Windows-Dateischutzes und überprüft sofort alle geschützten Systemdateien
/revert	Setzt das Scannen auf den Standardvorgang zurück
/scannow	Überprüft sofort alle geschützten Systemdateien
/scanonce	Überprüft alle geschützten Systemdateien einmal
/scanboot	Überprüft alle geschützten Systemdateien bei jedem Neustart des Computers
/scanfile	Überprüft nur genau diese Datei

1.7.2 Sigverif

Ein weiteres praktisches Tool ist SIGVERIF.EXE. Es untersucht alle Systemdateien und Treiber auf die Signatur.

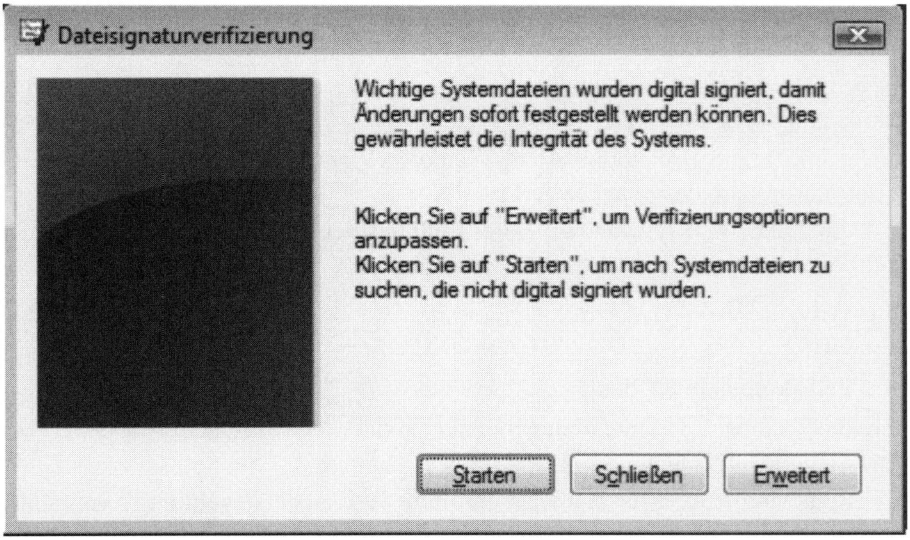

Abbildung 1.46: Das Tool SIGVERIF

Mit diesem Tool erhalten Sie eine Übersicht über alle nicht signierten Treiber, und können sie gegebenenfalls durch signierte ersetzen.

1.8 Zusammenfassung, Übungen / Aufgaben

1.8.1 Zusammenfassung

Das Massenrollout von Vista-Installationen wird von Microsoft mit mehreren Tools unterstützt, die alle im BDD (Business Desktop Deployment) enthalten sind.

Wenn größere Mengen an Computern eingerichtet werden müssen, bietet sich eine unbeaufsichtigte Installation an.

Die unbeaufsichtigte Installation ist in Windows Vista völlig neu, denn Vista ist das erste Betriebssystem, das imagebasiert ist.

Vista kann über WDS (Windows Bereitstellungsdienste) installiert werden, hierfür muss im Netzwerk vorhanden sein:

- Active Directory
- DHCP
- PXE-kompatible Clients

Sollten die Clients PXE nicht unterstützen, können Sie mit dem WDS-Server ein „Suchstartabbild" erstellen.

Eine weitere Möglichkeit für den Massenrollout ist das Versiegeln einer vorhandenen Installation mit dem Tool „sysprep" und das Erstellen eines Images dieses Computers mithilfe von „ImageX".

Für eine einfache Installation können Sie auch Antwortdateien erstellen, mit deren Hilfe während der Installation keine Informationen mehr über die Tastatur eingegeben werden müssen. Diese Antwortdateien erstellen Sie mit dem „WAIK". Wenn Sie eine solche Antwortdatei mit dem Namen „Autounattend.xml" während des Startens der Installation auf einem Wechseldatenträger zur Verfügung stellen, werden diese Informationen ausgelesen und benutzt.

Eine Dual-Boot Konfiguration kommt auch in bestimmten Fällen in Frage, wobei auf die Voraussetzungen geachtet werden muss.

Wollen Sie kein Upgrade, da Sie ein neues sauberes System möchten, aber die Benutzerdaten und Einstellungen der alten Version nicht verlieren, so können Sie die Benutzereinstellungen migrieren. Zwei Möglichkeiten stehen zur Verfügung, das grafische Tool „Easy Transfer Wizard" und das Befehlszeilentool USMT.

Alle Treiber, die im Device Driver Store gespeichert sind, lassen sich ohne administrative Rechte installieren. Sie als Administrator können Treiber hinzufügen.

Mit den Tools SFC und Sigverif können Sie die Integrität des Systems überprüfen.

1.8.2 Übungen

1. Installieren Sie Windows Vista Ultimate von der CD. Belassen Sie die Standardeinstellungen.

   Installieren Sie auf eine 20 GB Partition.

   Geben Sie als Namen Ihre Initialen ein.

   Das Kennwort ist „Kennw0rt! (Bitte beachten Sie: Dieses Kennwort enthält die Ziffer „0“ und am Ende ein „!“).

   Der Name des Clients ist „VistaX“ (Wobei „X“ für eine Ziffer steht, die Clients sollten „Vista1“, „Vista2“ und so weiter heißen).

   Verwenden Sie weiterhin die empfohlenen, bzw. Standardeinstellungen.

   Für den Standort wählen Sie „Arbeitsplatz“.

   Melden Sie sich mit Ihrem Konto an.

2. Treten Sie der Domäne „Meistertrainer.info“. bei. Verwenden Sie als DNS-Server die 192.168.1.100. Das administrative Konto in der Domäne ist „Administrator“, das Kennwort ist „Kennw0rt!“.

3. Laden Sie den „WAIK“ von der Microsoft Seite herunter und installieren Sie ihn.

4. Kopieren Sie die Vista-DVD in einen Ordner.

5. Erstellen Sie eine Antwortdatei für eine „Ultimate“ Installation.

6. Starten Sie das grafische Tool zum Migrieren von Benutzerkonten. Speichern Sie Ihre Benutzerdaten auf dem Computer Ihres Übungspartners in einer beliebigen Freigabe.

   Spielen Sie Ihre individuellen Einstellungen im Anschluss wieder ein.

7. Laden Sie „USMT“ in der aktuellen Version herunter und installieren Sie es.

8. Beginnen Sie eine Migration mit dem Tool „Scanstate“. Beachten Sie die Syntax und die Parameter.

9. Benutzen Sie das Tool „BCDedit“ und lassen Sie die momentane Bootkonfiguration anzeigen.

10. Machen Sie sich mit diesem Tool vertraut.

11. Installieren Sie einen anderen Treiber für die Netzwerkkarte.

12. Setzen Sie den Treiber zurück auf die vorherige Version.

13. Benutzen Sie das Tool „SFC“. Überprüfen Sie nur eine bestimmte Datei, und benutzen Sie dafür den richtigen Parameter.

14. Überprüfen Sie mit dem Tool „Sigverif“ die Signaturen der Systemdateien und Treiber.

1.8.3 Aufgaben

1. Sie haben einen Computer von Windows XP auf Windows Vista upgegraded. Er erfüllt die Hardwarevoraussetzungen für AERO, aber AERO funktioniert nicht.

   Was könnte noch das Problem sein?

2. Sie haben folgende Hardwarekonfiguration:

   900-MHz Prozessor

   256 MB RAM

   25 GB freie Festplatte

   VGA Grafikkarte mit 128 MB RAM

   Warum klappt die Installation von Windows Vista nicht?

3. Was ist die Mindestanforderung an freiem Festplattenspeicher für eine Vista Installation?

4. Sie möchten Vista von einem selbsterstellten Image installieren. Das Image ist im Netzwerk gespeichert.

   Sie haben eine Vista DVD zur Verfügung, und ebenfalls eine WinPE CD.

   Welche drei Dinge müssen Sie tun?

5. Sie möchten Windows Vista über das Netzwerk verteilen. Dafür haben Sie die Installationsdateien in eine Freigabe kopiert, und dort auch eine Antwortdatei hinterlegt.

   Alle Computer haben PXE kompatible Netzwerkkarten.

   Was benötigen Sie noch, um eine automatische Installation über das Netzwerk zu machen?

6. Sie möchten ein Massenrollout von Windows Vista in Ihrer Domäne machen.

   Alle Computer haben eine PXE-kompatible Netzwerkkarte und ein CD-Laufwerk.

   Was benötigen Sie im Netzwerk noch für ein Massenrollout?

7. Sie planen Windows Vista mit einem individuell erstellten Image zu installieren. WAIK ist auf einem Computer installiert.

   Nun müssen Sie eine WinPE CD erstellen.

   Was müssen Sie dafür tun?

8. Sie möchten Windows Vista auf verschiedenen Hardwareplattformen verteilen. Dazu gehören sowohl 32-bit als auch 64-bit Maschinen, einige Desktops, Notebooks und Handhelds.

   Wie viele Images benötigen Sie dafür?

9. Sie haben einen Referenzcomputer mit Windows Vista eingerichtet. Nun möchten Sie ein WIM-Image auf Basis dieses Computers erstellen.

   Was müssen Sie tun, damit das Image später reibungslos benutzt werden kann, und die Computer auch der Domäne beitreten können?

10. Sie haben diverse Computer auf Windows Vista upgegraded. Vorher haben Sie die Benutzerdaten mit „Scanstate" gesichert.

    Nun möchten Sie diese Daten wiederherstellen. Dafür haben Sie dem Benutzer ein Anmeldeskript erstellt.

    Wenn der Benutzer sich anmeldet, erhält er aber eine Fehlermeldung, dass er als Administrator angemeldet sein muss, um die Daten wiederherzustellen.

    Wie können Sie dafür sorgen, dass der Benutzer die Daten wiederherstellen kann, wenn er sich anmeldet, ohne Administrator sein zu müssen?

11. Sie möchten auf Windows Vista upgraden, und zuvor die Benutzerdaten mit dem USMT 3.0 sichern.

    Sie benutzen im Unternehmen EFS.

    Wie können Sie erreichen, dass die verschlüsselten Dateien beim Backup der Benutzerdaten ignoriert werden?

12. Sie möchten Windows Vista mit einem Fremdherstellertool verteilen.

    Wie erreichen Sie, dass alle Benutzer nach der Migration wieder ihre eigenen Einstellungen haben?

13. Sie möchten mit dem USMT 3.0 arbeiten. Mit welchen Parametern sorgen Sie dafür, dass nichtkritische Fehler ignoriert werden?

14. Sie haben eine DualBoot Konfiguration mit Windows 2000 und Vista.

    Wie können Sie dafür sorgen, dass als Standardbetriebssystem Windows 2000 gestartet wird?

15. Wie können Sie einen Treiber updaten, ohne das Installationsprogramm des Treibers zu benutzen?

16. Wie können Sie dafür sorgen, dass ein Treiber, der nicht mit Windows Vista ausgeliefert wird, automatisch installiert wird, sobald das Gerät erkannt wird?

17. Sie stellen fest, dass die Systemdatei kernel32.dll defekt ist.

    Wie können Sie diese Datei schnell reparieren, ohne die anderen Systemdateien zu überprüfen?

18. Was können Sie machen, wenn Sie kritische Systemupdates heruntergeladen haben, und das System danach nicht mehr startet? Sie sollten eine Lösung finden, bei der Sie die früheren Updates nicht erneut installieren müssen.

2 Die Sicherheit verwalten

Lernziele:

- Die UAC (User Account Control)
- Der Windows Defender
- Sicherheit im Internet Explorer 7
- Die Firewall
- BitLocker

Prüfungsanforderungen von Microsoft:

- Configure and troubleshoot security for Windows Internet Explorer 7+
- Troubleshoot security configuration issues
- Troubleshoot Windows Firewall issues
- Troubleshoot Windows Defender issues
- Configure and troubleshoot User Account Control

Quelle: Microsoft

2.1 Einleitung

Mit der UAC ist es möglich, Prozesse, die dem Computer schaden könnten, zu vermeiden, und die Sicherheit des Systems zu erhöhen.

Malware und Attacken aus dem Internet sind mittlerweile häufig. Hier können Sie mit dem Windows Defender und den Sicherheitseinstellungen des Internet Explorer entgegenwirken. Genauso ist die Windows Firewall ein wichtiges Mittel, um Angriffe auf den Rechner zu verhindern.

Wenn Sie sich auf die Prüfung 70-620 mit unserem Buch „Der Windows Vista MCTS Trainer“ vorbereitet haben, wird Ihnen ein Großteil dieses Kapitels bekannt vorkommen.

Dies liegt daran, dass sich dieses Themengebiet in beiden Prüfungen wiederholt, und auch beinahe identische Fragen gestellt werden.

2.2 Die Benutzerkontensteuerung (UAC User Account Control)

Die Benutzerkontensteuerung (User Account Control, UAC) ist die logische Antwort auf die Probleme, die es bei allen vorherigen Windows Versionen gab.

Viele Benutzer meldeten sich am Computer mit administrativen Rechten an, und konnten dadurch alle Vorgänge als Administrator steuern.

Das bedeutete bisher leider auch, dass Schadprogramme, wie Viren oder Würmer, sollten sie auf den Computer gelangen, ebenfalls vollen administrativen Zugriff auf das System hatten.

Da alle bisherigen Versuche, dieser Problematik Herr zu werden, nicht von großem Erfolg gekrönt waren, hat Microsoft die UAC eingeführt.

Bei aktivierter UAC ist jeder Benutzer, egal, ob er sich mit einem administrativen Konto oder mit einem normalen Benutzerkonto anmeldet, nur normaler Benutzer.

Das bedeutet, dass auch ein Administrator, der systemnahe Aktionen ausführen möchte, auch nur die normalen, eingeschränkten Benutzerrechte hat, und erst erhöhte Rechte anfordern muss.

Ein Administrator muss die Anforderung im Normalfall nur bestätigen, wenn ein Benutzer allerdings erhöhte Rechte benötigt, muss er ein administratives Konto angeben.

2.2.1 Die Einstellungen der Benutzerkontensteuerung

Die Benutzerkontensteuerung ist sowohl aktiv, wenn Sie mit einem normalen Benutzerkonto angemeldet sind, als auch, wenn Sie als Administrator angemeldet sind.

Wenn Sie als normaler Benutzer angemeldet sind, und Sie möchten Tätigkeiten ausführen, die mehr Rechte erfordern, als Ihnen zur Verfügung stehen, erscheint ein Fenster, in dem Sie die Daten eines lokalen Administratorenkontos eingeben müssen.

Wenn Sie dagegen als Administrator angemeldet sind, erscheint ein Bestätigungsdialogfeld, in dem Sie bestätigen müssen, dass Sie diese Aktion genehmigen. Diese Abfrage erscheint immer dann, wenn Sie systemnahe Einstellungen ändern möchten.

Obwohl ich es natürlich verstehen kann, dass dieses Verhalten etwas störend ist, kann ich es auf keinen Fall empfehlen, diese Funktion zu deaktivieren. Sie würden damit die Sicherheit des Vista-Systems wieder auf die Stufe der vorherigen Betriebssysteme herabsetzen, was wirklich schade wäre.

Sollten Sie die Benutzerkontensteuerung aber trotzdem ausschalten wollen, können Sie dies relativ einfach tun, indem Sie in der Systemsteuerung die Kontenverwaltung wählen, und dort die „Benutzerkontensteuerung ein- oder ausschalten".

Abbildung 2.1: Benutzerkontensteuerung ausschalten

Mit dem Ausschalten der UAC machen Sie allerdings einen Rückwärtsschritt, denn Sie kehren zu den Sicherheitseinstellungen von Windows XP zurück.

Besser wäre es, die Benutzerkontensteuerung anzupassen, und das Verhalten bei verschiedenen Ereignissen zu konfigurieren.

Dazu müssen Sie erneut eine MMC erstellen, und das Gruppenrichtlinienobjekt des

lokalen Computers hinzufügen.
Diesmal gehen Sie folgenden Weg, um ans Ziel zu gelangen:

- Computerkonfiguration
- Windows-Einstellungen
- Sicherheitseinstellungen
- Lokale Richtlinien
- Sicherheitsoptionen

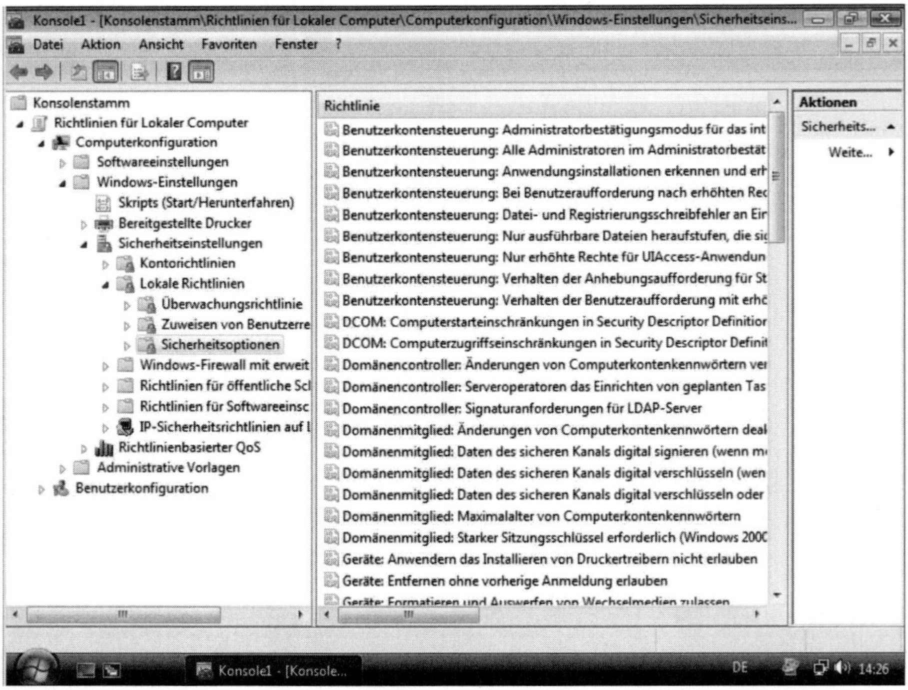

Abbildung 2.2: Einstellungen der Benutzerkontensteuerung

Hier sind die verschiedenen Einstellungsmöglichkeiten, die Sie gut kennen sollten.

Benutzerkontoschutz: Administratorbestätigungsmodus für das integrierte Administratorkonto

Hier wird das Verhalten des integrierten Administratorkontos festgelegt. Dieses Konto ist standardmäßig deaktiviert, kann aber aktiviert werden.

Optionen:

Aktiviert:

Der integrierte Administrator wird im so genannten Administratorbestätigungsmodus angemeldet. Dies ist der Modus, der bei jeder Aktion, die systemnah ist, bestätigt oder abgelehnt werden muss.

Deaktiviert:

Wenn Sie deaktiviert wählen, gibt es für das Administratorkonto keine Benutzerkontensteuerung, und der Administrator hat volle Rechte (dies ist der xp-kompatible Modus).

Standardeinstellung:

Deaktiviert

Benutzerkontensteuerung: Alle Benutzer (inkl. Administratoren) als Standardbenutzer ausführen

Dies ist die Einstellung, die für das komplette System das Verhalten festlegt.

Optionen:

Aktiviert:

Nur wenn diese Option aktiviert ist, findet überhaupt eine Benutzerkontensteuerung statt. Wenn Sie diese Einstellung ändern, muss das System neu gestartet werden.

Deaktiviert:

Es findet keine Benutzerkontensteuerung statt.

Standardeinstellung:

Aktiviert

Benutzerkontensteuerung: Anwendungsinstallationen erkennen und erhöhte Rechte anfordern

Hier legen Sie fest, wie das Verhalten des Systems ist, wenn Anwendungen installiert werden sollen.

Optionen:

Aktiviert:

Wenn Anwendungen installiert werden sollen, erscheint automatisch die entsprechende Abfrage.

Deaktiviert:

In einer Unternehmensumgebung wird oftmals nicht am Einzelplatz installiert, sondern durch Tools, wie SMS oder auch Gruppenrichtlinien. Hier sollte die Option deaktiviert sein.

Standardeinstellung:

- Aktiviert (privat)
- Deaktiviert (Unternehmen)

Benutzerkontensteuerung: Bei Benutzeraufforderung nach erhöhten Rechten zum sicheren Desktop wechseln

Hier legen Sie fest, ob die Anforderung erhöhter Rechte als Benutzeraufforderung auf dem interaktiven Benutzerdesktop oder auf dem sicheren Desktop angezeigt wird.

Optionen:

Aktiviert:

Alle Anforderungen nach erhöhten Rechten werden standardmäßig auf dem sicheren Desktop angezeigt.

Deaktiviert:

Alle Anforderungen nach erhöhten Rechten werden auf dem interaktiven Benutzerdesktop angezeigt.

Standardeinstellung:

Aktiviert

Benutzerkontensteuerung: Nur ausführbare Dateien heraufstufen, die signiert und validiert sind

Mit dieser Einstellung können Sie PKI-Signaturüberprüfungen für interaktive Anwendungen mit erhöhten Rechten erzwingen.

Sie können eine Liste mit zugelassenen Anwendungen erstellen, und diese durch Zertifikate steuern.

Optionen:

Aktiviert:

Die Überprüfung der PKI-Zertifikatkette wird erzwungen, bevor sie ausgeführt werden darf.

Deaktiviert:

Die Überprüfung der PKI-Zertifikatkette wird nicht erzwungen, bevor sie ausgeführt werden darf.

Standardeinstellung:

Deaktiviert

Benutzerkontensteuerung: Nur erhöhte Rechte für UIAccess-Anwendungen, die an sicheren Orten installiert sind

Diese Einstellung sorgt dafür, dass sich Anwendungen, die eine Ausführung mit einer UIAccess-Integritätsebene anfordern (über das Kennzeichnen von UIAccess=true in ihrem Anwendungsmanifest) an bestimmten Stellen im Dateisystem befinden müssen. Tun sie das nicht, werden ihnen keine erhöhten Rechte gewährt.

Folgendes sind diese bestimmten Stellen:

- ...\Programme\, einschließlich Unterverzeichnissen
- ...\Windows\system32\r
- ...\Programme (x86)\, einschließlich Unterverzeichnissen für 64-Bit-Versionen von Windows

Optionen:

Aktiviert:

Nur Anwendungen, die sich an den richtigen Speicherorten befinden, werden mit UIAccess-Integrität gestartet.

Deaktiviert:

Auch Anwendungen, die sich nicht an den richtigen Speicherorten befinden, werden mit UIAccess-Integrität gestartet.

Standardeinstellung:

Aktiviert

Benutzerkontensteuerung: Verhalten der Benutzeraufforderung mit erhöhten Rechten für Standardbenutzer

Hier legen Sie fest, was bei Anforderungen eines Standardbenutzers passiert.

Optionen:

Aufforderung zur Eingabe der Anmeldeinformationen:

Der Benutzer muss einen Benutzernamen und ein Kennwort eines Kontos mit administrativen Rechten angeben, damit der Vorgang fortgesetzt werden kann.

Anhebungsaufforderung automatisch abweisen:
Hier wird ein Versuch, eine Aktion auszuführen, die höhere Rechte benötigt, sofort abgewiesen.

Standardeinstellung:
Aufforderung zur Eingabe der Anmeldeinformationen (privat)
Anhebungsaufforderung automatisch abweisen (Unternehmen)

Benutzerkontensteuerung: Verhalten der Benutzeraufforderung mit erhöhten Rechten für Administratoren im Administratorbestätigungsmodus
Der Administratorenbestätigungsmodus ist der Modus, in dem ein Administrator eine Aktion, die systemnah ist, bestätigen oder ablehnen kann. (Standardeinstellung)

Optionen:
Aufforderung zur Eingabe der Zustimmung:
Der Administrator muss zustimmen oder kann ablehnen.

Aufforderung zur Eingabe der Anmeldeinformationen:
Hier reicht Zustimmen nicht, sondern es müssen die Kontodaten mit administrativen Rechten eingegeben werden.

Keine Aufforderung:
In diesem Fall wird keine Abfrage gemacht, dies ist eine nicht sichere Einstellung.

Standardeinstellung:
Aufforderung zur Eingabe der Zustimmung.

2.2.2 Die Virtualisierung

Sicher ist Ihnen aufgefallen, dass wir gerade eine Einstellung der Benutzerkontensteuerung in der Besprechung ausgelassen haben.

Diese Einstellung ist besonders bemerkenswert, denn sie erlaubt, dass ältere Anwendungen eventuell trotz eingeschalteter Benutzerkontensteuerung funktionieren können.

Wie Sie als Desktopsupporter sicherlich immer wieder merken werden, funktionieren nicht alle Anwendungen, die unter Windows XP einwandfrei funktioniert haben, auch unter Windows Vista.

Das liegt unter anderem daran, dass viele ältere Anwendungen nicht nur in der Registry, sondern auch in die nun geschützten Ordner, wie beispielsweise %systemroot% schreiben möchten.

Dafür sind aber erhöhte Benutzerrechte nötig, was dazu führt, das diese Anwendungen nicht funktionieren.

ACHTUNG!
Auch wenn Sie als ein Administrator angemeldet sind, funktionieren diese Programme nicht automatisch, denn Sie haben ja auch nur normale Benutzerrechte!

In diesem Fall könnte die „Virtualisierung“ helfen.

Das Prinzip funktioniert folgendermaßen:

Das Programm versucht, in einen geschützten Bereich zu schreiben, was von der Benutzerkontensteuerung verboten wird.

Allerdings wird nun dieser Bereich als virtuelle Ressource bereitgestellt, in die das Programm schreiben kann, und damit die Möglichkeit hat, ausgeführt zu werden.

Diese virtuellen Verzeichnisse werden für jeden Benutzer im Profil gespeichert.

ACHTUNG!
Also stehen für das Ausführen dieser älteren Programme mehrere Möglichkeiten zur Verfügung: zum einen die Virtualisierung, wie eben besprochen.

Sie können aber natürlich auch die Anwendung mit dem Flag „Als ein Administrator ausführen“ setzen, dann hat die Anwendung immer erhöhte Rechte.

Nun betrachten wir die Einstellung in der Gruppenrichtlinie noch einmal im Detail:

Benutzerkontensteuerung: Datei- und Registrierungsschreibfehler an Einzelbenutzerstandorte virtualisieren

Mit dieser Einstellung können ältere Anwendungen, die in geschützte Verzeichnisse, wie "%Programme%, %Windir%, %Windir%\system32" oder "HKLM\Software\..." schreiben möchten, ein virtualisiertes Verzeichnis zugewiesen bekommen.

Optionen:

Aktiviert:

Vereinfacht die Umleitung von Anwendungsschreibfehlern zur Laufzeit an definierte Benutzerspeicherorte für das Dateisystem und die Registrierung.

Deaktiviert:

Für Anwendungen, die Daten in geschützte Speicherorte schreiben, wird wie in vorherigen Windows-Versionen auch ein Fehler zurückgegeben.

Standardeinstellung:

Aktiviert

2.3 Der Windows Defender

Leider kennen wir alle das Problem mit „Spyware“. Diese Programme werden ohne Ihr Wissen auf dem Computer installiert, und können Informationen über Ihr System oder sogar Ihre privaten Daten an andere Personen senden.

Deswegen benötigen Sie auf jedem Computer eine Antispywaresoftware.

Der Windows Defender ist eine solche Antispywaresoftware, und wird in Windows Vista automatisch installiert.

> **ACHTUNG!**
> Der Windows Defender ist kein Ersatz für ein aktuelles Antivirenprogramm! Im Idealfall verwenden Sie sowohl ein Tool gegen Spyware, wie zum Beispiel den Windows Defender, und ein Antivirenprogramm. Beide Tools müssen immer aktuell gehalten werden!

Sie können den Windows Defender an folgender Stelle konfigurieren:

- Start
- Systemsteuerung
- Sicherheit
- Windows Defender

Abbildung 2.3: Windows Defender

Wenn Sie den Defender öffnen, sehen Sie im ersten Fenster die Daten über die letzte verfügbare Überprüfung.

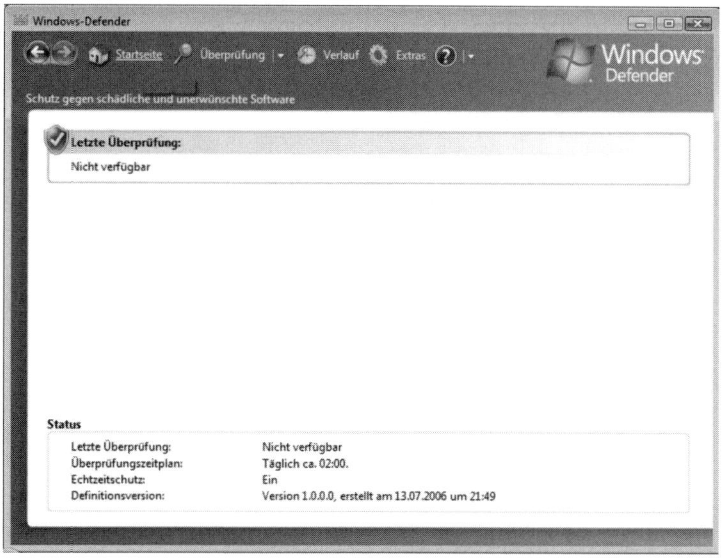

Abbildung 2.4: Letzte Überprüfung

Wenn Sie auf die Karteikarte „Überprüfung" wechseln, können Sie manuell eine Überprüfung starten.

Nach Abschluss der Überprüfung betrachten Sie das Ergebnis.

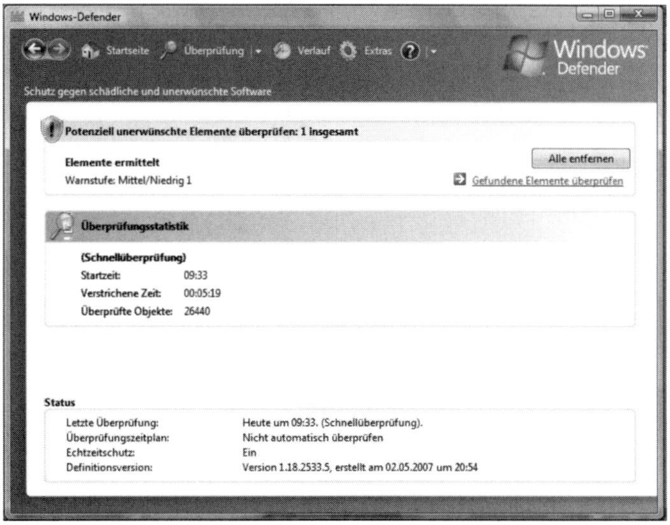

Abbildung 2.5: Ergebnis der Überprüfung

Wenn Elemente ermittelt worden sind, die potentielle Spyware sein könnten, klicken Sie auf „Gefundene Elemente überprüfen".

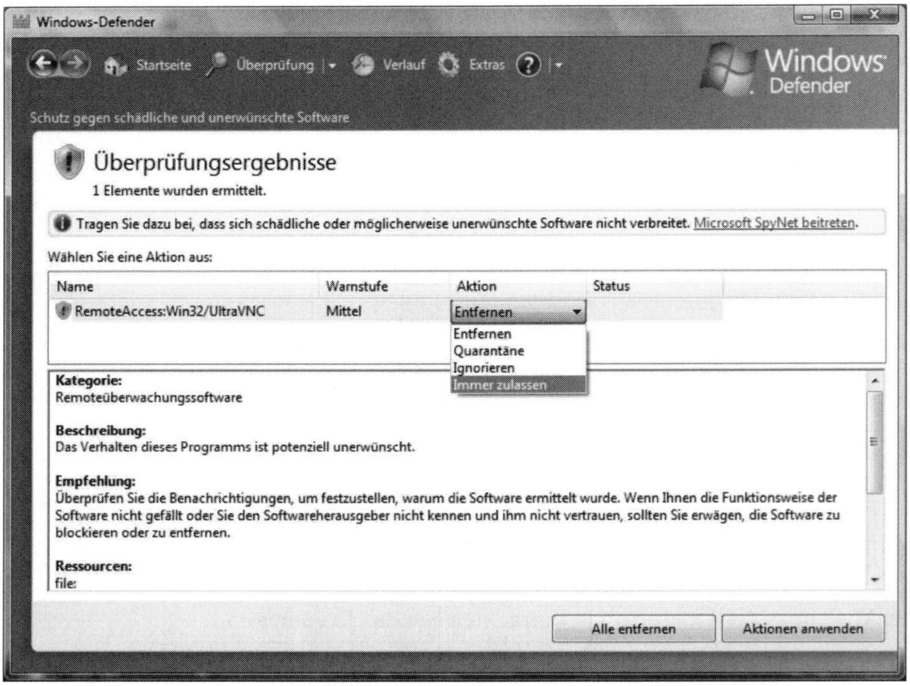

Abbildung 2.6: Gefundene Elemente

Es werden alle gefundenen Elemente angezeigt. Nun können Sie entscheiden, welche Aktion mit diesen Elementen durchgeführt werden soll.

Entfernen:

Die Software wird entfernt.

Quarantäne:

Die Software wird nicht entfernt, aber in einen sicheren Quarantänebereich gestellt.

Ignorieren:

Das Ergebnis wird in diesem Fall nicht beachtet, was aber bedeutet, dass Sie diese Meldung immer wieder erhalten.

Immer zulassen:

Dies ist die Einstellung, die Sie für alle Programme treffen, die fälschlicherweise vom Windows Defender als potentielle Spyware erkannt werden.

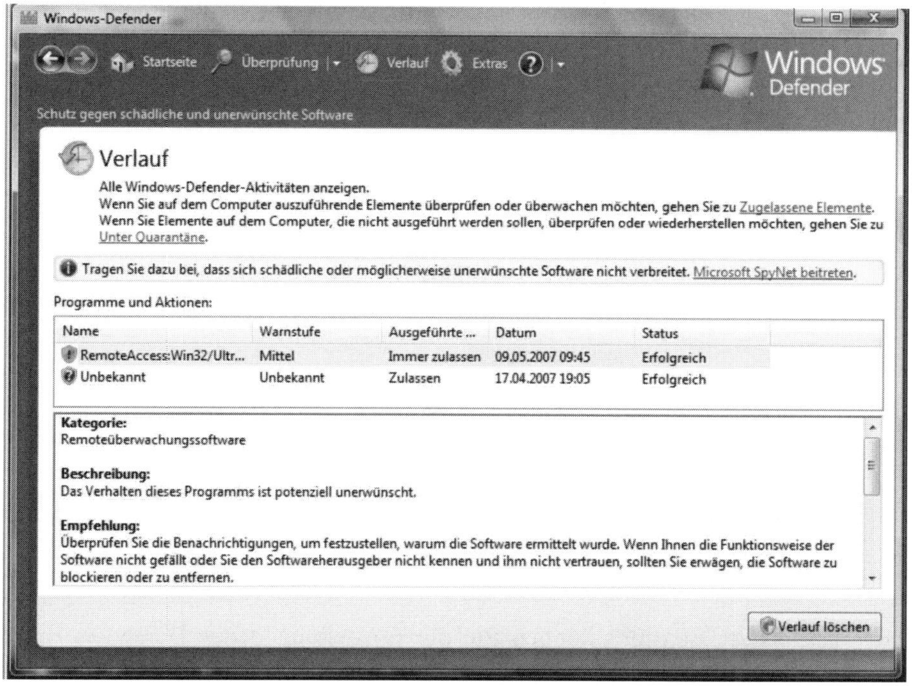

Abbildung 2.7: Verlauf

Auf der Karteikarte „Verlauf" können Sie alle Aktivitäten sehen, die vom Windows Defender ausgegangen sind.

Abbildung 2.8: Extras

Auf der Karteikarte „Extras" können Sie die Einstellungen des Defenders machen. Dazu haben Sie verschiedene Punkte.

2.3.1 Optionen

Die Optionen sind die wichtigsten Einstellungen des Defenders.

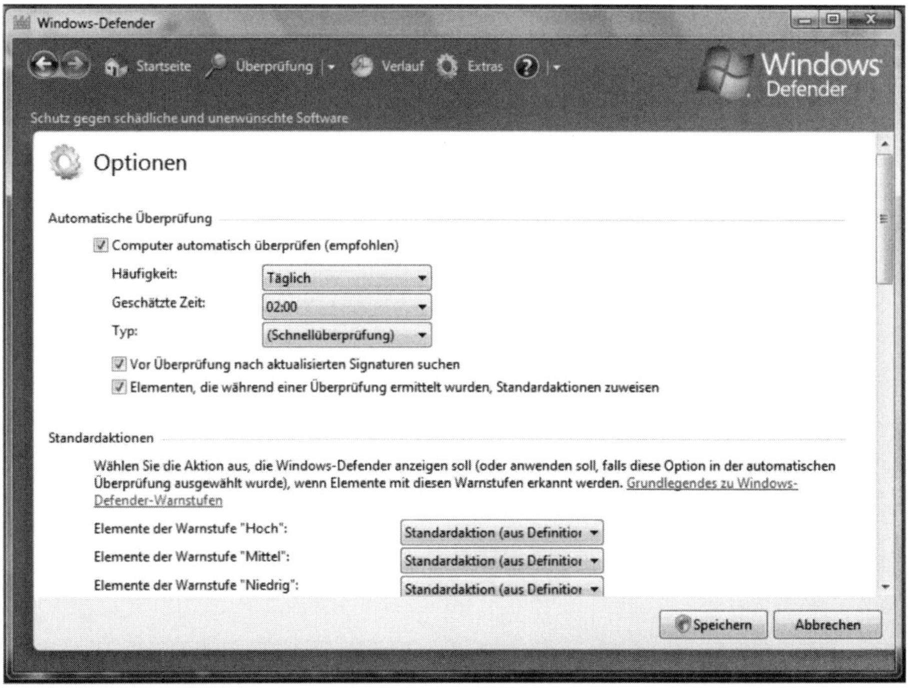

Abbildung 2.9: Optionen

Hier sollten Sie den Haken bei „Computer automatisch überprüfen (empfohlen)“ auf jeden Fall gesetzt haben.

Dann können Sie die Häufigkeit, die Zeit und den Typ der Überprüfung festlegen. (Schnellüberprüfung oder vollständige Überprüfung).

In jedem Fall sollten Sie den Haken setzen vor „Vor Überprüfung nach aktuellen Signaturen suchen“.

> **ACHTUNG!**
> Der Windows Defender wird über das Windows Update mit neuen Signaturen und Updates versorgt. Schalten Sie also das Windows Update nicht aus, wenn Sie den Defender aktuell halten wollen!

Sie können zusätzlich den gefundenen Elementen eine Standardaktion zuweisen, wobei dieser Haken besser nicht gesetzt werden sollte, da Sie sonst keine Entscheidung treffen können, was wirklich zu passieren hat!

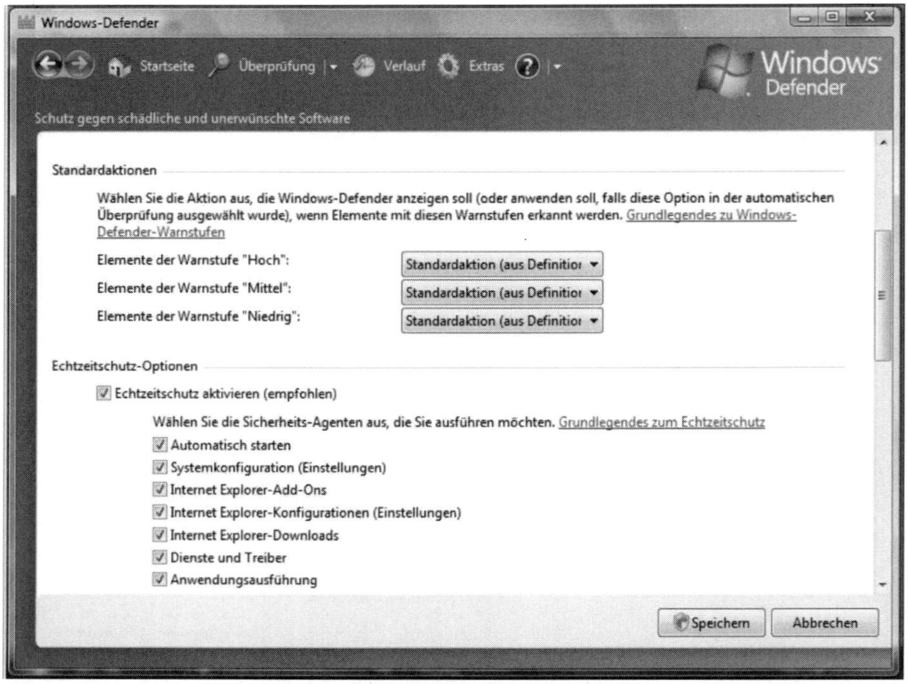

Abbildung 2.10: Standardaktionen

Bei den Standardaktionen legen Sie fest, was der Defender tun soll, wenn er Elemente der verschiedenen Stufen findet.

Die Stufen, in die der Defender die Warnungen einteilt, sind folgende:

Hoch

Potentiell gefährliche Programme, die vermutlich Ihre persönlichen Informationen zu sammeln versuchen.

Mittel

Dies sind Programme, die nicht ganz so gefährlich zu sein scheinen, aber eventuell doch persönliche Informationen zu sammeln versuchen, oder einfach nur das System bremsen.

Niedrig

Das ist Software, die wahrscheinlich keine große Bedrohung darstellt, dies aber im Leistungsumfang tun sollte.

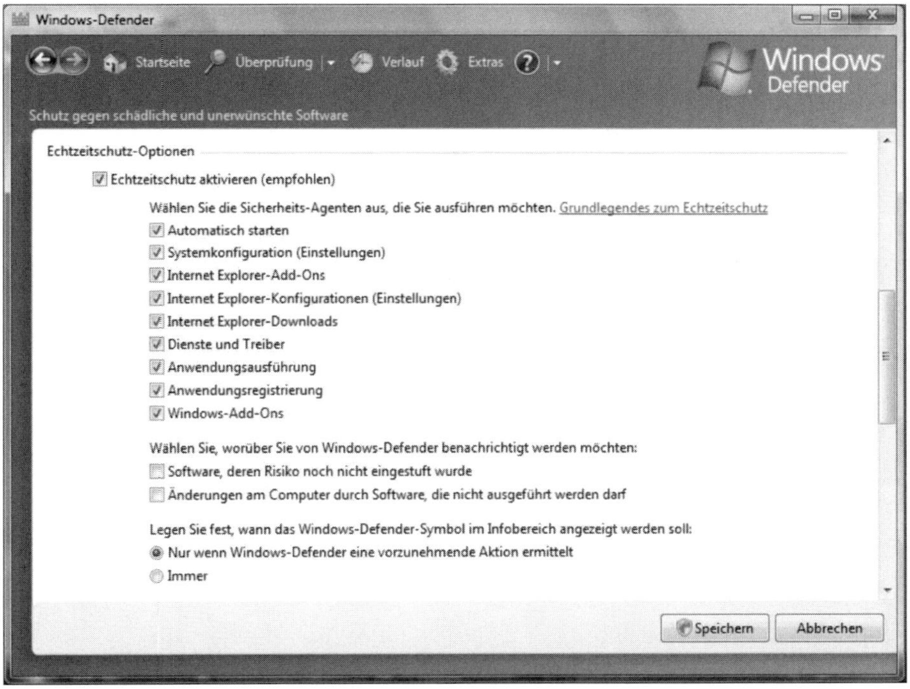

Abbildung 2.11: Echtzeitschutz-Optionen

Wenn Sie den Echtzeitschutz gewählt haben, können Sie noch wählen, welche „Sicherheitsagenten" ausgeführt werden sollen.

Dies bedeutet im Einzelnen, dass hier die verschiedenen potentiellen Möglichkeiten überwacht werden, durch die Spyware oder Malware ins System eindringen könnte, beziehungsweise Schaden anrichten könnte.

Ein Beispiel:

Internet Explorer-Add-Ons

Hier überwacht der Windows Defender Programme, die beim Starten von Internet Explorer automatisch ausgeführt werden.

Bekannterweise können sich Spyware und andere möglicherweise unerwünschte Software als Webbrowser-Add-Ons tarnen und ohne Ihr Wissen ausgeführt werden.

Sie sollten alle möglichen Sicherheitsagenten ausführen.

Außerdem legen Sie hier fest, wann Sie von Windows Defender benachrichtigt werden wollen.

Hier haben Sie die Möglichkeit, sich bei jeder Software, deren Risiko noch nicht eingestuft ist, benachrichtigen zu lassen, oder auch bei Änderungen am Computer durch Software, die nicht ausgeführt werden darf.

Beide Haken sind in der Standardeinstellung deaktiviert.

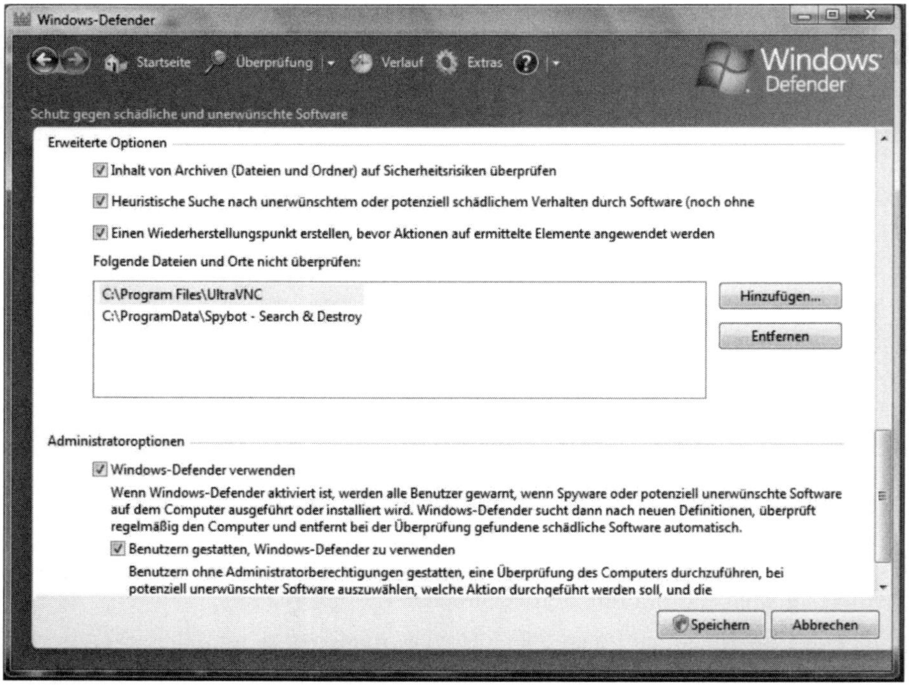

Abbildung 2.12: Erweiterte Optionen

Inhalt von Archiven auf Sicherheitsrisiken prüfen

Haken sollte aktiviert sein, denn in Archivdateien können sich unerwünschte Programme verstecken.

Heuristische Suche nach unerwünschtem oder potentiell schädlichem Verhalten durch Software (noch ohne…

Hier hapert es etwas mit der deutschen Übersetzung, aber der Haken sollte trotzdem gesetzt sein, da eine heuristische Suche immer ein besseres Ergebnis liefert.

Einen Wiederherstellungspunkt erstellen, bevor Aktionen auf ermittelte Elemente angewendet werden

Auch dieser Haken sollte gesetzt sein, denn ein Wiederherstellungspunkt gibt Ihnen die Möglichkeit, das System auch bei einem Ausfall nach der Beseitigung der Bedrohung zu retten.

Die letzte Option die Sie konfigurieren können, ist die Möglichkeit, den Windows Defender komplett auszuschalten.

Sie können den Windows Defender auch einfach nur aktivieren, dass er automatisch ausgeführt wird, oder auch den Standardbenutzern die Möglichkeit geben, den Windows Defender teilweise zu konfigurieren.

2.3.2 Microsoft SpyNet

Die zweite Einstellung ist die Möglichkeit des Beitritts zu Microsoft SpyNet.

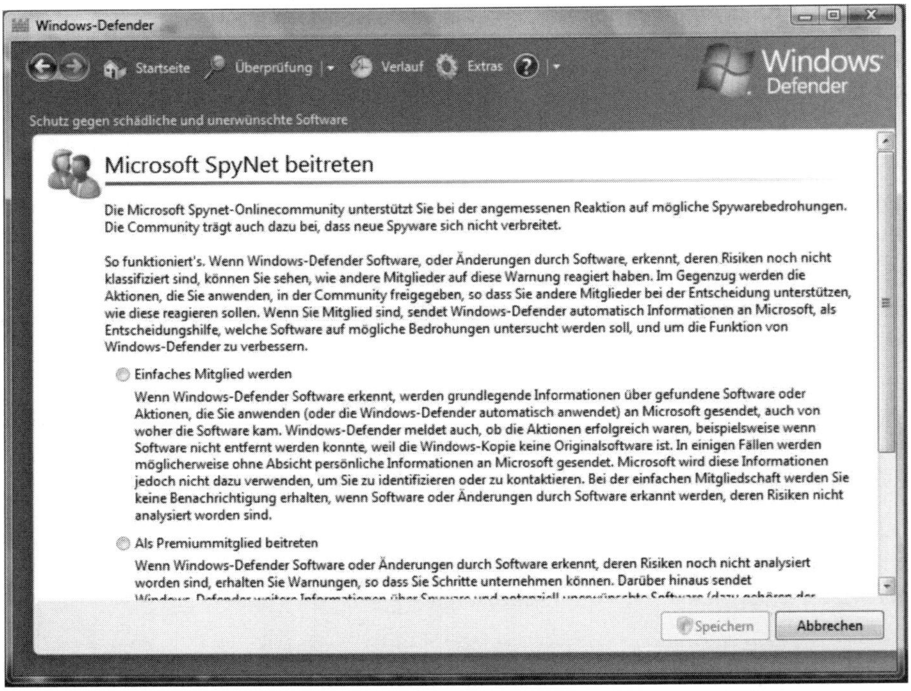

Abbildung 2.13: Microsoft Spynet

Wie bereits oben erwähnt, ist die Microsoft SpyNet Community ein Zusammenschluss von Personen, die das gleiche Problem haben.

In der Microsoft SpyNet-Onlinecommunity können Sie sehen, wie andere Personen auf Software reagieren, deren Risiko noch nicht eingestuft wurde, und deswegen vom Windows Defender nicht richtig zugeordnet werden können.

Sie können sich über solche Software benachrichtigen lassen, und dann können Sie sehen, ob andere Mitglieder der Community die von der Software durchgeführten Änderungen zulassen oder ablehnen. Mit diesen Informationen können Sie selbst leichter eine Entscheidung treffen.

Wenn Sie sich für die Teilnahme entscheiden, wird die von Ihnen getroffene Auswahl ebenso den Bewertungen der Community hinzugefügt, um andere Personen bei der Entscheidung zu unterstützen. Sie können mithilfe der Optionen in Windows Defender festlegen, ob Sie über Software benachrichtigt werden möchten, deren Risiko noch nicht eingestuft wurde. Alternativ können Sie dem Microsoft SpyNet als Premiummitglied beitreten.

Ein weiterer Grund, dem SpyNet beizutreten, ist die Tatsache, dass Spyware ständig weiterentwickelt wird. Die SpyNet-Mitglieder können durch ihr Feedback Microsoft dabei helfen, Software auf die Untersuchungsliste zu setzen.

Die Konsequenz eines Beitritts zum Microsoft SpyNet ist, dass der Windows Defender automatisch Informationen zu Spyware, potenziell unerwünschter Software und Software oder Änderungen durch Software, deren Risiko noch nicht eingestuft wurde, an Microsoft sendet. Auch die Aktionen, die Sie für die Software durchführen lassen, werden Microsoft mitgeteilt.

2.3.3 Unter Quarantäne

Der erste Punkt der „Extras“ ist die „Quarantäne“.

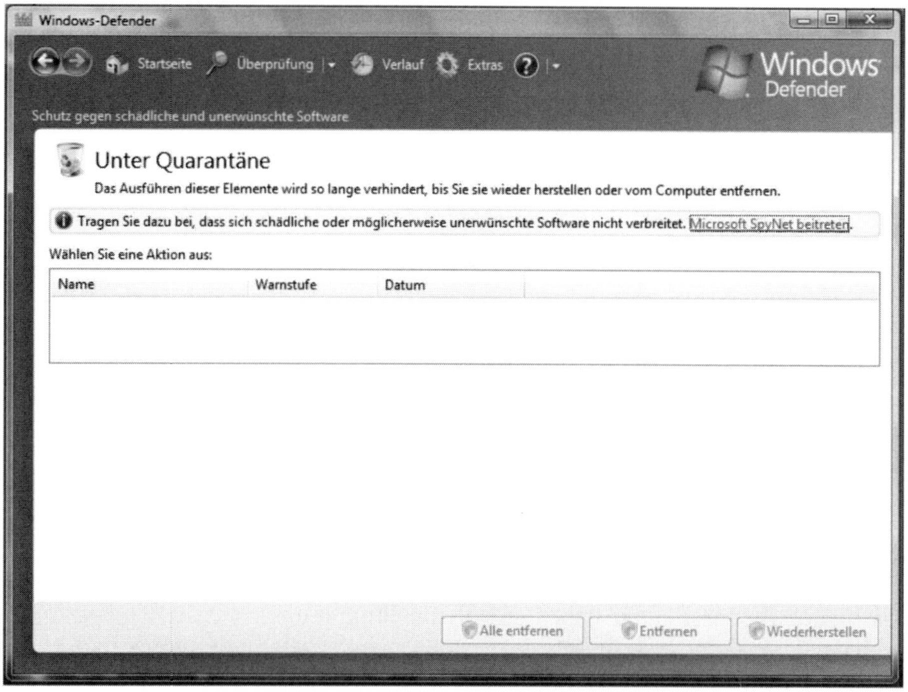

Abbildung 2.14: Unter Quarantäne

Hier sind alle Programme gelistet, die von Windows Defender unter Quarantäne gestellt worden sind.

Wenn sich im Nachhinein herausstellt, dass diese Software doch harmlos ist, können Sie sie jederzeit wieder benutzen, indem Sie sie aus der Liste auswählen, und auf „Wiederherstellen" klicken.

2.3.4 Software-Explorer

Ein besonders interessantes Extra ist der „Software-Explorer".

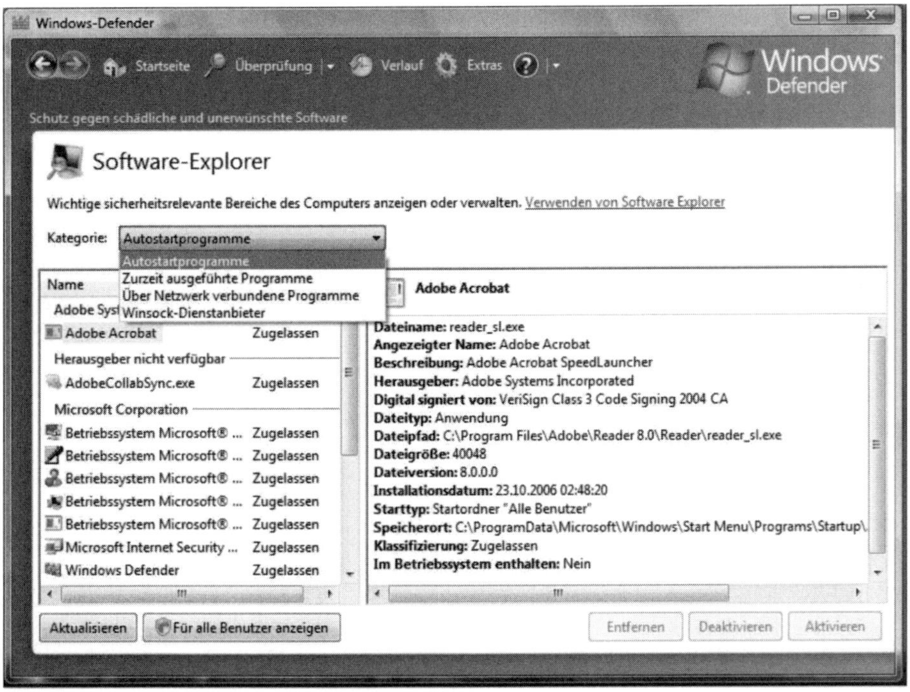

Abbildung 2.15: Software Explorer

Der Software Explorer untersucht laufend die Programme, und stellt diese Analyse grafisch dar.

So können Sie beispielsweise alle Programme sehen, die beim Systemstart automatisch über „Autostart" gestartet werden. Sollte Ihnen hier das eine oder andere Programm nicht geheuer sein, so können Sie es aus der Liste auswählen, und zunächst einmal „Deaktivieren“. Damit können Sie überprüfen, wie sich das System beim nächsten Neustart verhält, wenn das betreffende Programm nicht gestartet wird.

ACHTUNG!
Beachten Sie bitte, dass nicht alle Programme mit dem Software Explorer deaktiviert werden können!

2.3.5 Zugelassene Elemente

Bei den zugelassenen Elementen finden Sie alle Programme, die Sie manuell nach einem Windows Defender Scan zugelassen haben.

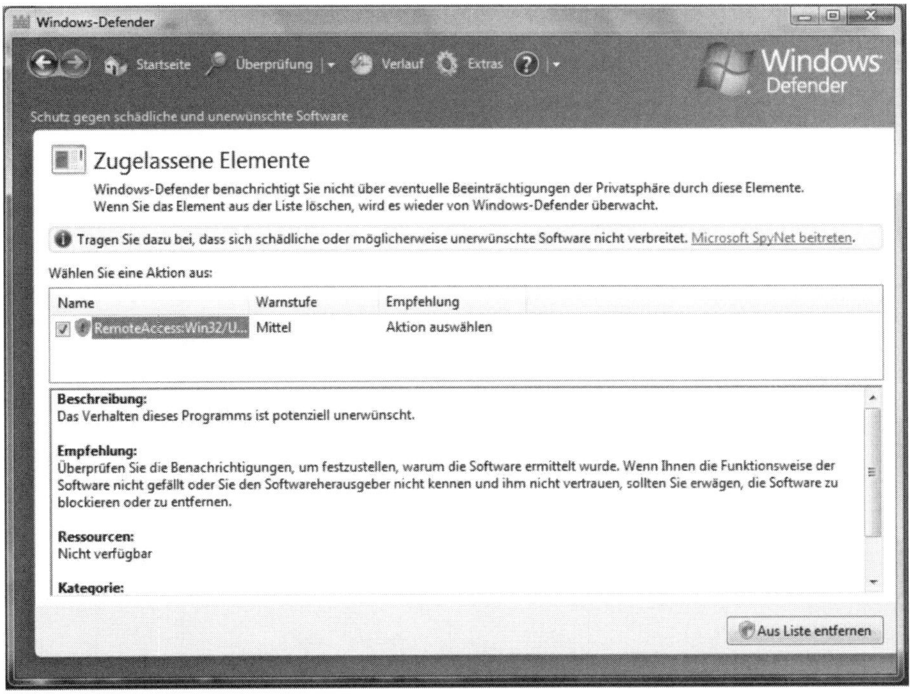

Abbildung 2.16: Zugelassene Programme

Natürlich können Sie die hier eingetragenen Programme aus der Liste entfernen, wenn sich später herausstellen sollte, dass sie doch nicht so harmlos sind, wie gedacht.

2.3.6 Windows-Defender-Website

Als letzter Punkt ist die Windows-Defender-Website zu nennen. Hier können Sie immer die neuesten Informationen über den Windows –Defender erfahren.

2.4 Sicherheit im Internet Explorer 7

Der Internet Explorer ist in der Version 7 erneut überarbeitet worden, und zwar in erster Linie in Bezug auf die Sicherheit.

Natürlich hat eine sichere Einstellung einige Komforteinbußen, aber hier müssen Sie genau abwägen, was Ihnen wichtig ist, und was nicht.

Die meisten sicherheitsrelevanten Einstellungen des IE werden im geöffneten Browser gemacht, unter dem Menüpunkt

- Extras
- Internetoptionen

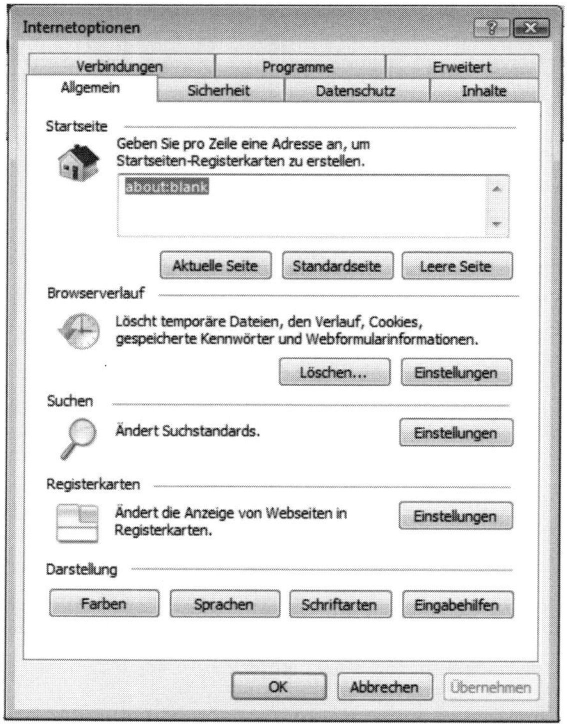

Abbildung 2.17: Allgemeine Einstellungen des Internet Explorers

Auf der Karteikarte „Allgemein“ werden die täglichen Einstellungen gemacht.

2.4.1 Karteikarte „Sicherheit“

Die Karteikarte Sicherheit beinhaltet eine Einteilung der verschiedenen Inhaltszonen.

Sie können hier verschiedene Websites in verschiedene Zonen einordnen, die dann auch verschieden behandelt werden.

Abbildung 2.18: Sicherheit

Jede Zone hat eigene Sicherheitseinstellungen, die Sie ganz individuell bearbeiten können.

Was absolut neu ist in Internet Explorer 7.0, ist der „Geschützte Modus". Dieser Haken kann in jeder Zone gesetzt werden, und erschwert die Installation von schädlicher Software auf dem Computer.

Im geschützten Modus warnt der Internet Explorer Sie, wenn Websites versuchen, auf Ihren Computer zuzugreifen und beispielsweise Software zu installieren. Dadurch können Sie sich gegen Angriffe aus dem Internet besser als zuvor schützen.

Der geschützte Modus ist standardmäßig im Internet, Intranet und eingeschränkten Sitezonen aktiviert. Um deutlich zu machen, dass dieser Modus ausgeführt wird, wird ein Symbol in der Statusleiste angezeigt.

Die Zone „Internet"

Die Zone „Internet" beinhaltet alle Sites, die nicht in einer der anderen Zonen definiert worden sind.

Das bedeutet, Sie sollten alle Sites, die Sie besonders beeinflussen möchten, in eine der anderen Zonen integrieren.

Die Sicherheitseinstellungen für die Zone Internet sind mittel. Das heißt im Einzelnen:

- Vor dem Download von potenziell unsicheren Inhalten wird gefragt
- Kein Download von nicht signierten ActiveX Steuerelementen

Die Zone „Lokales Intranet"

Alle Sites, die in Ihrem Intranet vorhanden sind, sind automatisch hier aufgenommen.

Wenn Sie auf die Schaltfläche „Sites" klicken, erhalten Sie folgende Informationen:

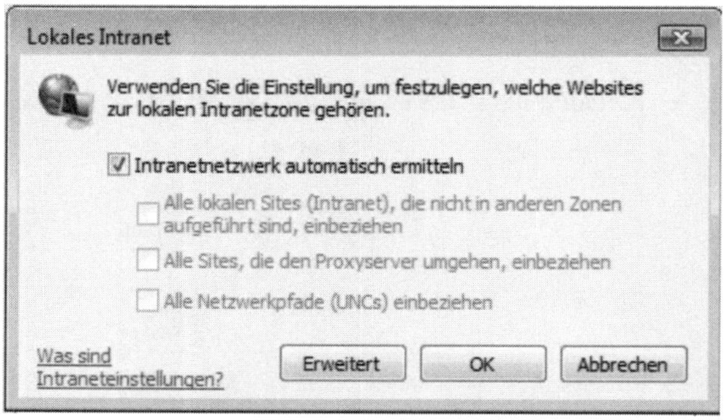

Abbildung 2.19: Lokales Internet

ACHTUNG!
Wenn Sie ActiveX Steuerkomponenten benutzen möchten, und Sie können nur mit einer IP-Adresse auf die entsprechende Ressource zugreifen, müssen Sie diese Site in die Zone „Lokales Intranet“ aufnehmen, denn nur in dieser Zone können Sie mit ActiveX Steuerkomponenten arbeiten, wenn Sie nicht über einen Namen, sondern über eine IP-Adresse auf die entsprechende Site zugreifen.

Durch Klicken auf die Schaltfläche „Erweitert...“ können Sie Sites zu dieser Zone hinzufügen.

Die Sicherheitseinstellungen für die Zone „lokales Intranet“ sind niedrig. Das heißt im Einzelnen:

- Die meisten Inhalte werden ohne Bestätigung ausgeführt
- Kein Download von nicht signierten ActiveX Steuerelementen

Die Zone „Vertrauenswürdige Sites“

Alle Sites, die Sie für vertrauenswürdig erachten, sollten Sie in diese Zone aufnehmen, und die Sicherheitseinstellungen dementsprechend geringer einstellen.

Wenn Sie nicht möchten, dass bei den „Vertrauenswürdigen Sites“ der Server überprüft wird, sollten Sie den Haken bei „Für Sites dieser Zone ist eine Serverüberprüfung (https:) erforderlich“ entfernen. Der Server gilt damit als sicher, und wird nicht überprüft.

Die Sicherheitseinstellungen für die Zone „Vertrauenswürdige Sites“ sind sehr niedrig. Das heißt im Einzelnen:

- Minimale Sicherheit
- Die meisten Inhalte werden übertragen und ohne Bestätigung ausgeführt
- ActiveX Steuerelemente werden immer ausgeführt

Wenn Sie sich sehr sicher sind, dass alle ActiveX Steuerelemente ausgeführt werden sollen, können Sie diese Sites in die Zone der vertrauenswürdigen Sites hinzufügen.

Die Zone „Eingeschränkte Sites“

Zur Zone der eingeschränkten Sites sollten Sie alle Sites hinzufügen, denen Sie nicht wirklich vertrauen.

Die Sicherheitseinstellungen für die Zone „Eingeschränkte Sites“ sind hoch. Das heißt im Einzelnen:

- Browsen nur mit Einschränkungen
- Unsichere Elemente sind deaktiviert
- Der Dateidownload ist deaktiviert

In die eingeschränkten Sites sollten Sie wirklich nur Sites aufnehmen, die dubios sind, denn die Funktionalität ist stark eingeschränkt.

2.4.2 Karteikarte „Datenschutz“

Die Karteikarte „Datenschutz“ beschäftigt sich mit den Cookies. Cookies sind kleine Dateien, die auf Ihrem Computer gespeichert werden, wenn Sie einige Internetseiten besucht haben.

Diese Cookies enthalten Informationen über Sie, und wenn Sie das nächste Mal auf dieselbe Site gelangen, werden Sie vielleicht sogar schon mit Ihrem Namen begrüßt.

Eigentlich sind Cookies harmlos. Aber nicht immer ist es erwünscht, dass Informationen über den Benutzer gespeichert werden. Aus diesem Grund haben Sie die Möglichkeit, hier den Umgang mit Cookies zu bestimmen.

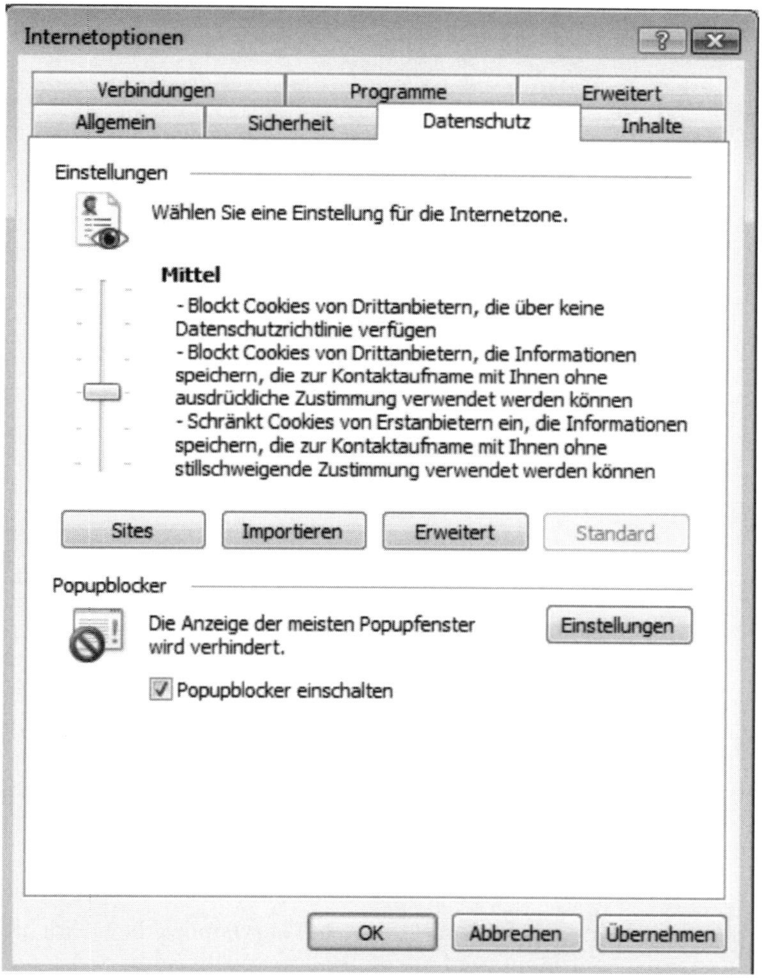

Abbildung 2.20: Datenschutz

Im unteren Teil der Seite finden Sie die Einstellungen zum „Popupblocker“.

Popups kennen Sie vom Surfen auf vielen Internetseiten, es sind kleine Zusatzfenster, die meistens Werbung enthalten.

Mit dem Popupblocker können Sie diese Einblendungen vermeiden.

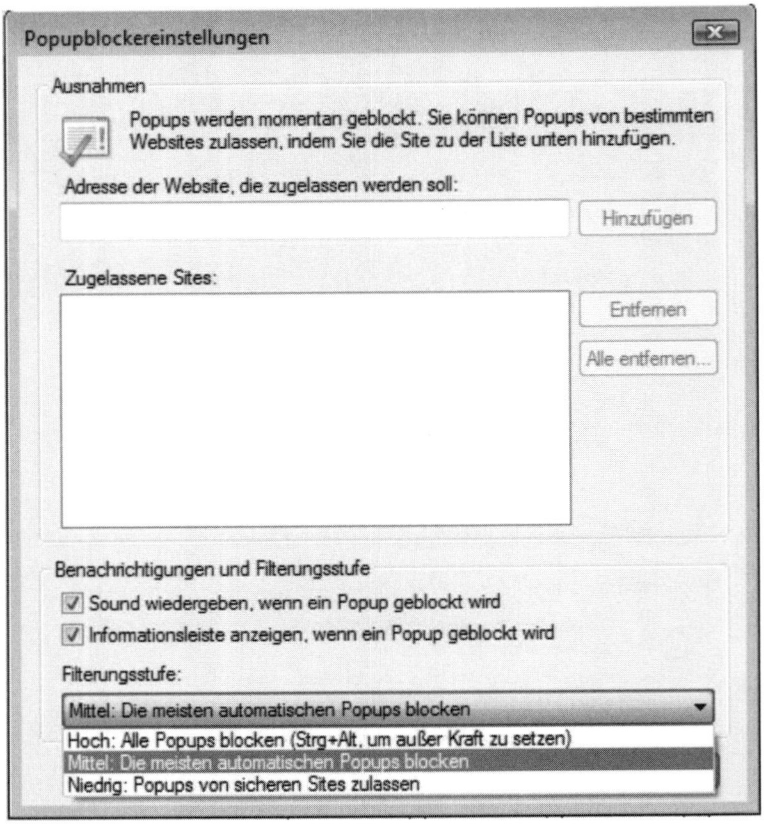

Abbildung 2.21: Popupblocker

Im unteren Teil können Sie festlegen, wie Sie bei Popups benachrichtigt werden wollen.

ACHTUNG!
Wenn Sie beide Haken entfernen, werden Sie nicht mehr über Popups benachrichtigt!

Wenn Sie eine Seite von der Popupblockierung ausnehmen wollen, fügen Sie diese einfach den „Zugelassenen Sites“ hinzu.

ACHTUNG!
Sie haben zwei Möglichkeiten, Popups zuzulassen. Sie können entweder die gerade erwähnten Einstellungen machen, oder Sie können auf der Seite, die Popups hat, bei der Warnmeldung „Popups blockiert“ wählen, dass Sie Popups für diese Seite zulassen möchten!

2.4.3 Karteikarte „Inhalte“

Auf der Karteikarte „Inhalte“ können Sie den Inhaltsratgeber und den Umgang mit Zertifikaten einstellen.

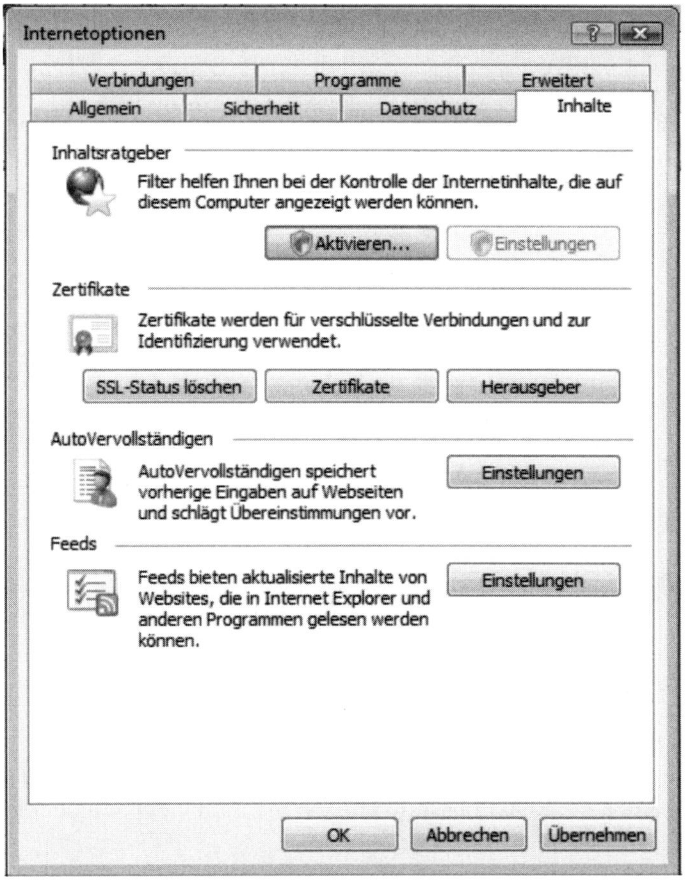

Abbildung 2.22: Inhalte

Inhaltsratgeber

Wenn Sie den Inhaltsratgeber aktivieren, haben Sie die Möglichkeit, bestimmte Inhalte aus dem Web zu filtern.

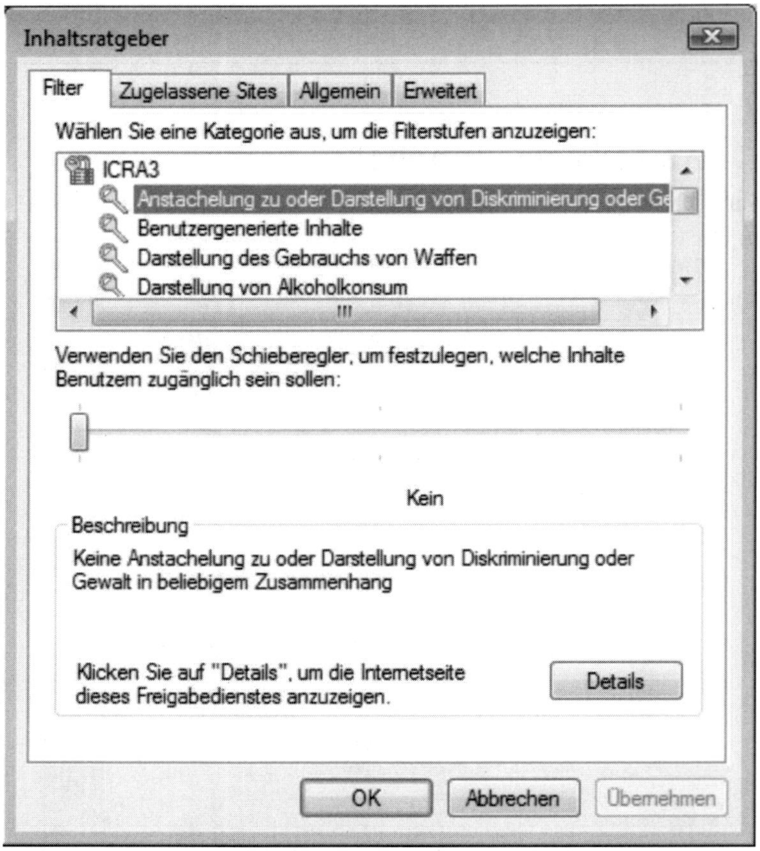

Abbildung 2.23: Inhaltsratgeber

Karteikarte „Filter“

So können Sie beispielsweise die Darstellung von Gewalt, oder des Gebrauchs von Waffen filtern. Auch die Reaktionsstufe können Sie mit einem Schieberegler festlegen.

Karteikarte „Zugelassene Seiten"

Manchmal ist es nötig, unabhängig vom Inhaltsfilter, bestimmte Seiten explizit zu erlauben oder zu verbieten.

Dies können Sie auf dieser Seite vornehmen.

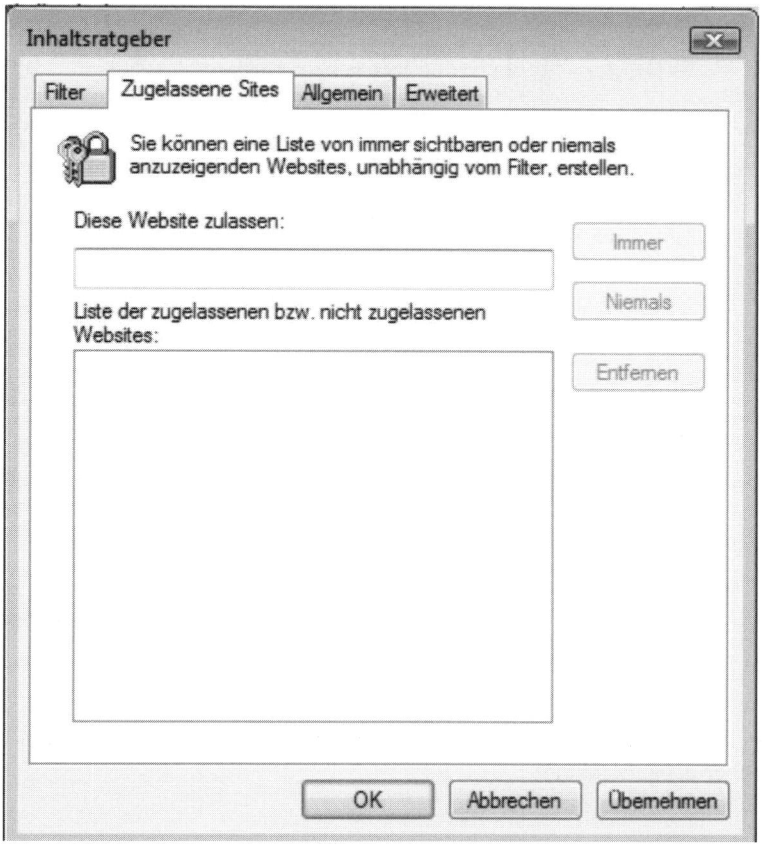

Abbildung 2.24: Zugelassene Sites

ACHTUNG!
Ein explizites Verbieten von Sites ist nur hier möglich! Wenn Sie eine verbotene Site wieder freigeben wollen, müssen Sie diese wieder zu den erlaubten Sites hinzufügen!

Karteikarte „Allgemein“

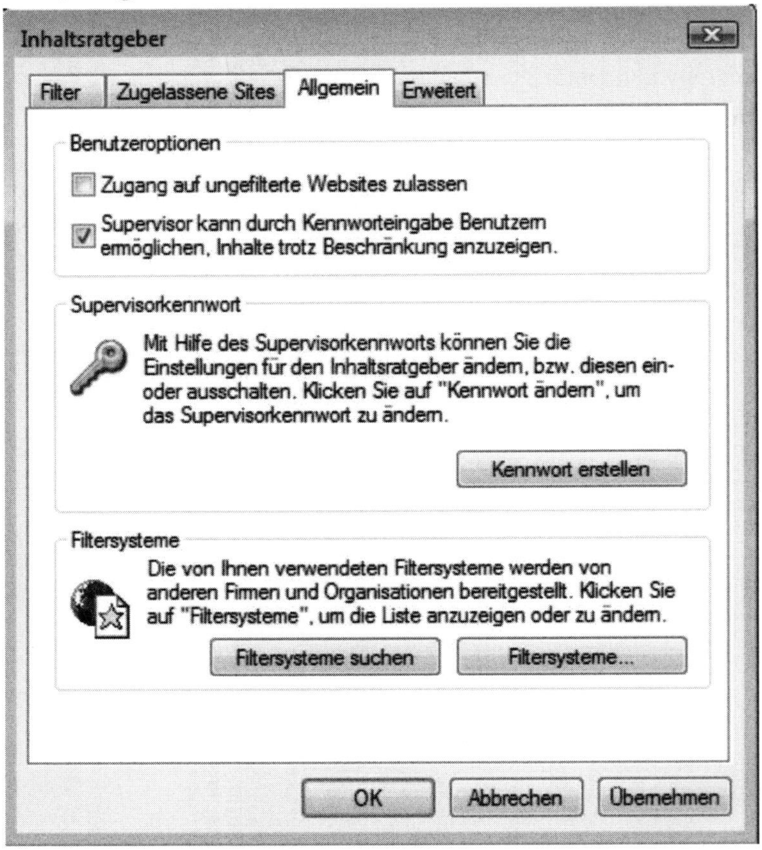

Abbildung 2.25: Allgemein

Hier können Sie noch ein Supervisor Kennwort festlegen, mit dem man den Inhaltsratgeber umgehen kann.

Zertifikate

Für die einwandfreie Kommunikation mit sicheren Seiten sind Zertifikate nötig.

Wenn ein Webserver als sicherer Webserver (HTTPS) eingerichtet ist, muss sich der Client ein Zertifikat installieren, das vom Server ausgestellt worden ist. Mit diesem Zertifikat kann der Client den Server als den richtigen, sicheren Server identifizieren.

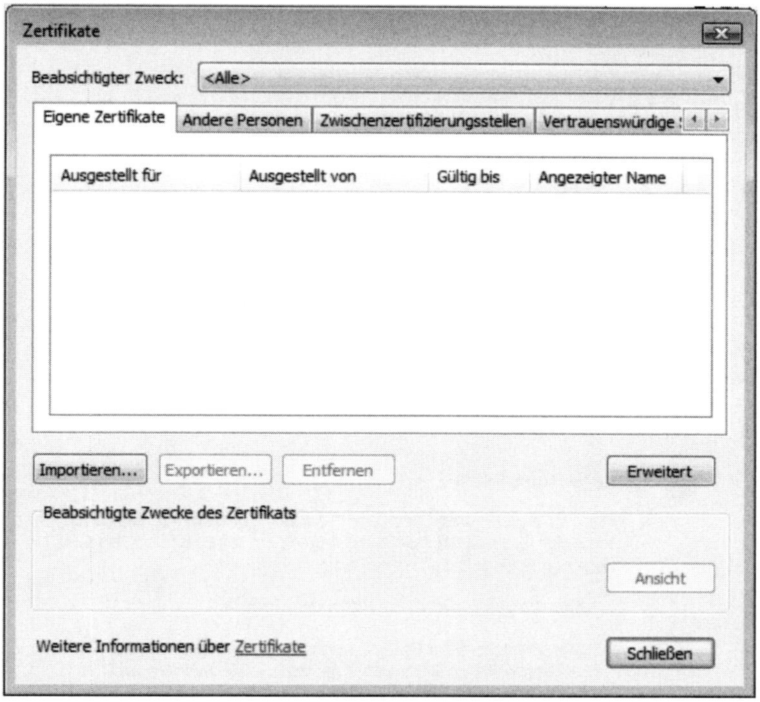

Abbildung 2.26: Zertifikate

Um das Zertifikat zu installieren, klicken Sie auf „Zertifikate“ und folgen Sie dem Assistenten, der Ihnen durch die Installation hilft.

2.5 Die Firewall

Auch die Firewall wurde unter Windows Vista stark überarbeitet.

Bisher war es ja bei den integrierten Firewallprodukten von Microsoft ein großer Kritikpunkt, dass es zwar möglich war, Regeln für den Zugriff von außen auf den Computer festzusetzen, aber leider gab es bisher keine Möglichkeit, Regeln für den Datenverkehr von innen nach außen zu definieren.

Dies ist mit der neuen Firewall von Windows Vista endlich möglich!

Die Firewall-Grundkonfiguration nehmen Sie in der Systemsteuerung vor.

- Start
- Systemsteuerung
- Sicherheit
- Windows Firewall

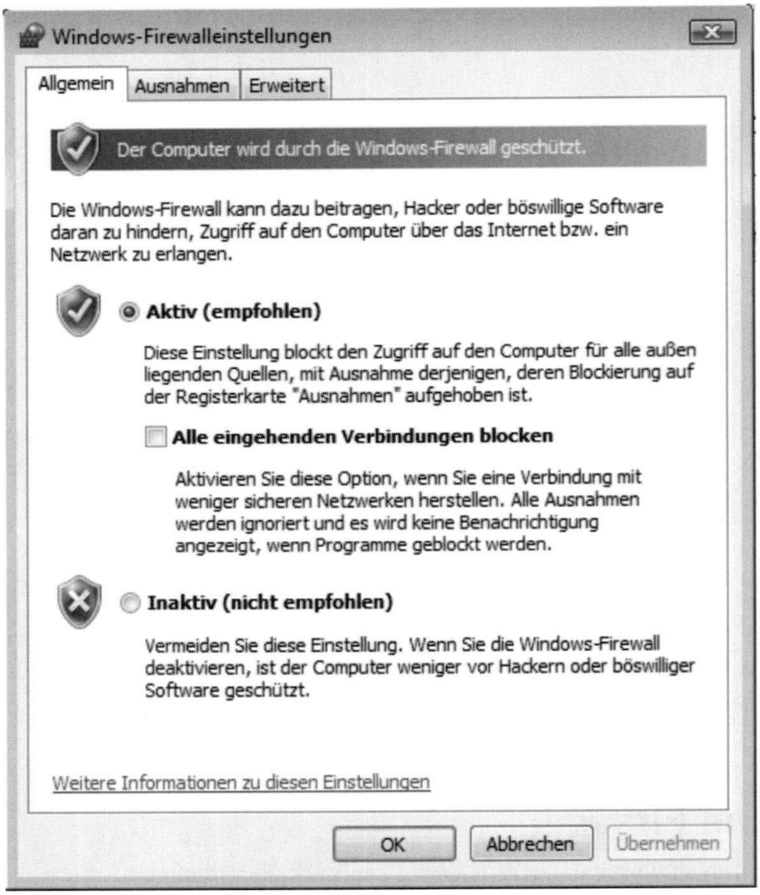

Abbildung 2.27: Windows Firewall

Sie können zunächst wählen, ob die Firewall aktiv oder inaktiv sein soll.

Wenn Sie die Firewall „Aktiv“ setzen, kann normalerweise kein Zugriff auf den Computer mehr vorgenommen werden.

Dies ist prinzipiell für einen Stand-Alone Rechner richtig, aber in einer Büroumgebung kann das Probleme machen.

Aus diesem Grund gibt es an dieser Stelle den Haken „Alle eingehenden Verbindungen blocken“.

Wenn Sie diesen Haken setzen, sind wirklich alle eingehenden Verbindungen geblockt.

Wenn Sie aber diesen Haken nicht setzen, ist es möglich, dass bestimmte Daten den Rechner trotz eingeschalteter Firewall erreichen.

Wechseln Sie nun auf die Karteikarte „Ausnahmen“.

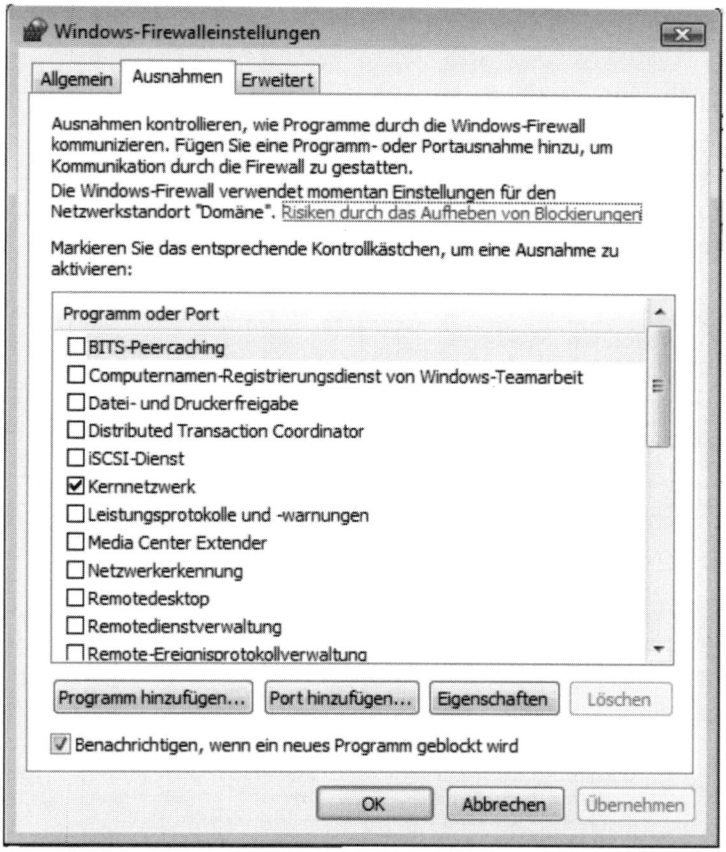

Abbildung 2.28: Ausnahmen

An dieser Stelle können Sie sehen, dass bereits Ausnahmen in der Firewallkonfiguration getroffen worden sind.

Sie können hier zusätzliche Ausnahmen definieren, indem Sie entweder ein Programm, oder einen Port als Ausnahme definieren.

> **ACHTUNG!**
> In den meisten Fällen wird es der sicherste Weg sein, eine Ausnahme für ein Programm zu definieren. Wenn Sie die Ausnahme über einen Port definieren, müssen Sie genaue Kenntnisse über die Ports haben, die diese Anwendung benötigt, was nicht immer möglich sein wird.

Aber hier ist doch immer noch nichts über Regeln für den ausgehenden Verkehr zu finden!

Genau, diese Firewallkonsole erinnert stark an die bisherigen Versionen.

Um auch Ausgehende Firewallregeln definieren zu können, müssen Sie eine völlig andere Konsole benutzen.

Dafür erstellen Sie eine MMC, und fügen das Snap-In „Windows-Firewall mit erweiterter Sicherheit“ für den lokalen Computer hinzu.

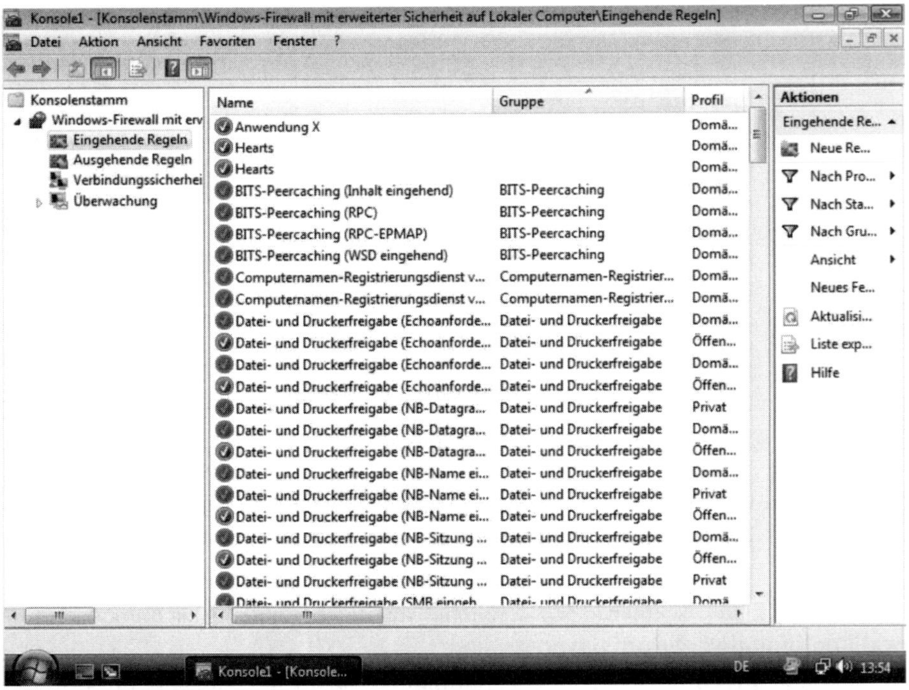

Abbildung 2.29: Firewall mit erweiterter Sicherheit

Ah, hier finden wir endlich sowohl die eingehenden Regeln, als auch die ausgehenden Regeln.
Sie finden hier

- Eingehende Regeln (für den Datenverkehr von außen)
- Ausgehende Regeln (für den Datenverkehr von innen)
- Verbindungssicherheitsregeln (für den Datenverkehr über IPSec)
- Überwachung (Protokolle für die Überwachung)

Natürlich können Sie nun auch eigene Regeln erstellen. Dafür wählen Sie aus, ob Sie eine eingehende oder eine ausgehende Regel erstellen möchten, und klicken dann auf „Neue Regel erstellen".

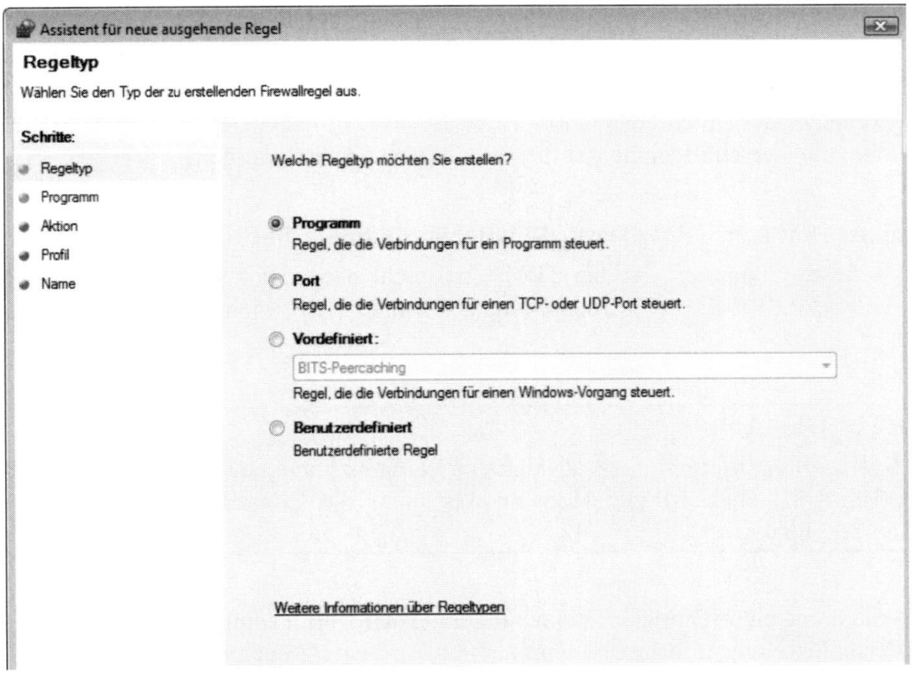

Abbildung 2.30: Neue Regel

Zunächst legen Sie fest, ob Sie eine Regel für ein Programm oder für einen Port erstellen wollen.

Natürlich können Sie auch eine vordefinierte Regel benutzen, oder benutzerdefiniert eine eigene Regel erstellen.

Sie können einfach dem Assistenten folgen, der Sie durch die Erstellung einer Regel leiten wird.

2.6 Bitlocker

Bitlocker ist eine Möglichkeit, das Betriebssystem komplett zu verschlüsseln, so dass beim Systemstart immer ein Verschlüsselungscode abgefragt wird. Diese Funktion steht in den Versionen Windows Vista Enterprise und Ultimate zur Verfügung.

Damit wird sichergestellt, dass das Betriebssystem sicher ist. Dies kann auf zwei verschiedene Arten erreicht werden:

Computer hat TPM (Trusted Platform Module) Chip 1.2

Die Computer der neuen Generation haben einen TPM Chip 1.2 oder höher. In diesem Fall kann die Verschlüsselung auf diesem Chip gespeichert werden.

Computer hat kein TPM (Trusted Platform Module) Chip 1.2

Alle anderen Computer, die den TPM Chip nicht haben, können Bitlocker trotzdem verwenden, indem die Verschlüsselung auf einem USB Memory Stick gespeichert wird.

ACHTUNG!

Die Speicherung des Schlüssels auf einem USB-Stick kann natürlich nur ein Notbehelf sein. Ein USB-Stick ist ein Medium, das nicht die Zuverlässigkeit hat, wie ein Hardwarechip!

Sie sehen, bei einer Bitlocker Verschlüsselung wird die Festplatte verschlüsselt, und die Verschlüsselungsinformation wird auf der Hardware gespeichert.

Dadurch ergeben sich folgende Schutzszenarien, die durch Bitlocker abgedeckt sind:

- Falls die Festplatte aus dem System ausgebaut wird, und in ein anderes System eingebaut wird, ist die Entschlüsselungssequenz nicht verfügbar, und das System kann nicht gestartet werden.

  Dies kann natürlich nur funktionieren, wenn der Schlüssel entweder auf dem TPM-Chip gespeichert worden ist, oder der USB-Stick nicht verfügbar ist, deswegen sollten Sie den USB-Stick immer abziehen, wenn Sie das System nicht benutzen!
- Falls Änderungen an den Startdateien, (die natürlich nicht verschlüsselt werden können) oder am BIOS vorgenommen worden sind, stimmt der Schlüssel nicht mehr, und das System kann ebenfalls nicht mehr gestartet werden.

ACHTUNG!

Natürlich gibt es für diese Fälle auch ein Wiederherstellungskennwort, denn es ist ja möglich, dass Startdateien geändert werden müssen, oder dass Sie eine Festplatte in ein anderes System übernehmen müssen.

Dieses Kennwort sollten Sie sehr gut verwahren!

Die Startdateien können natürlich nicht verschlüsselt werden, deswegen verlangt Bitlocker zwei Partitionen:

- eine Partition mit den Startdateien, diese bleibt unverschlüsselt
- eine Partition mit dem Betriebssystem, diese wird verschlüsselt

Leider kann Bitlocker nur eine Partition verschlüsseln, die des Betriebssystems. Alle anderen Partitionen müssen Sie auf eine andere Art schützen, wie beispielsweise mit EFS.

Bitlocker aktivieren Sie folgendermaßen:

- Start
- Systemsteuerung
- Sicherheit
- Bitlocker-Laufwerksverschlüsselung

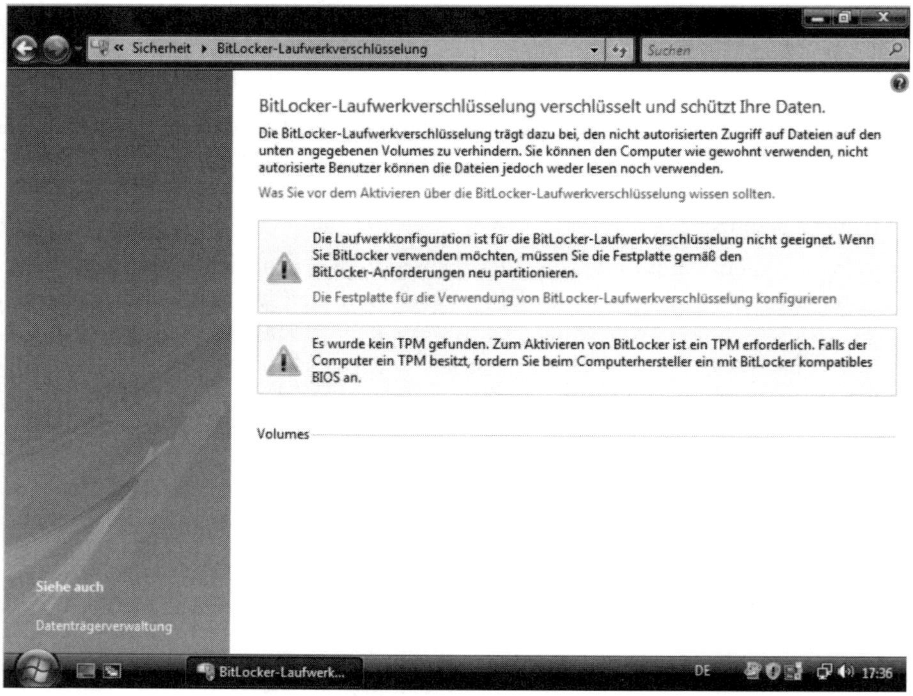

Abbildung 2.31: Bitlocker

In dieser Konsole können Sie Bitlocker konfigurieren.
In unserem Fall allerdings werden wir zunächst einmal auf die Probleme hingewiesen.
Wir haben zwei Probleme:

- Die Laufwerkskonfiguration stimmt nicht
- Wir haben keine TPM-Hardware

Beide Probleme werden wir nun lösen.

2.6.1 Laufwerkskonfiguration

Für Bitlocker benötigen wir zwei Laufwerke, eines für das Betriebssystem, das verschlüsselt wird, und eines für den Systemstart, das unverschlüsselt bleibt.

Nach einer Standardinstallation hat man normalerweise eine Festplatte, Laufwerk C:\.

Wir müssen aber ein zweites Laufwerk generieren, das mindestens 1,5 GB groß ist, und dieses aktiv setzen.

ACHTUNG!
Ein aktives Laufwerk ist ein Laufwerk, von dem aus gestartet wird. Dies kann nur eine primäre Partition.

Dazu öffnen Sie die lokale Computerverwaltung, und erstellen eine zweite Partition auf der Festplatte. Diese markieren Sie als „aktiv“.

ACHTUNG!
Eventuell müssen Sie zunächst die Systempartition verkleinern, und dann eine zweite Partition erstellen.

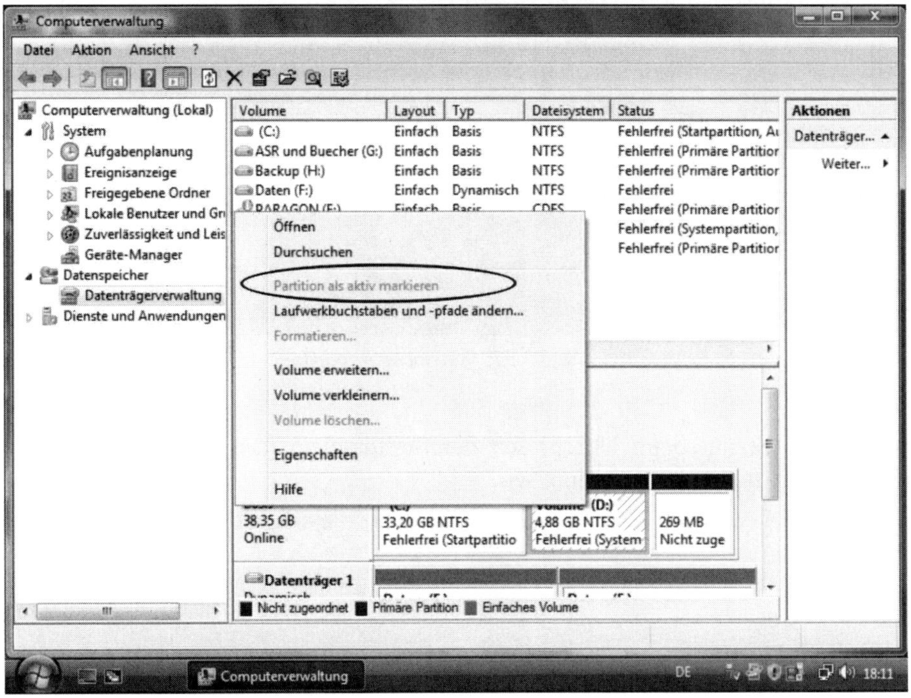

Abbildung 2.32: Festplattenkonfiguration

Sobald Sie diese Schritte beendet haben, startet Windows Vista nicht mehr. Dies ist völlig vorhersehbar, denn gestartet wird immer von der aktiven Partition. Dies ist aber die neue Partition, die keinerlei Startdateien beinhaltet.

Uns bleibt nichts anderes übrig, als von der Windows Vista Installations-DVD zu starten, und eine „Systemstartreparatur" zu starten.

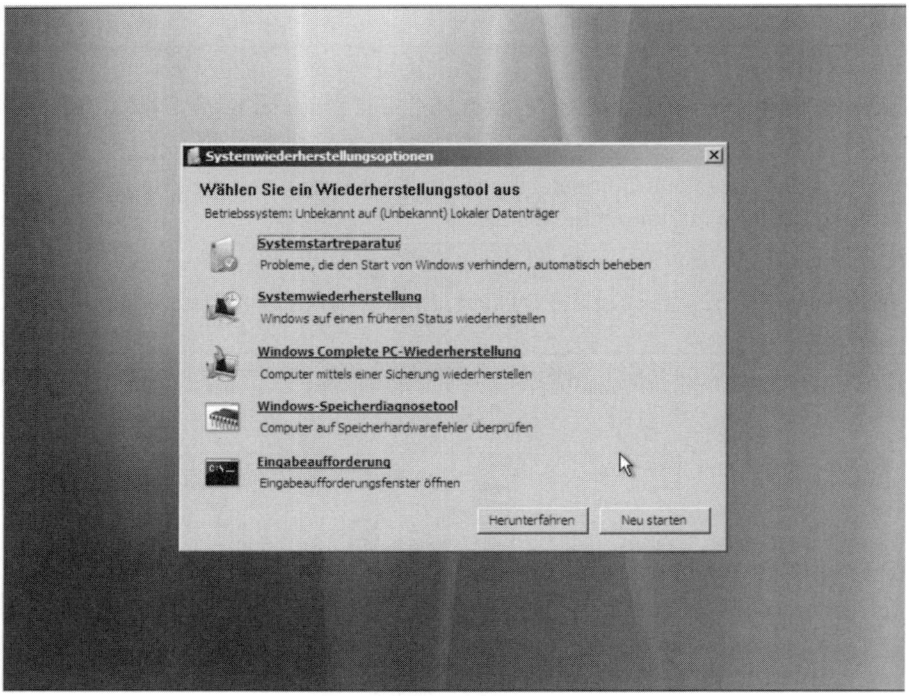

Abbildung 2.33: Systemstartreparatur

Windows PE erkennt beim Überprüfen der Startdateien, dass diese auf der aktiven Partition fehlen, und erstellt sie dort neu.

Danach startet Windows Vista wieder problemlos, diesmal allerdings von der neuen kleinen Partition.

Betrachten wir ein zweites Mal die Bitlocker Konsole.

Abbildung 2.34: Bitlocker Konsole nach der Festplatteneinteilung

Gut, das Festplattenproblem wurde gelöst, nun bleibt als zweites Problem immer noch die fehlende TPM-Hardware.

ACHTUNG!
Wenn Sie eine TPM-Hardware haben, können Sie die nächsten Schritte überspringen.

2.6.2 Bitlocker mit USB-Stick

Wenn Sie allerdings, wie wir in diesem Beispiel, keine TPM-Hardware haben, müssen Sie Windows Vista nun so konfigurieren, dass der Bitlocker-Schlüssel nicht auf einem TPM-Chip gespeichert wird, sondern auf einem USB-Stick.

Dies können Sie wieder in der lokalen Gruppenrichtlinie konfigurieren.

Dafür erstellen Sie wieder eine MMC, und fügen das Snap-In „Gruppenrichtlinienobjekt – Lokaler Computer“ ein.

Nun gehen Sie folgenden Weg:

- Computerkonfiguration
- Administrative Vorlagen
- Windows Komponenten
- Bitlocker-Laufwerksverschlüsselung

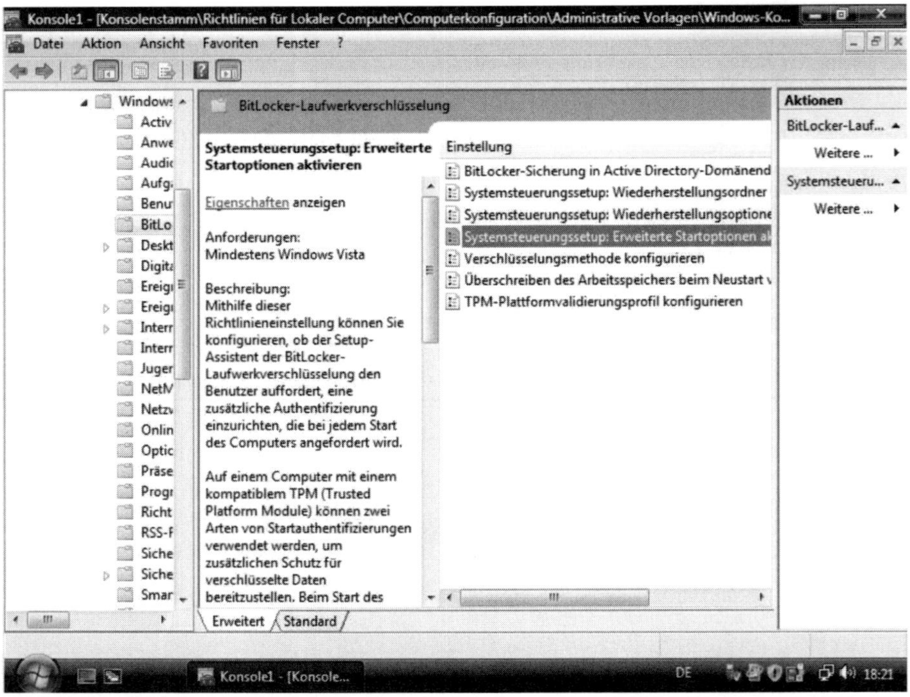

Abbildung 2.35: Gruppenrichtlinieneinstellung

Dort wählen Sie die Einstellung: „Systemsteuerungssetup: Erweiterte Startoptionen aktivieren“ aus, und aktivieren diese.

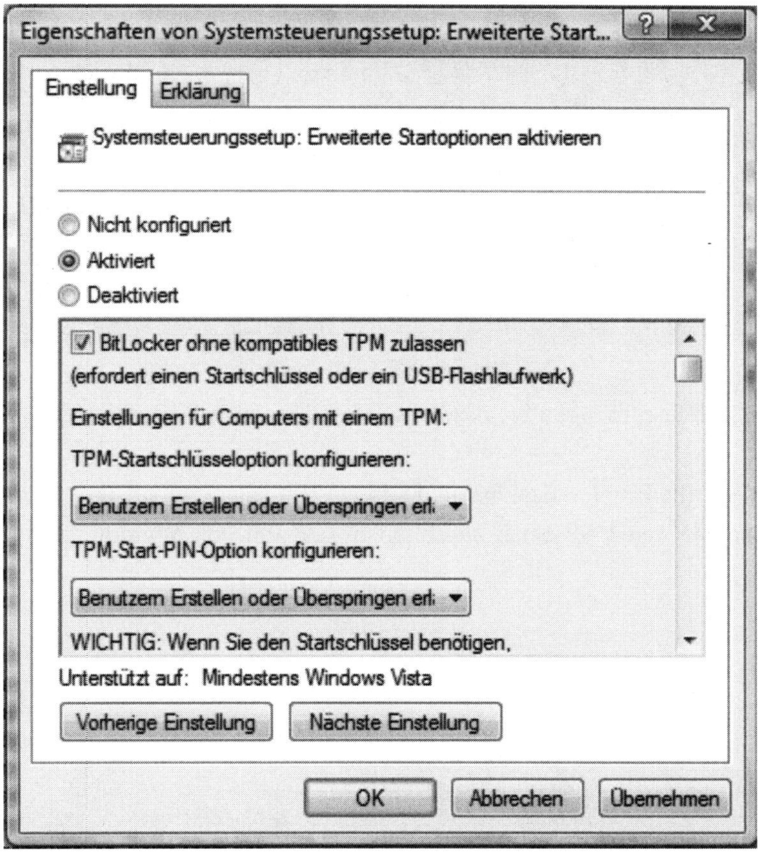

Abbildung 2.36: Erweiterte Startoptionen

Sie müssen nach einer Änderung an einer Gruppenrichtlinie immer dafür sorgen, dass diese Änderung auch übernommen wird. Dies können Sie mit einem Neustart des Rechners erreichen, allerdings ist das keine sehr elegante Lösung.

Besser ist es, wenn Sie den Befehl „gpupdate“ in einem Befehlszeilenfenster eingeben.

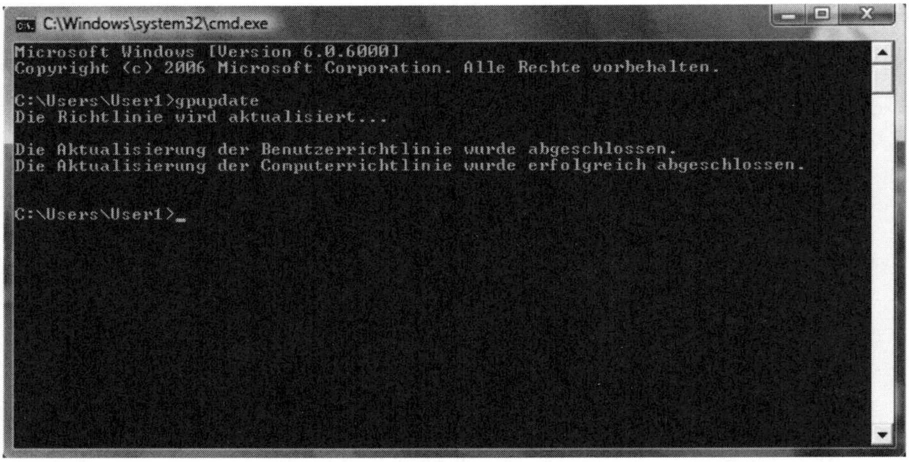

Abbildung 2.37: gpupdate

Mit diesem Befehl erzwingen Sie das Anwenden der neuen Einstellungen.

Nun haben Sie alle Probleme gelöst, und können Bitlocker endlich aktivieren.

Dazu sollten Sie den USB-Stick anschließen, und ihn von Windows Vista erkennen lassen.

Abbildung 2.38: USB-Stick ist erkannt

2.6.3 Bitlocker aktivieren

Öffnen Sie erneut die Bitlocker-Konsole. Endlich gibt es keine Probleme mehr.

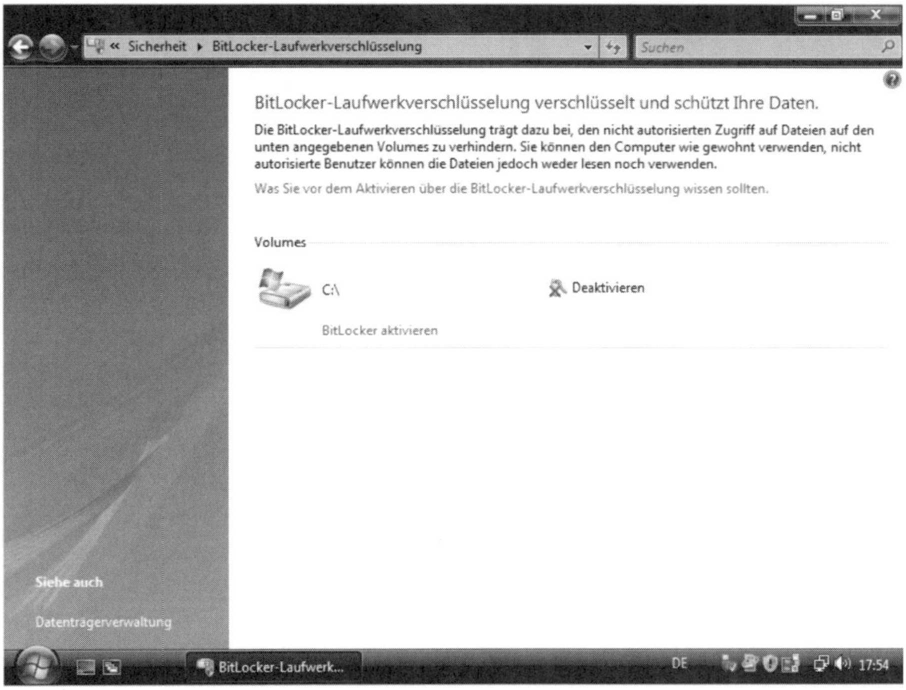

Abbildung 2.39: Bitlocker kann aktiviert werden

Klicken Sie auf „Bitlocker aktivieren“.

Sie müssen nun die Bitlocker Systemstarteinstellungen festlegen.

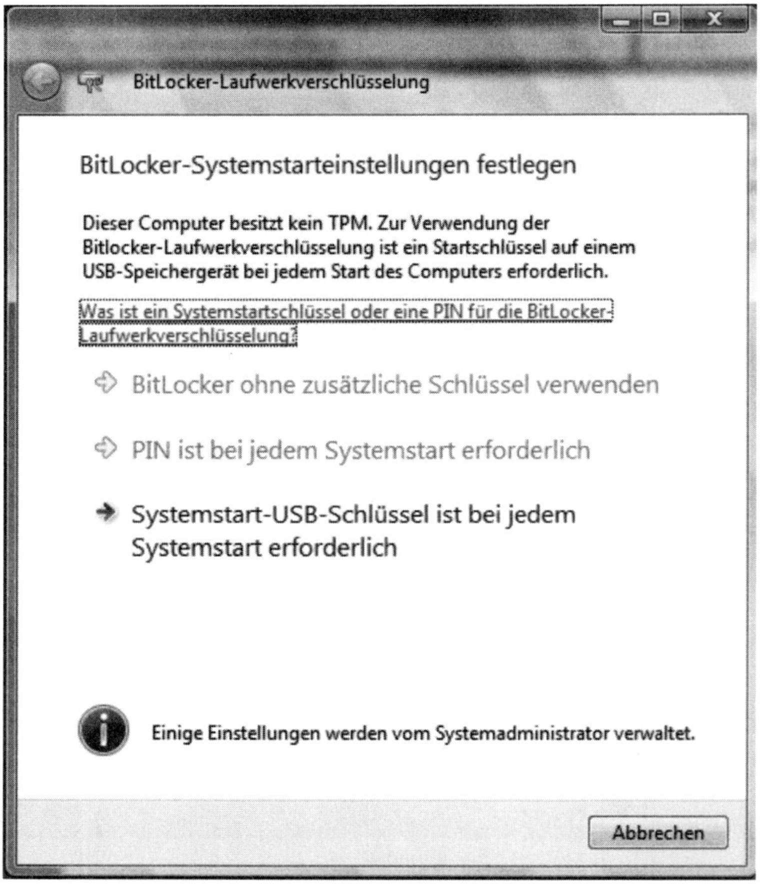

Abbildung 2.40: Systemstarteinstellungen

In unserem Fall kommt natürlich nur „Systemstart-USB-Schlüssel ist bei jedem Systemstart erforderlich“ in Frage.

Nun wählen Sie das USB-Gerät aus, auf dem der Systemstartschlüssel gespeichert werden soll.

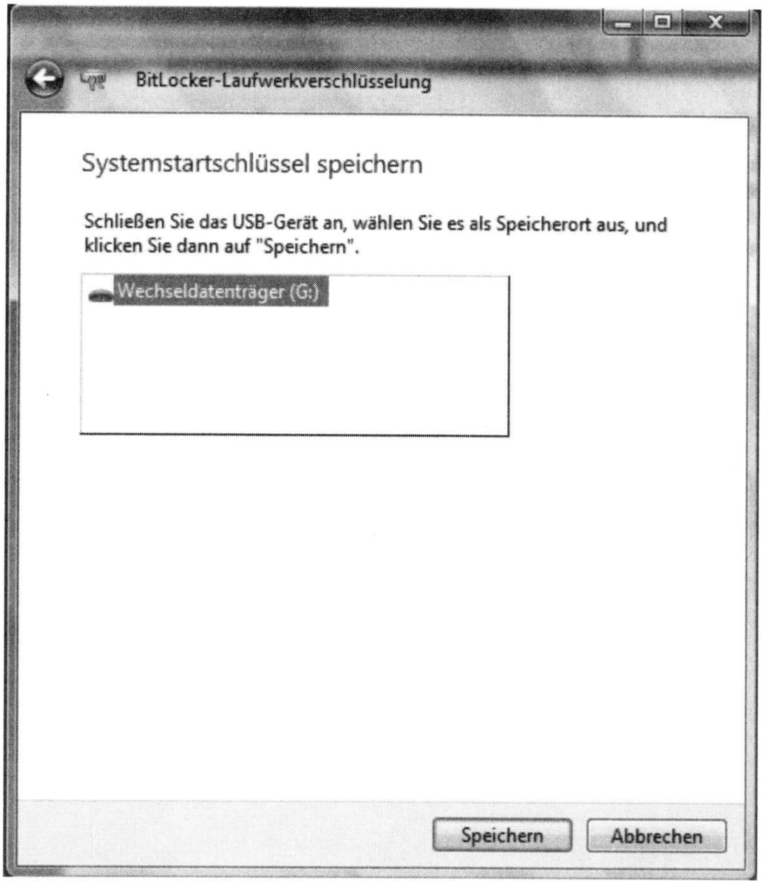

Abbildung 2.41: Auswahl Schlüsselspeicher

Im nächsten Schritt wird ein komplexes Wiederherstellungskennwort generiert, das Sie benutzen müssen, wenn der Start von Bitlocker verhindert wird.

Dies kann immer dann passieren, wenn Sie die Festplatte in ein anderes Gerät einbauen, oder wenn Sie beispielsweise die Startdateien geändert haben.

Dieses Kennwort wird in einer Datei gespeichert und kann auch ausgedruckt werden.

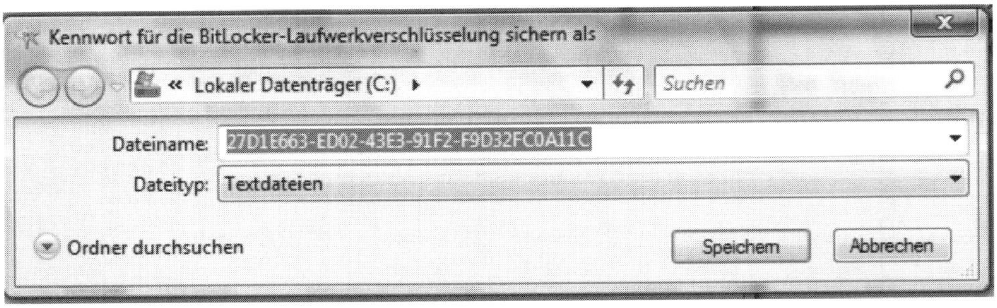

Abbildung 2.42: Speichern des Wiederherstellungskennworts

ACHTUNG!

Sie können das Kennwort auf Diskette, auf dem USB-Stick oder auf der Festplatte speichern, nicht aber auf der verschlüsselten Partition!

Bedenken Sie auch, dass es auf dem USB-Stick vielleicht nicht so gut aufgehoben ist, denn gerade bei einem Ausfall des Sticks brauchen Sie das Kennwort!

Nun wird der Computer neu gestartet.

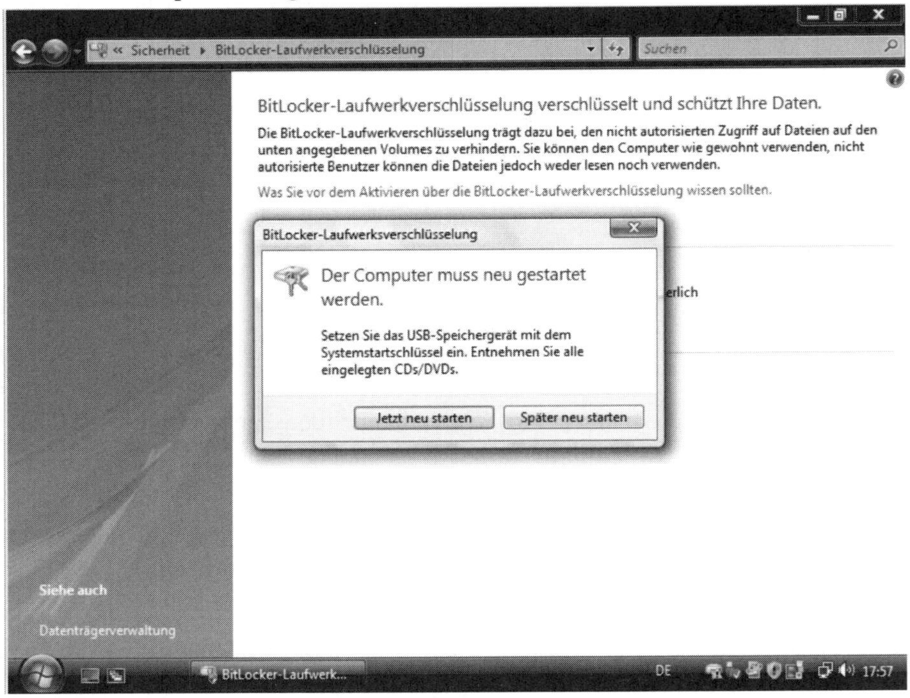

Abbildung 2.43: Neustart

Danach startet der Rechner nur noch, wenn entweder der USB-Stick beim Start vorhanden ist, oder wenn Sie das komplexe Kennwort eingeben.

Hier ein Beispiel für das Kennwort:

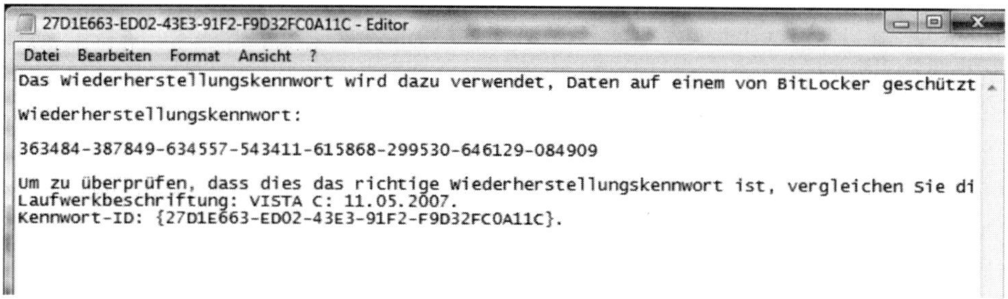

Abbildung 2.44: Wiederherstellungskennwort

Achten Sie darauf, dass dieses Kennwort gut aufbewahrt ist, und niemand Zugriff erlangen kann.

2.7 Zusammenfassung, Übungen / Aufgaben

2.7.1 Zusammenfassung

Die Benutzerkontensteuerung, UAC, ist eine neue Möglichkeit, die Sicherheit in einem Windows Vista System zu erhöhen.

Die Benutzerkontensteuerung können Sie ein- oder ausschalten. Es wird nicht empfohlen, sie auszuschalten, denn damit verringern Sie die Sicherheit des kompletten Systems.

In einer Gruppenrichtlinie können Sie die verschiedenen Einstellungen der UAC vornehmen.

Der Windows Defender schützt den Computer vor Spyware und anderer Malware.

Sie können verschiedene Konfigurationseinstellungen vornehmen, um den Defender optimal anzupassen.

Auch einer Spyware Community können Sie beitreten, damit können Sie helfen, den Defender zu verbessern, indem Sie Informationen an Microsoft schicken.

Eine besonders interessante Einstellung im Defender ist der Software-Explorer. Hier können Sie verschiedene Programme betrachten, und gegebenenfalls deren Ausführung unterbinden.

Beim Internet Explorer sollten Sie die Sites, die benutzt werden, in die verschiedenen Zonen aufteilen, und gegebenenfalls die entsprechenden Sicherheitseinstellungen anpassen.

Wenn Sie eine gesicherte Kommunikation über HTTPS benötigen, müssen Sie eventuell ein Zertifikat eines Servers importieren.

Nutzen Sie die neuen Funktionen, wie „geschützter Modus“ und „Add-On Verwaltung“, um die Sicherheit des Internet Explorers so hoch wie möglich zu halten.

Die Windows Firewall ist eine Sperre gegen Angriff von außen. Es kann sowohl eingehender Datenverkehr als auch ausgehender Datenverkehr gefiltert werden.

Bitlocker ist eine Funktion, mit der Sie das System verschlüsseln können, und damit vor unberechtigtem Zugriff schützen können.

Sie können Bitlocker entweder mit einem TPM-Chip oder mit einem USB-Stick benutzen.

2.7.2 Übungen

1. Melden Sie sich an der Domäne „Meistertrainer.info“ mit dem Konto „Administrator“ und dem Kennwort „Kennw0rt!“ an.

2. Erstellen Sie eine MMC, und fügen Sie als Snap-In die lokale Gruppenrichtlinie ein.

3. Betrachten Sie alle Einstellungen, die im Zusammenhang mit der Benutzerkontensteuerung stehen.

4. Öffnen Sie den Windows Defender, und führen Sie eine Überprüfung durch.
5. Konfigurieren Sie die Optionen des Defenders. Es soll täglich gescannt werden, und die Signaturen sollten immer aktuell sein.
6. Sie möchten keine Standardaktionen ausführen lassen, sondern jedesmal selber entscheiden.
7. Sie möchten nicht alle Sicherheitsagenten benutzen, die Anwendungsausführung soll deaktiviert sein.
8. Belassen Sie ansonsten die Standardeinstellungen, betrachten Sie diese aber genau.
9. Öffnen Sie den Software-Explorer. Betrachten Sie die „Autostartprogramme“.
10. Welche Programme können Sie deaktivieren? Führen Sie die Aktion nicht durch.

11. Öffnen Sie den Internet Explorer und machen Sie sich mit den Sicherheitseinstellungen vertraut.
12. Überprüfen Sie, in welchen Zonen der geschützte Modus aktiv ist.

13. Überprüfen Sie, ob die Windows Firewall aktiv ist.
14. Welche Ausnahmen sind definiert?
15. Öffnen Sie eine MMC mit dem Snap in „Windows-Firewall mit erweiterter Sicherheit“.
16. Erstellen Sie eine neue ausgehende Regel.

17. Öffnen Sie die Bitlocker-Konsole. Welche Schritte müssen Sie ausführen, um Bitlocker zu aktivieren?
18. Stellen Sie sicher, dass Sie das Vista Installations-Medium zur Hand haben.
19. Erstellen Sie im Festplattenmanager eine zweite primäre Partition mit einer Mindestgröße von 1,5 GB. Verkleinern Sie gegebenenfalls die erste Partition, bevor Sie die zweite Partition erstellen können.
20. Markieren Sie die neue, kleine Partition als „aktiv".
21. Starten Sie den Rechner neu. Gelingt der Systemstart?
22. Starten Sie den Rechner vom Installationsmedium. Initiieren Sie eine „Systemstartreparatur".
23. Betrachten Sie nach dem Neustart die Bitlocker-Konsole. Fehlen noch weitere Schritte für die Aktivierung von Bitlocker? Wenn Ja: Weiter mit Punkt 26, wenn „Nein": Weiter mit Punkt 28.
24. Falls Sie keine TPM-Hardware haben:
25. Konfigurieren Sie den Rechner für den Einsatz von Bitlocker mit USB-Stick.
26. Stecken Sie den USB-Stick ein, und öffnen Sie erneut die Bitlocker-Konsole.
27. Aktivieren Sie „Bitlocker". Starten Sie den Rechner neu, und beachten Sie die Änderungen.
28. Deaktivieren Sie Bitlocker wieder.

2.7.3 Aufgaben

1. Sie stellen fest, dass Sie sich nicht als Administrator verifizieren müssen, wenn Sie administrative Arbeiten durchführen wollen.

   Woran liegt das?

2. Sie möchten auch administrative Aufgaben ausführen können, wenn Sie an einer Vista-Maschine als Standardbenutzer angemeldet sind.

   Was können Sie tun?

3. Sie möchten die UAC für lokale Administratoren deaktivieren, ohne dabei die Einstellungen für die Standardbenutzer zu ändern.

   Wie tun Sie das?

4. Sie haben alle Clients auf Windows Vista upgegraded. Eine ältere Anwendung funktioniert leider nicht, wenn Sie von einem Benutzer ausgeführt wird.

   Sie benötigen diese Anwendung. Was können Sie tun?

5. Bei jedem Systemstart erhält ein Benutzer eine Fehlermeldung, die besagt, dass eine Anwendung, die bekannt ist, Änderungen durchgeführt hat.

   Sie möchten vermeiden, dass der Benutzer in Zukunft diese Meldung erneut erhält, möchten aber natürlich die Sicherheit des Systems nicht beeinflussen.

   Was tun Sie?

6. Wie können Sie dafür sorgen, dass Spyware automatisch erkannt wird?

7. Wie können Sie alle Hinweise für ein Blockieren eines Pop-Ups entfernen, ohne die Sicherheit des Computers zu gefährden?

8. Sie benutzen ein Intranet. Dort werden die Benutzer aufgefordert, ein ActiveX Steuerelement zu installieren. Dies sollen sie auch tun dürfen.

   Wie konfigurieren Sie das?

9. Wo können Sie einstellen, dass die Benutzer im IE Skriptfehler sehen können?

10. Wie können Sie ein Zertifikat im Internet Explorer hinzufügen?

11. Sie arbeiten mit einer Anwendung, die auf einem Server läuft. Einer der Benutzer kann sich mit dieser Anwendung nicht verbinden, er erhält jedesmal ein „Timeout" als Fehlermeldung.

    Was sollten Sie überprüfen?

12. Nach einem Massenrollout von Windows Vista können sich die Benutzer nicht mit einem Netzwerkprojektor verbinden.

    Was können Sie tun?

13. Die Benutzer wollen Windows Meeting Space benutzen. Sie sind im „Personen in meiner Umgebung" eingetragen, und können auch neue Sessions einrichten, aber sich nicht mit laufenden Sessions verbinden.

    Woran liegt das wahrscheinlich?

14. Ihre Notebooks sind mit Bitlocker verschlüsselt, die Hardware ist dafür geeignet (TPM). Das Kennwort für Bitlocker ist auf einem USB-Stick gespeichert worden.

    Was müssen Sie tun, wenn eines der Notebooks einen Hardwareschaden hat, und Sie das Mainboard austauschen müssen?

3 Die sichere Ressourcenverwaltung

Lernziele:

- Anmeldearten
- EFS
- Die Druckerverwaltung
- Die Updateverwaltung

Prüfungsanforderungen von Microsoft:

- Troubleshoot security configuration issues
- Apply security patches and updates
- Configure and troubleshoot access to ressources
- Troubleshoot authentication issues

Quelle: Microsoft

3.1 Einleitung

Die Ressourcenverwaltung ist auch ein zentrales Thema, besonders die Sicherheit der Ressourcen ist oft nicht gewährleistet.

Als Desktopsupporter ist es eine Ihrer Aufgaben, für Sicherheit der Ressourcen zu sorgen, und deswegen sollten Sie die wichtigsten Tools dafür kennen.

3.2 Anmeldearten

Beim Anmeldevorgang bei Windows Vista muss zwischen mehreren verschiedenen Möglichkeiten unterschieden werden.

- Lokale Anmeldung an einem Server oder einer Workstation
- Anmeldung an der Domäne

Außerdem gibt es noch andere Anmeldemöglichkeiten:

- Als Administrator ausführen
- Anmeldung mit der Smartcard

3.2.1 Lokales Anmelden

Jeder Anmeldevorgang funktioniert nach einem bestimmten Schema. Nachdem der Computer gestartet ist, erscheint das Anmeldedialogfenster. Nun geben Sie Ihre Daten ein.

Abbildung 3.1: lokale Anmeldung

Diese Daten bestehen aus

- Benutzername und
- Kennwort

Diese Daten werden an eine Datenbank weitergeleitet, die lokal auf der Maschine liegt. Diese lokale Datenbank nennt sich Security Account Manager (SAM) und ist auf allen Workstations und Servern zu finden, die keine Domänencontroller sind.

3.2.2 Anmelden an einer Domäne

Eine Domäne bedeutet, dass in einem Netzwerk ein Computer dazu bestimmt wird, als zentrale Datenbank für alle Benutzerkonten zu dienen. Unter Windows wird ein solcher Computer „Domänencontroller" genannt, und die Datenbank, die alle Benutzerkonten für die ganze Domäne verwaltet, heißt „Active Directory".

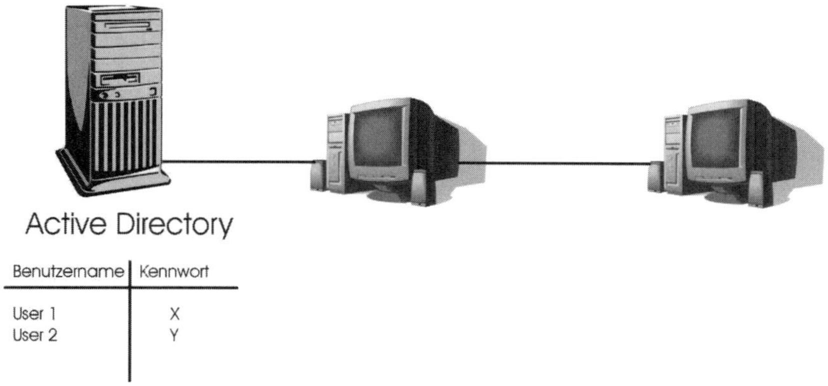

Abbildung 3.2: Active Directory

Um die Konten von einer zentralen Stelle aus zu verwalten, muss eine Möglichkeit geschaffen werden, dass Benutzer sich „über das Netzwerk" an der Domäne anmelden können.

Diese Möglichkeit besteht, wenn im Active Directory der Computer bekannt ist, von dem aus sich ein Benutzer anmelden möchte. Dies geschieht durch das Anlegen eines Computerkontos und der Aufnahme des Computers in eine Domäne.

Kerberos

Die Anmeldung an einer Domäne hat noch einige sicherheitsrelevante Besonderheiten. Eine davon ist, dass die Anmeldung über Kerberos erfolgt.

Die Kerberos-Authentifizierung wurde mit Windows 2000 eingeführt und beseitigt alle Unzulänglichkeiten der älteren Authentifizierungsmethoden.

Die Authentifizierung des Benutzers findet durch einen Dienst namens Kerberos statt. Es wird auch noch der ältere Standard NTLM unterstützt, das hauptsächlich aus Gründen der Abwärtskompatibilität benutzt wird.

Für ein Netzwerk mit Windows 2000, Windows XP oder Windows Vista Clients und Windows 2000/2003/2008 Server wird die Authentifizierung über das Kerberos-Protokoll getätigt.

ACHTUNG!

Ältere Clients, wie beispielsweise NT 4.0. unterstützen Kerberos nicht, und müssen auf ein aktuelles System upgegraded werden!

Kerberos ist ein Industriestandard, das heißt, es wird nicht nur von Microsoft eingesetzt, sondern kommt eigentlich aus der Unix-Welt. Somit können auch gemischte Umgebungen Kerberos benutzen.

Bei einer Authentifizierung über das Netzwerk sollte in jedem Fall das Kennwort so gut wie möglich verschlüsselt sein, was bei Kerberos mit 56 oder 128 Bit stattfindet. Dies ist eine ziemlich sichere Verschlüsselung.

Wenn das Kerberos Protokoll zur Authentifizierung eingesetzt wird, gibt es immer drei Stellen, die an der Kommunikation beteiligt sind:

- Client
- Server
- KDC – Key Distribution Center

Der KDC –ein Dienst, der auf jedem Domänencontroller läuft- vergibt einen Schlüssel, der beiden Seiten bekannt gemacht wird.

Nun kann die Kommunikation verschlüsselt ablaufen.

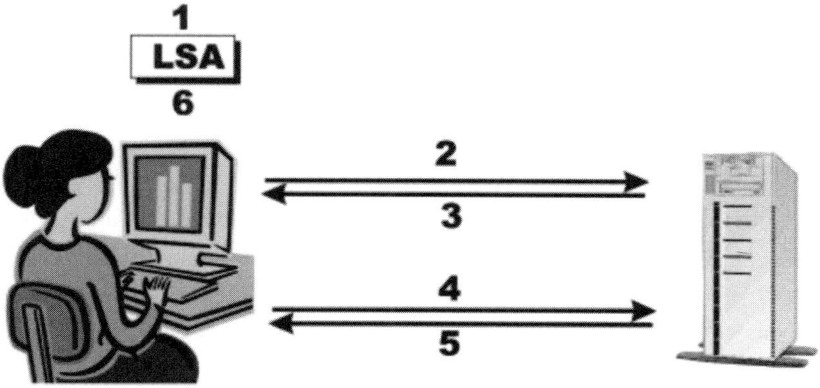

Abbildung 3.3: Kerberos

Die Anmeldung an der Domäne erfolgt in folgenden Schritten:

1. Wie bei der lokalen Anmeldung übergibt Winlogon die Informationen an die Local Security Authority (LSA).
2. Die LSA nimmt Kontakt zu einem Domänencontroller auf. Der KDC vergibt ein Sitzungsticket *(TGT – Ticket Granting Ticket)* für die Kommunikation. Dieses TGT wird für jede weitere Kommunikation mit dem KDC benötigt.
3. Nun wird der Domänencontroller um Verifizierung des Benutzers angefragt. Der DC schickt die eindeutige SID des Benutzers zurück, sowie alle SID aller Gruppen, in denen der Benutzer Mitglied ist.
4. Die LSA fordert vom Domänencontroller ein weiteres Ticket an, damit der Benutzer Zugriff auf den Arbeitsstationsdienst bekommt. Das Sitzungsticket authentifiziert hierbei den Benutzer.
5. Bei erfolgreicher Verifizierung des Sitzungstickets erstellt der KDC das gewünschte Arbeitsstationsticket und schickt es an den Client zurück.
6. Die LSA erstellt einen eigenen Schlüssel, das sogenannte Zugriffstoken. Mit diesem Token kann der Benutzer nun Zugriff auf alle Ressourcen bekommen, für die er Berechtigungen hat.

7. Der Desktop des Clients erscheint.

Kerberos steht natürlich nur in einer Active Directory Domäne zur Verfügung, und nicht in einer Arbeitsgruppe!

3.2.3 Als Administrator ausführen

Eine Besonderheit ist die Möglichkeit, ein Programm als Administrator auszuführen.

Dabei ist es egal, ob man als normaler Benutzer oder als Administrator angemeldet ist, diese Funktion steht immer zur Verfügung.

Wählen Sie das gewünschte Programm aus, und klicken Sie mit der rechten Maustaste darauf.

Das Fenster hat unter anderem die Funktion „Als Administrator ausführen".

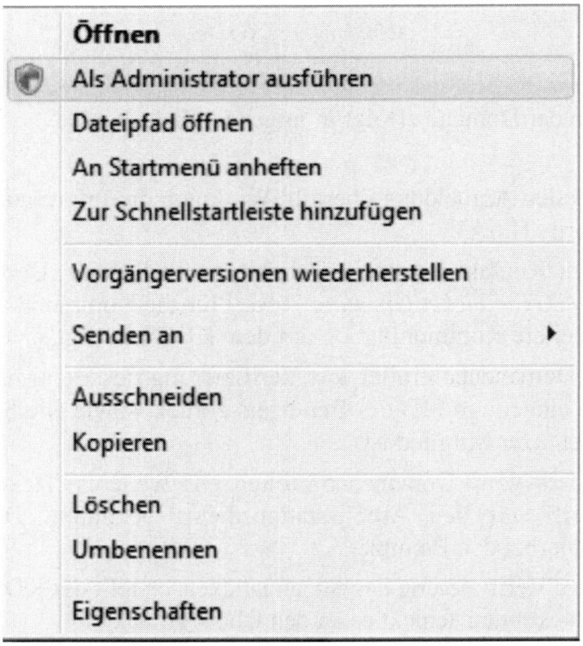

Abbildung 3.4: Als Administrator ausführen

Nun geben Sie die Anmeldedaten eines Administrators ein, und dann können Sie in diesem Fenster mit administrativen Rechten arbeiten.

ACHTUNG!
Auch, wenn Sie als Administrator angemeldet sind, ist es bei manchen systemnahen Programmen nötig, das Programmfenster auf diese Weise zu öffnen! Nur dann haben Sie volle administrative Rechte!

3.2.4 Anmeldung mit der Smartcard

Auch eine Anmeldung mit der Smartcard wird von Windows Vista unterstützt.

Bei einer Smartcardanmeldung entfällt die Eingabe von Benutzername und Kennwort, Sie benötigen lediglich Ihre Smartcard, auf der diese Informationen gespeichert sind, und eine PIN, mit der Sie sich authentifizieren.

Diese Art der Anmeldung ist sicherer als die Anmeldung mit Benutzername und Kennwort, setzt aber ein verantwortungsvolles Umgehen mit der Smartcard voraus.

Wenn Sie möchten, dass diese Art der Authentifizierung verbindlich angewendet werden muss, können Sie das in einer Gruppenrichtlinie festlegen.

Öffnen Sie dazu eine MMC, und fügen Sie das Snap-In „Richtlinien für den lokalen Computer“ hinzu.

Navigieren Sie nun an folgende Stelle:

- Computerkonfiguration
- Windows-Einstellungen
- Sicherheitseinstellungen
- Lokale Richtlinie
- Sicherheitsoptionen

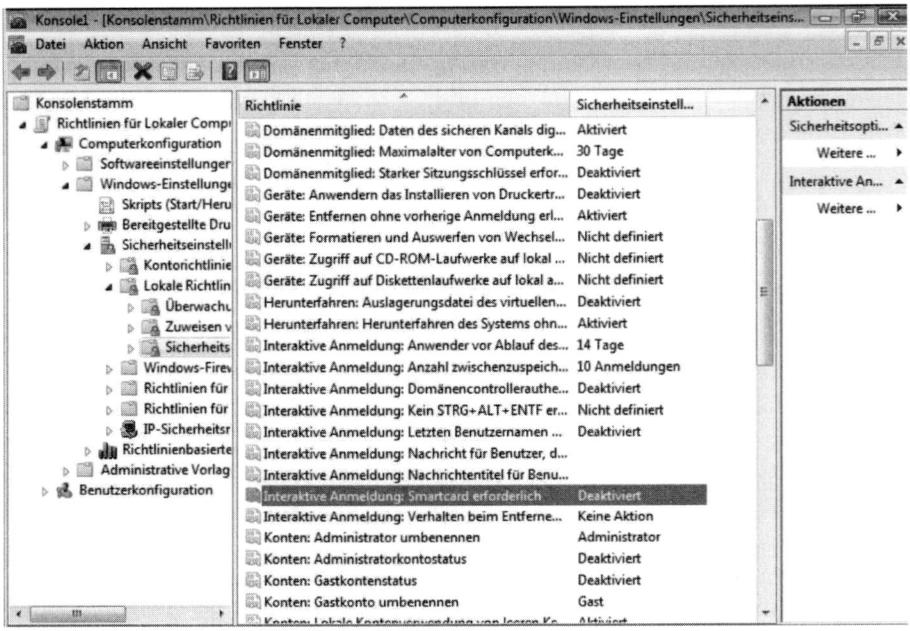

Abbildung 3.5: Sicherheitsoptionen

Hier finden Sie die Einstellung“ Interaktive Anmeldung: Smartcard erforderlich“.

Aktivieren Sie diese Einstellung, und danach ist eine Anmeldung mit einer Smartcard vorgeschrieben.

3.3 Encrypting File System (EFS)

EFS, Encrypting File System, ist eine Möglichkeit, seine Daten gegen unbefugten Zugriff zu schützen, aber mit ausgewählten Personen teilen zu können.

EFS verschlüsselt die Daten auf Dateisystemebene, und ist deswegen auch nur auf NTFS-Partitionen möglich.

EFS steht nur in den Systemen Windows Vista Business, Enterprise und Ultimate zur Verfügung.

3.3.1 Die Grundlagen des Verschlüsselns

Verschlüsseln – Sichern von Dateien

Das Verschlüsseln von Daten kann man mit dem Versperren der eigenen Wohnung vergleichen. Durch das Absperren mit meinem eigenen Schlüssel kann ich meine Wohnung vor unbefugtem Zugriff schützen. Genau auf diese Art werden Daten verschlüsselt. Sie habe einen Schlüssel, der an Ihr Benutzerkonto gekoppelt ist, mit dem Sie die Daten verschlüsseln. Entschlüsseln können Sie die Daten auch nur mit eben diesem Schlüssel. Der Schlüssel wird auch „Zertifikat" genannt.

ACHTUNG!
Der Schlüssel wird erst in dem Moment generiert, wenn Sie zum ersten Mal eine Ressource verschlüsseln. Vorher sind Sie nicht im Besitz eines Schlüssels!

Mehrere Personen haben Zugriff auf verschlüsselte Daten

Es ist nicht ungewöhnlich, dass mehrere Personen auf ein und dieselbe Datei zugreifen müssen, obwohl die Datei verschlüsselt ist. Dies lässt sich mit der Vergabe von Zweitschlüsseln an Familienmitglieder vergleichen.

Derjenige, der die Datei verschlüsselt hat, kann entscheiden, ob noch andere Personen diese Datei benutzen dürfen.

Notfallabsicherung: Wenn die Datei nicht mehr entschlüsselt werden kann

Was passiert nun aber, wenn die Person, die die Datei verschlüsselt hat, nicht in der Lage ist, die Datei wieder zu entschlüsseln? So könnte ein längerer Urlaub hier schon für Probleme sorgen, falls diese Datei wichtig ist.

In unserem Beispiel mit dem Wohnungsschlüssel könnte man hier den Hausmeister bemühen, der immer einen Ersatzschlüssel hat, um im Notfall jede Wohnung öffnen zu können. Genauso wird es mit den Daten gelöst, es gibt immer einen „Wiederherstellungsagenten", der das Recht hat, alle verschlüsselten Daten zu entschlüsseln.

Dieser Wiederherstellungsagent ist im Normalfall der Administrator. Leider könnte man ihm unterstellen, Daten unbefugt zu lesen, da er die Möglichkeit hat.

Um solchen Vorwürfen zu entgehen, wird empfohlen, das Zertifikat auf eine Diskette zu exportieren, und damit dem Wiederherstellungsagenten die Möglichkeit zu nehmen, verschlüsselte Daten zu lesen.

Erst wenn ein Notfall eintritt, sollte das Zertifikat (der Schlüssel) wieder importiert werden, um die verschlüsselten Daten entschlüsseln zu können.

Windows Vista bietet auch die Möglichkeit, die Schlüssel auf einer Smartcard zu speichern, und auch der Datentransfer über das Netzwerk ist verschlüsselt, wenn Sie verschlüsselte Daten auf einem Server speichern.

3.3.2 Das Verschlüsseln

Wie bereits erwähnt, wird ein Zertifikat (ein Schlüssel) zum Verschlüsseln erst erstellt, wenn zum ersten Mal eine Datei verschlüsselt wird.

Wir wollen überprüfen, ob dies richtig ist.

- Start
- Suche starten
- MMC
- Snap-In hinzufügen
- Zertifikate
- Eigenes Benutzerkonto

Wechseln Sie in der Konsole auf

- Eigene Zertifikate

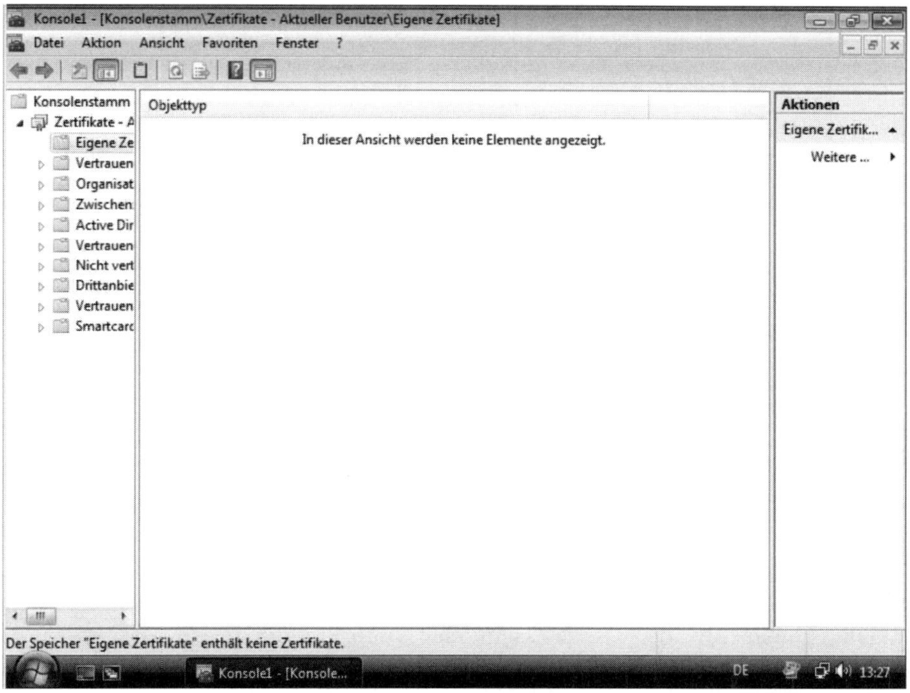

Abbildung 3.6: Zertifikate

Also ist noch kein Zertifikat für das Verschlüsseln von Dateien angelegt.

Wir müssen zunächst einmal Daten verschlüsseln.

Wenn wir einen Ordner mit allen enthaltenen Dateien verschlüsseln möchten, wählen Sie den entsprechenden Ordner aus, und öffnen das Eigenschaftenmenü.

Klicken Sie auf „erweitert.“

Nun können Sie den Haken bei „Inhalt verschlüsseln, um Daten zu schützen“ setzen.

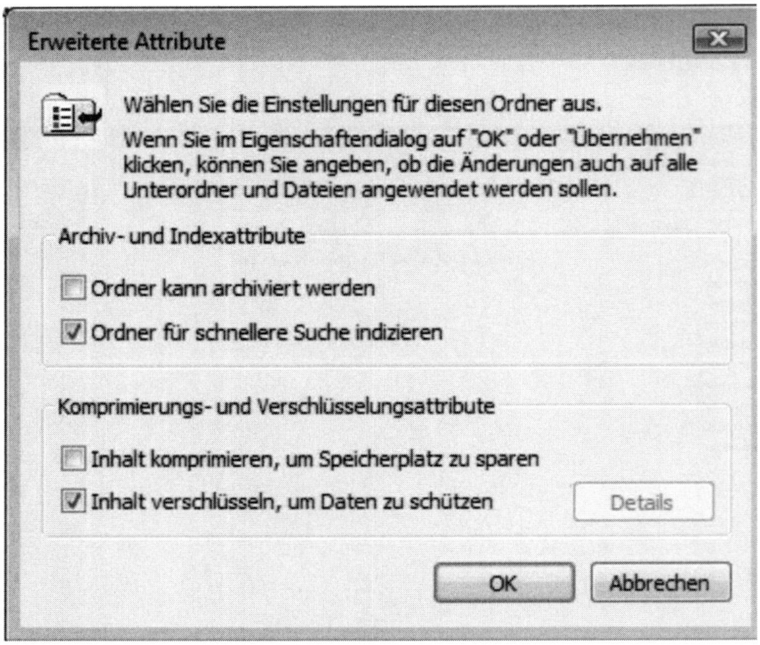

Abbildung 3.7: Dateien verschlüsseln

ACHTUNG!
Sie können Daten entweder verschlüsseln oder komprimieren. Beide Attribute zugleich können nicht vergeben werden!

Auch hier werden Sie gefragt, ob Sie nur den Ordner oder auch alle Inhalte verschlüsseln möchten.

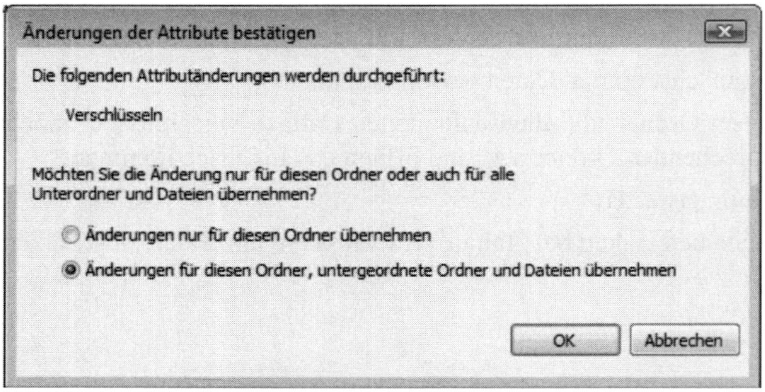

Abbildung 3.8: Datei oder Ordner?

Nach dem Verschlüsseln der Daten werden Ihnen die Daten und Ordner grün angezeigt, damit Sie auch visualisieren können, dass es sich hierbei um verschlüsselte Daten handelt.

Wenn Sie nun erneut den Zertifikatsspeicher betrachten, sehen Sie, dass das Zertifikat zum Verschlüsseln erstellt worden ist. Mit diesem Zertifikat können Sie nun weitere Daten verschlüsseln und die bereits verschlüsselten Daten wieder entschlüsseln.

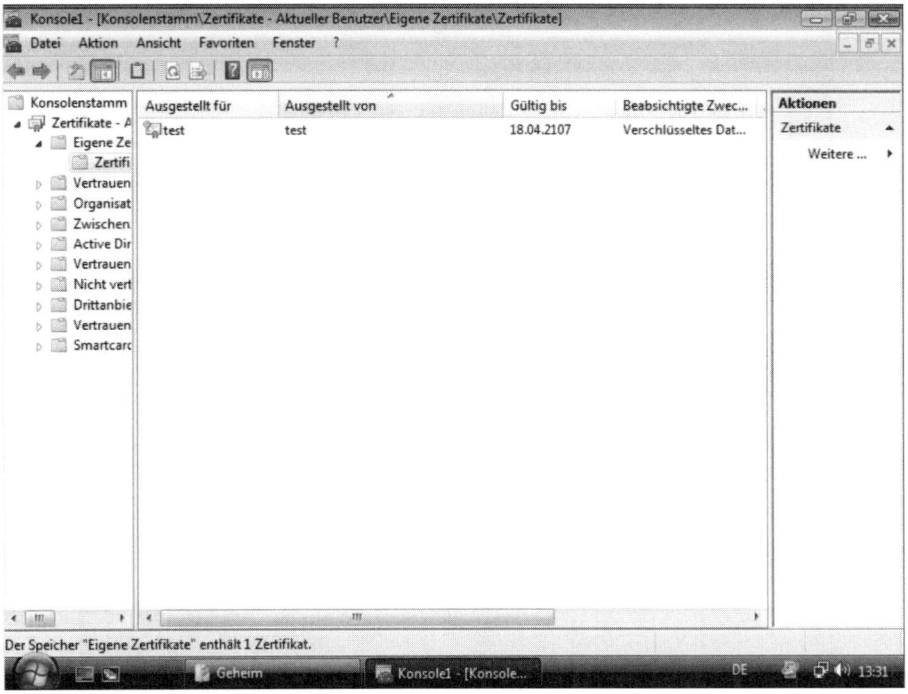

Abbildung 3.9: Das Zertifikat ist nun vorhanden

3.3.3 Hintergründe

Das Zertifikat

Betrachten wir das Zertifikat einmal genauer. Mit einem Doppelklick kann es geöffnet werden.

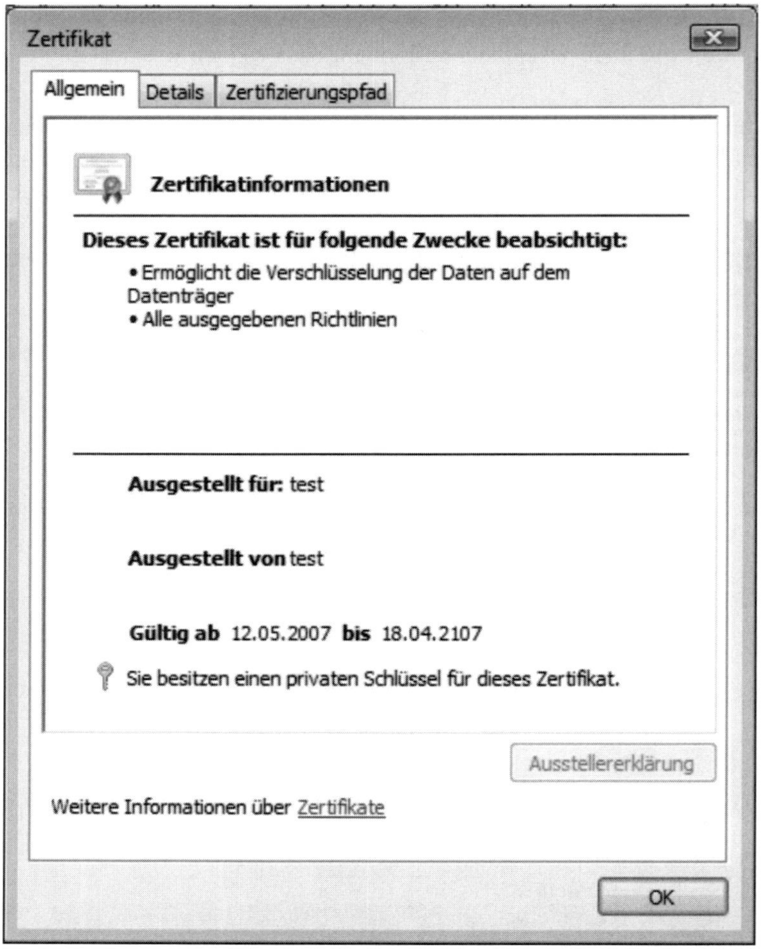

Abbildung 3.10: Das Zertifikat mit privatem Schlüssel

Ohne tiefer in die komplexe Materie der Zertifizierungsstellen einzusteigen, kann wenig über das Zertifikat gesagt werden.

Auffällig ist aber, dass im unteren Teil des Zertifikats der private Schlüssel erwähnt wird. Solange Sie im Besitz dieses Schlüssels sind, können Sie das Zertifikat benutzen. Das Verschlüsseln verlangt beides:

- Zertifikat
- Privaten Schlüssel

Speicherort des Zertifikats

Wo aber ist denn das Zertifikat nun gespeichert? Es muss ja verfügbar sein, damit der Benutzer es jederzeit benutzen kann.

Aus diesem Grund ist es im Profil des Benutzers gespeichert. Sie können es auch betrachten, wenn Sie das Profil öffnen.

Im Pfad

- Benutzer
- Name des Benutzers
- AppData
- Microsoft
- SystemCertification
- My

finden Sie in den Unterordnern „Certificates“ und „Keys“ genau die zwei Teile des Zertifikats, die wir oben gesehen haben.

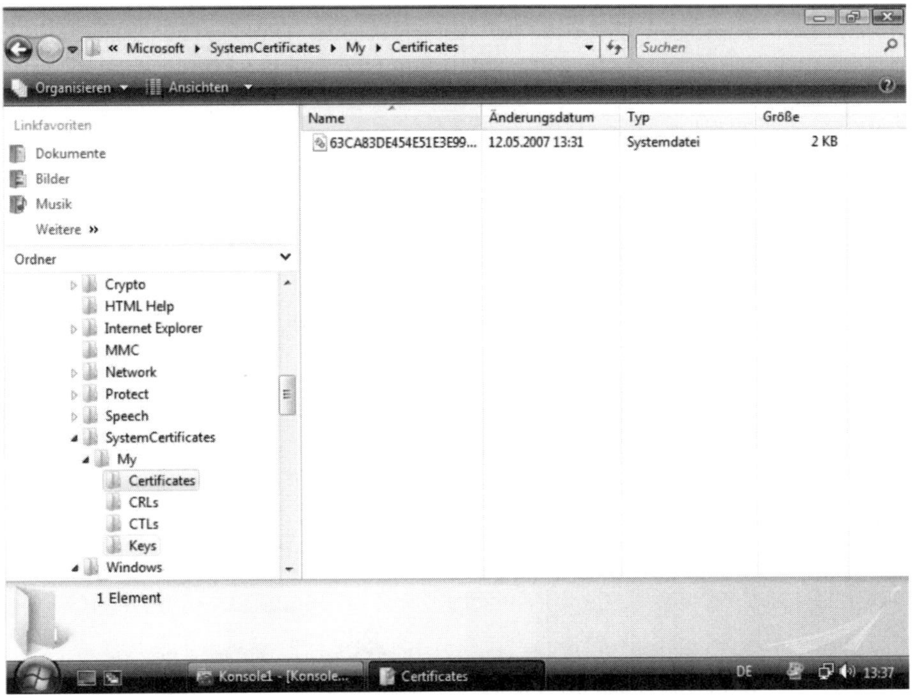

Abbildung 3.11: Speicherort des Zertifikats

Dies bedeutet, dass ein Benutzer nur dann sein Zertifikat benutzen kann, wenn er sein Profil zur Verfügung hat. Achten Sie darauf, dass der Benutzer immer sein Profil zur Verfügung hat, da er sonst nicht verschlüsseln kann.

ACHTUNG!

Wenn Sie Benutzer betreuen, die ihren Arbeitsplatz häufig wechseln, führen zwei Lösungen zum gewünschten Ergebnis:

Serverbasierte Profile: Egal, an welchem Rechner sich ein Benutzer anmeldet, er bekommt immer sein Profil zugewiesen.

Exportieren des Zertifikats und importieren an einem anderen Rechner.

Praktikabel ist eigentlich nur das servergespeicherte Profil.

3.3.4 Multiuser-EFS

Ein interessantes Feature ist das Multiuser-EFS. Mit Windows Vista ist es möglich, mehreren Benutzern den Zugriff auf verschlüsselte Dateien zu gestatten. Dies entspricht auch der Realität, da ganz selten nur eine einzige Person Zugriff auf eine bestimmte Datei haben soll.

Wenn Sie den Zugriff auf eine bestimmte Datei mehreren Benutzern gestatten möchten, gehen Sie in das Eigenschaftsmenü der Datei, und klicken auf „Erweitert".

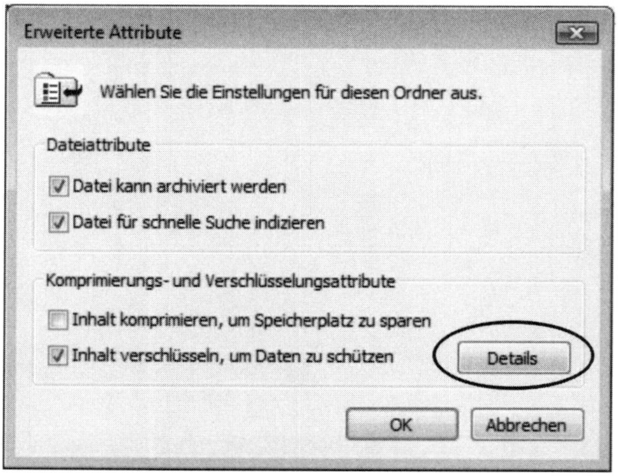

Abbildung 3.12: Multiuser EFS

Hier können Sie nun auf die Schaltfläche „Details“ klicken.

ACHTUNG!
Diese Schaltfläche ist nur für Dateien, nicht für Ordner anwählbar!

Ein Fenster erscheint, in dem Sie im oberen Teil zusätzliche Benutzer hinzufügen können.

Im unteren Teil sehen Sie die definierten Wiederherstellungsagenten.

Abbildung 3.13: Berechtigte Benutzer

Nach dem Klicken auf die Schaltfläche „Hinzufügen“ erhalten Sie eine Auswahl von Zertifikaten, die Sie hinzufügen können.

ACHTUNG!
Eigentlich fügen Sie keine Benutzer hinzu, sondern deren Zertifikate. Das bedeutet, dass Sie nur Benutzer hinzufügen können, die bereits ein Verschlüsselungszertifikat auf diesem Computer haben!

Nach dem Hinzufügen hat der berechtigte Benutzer die Möglichkeit, Daten, die von Ihnen verschlüsselt worden sind, zu öffnen und zu bearbeiten.

3.4 Die Druckerverwaltung

Eine wichtige Arbeit, mit der sich jeder Administrator täglich auseinandersetzen muss, ist das Einrichten und Konfigurieren der Drucker.

Prinzipiell gibt es die Möglichkeit, für jeden Computer ein eigenes Gerät anzuschließen, oder zentral ein oder mehrere Geräte zur Verfügung zu stellen, auf die mehrere Personen zugreifen können.

Beide Lösungen haben Vor- und Nachteile. Aus mehreren Gründen, wie Kosten und Verwaltung hat sich aber die Netzwerkvariante durchgesetzt.

3.4.1 Begriffe

Zunächst einmal müssen die Begriffe der verschiedenen Stellen geklärt werden, die an einem Druckvorgang beteiligt sind. Es ist wichtig, diese Begriffe zu kennen, denn in der Literatur und in den Prüfungen werden ausschließlich diese Begriffe verwendet.

Druckgerät

Das Druckgerät ist das, was in der Alltagssprache als „Drucker“ bezeichnet wird.

Es gibt zwei Arten von Druckgeräten:

Lokales Druckgerät

Ein lokales Druckgerät ist direkt mit einer Schnittstelle des Druckservers verbunden. Es kann für den Zugriff über das Netzwerk freigegeben werden, oder es kann ausschließlich lokal verwendet werden.

Netzwerkdruckgerät

Netzwerkdruckgeräte sind nicht direkt mit einer Schnittstelle des Druckservers verbunden, sondern haben eine eigene Netzwerkkarte und eine eigene IP-Adresse.

Drucker

Der Drucker ist die Schnittstelle zwischen dem Druckgerät und dem Betriebssystem. Optisch sichtbar ist ein Drucker durch das Druckersymbol in der Verwaltungskonsole.

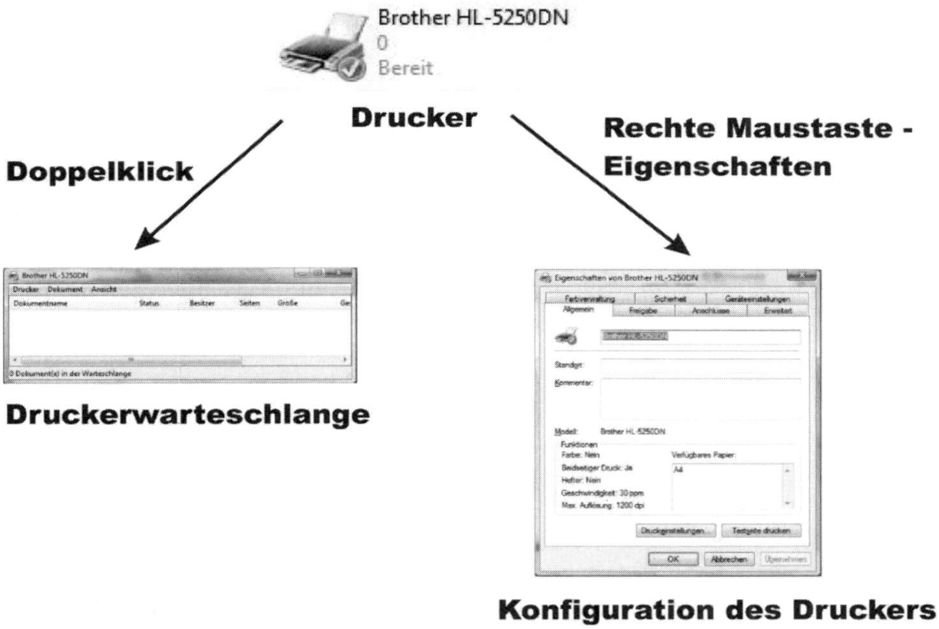

Abbildung 3.14: Drucker

Durch einen Doppelklick auf den Drucker kann man die Druckerwarteschlange sehen, hier werden alle Dokumente angezeigt, die noch nicht vollständig ausgedruckt sind. Diese Druckerwarteschlange wird auch als „Spooler" bezeichnet.

Wenn Sie die rechte Maustaste benutzen, und dann „Eigenschaften" wählen, erhalten Sie alle Konfigurationsmöglichkeiten des Druckers.

Druckserver

Auf dem Druckserver werden die Drucker verwaltet. Auf ihm sind die Drucker installiert, und auf ihm werden auch die Treiber für die Clients verwaltet.

Druckertreiber

Druckertreiber sind Dateien, mit denen das Ansprechen der Drucker ermöglicht wird. Druckertreiber sind für jedes Druckgerätmodell individuell.

Spooler

Der Spooler ist die Warteschlange der zu druckenden Dokumente. Der Spooler benutzt sowohl den Festplattenspeicher, als auch den Arbeitsspeicher.

Spoolen bedeutet, dass die Daten in eine Form umgewandelt werden, die der Drucker verstehen kann. Diese Datenaufbereitung kann sehr viel Platz in Anspruch nehmen. Aus diesem Grund wird eine gespoolte Datei zunächst auf der Festplatte gespeichert. Nur immer der Teil, der gerade bearbeitet wird, wird in den Arbeitsspeicher geladen.

Es gibt sowohl den lokalen Spooler auf dem Client, als auch den Spooler auf dem Druckserver. Zunächst wird lokal auf dem Client gespoolt, danach werden die bereits gespoolten Daten über das Netzwerk an den Druckserver übertragen.

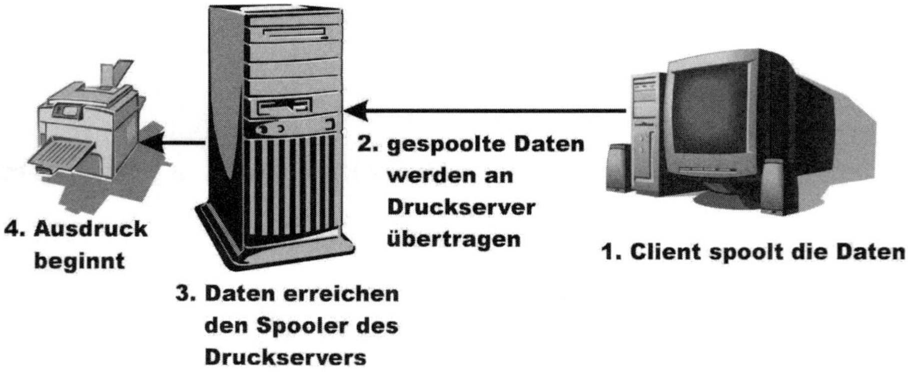

Abbildung 3.15: Der Spooler

3.4.2 Die neue Druckarchitektur unter Windows Vista

Eine Neuerung bei Vista, ist die Erneuerung der Druckarchitektur und ein neues Dokumentformat namens XPS (XML Paper Specification). Dieses Druckformat war zuvor unter dem Codenamen "Metro" bekannt.

XPS basiert auf XML (Extensible Markup Language). Dadurch behalten Dokumente ihre genaue Formatierung, egal aus welchen Anwendungen gedruckt wird, oder mit welchem Druckermodell.

Die zu druckenden Daten werden am Bildschirm WYSIWYG ("what-you-see-is-what-you-get") dargestellt.

Besonders hilfreich wird das neue Druckmodell wohl für Farblaser sein, denn hier ist eine hohe Farbtreue ein wichtiges Kriterium.

XPS ist das Standarddruckformat, und soll in Zukunft von Druckern direkt unterstützt werden, die dazu einen XPS Treiber benötigen.

Da momentan diese Treiber noch Mangelware sind, unterstützt Windows Vista nach wie vor das alte Druckformat, das bis einschließlich Windows XP zum Einsatz kam.

3.4.3 Installation und Freigabe von Druckern

Der erste Schritt, Drucken in einem Netzwerk zu ermöglichen, ist die Installation des Druckers. Diesem Vorgang geht in den meisten Fällen das physische Anschließen des Druckgerätes voraus.

Die Druckerinstallation wird in der Systemsteuerung verwaltet:

- Start
- Systemsteuerung
- Hardware und Sound
- Drucker

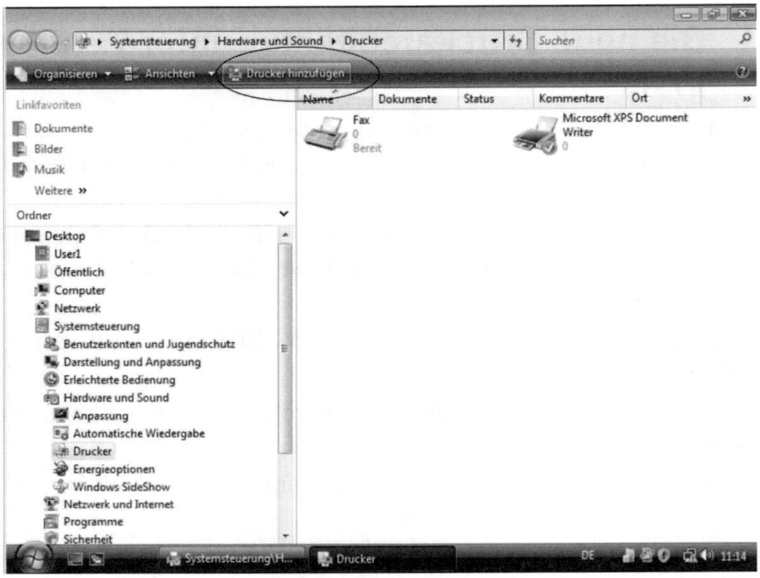

Abbildung 3.16: Drucker

Hier wählen Sie „Drucker hinzufügen“.

ACHTUNG!
Sie müssen nur Drucker hinzufügen, die nicht über USB angeschlossen werden. USB-Drucker werden eigenständig erkannt und installiert!

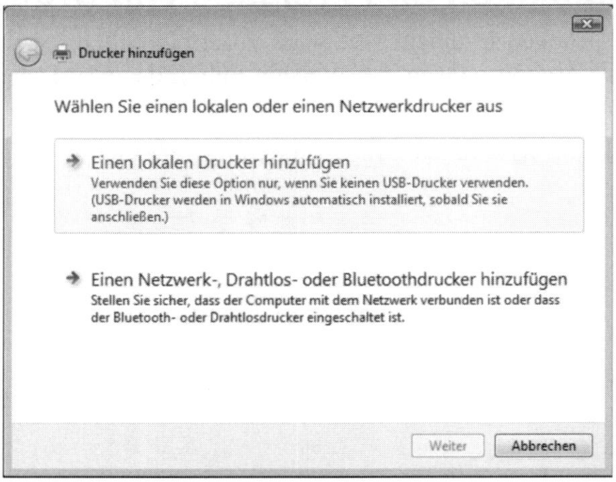

Abbildung 3.17: Drucker

Wählen Sie nun aus, ob Sie einen lokalen Drucker oder einen Netzwerkdrucker hinzufügen möchten.

Auf der nächsten Karteikarte wählen Sie, wo das Druckgerät angeschlossen ist.

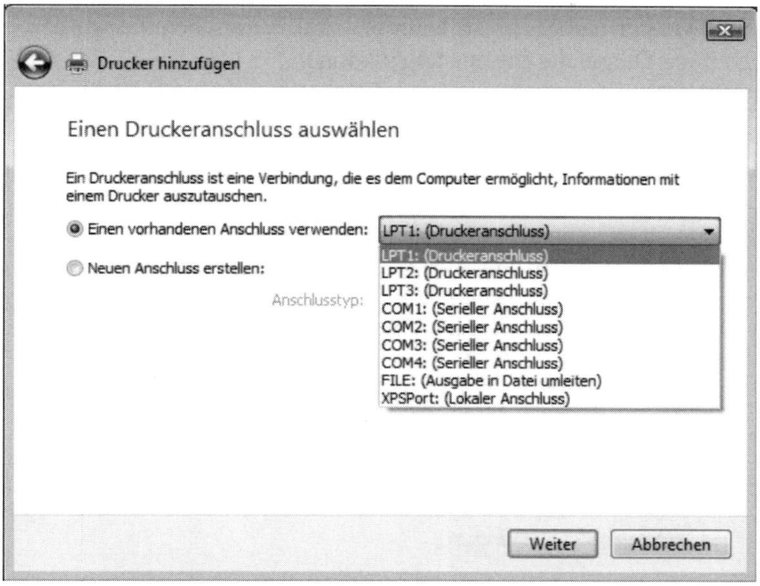

Abbildung 3.18: Anschluss des Druckgeräts

Wählen Sie nun das Druckgerät aus.

Abbildung 3.19: Auswahl Druckgerät

Damit ist das neue Druckgerät installiert und einsatzbereit.

3.4.4 Drucker verwalten

Nachdem der Drucker installiert ist, kann er lokal bereits benutzt werden. Allerdings gibt es noch einige Dinge, die Sie einstellen können.

Dies tun Sie, indem Sie mit der rechten Maustaste auf den Drucker klicken, und die „Eigenschaften" wählen.

Die erste wichtige Konfigurationseinstellung finden Sie auf der Karteikarte „Freigabe".

Abbildung 3.20: Freigabe

Wenn Sie möchten, dass dieser Drucker im Netzwerk benutzt werden kann, müssen Sie ihn freigeben.

Dies funktioniert aber nur, wenn Sie zunächst auf „Freigabeoptionen ändern" klicken.

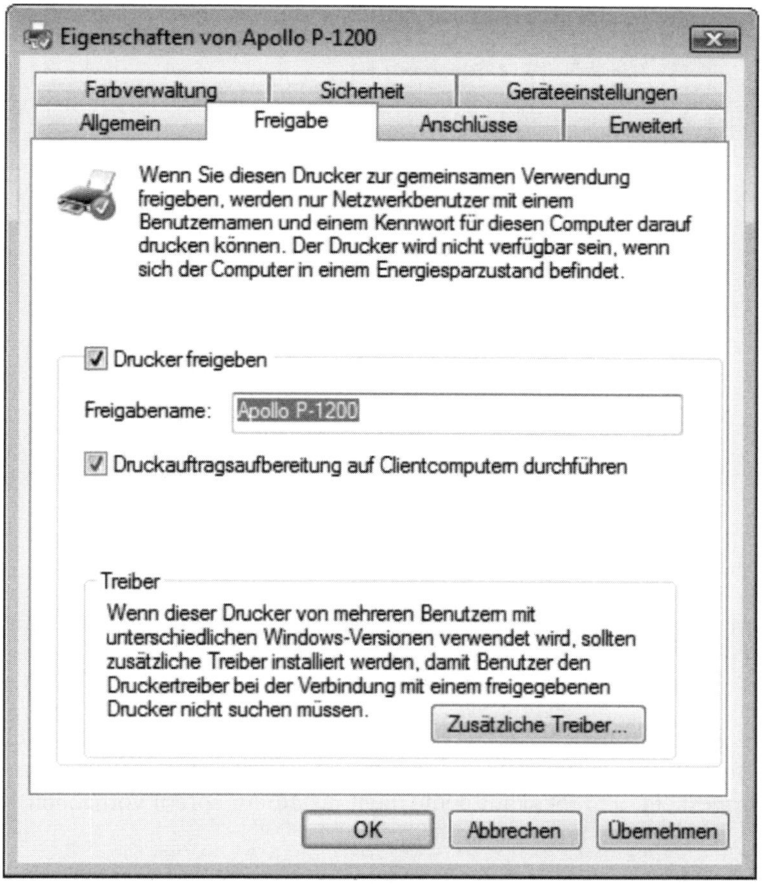

Abbildung 3.21: Drucker freigeben

Jetzt erst können Sie „Drucker freigeben" wählen, und ihn damit für das gesamte Netzwerk zur Verfügung stellen.

Eine weitere interessante Funktion ist „Zusätzliche Treiber…".

Abbildung 3.22: Zusätzliche Druckertreiber

Hier sollten Sie alle Treiber installieren, die Sie für Ihre Clients im Netzwerk benötigen.

Clients, die Zugriff auf den Netzwerkdrucker haben sollen, verbinden sich mit dem Drucker. Bei dieser Erstinstallation wird ein passender Druckertreiber auf dem Druckserver gesucht, und lokal auf dem Client installiert, sofern vorhanden.

Wenn der passende Druckertreiber nicht vorhanden ist, muss er lokal auf dem Client von der Installations-CD installiert werden. Dies ist natürlich keine Lösung, und aus diesem Grund sollten Sie immer alle im Netzwerk benötigten Treiber auf dem Druckserver installiert haben.

Außerdem ist bei allen modernen Clients die Verbindung zum Druckserver dynamisch. Bei jedem Druckvorgang überprüfen die Clients, ob der lokal installierte Druckertreiber in derselben Version vorliegt, wie auf dem Druckserver. Wenn ja, wird der Druckvorgang eingeleitet. Wenn nein, wird der aktuelle Treiber vom Druckserver heruntergeladen, und lokal installiert.

Aus diesem Grund sollten Sie aktualisierte Druckertreiber nur auf dem Druckserver installieren, die Clients können sich dann die aktualisierten Treiber bei der nächsten Verbindung herunterladen.

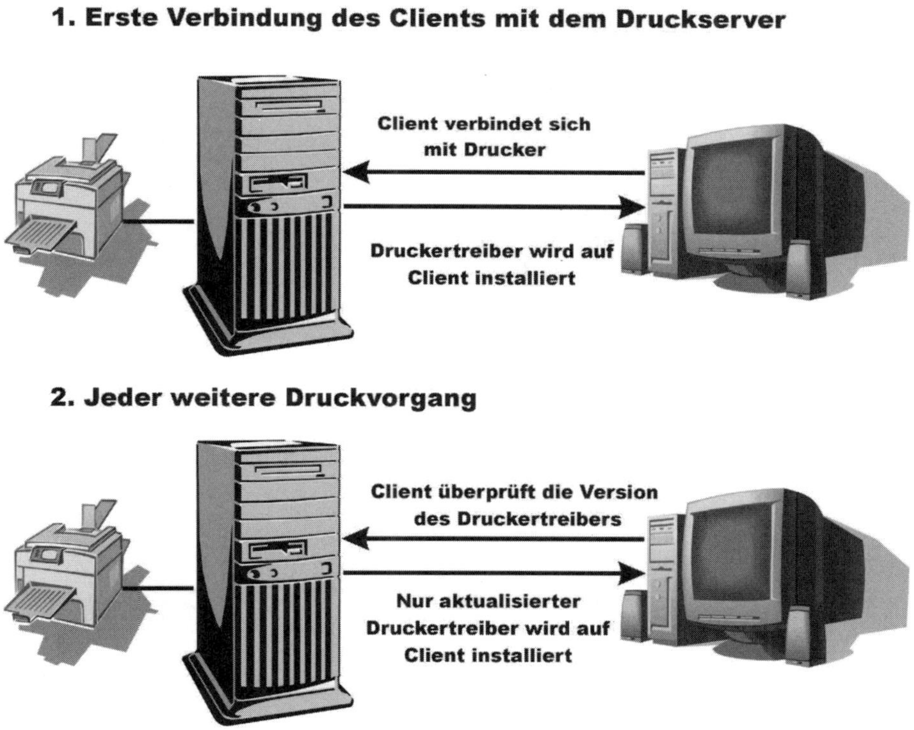

Abbildung 3.23: Die Aktualisierung der Druckertreiber

Auf der Karteikarte „Anschlüsse“ sind alle möglichen Anschlüsse aufgezählt.

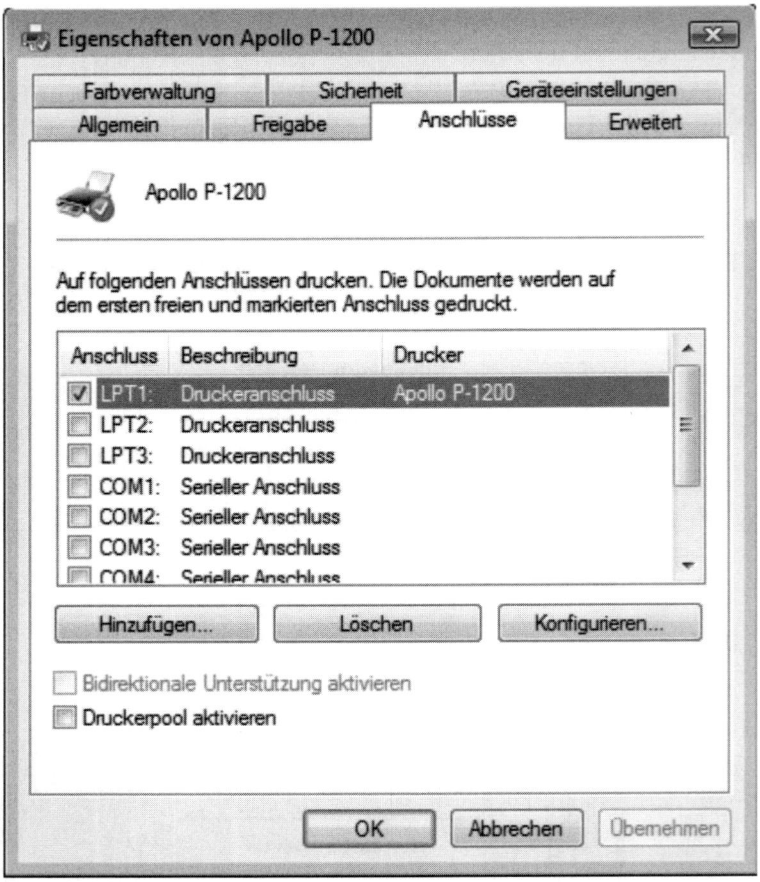

Abbildung 3.24: Anschlüsse

Sie können natürlich auch manuell Anschlüsse hinzufügen, dies kann nötig sein, wenn ein DOS-Programm auf einen Drucker zugreifen will.

Die Karteikarte „Erweitert“ erlaubt Ihnen, die zeitliche Verfügbarkeit des Druckers zu definieren.

Wenn Sie beispielsweise einen Drucker haben, auf dem immer nur in der Nacht lange Listen ausgedruckt werden, und der tagsüber nicht verfügbar sein soll, so aktivieren Sie „Verfügbar von…bis…“ und geben hier das Zeitintervall ein, in dem der Drucker verfügbar sein soll.

Anderenfalls belassen Sie es bei der Standardeinstellung „Immer verfügbar“.

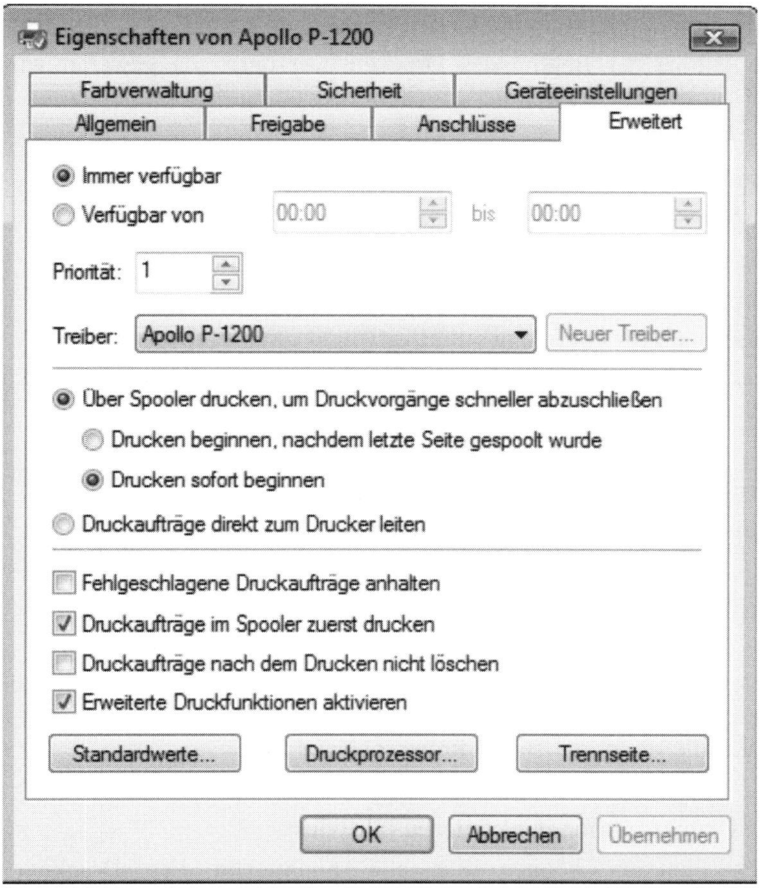

Abbildung 3.25: Zeitliche Einstellungen

Im unteren Teil der Karteikarte können Sie die Eigenschaften des Spoolers einstellen.

Sie können wählen, ob Sie den Spooler benutzen möchten, oder ob Sie die Druckaufträge direkt zum Drucker leiten möchten.

Hier ist immer die Benutzung des Spoolers zu empfehlen, da die meisten Druckgeräte nicht die nötige Kapazität haben, einen Druckauftrag aufzunehmen.

Wenn Sie den Spooler benutzen, können Sie zwischen zwei Optionen wählen:

Drucken beginnen, nachdem die letzte Seite gespoolt wurde

In diesem Fall ist der Beginn des Druckens verzögert, da gewartet wird, bis der komplette Druckauftrag im Spooler angekommen ist.

Drucken sofort beginnen

Dies ist die Standardeinstellung, und auch die schnellste Einstellung.

Weitere Einstellungen:

Fehlgeschlagene Druckaufträge anhalten (nicht aktiviert)

Wenn Druckaufträge nicht ausgeführt werden können, können Sie hier auswählen, dass diese Druckaufträge angehalten werden.

Druckaufträge im Spooler zuerst drucken (aktiviert)

Hier wird die Priorität auf den Spooler gelegt.

Druckaufträge nach dem Drucken nicht löschen (nicht aktiviert)

Wählen Sie diese Einstellung nur dann, wenn Sie Druckaufträge unbedingt archivieren müssen. Dies ist eine äußerst gefährliche Einstellung, denn wenn die fertigen Druckaufträge nicht mehr gelöscht werden, ist die Festplatte des Spoolers in kurzer Zeit voll, und alle weiteren Druckaufträge schlagen fehl.

Erweiterte Druckfunktionen aktivieren (aktiviert)

Mit dieser Funktion können Sie alle Funktionen des Druckers benutzen (herstellerabhängig).

Auf der Karteikarte „Sicherheit“ können Sie die verschiedenen Berechtigungen vergeben. Die Berechtigungen sind den Freigaberechten sehr ähnlich, und werden genauso verwaltet.

Es gibt vier verschiedene Druckberechtigungen:

Drucken

Die Berechtigung „Drucken“ bedeutet, dass man sich mit einem Drucker verbinden kann, und Dokumente drucken darf. Im Normalfall hat die Gruppe „Jeder“ das Recht zu drucken.

Dokumente verwalten

Dokumente verwalten bedeutet, dass der Druck eines Dokumentes angehalten, unterbrochen, abgebrochen und neu gestartet werden kann, und dass die Reihenfolge der Druckaufträge geändert werden kann. Dieses Recht hat normalerweise die Gruppe „Ersteller – Besitzer“. Dadurch kann jeder seine eigenen Dokumente verwalten, aber nicht die Dokumente der anderen.

Drucker verwalten

Drucker verwalten bedeutet, dass neue Drucker installiert werden können, und vorhandene Drucker verändert werden können. Dieses Recht steht natürlich den Benutzern nicht zur Verfügung.

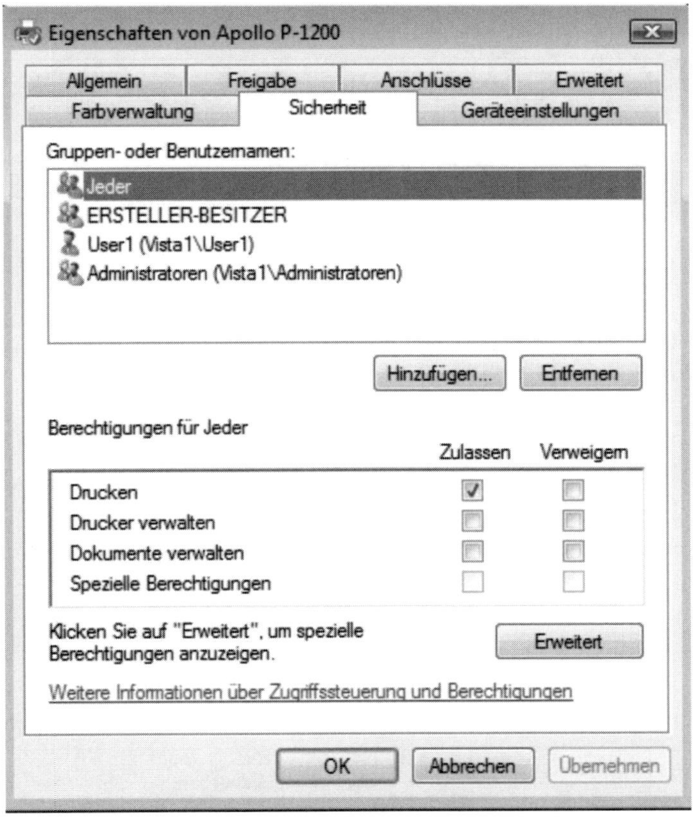

Abbildung 3.26: Druckberechtigungen

Die Standardberechtigungen sind in folgender Tabelle dargestellt:

	Drucken	**Drucker verwalten**	**Dokumente verwalten**	**Spezielle Berechtigungen**
Administratoren	X	X	X	
Ersteller-Besitzer			X	
Jeder	X			

Die letzte Karteikarte beinhaltet die Geräteeinstellungen, die für jeden Drucker herstellerabhängig verschieden sind.

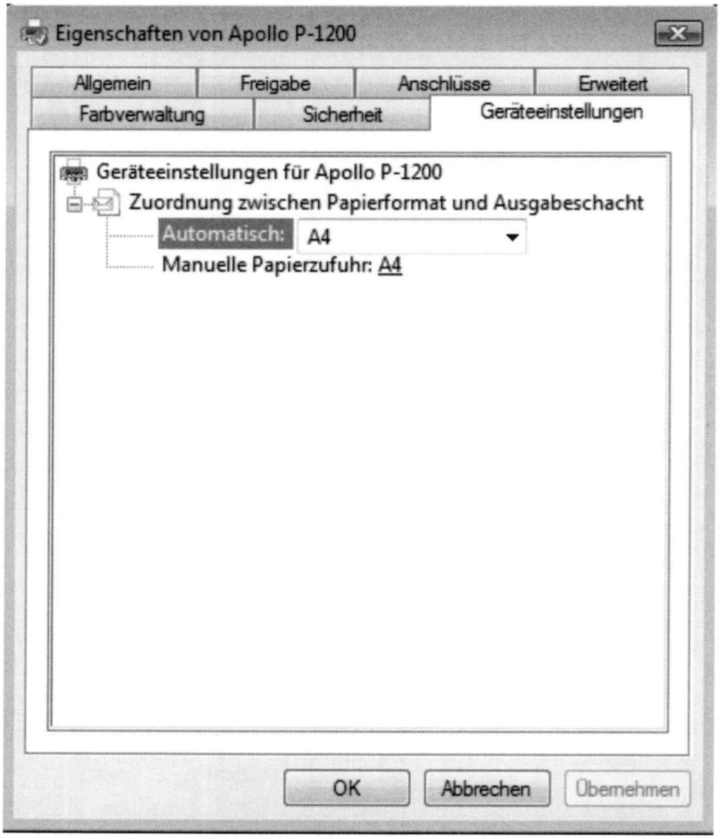

Abbildung 3.27: Geräteeinstellungen

Die Lage des Druckspoolers verändern

Der Druckspooler ist gerade auf Druckservern von großer Bedeutung. Er ist aber leider in der Standardinstallation an einer sehr ungünstigen Stelle, nämlich im Systemverzeichnis.

Diese Stelle ist nicht gerade optimal, da unter Umständen mehrere hundert MB an Daten gespoolt werden.

Wenn der Spooler sich im Systemverzeichnis auf der Systemfestplatte befindet, kann es sein, dass der freie Festplattenspeicher zu gering wird, und die Druckaufträge dann nicht mehr akzeptiert werden.

Besser wäre es, wenn eine eigene Festplatte mit sehr großer Kapazität für den Spooler zur Verfügung gestellt werden kann, damit eine definierte Spoolergröße immer zur Verfügung steht.

Dafür muss einfach nur der Spoolordner verlegt werden.

Der Spooler ist keine Einstellung, die für jeden Drucker einzeln gemacht wird, sondern eine Einstellung für den gesamten Druckserver.

Aus diesem Grund klicken Sie mit der rechten Maustaste irgendwo in das Fenster der Druckerverwaltung, aber nicht auf einen speziellen Drucker.

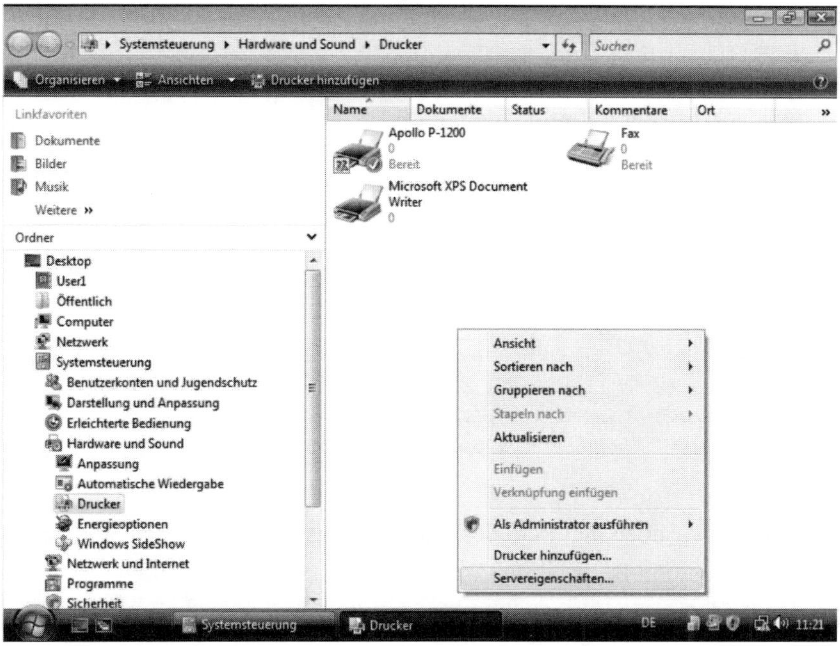

Abbildung 3.28: Servereigenschaften

Nur dann bekommen Sie ein Menü, in dem Sie „Servereigenschaften" auswählen können.

Hier können Sie einige Eigenschaften einstellen, die den gesamten Server betreffen. Für den Spoolordner wechseln wir auf die Karteikarte „Erweitert".

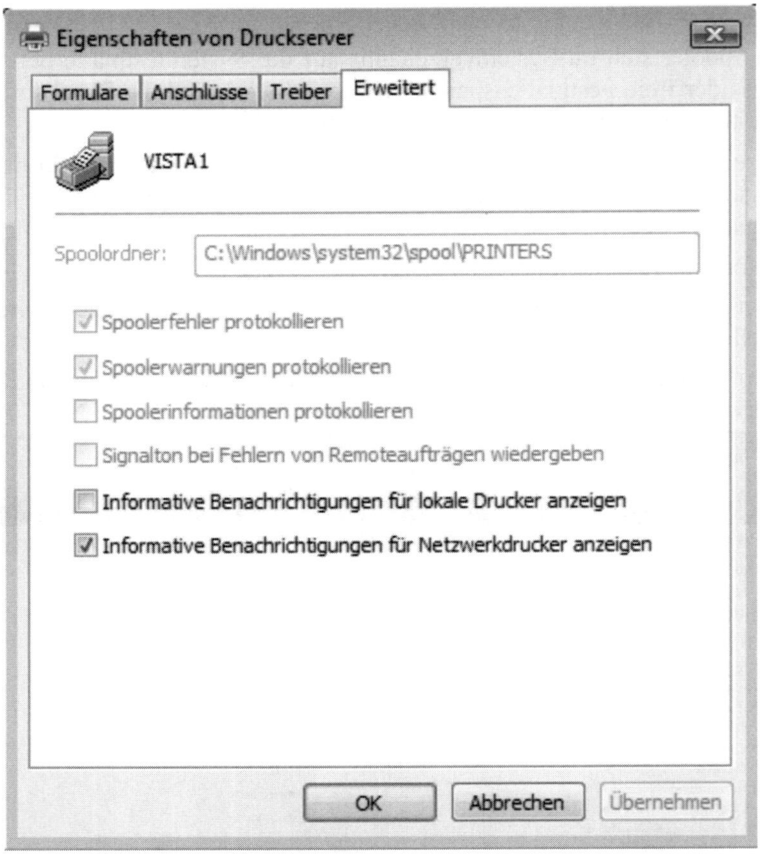

Abbildung 3.29: Speicherort des Spoolordners

Aber hier können wir doch den Pfad des Spoolordners nur sehen, nicht aber ändern!

Das ist genau wieder ein Beispiel für das „Als Administrator ausführen".

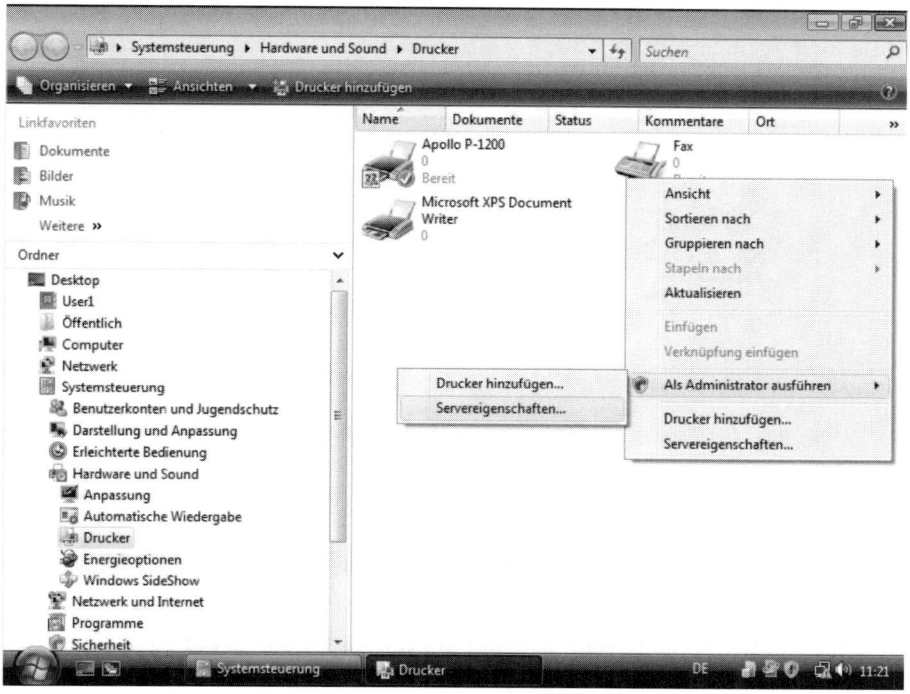

Abbildung 3.30: Als Administrator ausführen

Selbst, wenn wir als Administratoren angemeldet sind, haben wir nicht die notwendige Berechtigung, um diese Einstellung zu ändern.

Wir müssen die Konsole explizit als Administrator öffnen, nur dann können wir den Speicherplatz des Spoolers verändern.

3.4.5 Bereitgestellte Drucker

Eine besondere Neuheit bei Windows Vista ist die Möglichkeit, Drucker in einer Gruppenrichtlinie bereitzustellen.

Dies hat den Vorteil, dass die Drucker, die auf diese Weise für den Benutzer bereitgestellt werden, immer und jederzeit verfügbar sind, sobald eine Netzwerkverbindung besteht.

Diese Einstellung können Sie wieder in einer Gruppenrichtlinie machen, wobei Sie in diesem Fall die Benutzerkonfiguration bearbeiten müssen.

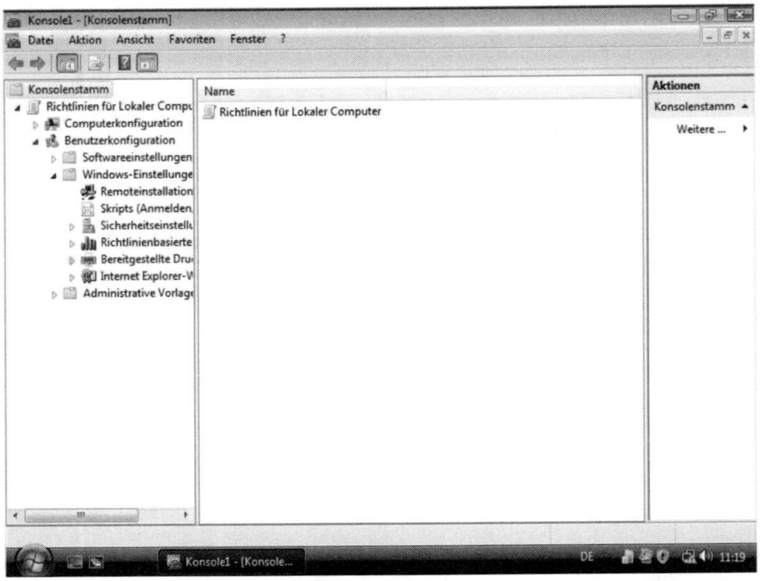

Abbildung 3.31: Bereitgestellte Drucker

Klicken Sie mit der rechten Maustaste auf „Bereitgestellte Drucker“ und fügen Sie die gewünschten Drucker hinzu.

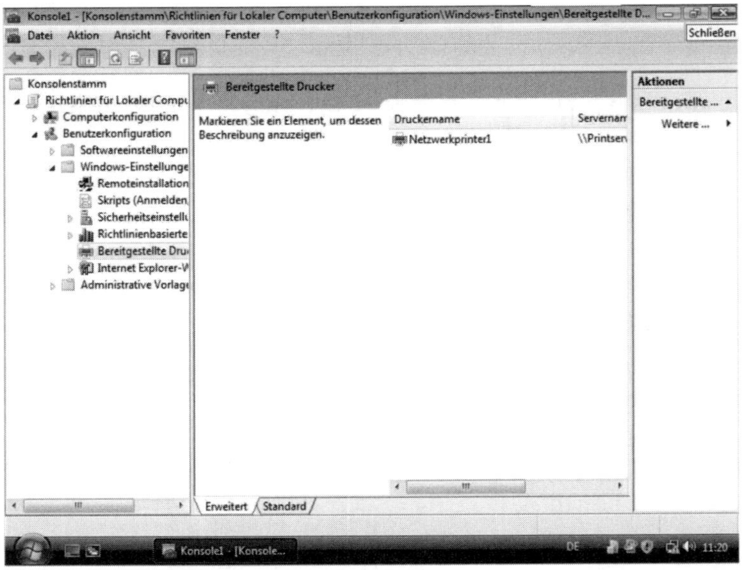

Abbildung 3.32: Drucker ist bereitgestellt

3.5 Die Updateverwaltung

Windows bietet die Möglichkeit, Updates automatisch zuzuweisen.

Zum einen gibt es die automatische Updateverwaltung, die in Windows Vista integriert ist, zum anderen gibt es die Möglichkeit, Updates über einen zentralen Server im Unternehmen zu empfangen, und den Clients dann zuzuweisen.

3.5.1 Das Windows Update

Das Windows Update ist die integrierte Lösung.

Den Umgang mit Updates konfigurieren Sie folgendermaßen:

- Systemsteuerung
- Sicherheit
- Sicherheitscenter
- Windows Update

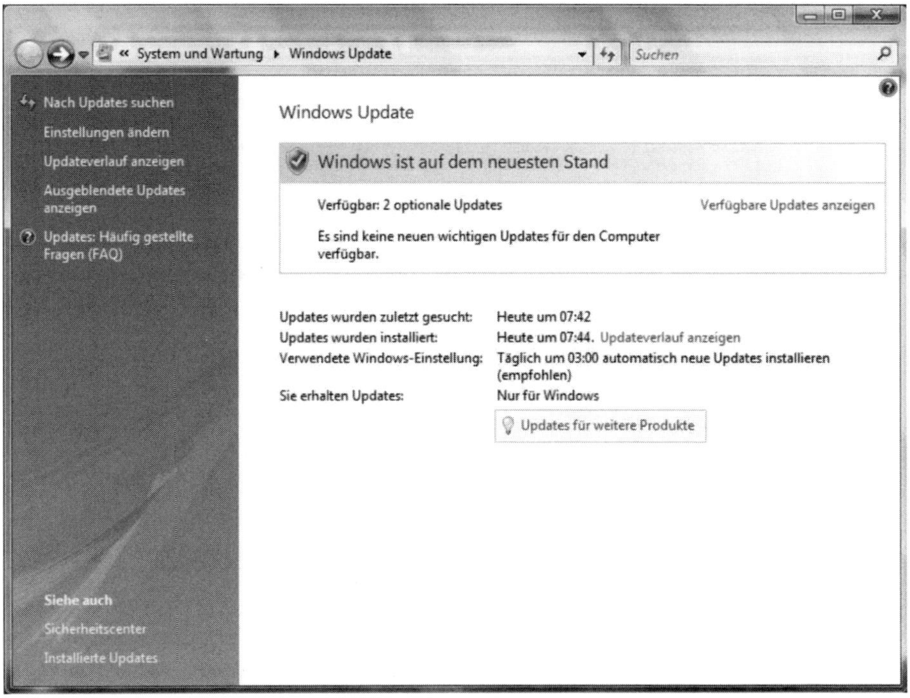

Abbildung 3.33: Das Windows Update

Sie sehen zunächst eine Übersicht über den momentanen Zustand des Windows Updates.

Um die Einstellungen zu ändern, klicken Sie auf „Einstellungen ändern“.

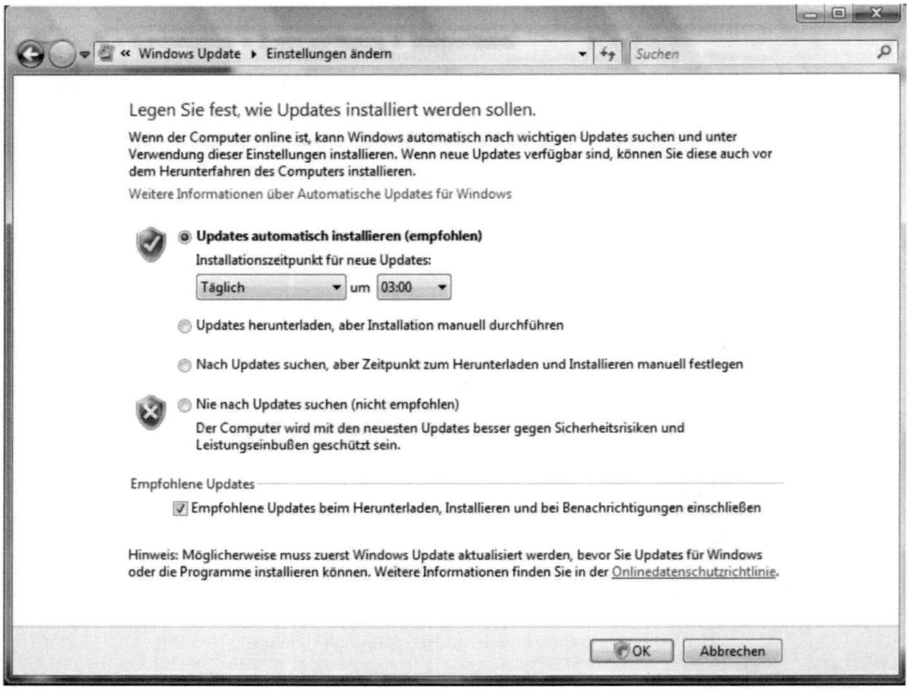

Abbildung 3.34: Einstellungen

Sie können hier prinzipiell festlegen, ob nach Updates gesucht werden soll, oder nicht.

ACHTUNG!

Natürlich sollten Sie die Updates eingeschaltet lassen, denn nur so erhalten Sie jederzeit die aktuellen Überarbeitungen des Systems!

Wenn Sie sich für die Aktualisierung durch Updates entscheiden, können Sie die Häufigkeit und die Uhrzeit festlegen. Dies kann Sinn machen, falls ein Update fehlschlägt, dann können Sie eine neue Zeit festlegen, und erneut herunterladen.

Außerdem können Sie wählen, ob die Updates zwar heruntergeladen, aber nicht automatisch installiert werden sollen. In diesem Fall kann der Benutzer wählen, ob Updates installiert werden sollen.

Schließen Sie die Einstellungen mit „OK“.

Ein weiterer Punkt ist „Updateverlauf anzeigen“.

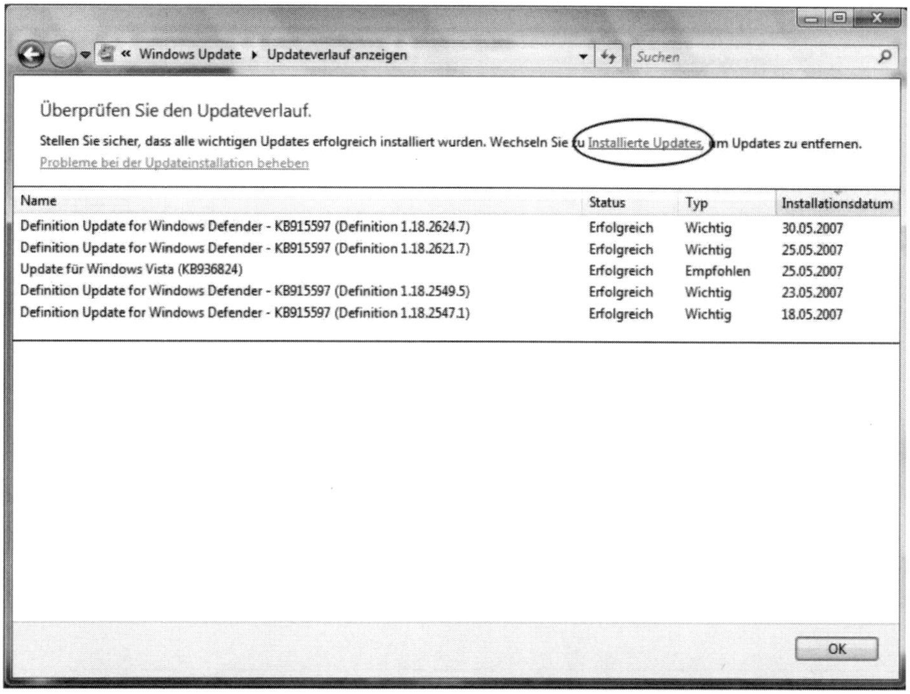

Abbildung 3.35: Updateverlauf

An dieser Stelle sehen Sie den Verlauf der Updates.

Eine wichtige Schaltfläche ist „installierte Updates.“

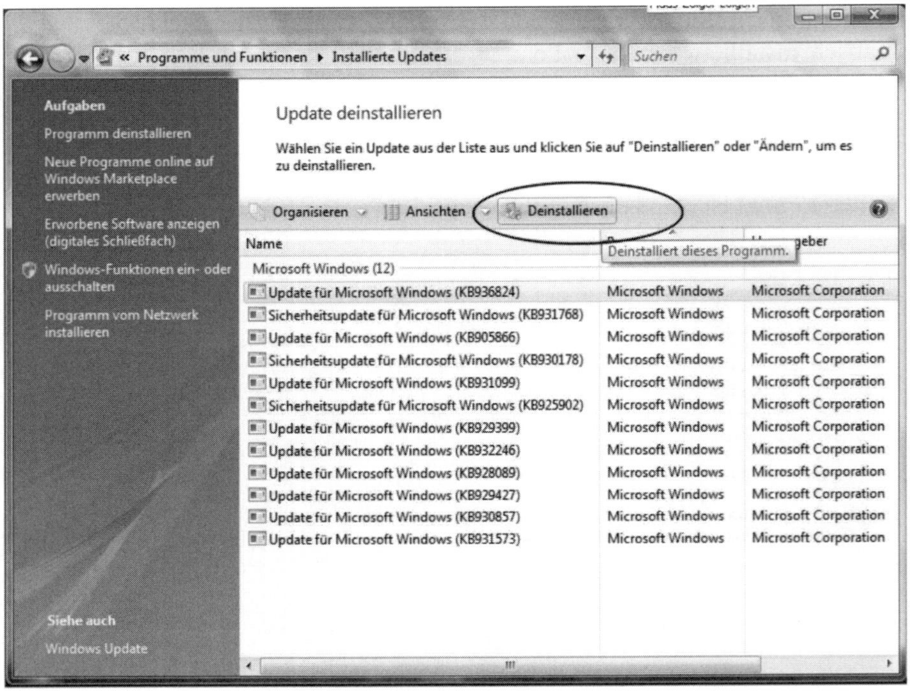

Abbildung 3.36: Updates verwalten

An dieser Stelle können Sie alle installierten Updates betrachten, und gegebenenfalls auch wieder deinstallieren.

ACHTUNG!

Updates unter Windows Vista tauchen nur unter „installierte Updates“ auf! Bei früheren Windows Versionen fanden sich alle Updates in der „Software“, was zu großer Unübersichtlichkeit geführt hat.

Sie können auch die Datei %systemroot%\SoftwareDistribution\ReportingEvents-log betrachten, dies ist die LOG-Datei für die Updates.

Eine weitere Neuerung von Windows Vista ist, dass mit den Updates auch Updates für weitere Produkte bezogen werden können.

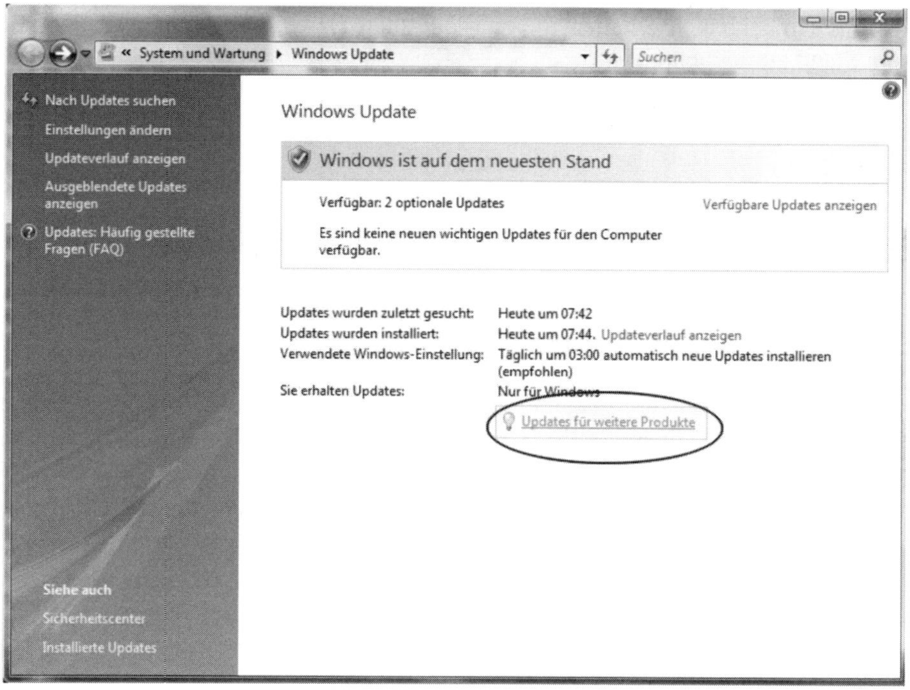

Abbildung 3.37: Updates für weitere Produkte

Bereits bekannt ist ja, dass die Signaturen des Windows Defender über das Windows Update bezogen werden.

Auch Office-Updates können bezogen werden. Wenn Sie dem Link „Updates für weitere Produkte“ folgen, gelangen Sie auf die Website für Vista-Updates, dort können Sie die genauen Parameter festlegen.

Problemlösungen im Zusammenhang mit Updates

Zunächst einmal ist es von Bedeutung, zu wissen, wo die Updates gespeichert werden.

Dies ist %Systemroot%\Software Distribution.

Damit ergibt sich eine einfache Möglichkeit, Probleme mit Updates, wie abgebrochene Downloads, zu lösen:

- Halten Sie den Dienst „Windows Update“ an
- Benennen Sie den Ordner %Systemroot%\Software Distribution um
- Starten Sie den Dienst „Windows Update“ neu

Durch das Umbenennen erhalten Sie sich die alten Daten, und können im Notfall zu diesem Stand zurückkehren.

3.5.2 WSUS

In einem Netzwerk ist allerdings das Einzelupdate der Rechner nicht verletzbar.

Microsoft hat aus diesem Grund WSUS (Windows Software Update Service) entwickelt.

Wenn Sie WSUS benutzen, installieren Sie auf einem Server in Ihrem Unternehmen die WSUS Software. Dieser WSUS Server verbindet sich dann mit der Microsoft Windows Update Seite, und zieht sich alle verfügbaren Updates auf den WSUS Server.

Der Administrator kann nun die einzelnen Patches testen, und wenn sie gut funktionieren, kann er sie zur Installation freigeben.

Wenn dies der Fall ist, und die Clients sind korrekt konfiguriert, verbinden sich die Clients nicht direkt mit dem Windows Update Server, sondern mit dem internen WSUS Server. Von ihm bekommen sie ihre Updates, und so werden nur freigegebene Updates installiert.

Um WSUS nutzen zu können, müssen nur zwei Einstellungen an den Clients vorgenommen werden:

1. Der Pfad des internen Updatedienssts muss angegeben werden
2. Der Pfad des Intranetservers für die Statistik muss angegeben werden

Diese Einstellungen werden wieder in einer Gruppenrichtlinie vorgenommen.

- Computerkonfiguration
- Administrative Vorlagen
- Windows Komponenten
- Windows Update

Hier wählen Sie „Internen Pfad für Microsoft Updatedienste angeben“.

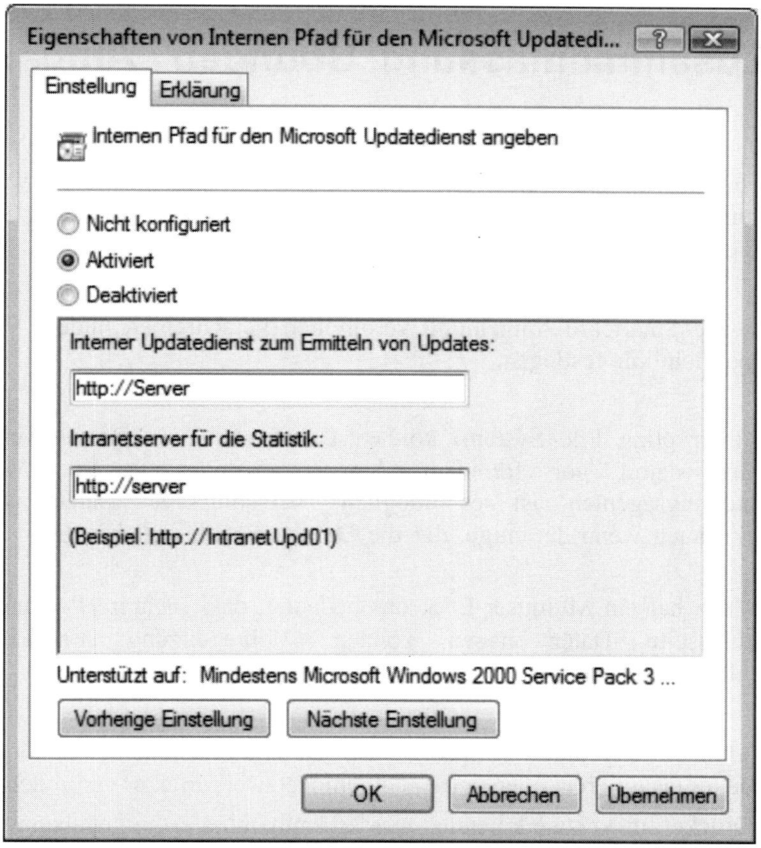

Abbildung 3.38: Einstellungen für WSUS

Geben Sie die entsprechenden Server an, und speichern Sie diese Einstellungen.

3.6 Zusammenfassung, Übungen / Aufgaben

3.6.1 Zusammenfassung

Unter Windows Vista gibt es verschiedene Anmeldearten, wobei die Domänenanmeldung mit Kerberos sicherer ist als die Anmeldung an einer Arbeitsgruppe.

Sie können die Smartcard-Anmeldung verbindlich vorschreiben, indem Sie dies in einer Gruppenrichtlinie festlegen.

Mit EFS (Encrypting File System) können Daten von einer Person verschlüsselt werden, und damit vor fremdem Zugriff geschützt werden. Mit einem Wiederherstellungsagenten ist es möglich, verschlüsselte Daten wieder zu entschlüsseln, auch wenn derjenige, der die Daten verschlüsselt hat, nicht erreichbar ist.

Windows Vista hat ein Multiuser-EFS, das bedeutet, dass mehrere Personen Zugriff auf verschlüsselte Daten haben können. Voraussetzung hierfür ist ein Verschlüsselungszertifikat.

Die Druckerverwaltung unter Windows Vista ist relativ einfach. Sie können einen lokalen Drucker installieren, oder sich mit einem Netzwerkdrucker verbinden.

Damit ein Drucker im Netzwerk benutzt werden kann, muss er freigegeben werden.

Sie können noch diverse Konfigurationseinstellungen im Eigenschaftenmenü des Druckers vornehmen.

Seit Windows Vista ist es möglich, Drucker mit einer Gruppenrichtlinie bereitzustellen. Diese können dann im kompletten Netzwerk ohne weitere Konfigurationseinstellungen verwendet werden.

Mit dem Windows Update können Sie die neuesten Patches auf Ihr Vista System downloaden.

Mit WSUS kann diese Updatebereitstellung im ganzen Netzwerk vorgenommen werden.

3.6.2 Übungen

1. Melden Sie sich an der Domäne „Meistertrainer.info" mit dem Konto „Administrator" und dem Kennwort „Kennw0rt!" an.
2. Ist die Anmeldung über Kerberos erfolgt?
3. Öffnen Sie eine Eingabeaufforderung mit „Als Administrator ausführen". Geben Sie testweise einige Befehle ein.
4. Schließen Sie diese Konsole wieder.

5. Erstellen Sie eine MMC, fügen Sie die lokale Gruppenrichtlinie hinzu.
6. Betrachten Sie die Einstellungen, die Sie vornehmen müssen, um eine Smartcard-Anmeldung zu erzwingen. Ändern Sie die Einstellungen nicht.

7. Betrachten Sie Ihren Zertifikatsspeicher. Haben Sie bereits ein Zertifikat?
8. Verschlüsseln Sie einen Ordner. Betrachten Sie erneut Ihren Zertifikatsspeicher. Haben Sie nun ein Zertifikat?
9. Melden Sie sich mit einem anderen Account an. Verschlüsseln Sie mit diesem Account eine Datei. Versuchen Sie, die zuerst verschlüsselte Datei zu öffnen.
10. Fügen Sie einen Benutzer als berechtigten Benutzer zu der eben verschlüsselten Datei hinzu. Welche Benutzer stehen zur Auswahl?

11. Installieren Sie einen beliebigen Drucker.
12. Geben Sie diesen Drucker für den Netzwerkzugriff frei.
13. Ändern Sie die Lage des Spoolers.
14. Öffnen Sie eine MMC, und fügen Sie die lokale Gruppenrichtlinie hinzu. Stellen Sie einen Drucker bereit.

15. Öffnen Sie das Windows Update und betrachten Sie alle Einstellungen.
16. Öffnen Sie eine MMC, und fügen Sie die lokale Gruppenrichtlinie hinzu. Suchen Sie die Einstellungen für den Einsatz von WSUS.

3.6.3 Aufgaben

1. Sie möchten eine Zwei-Wege Authentifizierung einführen.

   Wie können Sie diese Art der Anmeldung verbindlich machen?

2. Sie haben eine Firmenumgebung, die mit allen Arten von Clients arbeitet: NT 4.0. (SP6a), Windows 2000 Workstation, Windows XP und Windows Vista.

   Außerdem haben Sie eine Domäne und arbeiten in der Entwicklungsabteilung mit einer Arbeitsgruppe.

   Die Anforderungen werden folgendermaßen geändert: Alle Computer müssen mit Kerberos authentifizieren.

   Was müssen Sie tun?

3. Sie benutzen in der Firma EFS.

   Wie kann ein Benutzer sein EFS-Zertifikat von seinem Desktop auf sein Notebook migrieren?

4. Wie können Sie sicherstellen, dass alle Benutzer im Netzwerk einen lokal an einem Computer angeschlossenen Drucker benutzen können?

5. Wie können Sie dafür sorgen, dass eine DOS-Anwendung auf einen freigegebenen Drucker zugreifen kann?

6. Sie haben in der Firma mehrere Geschäftsstellen. Wie können Sie sicherstellen, dass ein Notebookbesitzer in allen Geschäftsstellen die Netzwerkdrucker benutzen kann, ohne Einstellungen vorzunehmen?

7. Sie müssen auf einigen Computern die Remotehilfe einrichten.

   Welche Einstellungen müssen Sie in der Firewall treffen?

8. Sie müssen eine Strategie entwickeln, mit der ein Vista Computer wiederhergestellt werden kann, wenn die Festplatte ausfällt.

9. Wie können Sie dafür sorgen, dass alle Notebookbesitzer selber die benötigten Updates empfangen können?

10. Was können Sie tun, wenn der Windows Update Agent die Sicherheitspatches nicht herunterladen und installieren kann?

11. Wie können Sie die installierten Updates betrachten?

12. Wo werden die heruntergeladenen Updates gespeichert?

13. Sie haben Updates heruntergeladen, und entdecken, dass diese Dateien nicht intakt sind.

    Was können Sie tun, damit das Update erneut heruntergeladen wird?

14. Sie benutzen in der Firma WSUS. Wie können Sie dafür sorgen, dass alle Clients die Updates vom WSUS Server erhalten?

4 Einführung in die Funktionsweise der Gruppenrichtlinien

Lernziele:

- Gruppenrichtlinien
- Tools
- Konfiguration der Benutzerumgebung

Prüfungsanforderungen von Microsoft:

- Troubleshoot policy settings

Quelle: Microsoft

4.1 Einleitung

Gruppenrichtlinien dienen dazu, den Benutzern Einstellungen zuzuweisen. Diese Einstellungen können die Sicherheit betreffen, oder auch das Aussehen des Desktops.

Wir haben bei verschiedenen Gelegenheiten bereits die Gruppenrichtlinien auf dem lokalen Vista Computer kennengelernt, mit denen die Einstellung für einen einzelnen Rechner gemacht werden können.

Natürlich machen Gruppenrichtlinien erst richtig Sinn, wenn mit einer Einstellung gleich mehrere Computer beeinflusst werden können, die Einstellungen also an einer zentralen Stelle vorgenommen werden.

Diese zentrale Stelle haben wir in einer Domäne, es ist das Active Directory.

4.1.1 Benutzer- und Computereinstellungen

Aber bleiben wir zunächst bei den lokalen Richtlinien. Zum besseren Verständnis öffnen wir noch einmal eine lokale Richtlinie auf einem Vista Computer.

Um die lokale Gruppenrichtlinie betrachten zu können, erstellen Sie eine MMC.

In dieser MMC fügen Sie das Snap-In „Gruppenrichtlinienobjekt" hinzu.

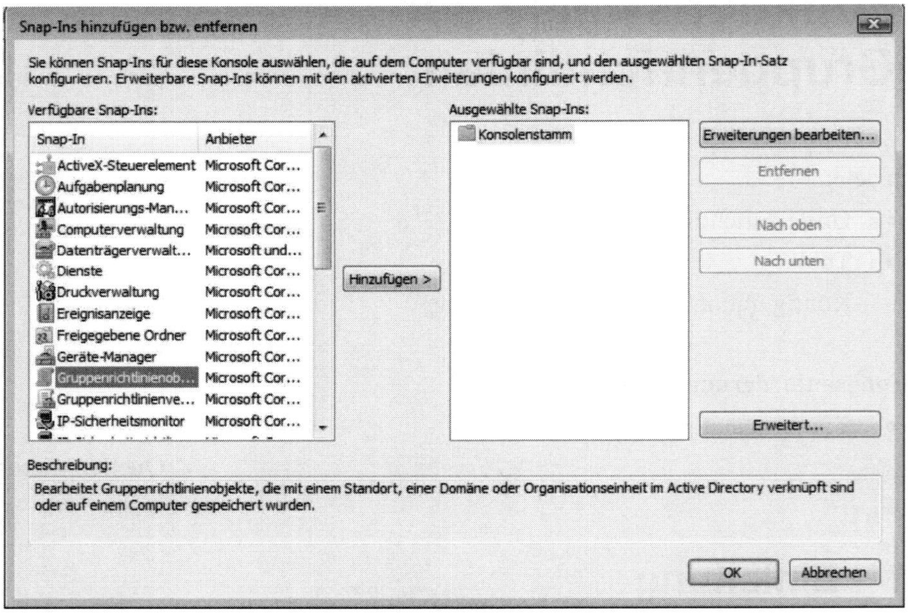

Abbildung 4.1: Erstellen einer MMC für Gruppenrichtlinien

Nun werden Sie gefragt, ob Sie eine Active Directory gespeicherte Gruppenrichtlinie oder die des lokalen Computers bearbeiten möchten.

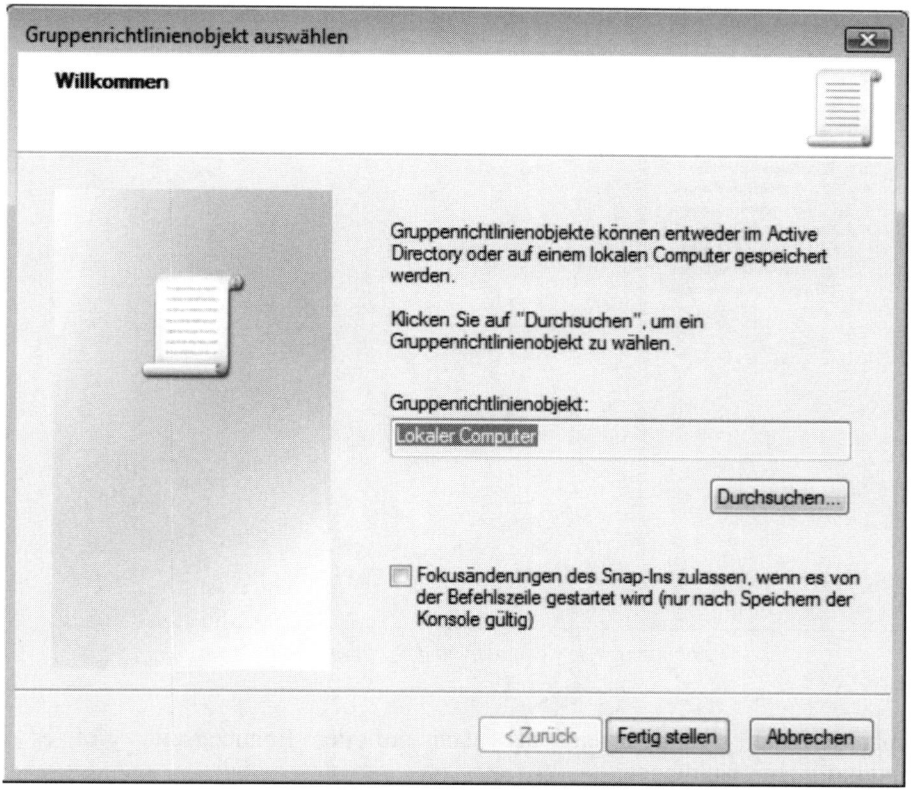

Abbildung 4.2: Auswahl der lokalen Gruppenrichtlinie

Sie bestätigen die Vorgabe „Lokaler Computer".

Alle Gruppenrichtlinien, egal ob sie lokal oder im Active Directory verwaltet werden, haben die gleiche Struktur. Es gibt

- Benutzereinstellungen
- Computereinstellungen

Optisch dargestellt werden diese Einstellungen in einer Form, die uns sehr gut aus dem Explorer bekannt ist.

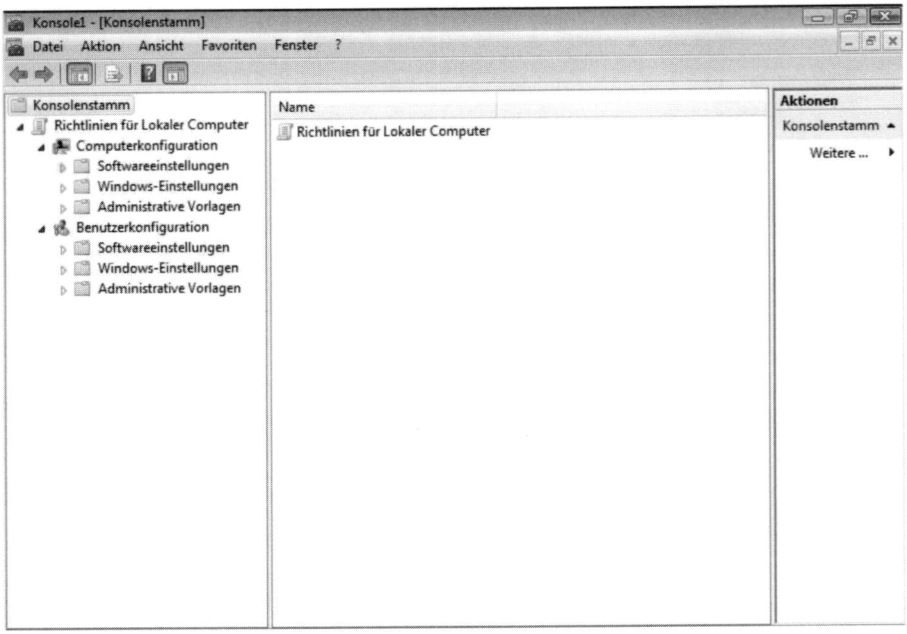

Abbildung 4.3: Computer- und Benutzereinstellungen

Sowohl auf der Computerseite als auch auf der Benutzerseite gibt es drei Hauptkonfigurationsgruppen:

- Softwareeinstellungen
- Windows-Einstellungen
- Administrative Vorlagen

Natürlich unterscheiden sich diese Einstellungen auf beiden Seiten etwas, denn nicht alle Einstellungen können für Computer vorgenommen werden, und andere können wiederum nicht für Benutzer gemacht werden.

		Computer	Benutzer
Softwareeinstellungen		X	X
Windows-Einstellungen			
	Remoteinstallationsdienste		X
	Skripts(Start/Herunterfahren)	X	
	Skripts (Anmelden/Abmelden)		X
	Bereitgestellte Drucker	X	X
	Sicherheitseinstellungen	X	X
	Richtlinienbasierter QOS	X	X
	Internet Explorer Wartung		X
Administrative Vorlagen			
	Desktop		X
	Freigegebene Ordner		X
	Drucker	X	
	Netzwerk	X	X
	Startmenü und Taskleiste		X
	System	X	X
	Systemsteuerung	X	X
	Windows-Komponenten	X	X

Nehmen Sie sich nun einen Augenblick Zeit, und betrachten Sie die Vielfalt der Einstellungsmöglichkeiten auf beiden Seiten. Beachten Sie auch, dass bei einigen Einstellungen sehr gute Erklärungen zu finden sind, die einen Einsatz der Gruppenrichtlinien vereinfachen.

4.1.2 Der Geltungsbereich der Gruppenrichtlinien

Welche Bedeutung hat nun diese Einteilung in „Benutzerrichtlinien" und „Computerrichtlinien"?

Halten wir uns vor Augen, dass der eigentliche Einsatzbereich der Gruppenrichtlinien das Active Directory und nicht die lokale Maschine ist. Es macht wenig Sinn, Einstellungen auf jeder Maschine lokal zu regeln.

Aus diesem Grund werden die meisten Gruppenrichtlinien im Active Directory verwaltet.

Das Active Directory ist die zentrale Datenbank, in der in einer Domäne alle Konten verwaltet werden.

Um die Details der Gruppenrichtlinien zu betrachten, müssen wir einige wenige Informationen über das Active Directory haben. Dies ist für Sie als Desktopsupporter wichtig zu wissen, auch wenn die Konfiguration des Active Directory von den Administratoren vorgenommen wird.

Erstellen einer OU

Wenn man die Verwaltungskonsole „Active Directory Benutzer und Computer" betrachtet, erkennt man auch dort Ähnlichkeiten mit dem Windows Explorer. Diese Ähnlichkeit ist gewollt, da auch viele Verwaltungstätigkeiten ähnlich wie im Explorer gehandhabt werden.

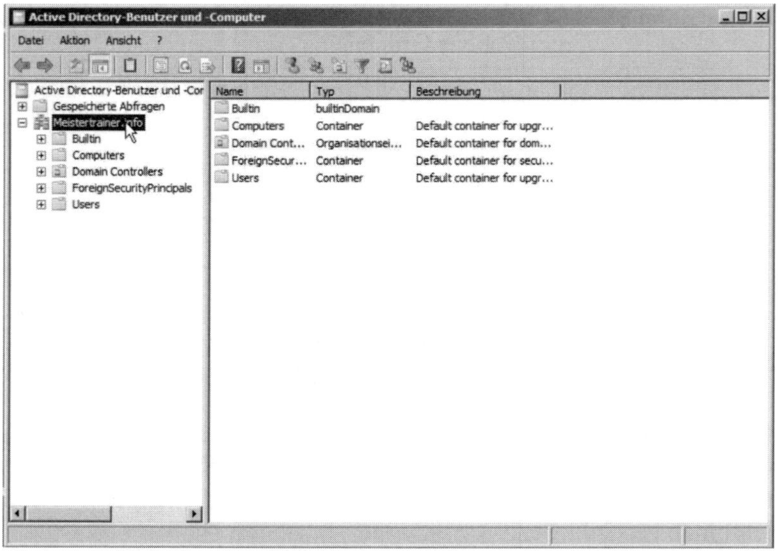

Abbildung 4.4: Aufbau des Active Directory

Alle Benutzer werden standardmäßig im Container „USER“ angelegt. Das mag bei wenigen Benutzern noch übersichtlich sein, bei großen Firmen ist dies nicht mehr verwaltbar.

Große Firmen lassen sich recht einfach in logische Verwaltungseinheiten aufteilen, ein Beispiel dafür sind die Abteilungen.

Als Beispiel wollen wir unsere Domäne „MEISTERTRAINER.INFO“ in verschiedene Abteilungen aufteilen.

Abbildung 4.5: Domäne, aufgeteilt in Abteilungen

Diese Logik lässt sich leicht im Active Directory abbilden. Hier heißen solche logischen Unterteilungen „Organisatial Units“ oder kurz „OU“.

Angelegt werden diese OU genau so, wie wir es bereits vom Explorer her kennen:

- Rechte Maustaste auf „MEISTERTRAINER.INFO“
- Neu
- Organisationseinheit

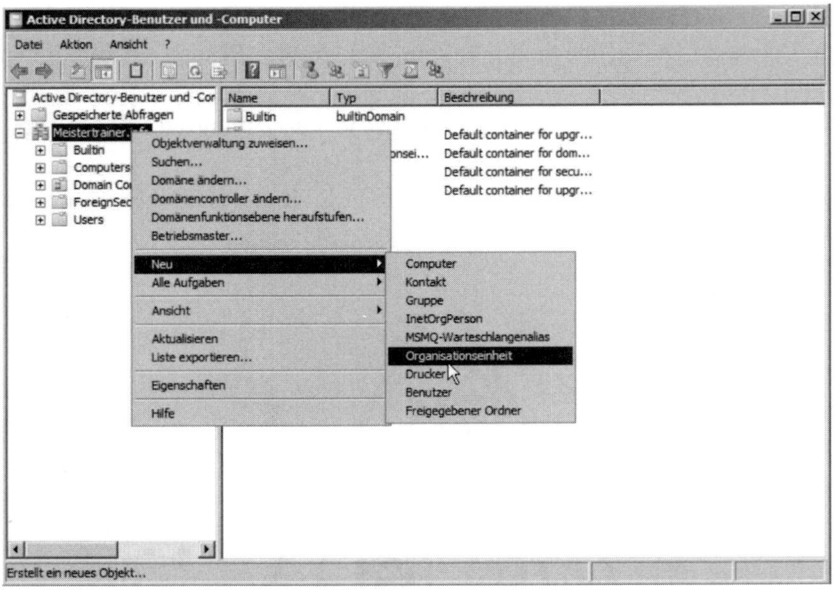

Abbildung 4.6: Das Anlegen einer OU

Geben Sie nun der OU einen aussagekräftigen Namen.

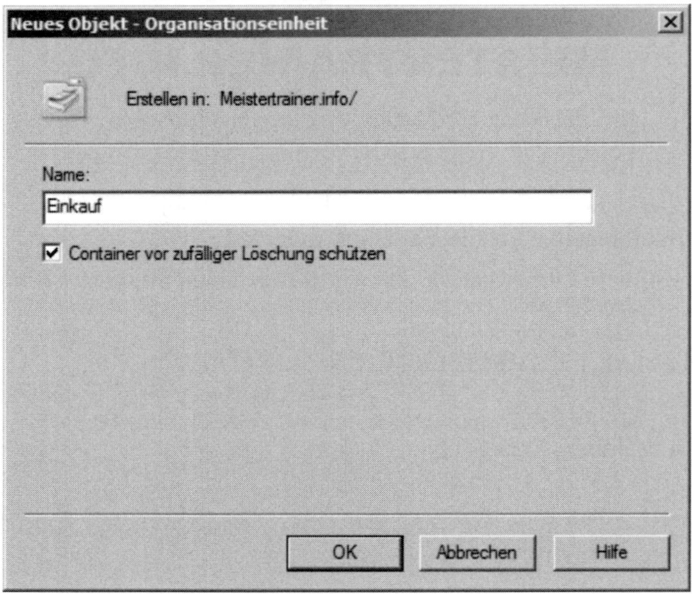

Abbildung 4.7: Namensauswahl

So lässt sich leicht die interne Struktur der Firma durch OU im Active Directory abbilden. Dies hat den Vorteil, dass die Daten leichter verwaltbar werden, da sie besser organisiert sind.

Auch können Unter-OUs erstellt werden, die Vorgehensweise ist identisch.

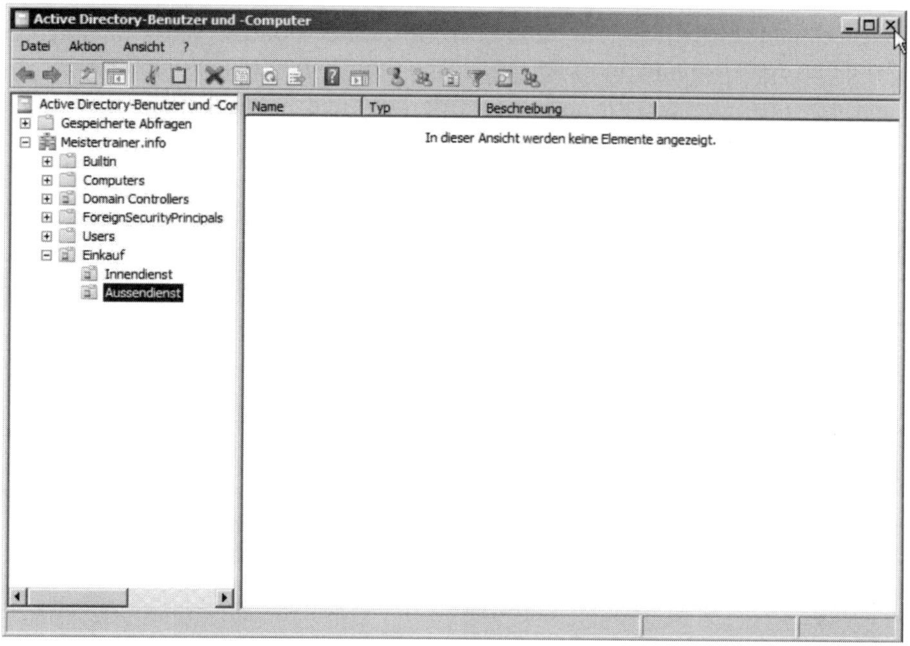

Abbildung 4.8: OU mit Unter-OUs

So kann die Struktur der Firma im Active Directory wiedergegeben werden.

Wie Sie wissen, gibt es nicht nur Benutzerkonten sondern auch Computerkonten, die bei einer Aufnahme in die Domäne automatisch erstellt werden.

Alle diese Konten können in die verschiedenen OUs verteilt werden.

Auch ist es möglich, den einzelnen OUs eine Gruppenrichtlinie zuzuweisen.

Für das Anwenden der einzelnen Komponenten gilt nun folgendes:

- Computerrichtlinien werden auf alle Computerkonten im Geltungsbereich angewendet
- Benutzerrichtlinien werden auf alle Benutzerkonten im Geltungsbereich angewendet

Der Geltungsbereich ist immer die OU, der die Gruppenrichtlinie zugeordnet ist und alle untergeordneten OUs, denn auch hier gilt die Vererbung.

Was passiert nun beim Systemstart eines Clients?

Zunächst einmal startet der Client und überprüft in der Domäne sein Computerkonto. Nun ist dem Client bekannt, in welcher OU sich sein Computerkonto befindet.

Er kann nun die Liste der Einstellungen anfordern, die für sein Computerkonto gilt, und anwenden.

Danach meldet sich der Benutzer an. Hier ist der Vorgang ähnlich. Das Benutzerkonto wird in der Domäne überprüft, und damit ist festgelegt, in welcher OU sich das Benutzerkonto befindet. Nun wird die Liste der Einstellungen angefordert und abgearbeitet.

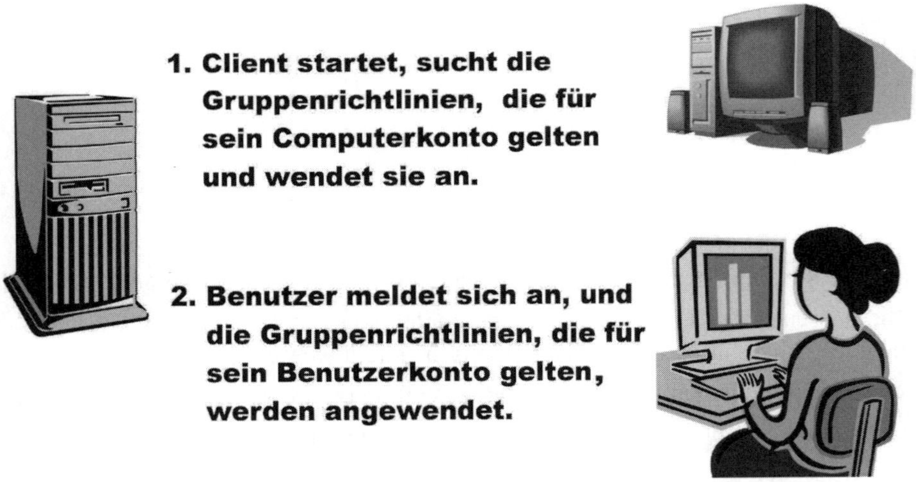

Abbildung 4.9: Abarbeitung der Gruppenrichtlinien beim Systemstart

Ein Beispiel:

Wir betrachten folgendes Szenario:

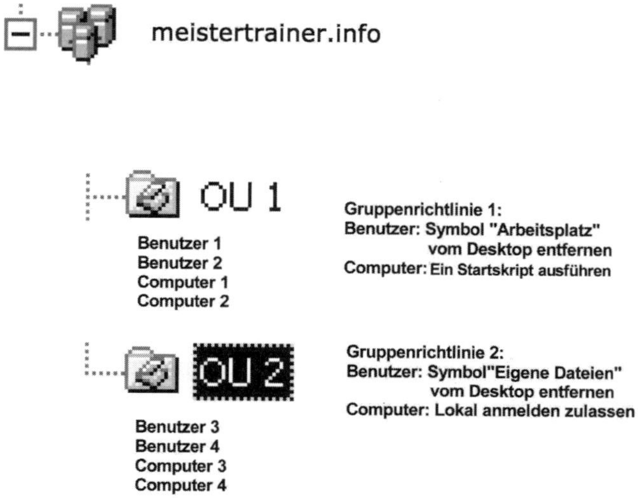

Abbildung 4.10: Benutzer- und Computereinstellungen

Aus dieser Zeichnung geht hervor, dass in der OU 1 zwei Benutzerkonten und zwei Computerkonten zu finden sind. In der OU 2 ist es ähnlich.

Daraus ergeben sich folgende Zuordnungen:

Benutzer 1 meldet sich an Computer 1 an:

Computer 1 startet, und erkennt, dass die Computereinstellungen der Gruppenrichtlinie 1 für ihn relevant sind.

Er wendet die Einstellung „*Ein Startskript ausführen*" an.

Benutzer 1 meldet sich an, und durch sein Benutzerkonto in OU 1 gilt die Benutzereinstellung von Gruppenrichtlinie 1 für ihn:

Symbol „Arbeitsplatz" vom Desktop entfernen.

Benutzer 1 meldet sich an Computer 3 an:

Computer 3: *Lokal anmelden zulassen*

Benutzer 1: *Symbol „Arbeitsplatz" vom Desktop entfernen*

4.1.3 Die Standardanwendungsreihenfolge

Gruppenrichtlinien können auf verschiedenen Ebenen eingerichtet werden. Es gibt eine Reihenfolge, in der die Gruppenrichtlinien beim Systemstart abgearbeitet werden, und aus der sich die effektiven Zuordnungen ergeben:

- Lokale Richtlinie (in der Domäne wenig Bedeutung)
- Standort
- Domäne
- OU

Sie können also Gruppenrichtlinien auf einen Standort (wird in diesem Buch nicht weiter besprochen), eine ganze Domäne oder eine OU anwenden.
Jede Gruppenrichtlinie ist für alle Konten im Geltungsbereich gültig:

Standort:

Computerkonfiguration für alle Computerkonten im Standort
Benutzerkonfiguration für alle Benutzerkonten im Standort

Domäne:

Computerkonfiguration für alle Computerkonten in der Domäne
Benutzerkonfiguration für alle Benutzerkonten in der Domäne

OU:

Computerkonfiguration für alle Computerkonten in der OU
Benutzerkonfiguration für alle Benutzerkonten in der OU

Die Vererbung gilt hier immer standardmäßig.

ACHTUNG!
Die Gruppenrichtlinien werden alle nacheinander abgearbeitet. Das bedeutet, wenn sowohl am Standort, als auch in der Domäne und der OU Einstellungen gemacht worden sind, werden alle Einstellungen nacheinander angewendet!

Überlagerungen der Einstellungen

Für alle Einstellungen gibt es bei Gruppenrichtlinien drei Möglichkeiten:

- Nicht konfiguriert
- Aktiviert
- Deaktiviert

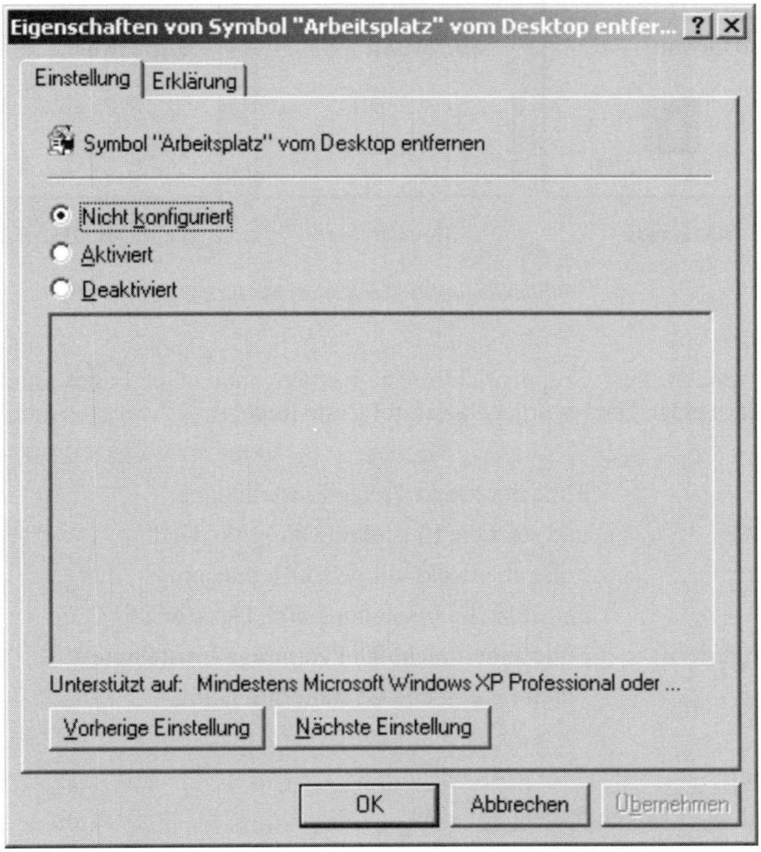

Abbildung 4.11: Drei Auswahlmöglichkeiten für Einstellungen

Diese drei Einstellungen kann man mit Folien vergleichen, die übereinander gelegt werden.

Aktiviert	Kästchen schwarz
Deaktiviert	Kästchen weiß
Nicht konfiguriert	Kästchen durchsichtig

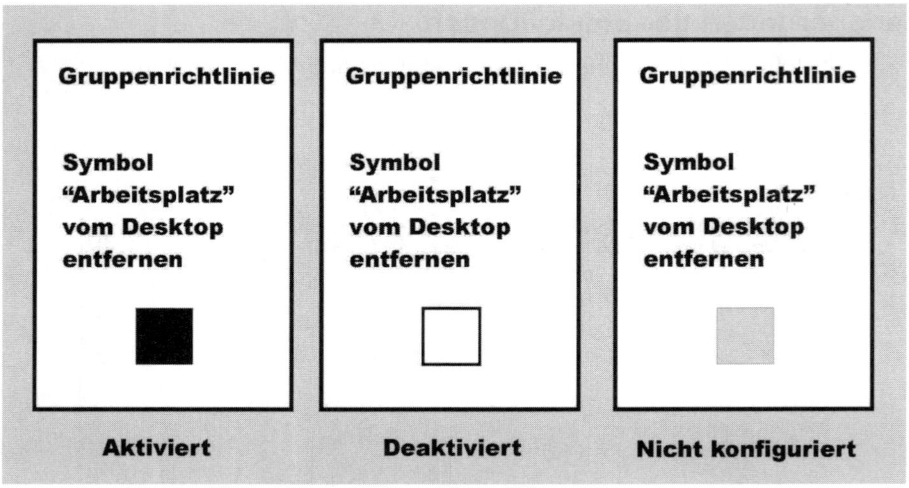

Abbildung 4.12: Das Schichtenprinzip

Beim Anwenden der Gruppenrichtlinien werden nun alle Folien nacheinander übereinander gelegt. Daraus ergeben sich folgende Regeln:

Aktiviert:	Folie überdeckt vorige Einstellungen, und setzt die Einstellung auf „Aktiviert“
Deaktiviert:	Folie überdeckt vorige Einstellungen, und setzt die Einstellung auf „Deaktiviert“
Nicht konfiguriert:	Folie ändert nicht. Die vorherige Einstellung scheint durch und ist weiterhin gültig

Ein Beispiel:

Die Einstellungen lauten folgendermaßen:

Standort:	Symbol „Arbeitsplatz“ vom Desktop entfernen Aktiviert
Domäne:	Symbol „Arbeitsplatz“ vom Desktop entfernen Nicht konfiguriert
OU:	Symbol „Arbeitsplatz“ vom Desktop entfernen Deaktiviert

Lösung:

Die Einstellung wird zunächst aktiviert (Standort), dann nicht verändert (Domäne), und zuletzt deaktiviert (OU).

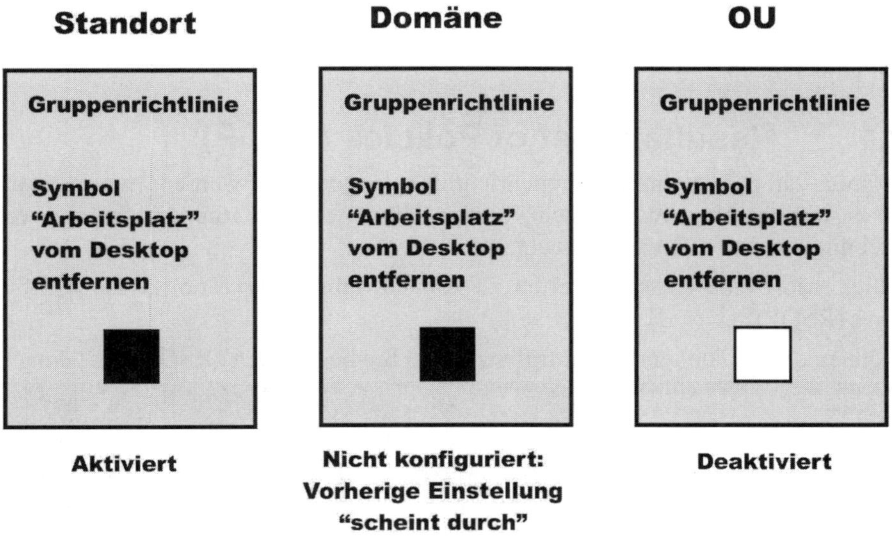

Abbildung 4.13: Die Anwendungsreihenfolge

Dies ist ein Überblick über die Vorgehensweise beim Anwenden der Gruppenrichtlinien. Die Thematik ist noch bedeutend komplexer, aber für uns reicht dieser Einblick in das Active Directory fürs Erste aus.

4.2 Tools

Das Active Directory weist die Gruppenrichtlinien zu, deswegen ist im Normalfall auf den Clients relativ wenig zu tun.

Allerdings gibt es einige Tools, die die Verwaltung des Active Directory auf dem Client unterstützen.

4.2.1 Resultant Set of Policies (RSOP)

Es ist möglich, dass mehrere Gruppenrichtlinien angewendet werden. In so einem Fall kann es manchmal schwierig sein, festzustellen, welche Gruppenrichtlinie welche Einstellung auf dem Client verursacht.

Um hier sofort eine Aussage treffen zu können, gibt es das Tool „Resultant Set of Policies (RSOP)".

Sie können dieses Tool einfach aufrufen, indem Sie bei Suchen „RSOP.msc" eingeben.

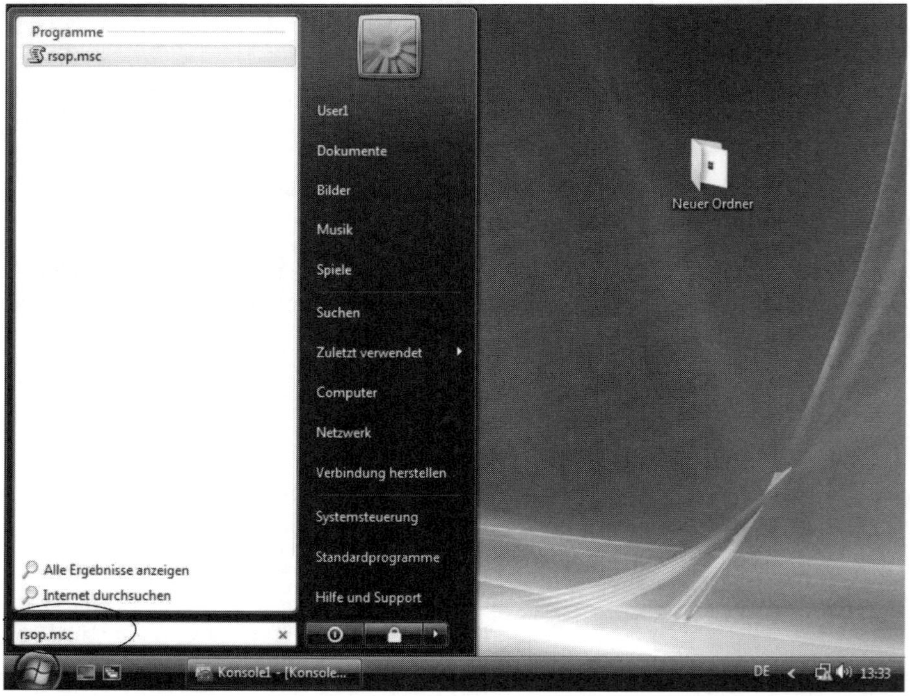

Abbildung 4.14: Starten von RSOP

Nun wird das Tool gestartet.

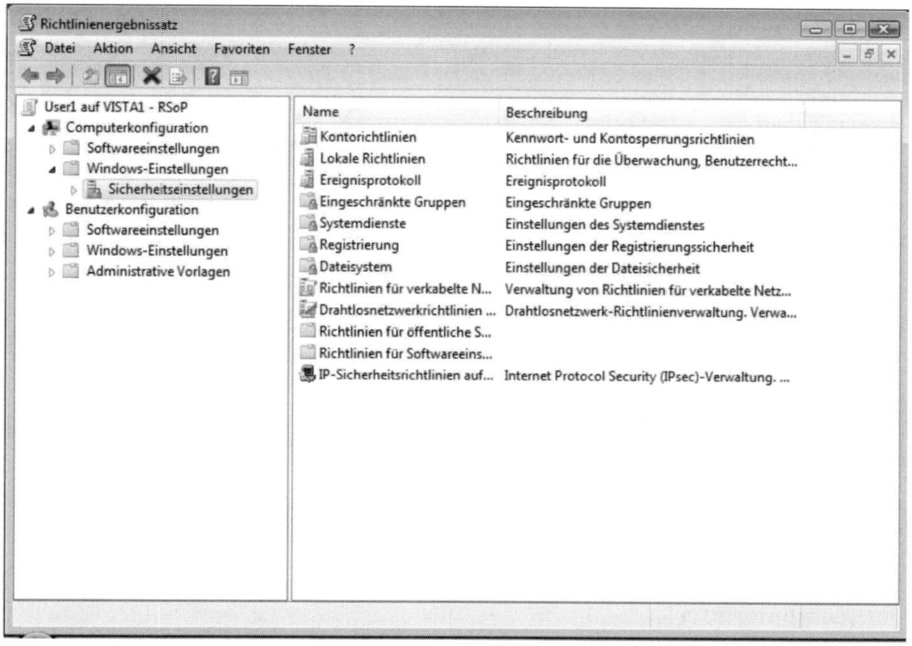

Abbildung 4.15: RSOP

Nun können Sie alle Einstellungen betrachten, und damit analysieren, welche Gruppenrichtlinie diese Einstellung zugewiesen hat.

4.2.2 GPUPDATE

Gpupdate ist ein kleines nützliches Dienstprogramm, das die Gruppenrichtlinieneinstellungen aktualisiert.

Manchmal wäre es nötig, den Computer neu zu starten, damit Einstellungen aktiv werden. Das ist aber oft nicht möglich, da es sich um Server oder sogar Domänencontroller handelt.

Gpupdate nimmt uns diese Arbeit ab. Mit diesem Tool werden die Einstellungen sofort angewendet, und sie sind einsatzbereit.

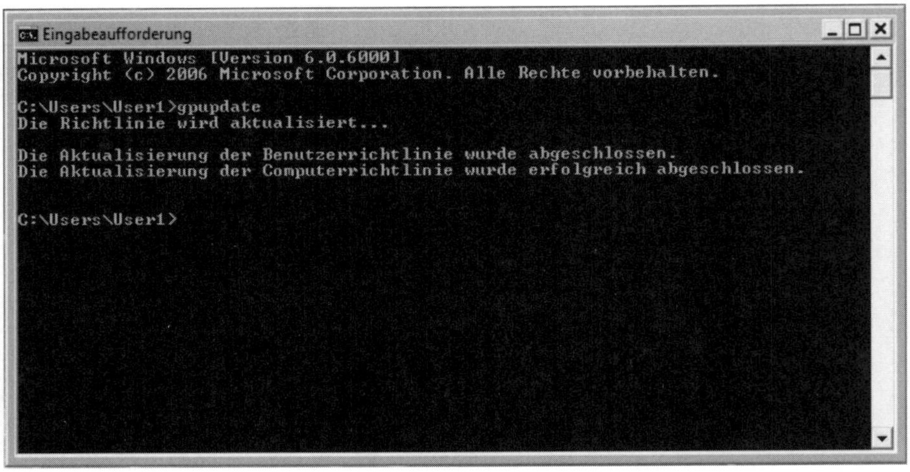

Abbildung 4.16: GPUPDATE

Gpupdate kann mit diversen Parametern eingesetzt werden.

/target:{computer|user}
Verarbeitet nur die Computereinstellungen bzw. die aktuellen Benutzereinstellungen. Ohne Eingabe dieses Parameters werden sowohl die Computereinstellungen als auch die Benutzereinstellungen verarbeitet.
/force
Ignoriert alle Verarbeitungsoptimierungen und wendet alle Einstellungen erneut an.

/wait:Wert
Die Anzahl der Sekunden, die die Richtlinienverarbeitung mit dem Beenden wartet. Der Standardwert beträgt 600 Sekunden. „0“ bedeutet "nicht warten", „-1“ bedeutet "unbegrenzt warten".

/logoff
Führt nach Abschluss der Aktualisierung eine Abmeldung durch. Dies ist für clientseitige Erweiterungen der Gruppenrichtlinien erforderlich, die die Gruppenrichtlinien nicht in einem Hintergrundaktualisierungszyklus, sondern beim Anmelden des Benutzers verarbeiten. Hierzu gehören Gruppenrichtlinie-Softwareinstallation und -Ordnerumleitung durch den Benutzer. Die Option hat keine Auswirkungen, wenn keine Erweiterungen aufgerufen werden, die erfordern, dass der Benutzer sich abmeldet.

/boot
Startet den Computer nach Abschluss der Aktualisierung neu. Dies ist für clientseitige Erweiterungen der Gruppenrichtlinien erforderlich, die die Gruppenrichtlinien nicht in einem Hintergrundaktualisierungszyklus, sondern beim Start des Computers verarbeiten. Hierzu gehört Gruppenrichtlinie-Softwareinstallation durch den Computer. Die Option hat keine Auswirkungen, wenn keine Erweiterungen aufgerufen werden, die einen Neustart des Computers erfordern.

/sync

Startet die Abarbeitung synchron.

/?
Zeigt die Hilfe an der Eingabeaufforderung an.

4.3 Konfigurieren der Benutzerumgebung

Für den alltäglichen administrativen Aufwand können die Gruppenrichtlinien sehr gut eingesetzt werden.

4.3.1 Administrative Vorlagen

Administrative Vorlagen sind in fast allen Fällen Einstellungen, die die lokale Registry des Computers verändern, für den die Gruppenrichtlinie gilt.

Es gibt eine große Bandbreite an Einstellungsmöglichkeiten, wobei nicht alle Einstellungen sowohl auf der Computer- als auch auf der Benutzerseite gemacht werden können.

Administrative Vorlagen werden häufig benutzt, um die Handlungsfreiheit der Benutzer einzuschränken. Machen Sie sich mit den verfügbaren Einstellungen gut vertraut, damit Sie die Möglichkeiten kennen!

Ein Beispiel:

Sie können in einer administrativen Vorlage festlegen, ob die lokale Gruppenrichtlinie abgearbeitet werden soll, oder nicht.

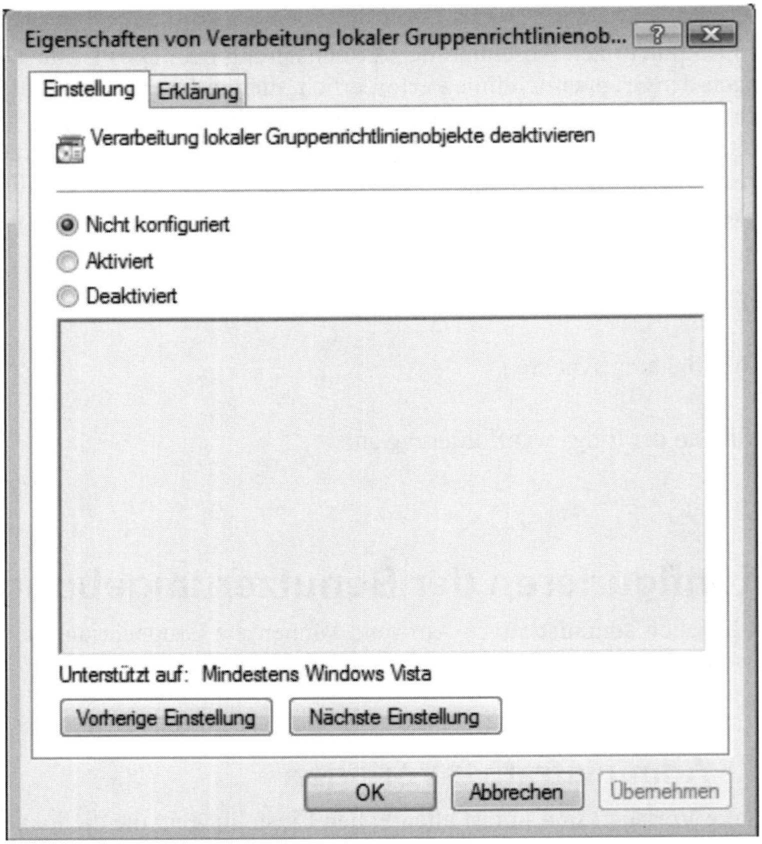

Abbildung 4.17: Beispiel einer administrativen Vorlage

Administrative Vorlagen haben extrem viele Einstellungsmöglichkeiten.

Oft müssen verschiedene Einstellungen gemacht werden, die für bestimmte Programme nötig sind.

Aus diesem Grund gibt es die Möglichkeit, die kompletten Administrativen Vorlagen durch andere, passendere zu ersetzen.

Dafür werden sogenannte ADM-Dateien, beziehungsweise deren Nachfolger, die ADMX-Dateien benutzt.

Die administrativen Vorlagen wurden mit Windows NT 4 das erste Mal veröffentlicht und haben seitdem das gleiche Dateiformat verwendet - die ADM-Dateien. Unter

Windows Vista werden diese durch die XML-basierten ADMX-Dateien ersetzt.

Unter Windows Vista sind die Ressourcen in sprachneutrale (.admx-Dateien) und sprachspezifische (.adml-Dateien) Teile aufgeschlüsselt.

Wenn Sie eine neue Vorlage zuweisen möchten, dann klicken Sie mit der rechten Maustaste auf „Administrative Vorlagen“ und wählen „Vorlagen hinzufügen / entfernen…“.

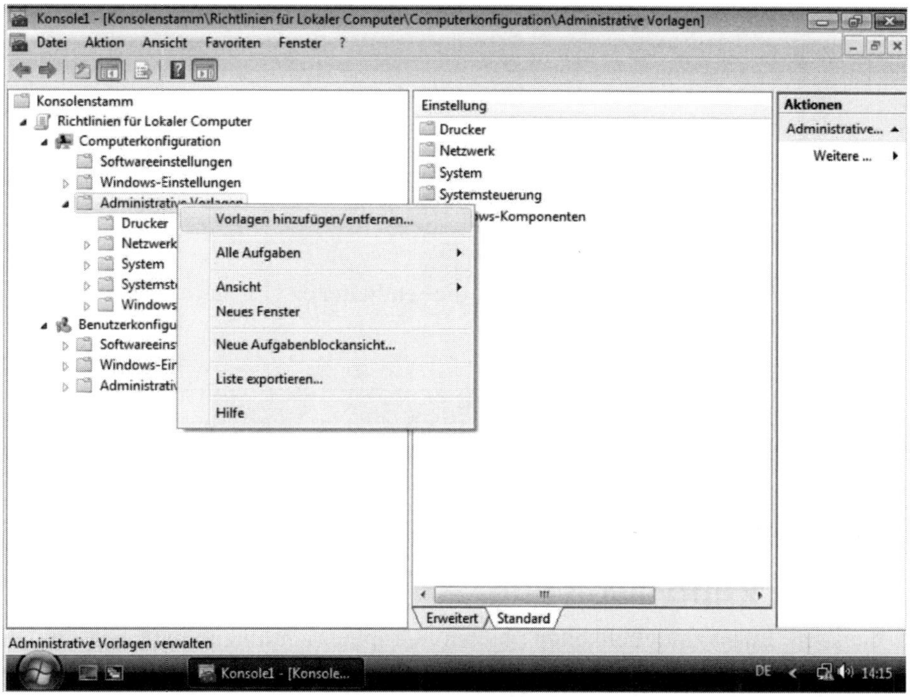

Abbildung 4.18: Vorlagen hinzufügen

Suchen Sie nun die gewünschte Vorlage aus, und öffnen Sie sie.

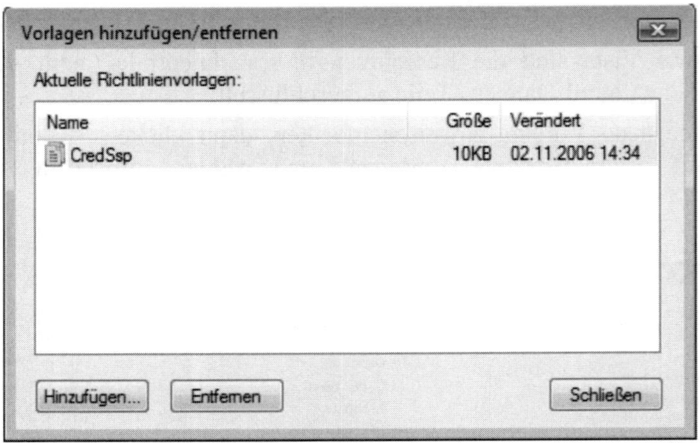

Abbildung 4.19: Vorlage

Nun ist die Vorlage hinzugefügt, und die enthaltenen Einstellungen sind in der Gruppenrichtlinie angewendet.

ACHTUNG!
Vorlagendateien werden additiv hinzugefügt, das heißt, die enthaltenen Einstellungen werden zusätzlich angewendet! Deswegen können Vorlagen auch auf die gleiche Art wieder entfernt werden.

4.3.2 Skriptzuweisung

Die meisten Einsatzmöglichkeiten bieten Gruppenrichtlinien natürlich in einer Domäne.

Zwar werden Sie als Desktoptechniker in den wenigsten Fällen Zugriff auf die Konfiguration der Domäne haben, aber Sie sollten in jedem Fall die Einstellungsmöglichkeiten kennen, um eventuell auftretende Probleme erkennen zu können.

Eine sehr interessante Möglichkeit, die die Gruppenrichtlinien bieten, ist die Zuweisung von Skripten.

Auch hier gibt es, bedingt durch die Einteilung in Computer- und Benutzerkonfiguration, mehrere Möglichkeiten:

Abbildung 4.20: Arten von Skripten

Genau diese vier Betriebsereignisse stellen sich während einer Benutzersitzung ein:

- Computer startet
- Benutzer meldet sich an
- Benutzer meldet sich ab
- Computer fährt herunter

Für jedes dieser vier Ereignisse kann durch Active Directory mit einer Gruppenrichtlinie ein oder mehrere Skripte zugeordnet werden.

ACHTUNG!
Diese vier Möglichkeiten, ein Skript zuzuordnen gibt es erst seit Active Directory in Windows 2000. Unter NT 4.0 war nur ein Anmeldeskript möglich.

Um eine Skriptzuweisung zu machen, wird im Geltungsbereich eine neue Gruppenrichtlinie erstellt, die einen Namen tragen sollte, der auf das Anwendungsziel hinweist.

Ein Beispiel:

Allen Benutzern in der OU „Einkauf“ soll ein Anmeldeskript zugewiesen werden, das sie begrüßt.

Es wird in der OU „Einkauf“ eine neue Gruppenrichtlinie erstellt, die in diesem Fall „Anmeldeskript“ genannt wird.

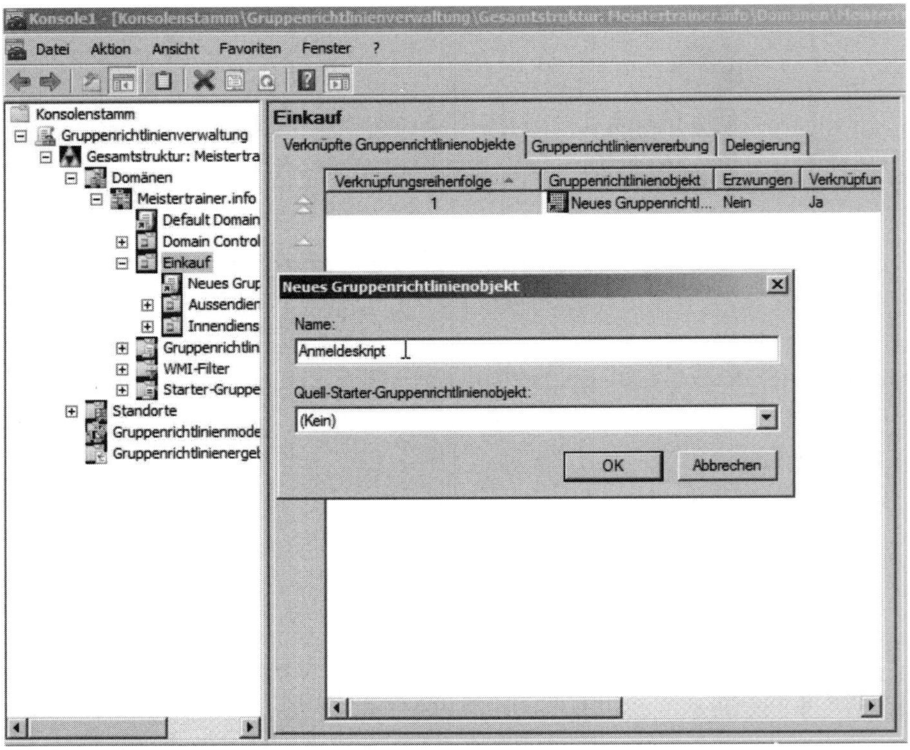

Abbildung 4.21: Erstellen einer neuen Gruppenrichtlinie

Im Bearbeitungsmodus erkennen wir, dass es sowohl auf der Computerseite, als auch auf der Benutzerseite die Einstellung „Skripte“ gibt.

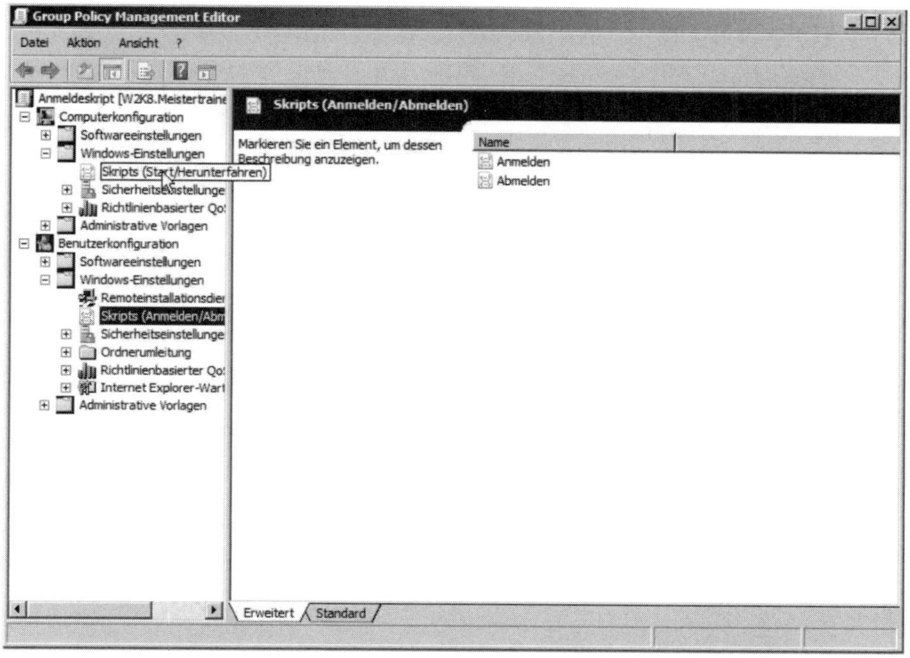

Abbildung 4.22: Skripte auf der Benutzer- und der Computerseite

Da wir aber ein Anmeldeskript zuweisen wollen, können wir dies nur auf der Benutzerseite tun. Hier wählen wir „Anmelden“.

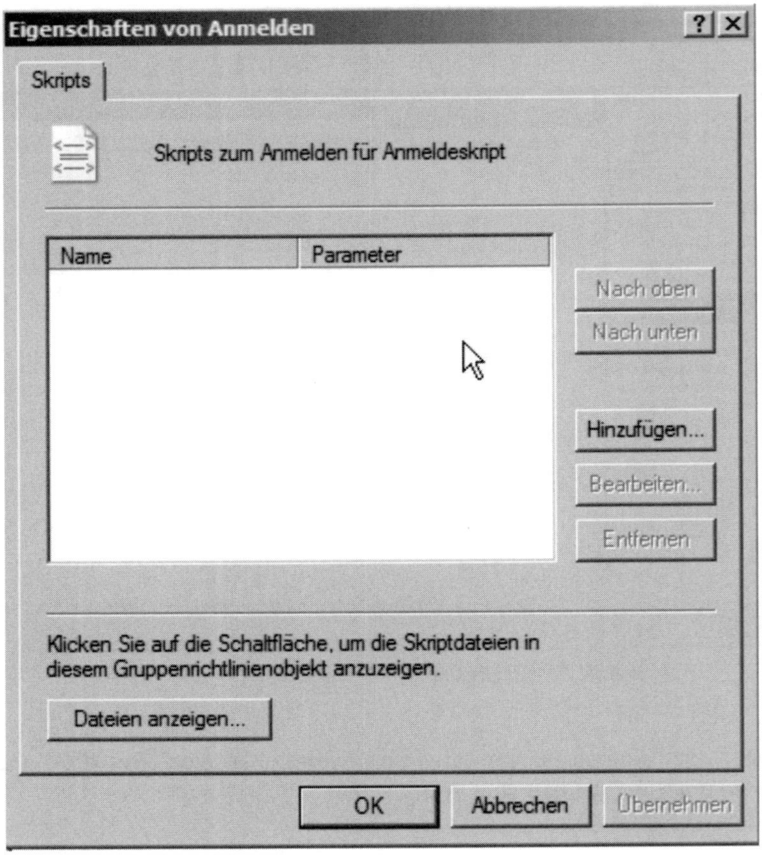

Abbildung 4.23: Fenster für ein Anmeldeskript

Nun müssen wir zunächst einmal das Skript an die richtige Stelle kopieren. Die einfachste Möglichkeit dafür ist, das Skript zunächst in die Zwischenablage zu kopieren, und dann bequem mit der Gruppenrichtlinie an der richtigen Stelle einzufügen.

Dazu benutzen wir die Schaltfläche „Dateien anzeigen".

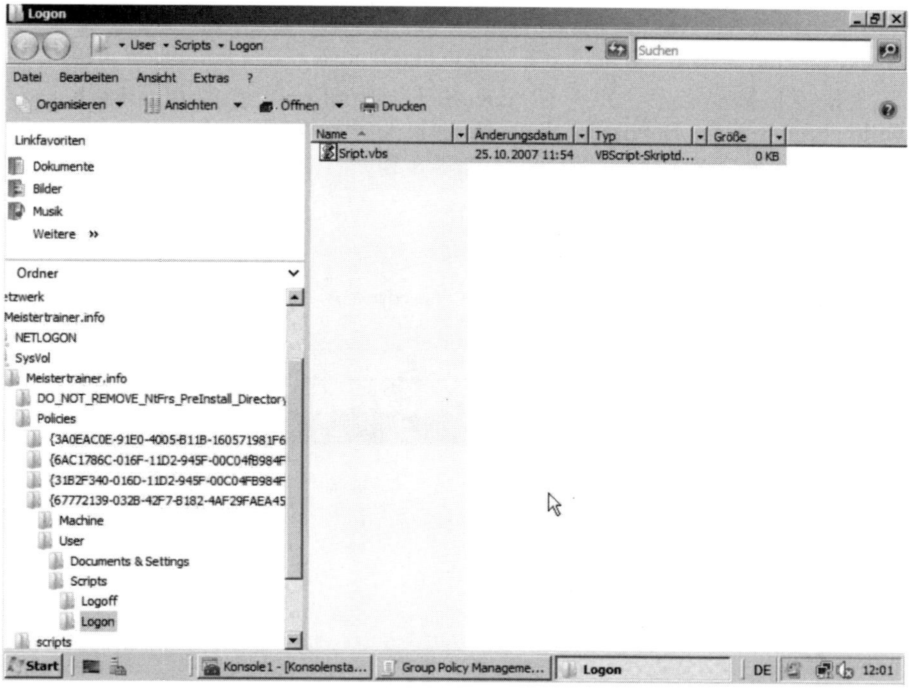

Abbildung 4.24: Datei im richtigen Ordner

Es wird uns der richtige Ordner angezeigt, und wir können nun das Skript hineinkopieren.

Danach schließen Sie dieses Fenster.

Klicken Sie auf „Hinzufügen“.

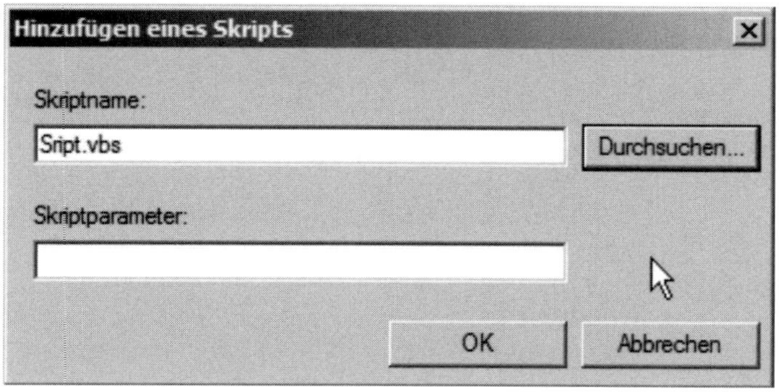

Abbildung 4.25: Auswahl des Skripts

Mit der Schaltfläche „Durchsuchen“ können Sie nun das Skript aussuchen. In der Zeile „Skriptparameter“ haben Sie noch die Möglichkeit, zusätzliche Parameter anzufügen.

Nach dem Klicken von „OK“ ist das Skript konfiguriert, und wird bei jedem Anmeldevorgang eines Benutzers im Geltungsbereich angewendet.

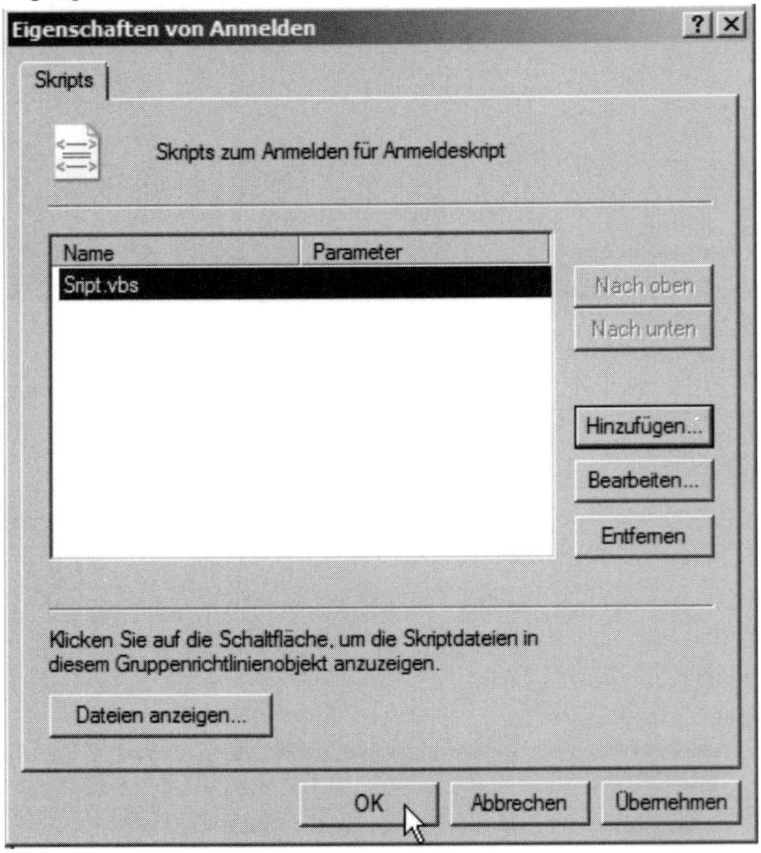

Abbildung 4.26: Skriptzuweisung ist abgeschlossen

4.3.3 Ordnerumleitung

Jeder Administrator kennt das Problem, dass Benutzer gerne ihre Daten im Ordner „Dokumente“ speichern. Auch ist dies der Standardspeicherort der meisten Programme.

Aus der Sicht der Administratoren eines großen Unternehmens ist dieser Speicherort aber auf keinen Fall akzeptabel. Sollte ein Fehler am Client auftreten, der eventuell eine Neuinstallation nötig macht, sind auch alle Daten verloren.

Aus diesem Grund, und aus dem Grund der einfacheren Datensicherung, werden Daten in einer Domäne normalerweise auf einem Server gespeichert. Eine Möglichkeit für die zentrale Speicherung ist es, alle Pfade in den einzelnen Programmen auf das Netzwerklaufwerk zu leiten.

Microsoft bietet uns aber hierfür noch eine zweite Möglichkeit: Die Ordnerumleitung.

Mithilfe einer Gruppenrichtlinie können Ordner des Profils auf einen Netzwerkpfad umgeleitet werden.

Um eine Ordnerumleitung zu konfigurieren, muss natürlich wieder eine Gruppenrichtlinie erstellt werden.

Ein Beispiel:

Alle Benutzer, deren Konto sich in der OU „Einkauf“ befindet, sollen eine Ordnerumleitung für den Ordner „Dokumente“ erhalten. Die Daten sollen auf eine Freigabe mit dem Namen „Umleitung“ auf dem Server „W2K8“ geleitet werden.

Es wird eine Gruppenrichtlinie in der OU „Einkauf“ erstellt, und „Ordnerumleitung“ genannt.

Diese Gruppenrichtlinie wird nun bearbeitet.

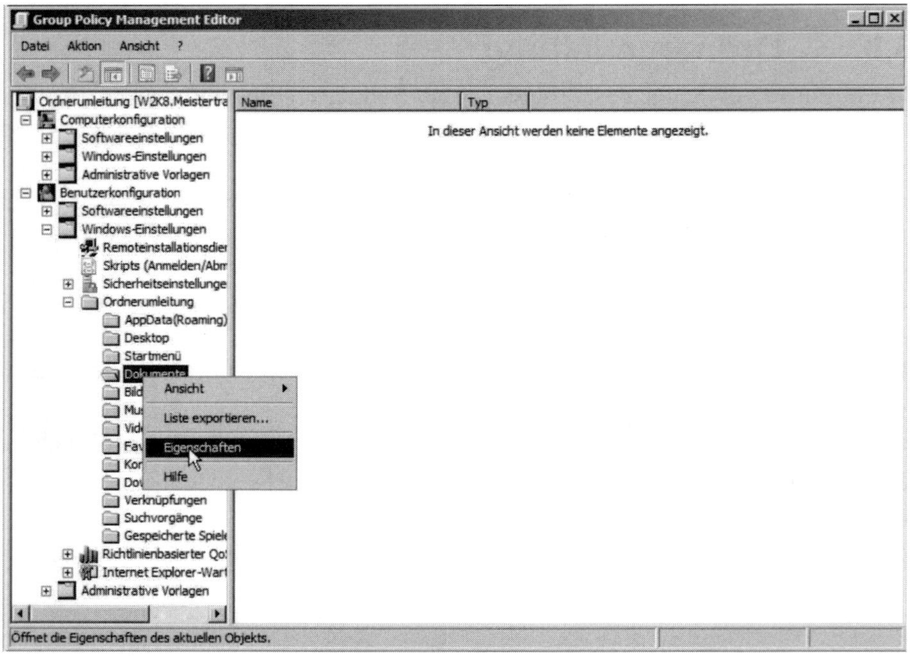

Abbildung 4.27: Ordnerumleitung

Die gewünschte Einstellung finden Sie unter

- Benutzerkonfiguration
- Windows-Einstellungen
- Ordnerumleitung
- Rechte Maustaste auf den Ordner, der umgeleitet werden soll
- Eigenschaften

ACHTUNG!
Diese Einstellungen sind mit einem Windows Server 2008 machbar. Wenn Sie einen Windows Server 2003 als Domänencontroller benutzen, können Sie nicht alle Ordner des Profils umleiten!

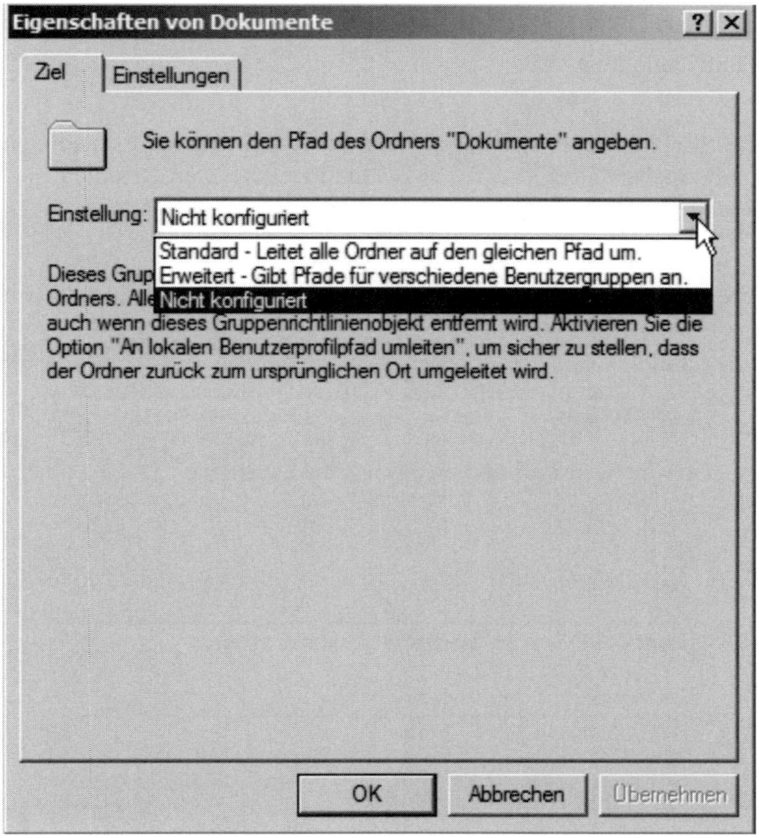

Abbildung 4.28: Auswahl der Umleitung

Sie können nun zwischen drei Möglichkeiten der Ordnerumleitung wählen:

Standard – Leitet alle Ordner auf den gleichen Pfad um

Sie wählen eine Freigabe aus, und in einen Unterordner dieser Freigabe werden alle Ordner „Eigene Dateien“ geleitet.

Erweitert – gibt Pfade für verschiedene Benutzergruppen an

Mit dieser Option können Sie für verschiedene Benutzergruppen verschiedene Umleitungsziele konfigurieren.

Nicht konfiguriert

Es findet keine Umleitung statt.

Für unser Beispiel können wir es bei der Einstellung „Standard" belassen. Nun müssen Sie noch die Freigabe wählen, in die die Daten umgeleitet werden sollen.

Abbildung 4.29: Zielordner

Für jeden Benutzer wird ein eigener Unterordner erstellt.

ACHTUNG!

Die Angabe des Stammverzeichnisses muss in Form eines Netzwerkpfades erfolgen. Auch wenn die Freigabe lokal auf Ihrem Rechner liegen sollte, müssen Sie den Pfad in der Schreibweise \\SERVERNAME\FREIGABENAME erfolgen.

Nun sollten Sie noch die Karteikarte „Einstellungen“ betrachten.

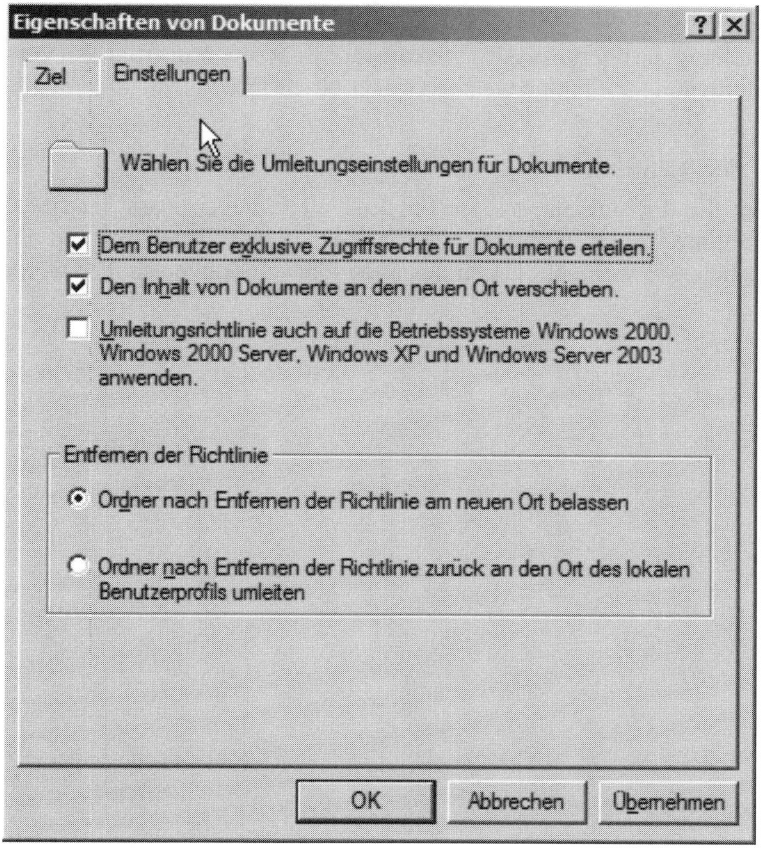

Abbildung 4.30: Einstellungen der Ordnerumleitung

Dem Benutzer exklusive Zugriffsrechte für Dokumente erteilen

Hier ist der Haken als Voreinstellung gesetzt. Diese Einstellung gewährt dem Benutzer das exklusive Zugriffsrecht auf seine Dokumente. Andere Benutzer und auch die Administratoren haben keine Zugriffsrechte.

Den Inhalt von Dokumente an den neuen Ort verschieben

Auch dieser Haken ist gesetzt. Er bedeutet, dass die Daten, die im lokalen Ordner „Dokumente“ bereits gespeichert waren, an den neuen Speicherort verschoben werden.

Umleitungsrichtlinie auch auf die Betriebssysteme Windows 2000, Windows 2000 Server, Windows XP und Windows Server 2003 anwenden

Diese Einstellung aktiviert die Abwärtskompatibilität, denn in früheren Versionen war die Ordnerumleitung auf einige wenige Ordner beschränkt.

Entfernen der Richtlinie

Hier können Sie die Vorgehensweise für den Fall festlegen, dass Sie eines Tages die Gruppenrichtlinie wieder entfernen. Der Ordner „Eigene Dateien" kann entweder am neuen Platz belassen werden, oder an den alten Platz zurückverschoben werden.

4.4 Zusammenfassung, Übungen / Aufgaben

4.4.1 Zusammenfassung

Gruppenrichtlinien werden benutzt, um bestimmte Einstellungen nur einmal festlegen zu müssen. Diese werden immer wieder angewendet.

Gruppenrichtlinien bestehen aus einem Computerteil und einem Benutzerteil. Alle Definitionen, die im Computerteil getroffen worden sind, gelten für alle Computerkonten im Geltungsbereich, die Definitionen dagegen, die im Benutzerbereich getroffen worden sind, gelten für alle Benutzerkonten im Geltungsbereich.

Die Standardanwendungsreihenfolge bei den Gruppenrichtlinien ist

- Lokal
- Standort
- Domäne
- OU

Alle Einstellungen werden angewendet, bei Überlagerungen ist die letzte Einstellung die gültige.

Für die Kontrolle der Einstellungen haben Sie auf dem Vista-Client verschiedene Tools zur Verfügung, unter anderem RSOP und GPUPDATE.

Für die praktische Anwendung von Gruppenrichtlinien gibt es viele Möglichkeiten:

- Administrative Vorlagen
- Skriptzuweisung
- Ordnerumleitung

4.4.2 Übungen

1. Melden Sie sich an der Domäne „Meistertrainer.info“ mit dem Konto „Administrator“ und dem Kennwort „Kennw0rt!“ an.

2. Öffnen Sie die lokale Gruppenrichtlinie. Welche Einstellungsmöglichkeiten haben Sie dort?

3. Öffnen Sie die Gruppenrichtlinienverwaltung auf dem Domänencontroller, oder bitten Sie den Kursleiter, dies zu tun.

4. Betrachten Sie die Einstellungsmöglichkeiten in der Domäne.

5. Wenden Sie auf dem Vista-Client „RSOP“ an.

6. Wenden Sie auf dem Vista-Client „GPUPDATE“ an.

4.4.3 Aufgaben

1. Sie haben eine Domänenstruktur mit einem Windows Server 2003 Domänencontroller, und Clients mit Windows XP und Windows Vista.

   Wie können Sie dafür sorgen, dass bei allen Rechnern Einstellungen angewendet werden?

2. Sie haben eine Domänenstruktur mit einem Windows Server 2003 Domänencontroller, und Clients mit Windows XP und Windows Vista.

   Es sind in der Domäne verschiedene Gruppenrichtlinien angewendet.

   Ein Kollege beschwert sich, und erklärt Ihnen, dass er ein Anmeldeskript erhält, das nicht für ihn bestimmt ist.

   Wie können Sie überprüfen, warum er dieses Anmeldeskript erhält?

3. Die Gruppenrichtlinienverwaltung wird auf Computern durchgeführt, die mit der Sprache Deutsch konfiguriert sind.

   Nun soll aber auch von Computern aus, die mit der Sprache Italienisch konfiguriert sind, die Gruppenrichtlinienverwaltung durchgeführt werden.

   Dafür soll eine .ADMX-Datei erstellt werden.

   Wie können Sie dafür sorgen, dass die Einstellungen immer in der richtigen Sprache angezeigt werden?

4. Sie sind Desktopsupporter in Ihrer Firma.

   Sie haben eine Domänenstruktur mit einem Windows Server 2003 Domänencontroller, und Clients mit Windows XP und Windows Vista.

   Wie können Sie verhindern, dass die lokale Gruppenrichtlinie angewendet wird?

5. Wie können Sie sicherstellen, dass die Ordnerumleitung auf allen, auch älteren, Windows-Systemen unterstützt wird?

5 Verwalten und Betreiben eines Windows Vista Systems

Lernziele:

- Sicherheitskonfiguration und –analyse
- Überwachung
- Aufgabenplanung
- Sammlungssätze
- Ereignisanzeige
- Abonnements

Prüfungsanforderungen von Microsoft:

- Configure and manage the Task Scheduler
- Configure and troubleshoot Event Forwarding
- Troubleshoot performance and reliability issues

Quelle: Microsoft

5.1 Einleitung

Ein Vista-System sauber zu Betreiben erfordert weitaus weniger Arbeit als bei den meisten vorherigen Betriebssystemen von Microsoft. Windows Vista hat eine ganze Reihe von Tools und Werkzeugen, die einen reibungslosen Betrieb durch gezielte Kontrolle ermöglichen.

5.2 Sicherheitskonfiguration und –analyse

Wenn Sie die lokale Gruppenrichtlinie betrachten, wird Ihnen auffallen, dass ein Großteil der Einstellungen sich auf sicherheitsrelevante Themen bezieht.

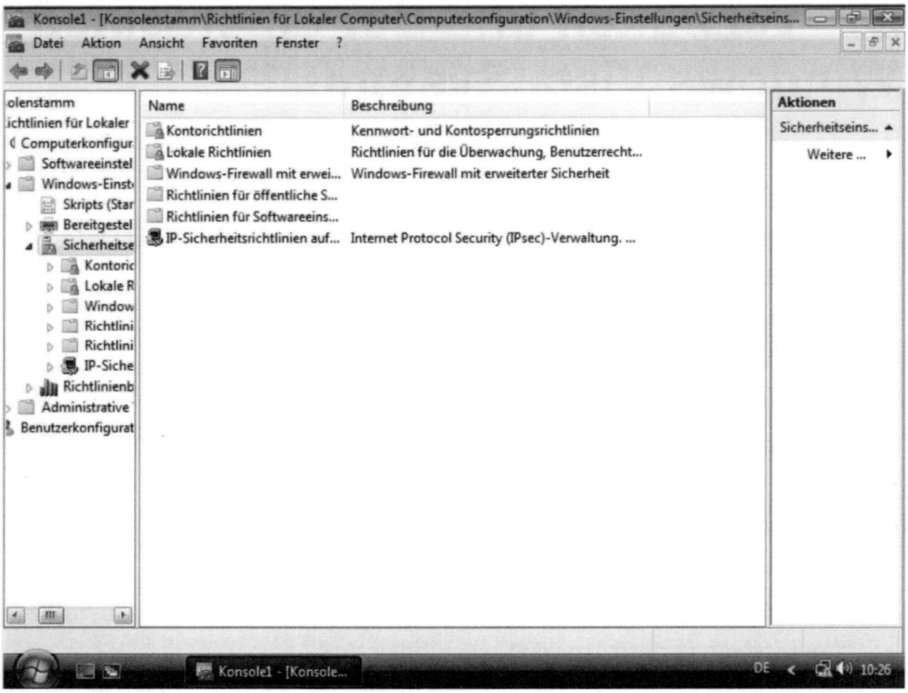

Abbildung 5.1: Sicherheitseinstellungen

Gerade auf der Computerseite sind die Sicherheitseinstellungen sehr breit gefächert. Hier können Sie zum Beispiel einstellen, was passiert, wenn sich jemand mit einem falschen Kennwort anmelden will, und welche Benutzerrechte einzelne Gruppen haben sollen.

Sie könnten nun in den Sicherheitseinstellungen problemlos Änderungen vornehmen.

Microsoft verfolgt aber in Bezug auf die Sicherheitseinstellungen ein anderes Konzept:

Für alle Anwendungszwecke werden ganze Sätze von Sicherheitseinstellungen zur Verfügung gestellt, von denen die gebräuchlichsten bereits von Microsoft geliefert werden.

Änderungen werden keine vorgenommen, sondern es werden nur ganze „Sicherheitssätze“ ausgetauscht.

Dies hat den Vorteil, dass es definierte Sicherheitszustände gibt, zu denen im Idealfall auch jederzeit wieder zurückgekehrt werden kann. Wenn Sie nicht so handeln, kann es sein, dass Sie mit einer unbedachten Einstellung eventuell das ganze System instabil machen können, und diese Einstellung nicht mehr rückgängig machen können.

Außerdem ist es immer besser, definierte „Sicherheitssätze" zu haben, denn dadurch kann auf einfache Weise ein definierter Satz mehreren Computern zugewiesen werden.

5.2.1 Sicherheitsvorlagen

Diese definierten Sätze werden als „Sicherheitsvorlagen" bezeichnet. Diese Sicherheitsvorlagen können betrachtet werden, indem Sie sich eine MMC erstellen, und das Snap-In

- Sicherheitsvorlagen

aufnehmen. Sie sollten auch gleich für weitere Anwendungen das Snap-In

- Sicherheitskonfiguration und -analyse

hinzufügen.

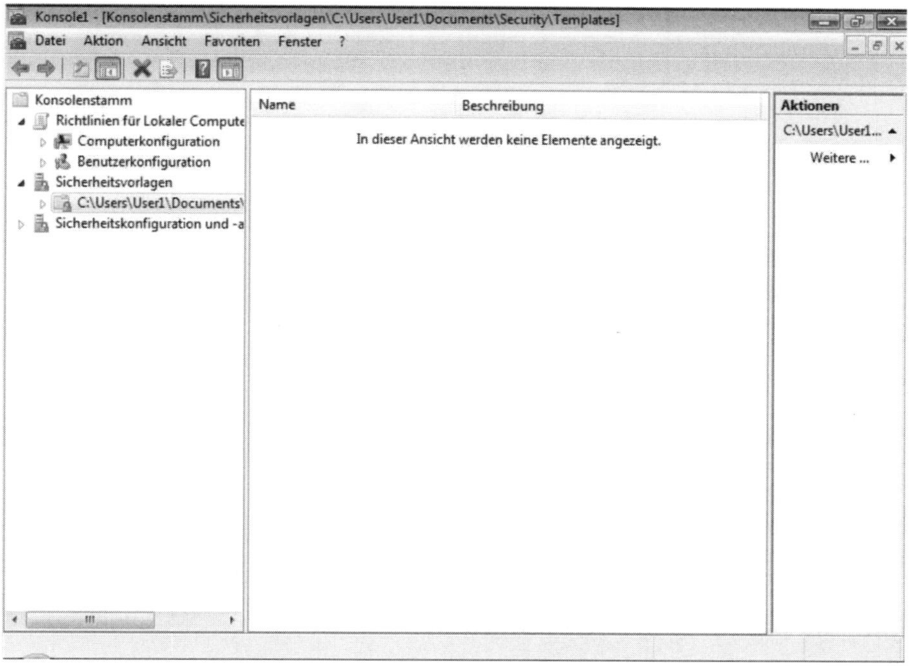

Abbildung 5.2: Sicherheitsvorlagen

Im Gegensatz zu älteren Windows Versionen werden bei Windows Vista keine Sicherheitsvorlagen mitgeliefert.

Sie können aber selbstverständlich die Sicherheitsvorlagen, die Sie beispielsweise noch von Windows XP haben, weiterhin benutzen. Dafür kopieren Sie die .inf-Datei in den entsprechenden Ordner.

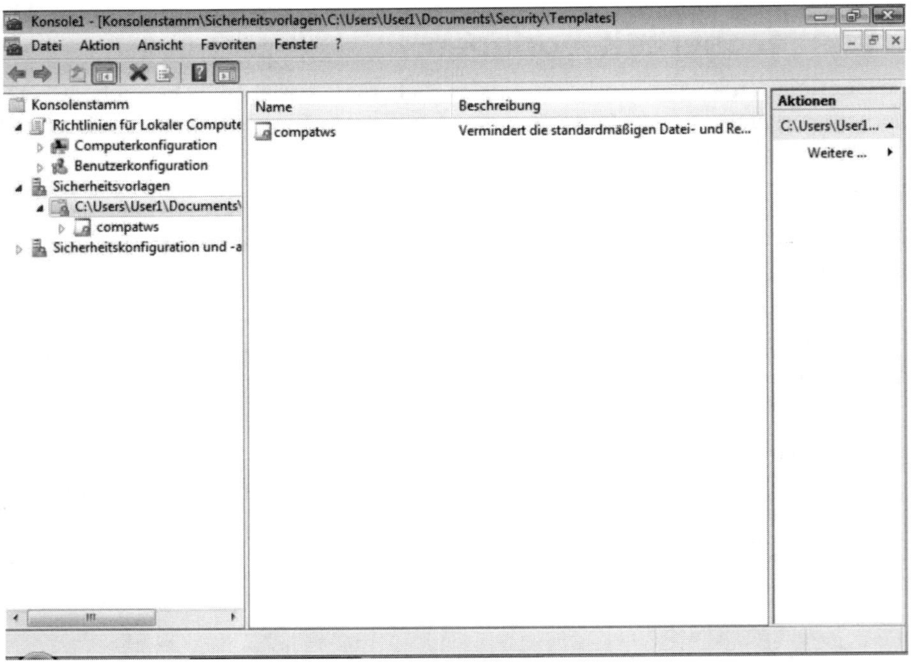

Abbildung 5.3: Kopierte Vorlage

Nun haben Sie eine Sicherheitsvorlage, mit der Sie weiterhin arbeiten können.

ACHTUNG!
Sicherheitsvorlagen gibt es im Internet bei Microsoft zum Download, und auch bei diversen anderen Stellen.

Kopieren von Sicherheitsvorlagen

Alle Sicherheitsvorlagen, die Sie herunterladen können, haben einen klar definierten Zweck, und genauso klar definierte Inhalte.

Deswegen sollten Sie die Vorlagen immer unverändert lassen. Wenn Ihnen die

Einstellungen bestimmter Vorlagen nicht vollkommen gefallen, können Sie sich eine Vorlage kopieren, ihr einen anderen Namen geben, und diese neu erstellte Vorlage dann bearbeiten.

Ein Beispiel:

Sie möchten die Vorlage „compatws“ als Ausgangsmaterial benutzen, aber einige Einstellungen verändern. Dazu gehen Sie in die oben erstellte MMC, und wählen sich die Vorlage „compatws“ aus.

- Rechte Maustaste auf die Vorlage
- Speichern unter

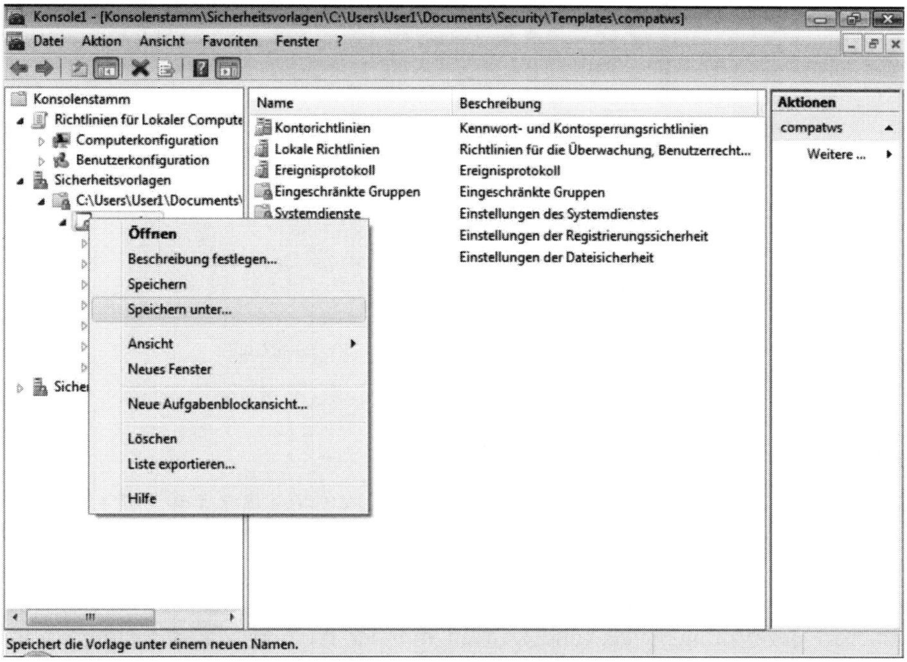

Abbildung 5.4: Kopieren einer Sicherheitsvorlage

Nachdem Sie der Vorlage einen neuen Namen (zum Beispiel „Eigene Sicherheitsvorlage“) gegeben haben, erscheint sie in der Konsole.

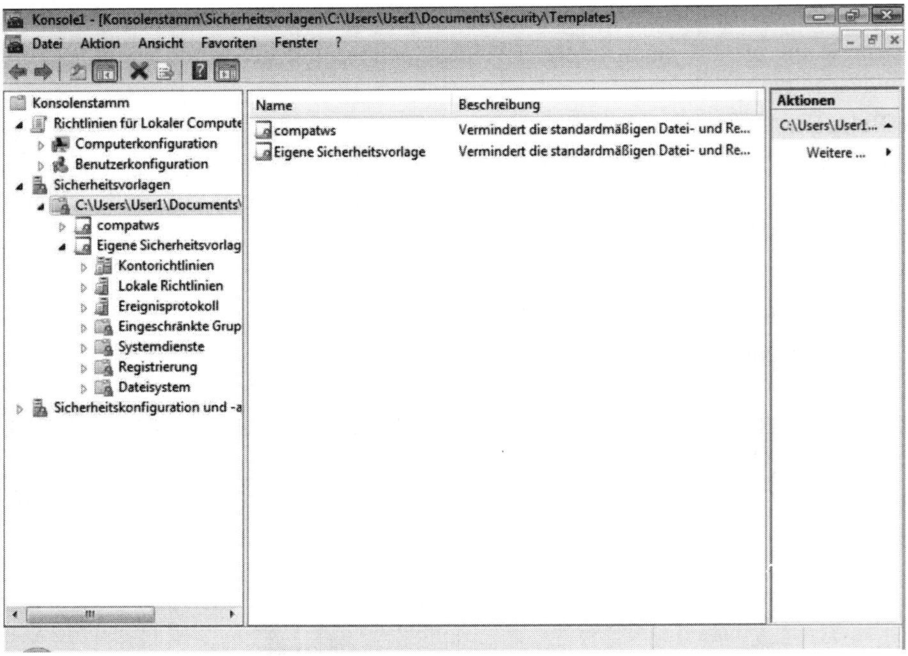

Abbildung 5.5: Eigene Sicherheitsvorlage ist erstellt

Diese neue Vorlage können Sie nun bearbeiten, wie Sie möchten.

Erstellen einer neuen, leeren Vorlage

Manchmal ist es besser, eine komplett neue Vorlage zu erstellen, und nicht eine bereits vorhandene zu kopieren. Dies ist dann der Fall, wenn Sie zu viele Einstellungen ändern müssten.

Auch das Neuerstellen einer Vorlage wird in der MMC gemacht. Sie wählen den Speicherort der Vorlagen aus, und klicken mit der rechten Maustaste darauf. Dann wählen Sie „Neue Vorlage“.

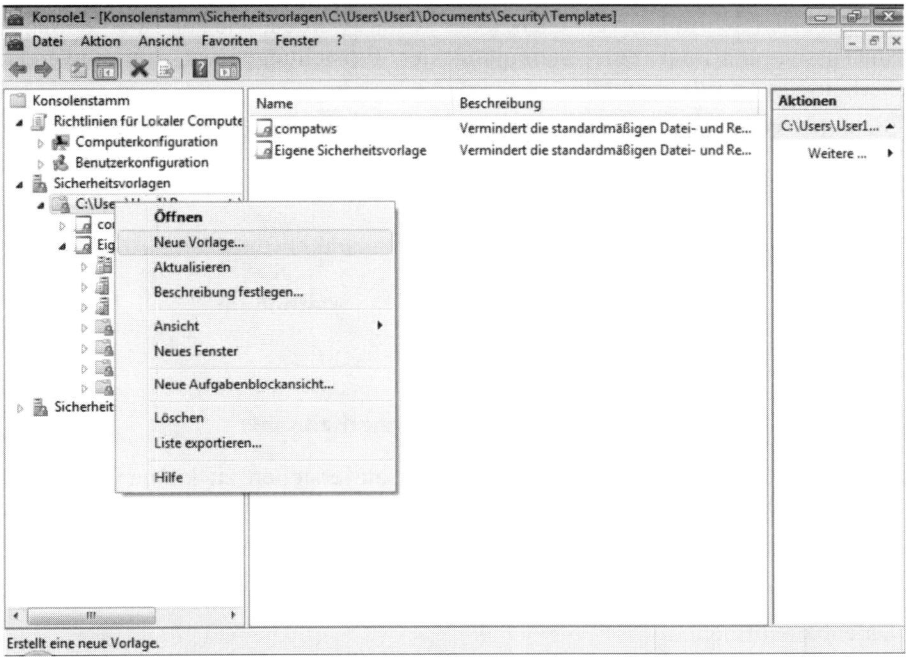

Abbildung 5.6: Erstellen einer völlig neuen Vorlage

Auch der neuen Vorlage müssen Sie nur noch einen Namen geben, und schon wird sie in der Konsole angezeigt. Da diese Vorlage nun keinerlei Einstellungen beinhaltet, können Sie Ihre Wünsche sehr einfach verwirklichen.

Vorlagen importieren

Ein wichtiges Instrument ist es, dass Vorlagen importiert werden können. Das bedeutet, Sie erstellen Vorlagen, auch auf einem anderen Rechner, speichern diese und können die Vorlage auch auf diesem Rechner benutzen.

Das bedeutet natürlich, dass Sie Vorlagen, die an mehreren Stellen benutzt werden sollen, nur einmal zu erstellen brauchen, und sie dann zu den gewünschten Rechnern importieren können.

Zum Importieren von Vorlagen benötigen wir das zweite Snap-In, nämlich „Sicherheitskonfiguration und –analyse“.

Um die nächsten Schritte zu verstehen, muss geklärt werden, wie aus einer Vorlage, die ja zunächst einmal nur eine Sammlung der Einstellungen ist, ein anwendbarer "Sicherheitssatz" wird.

Ein Sicherheitssatz setzt sich immer aus einer Datenbank und einer Vorlage zusammen.

Das bedeutet, um einen wirksamen Sicherheitssatz erstellen zu können, müssen wir zunächst eine Datenbank schaffen.

Dies wird im Snap-In „Sicherheitskonfiguration und –analyse" gemacht.

- Rechte Maustaste auf Sicherheitskonfiguration und –analyse
- Datenbank öffnen

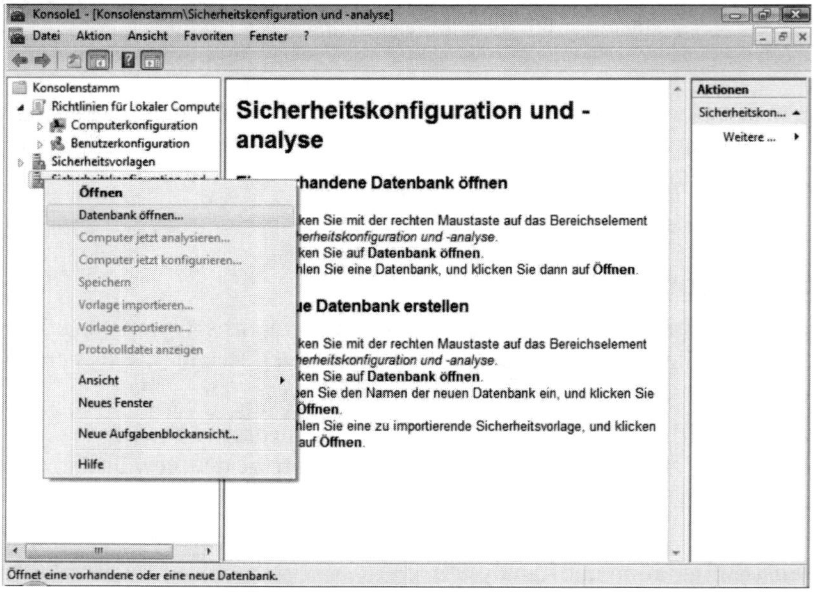

Abbildung 5.7: Die neue Datenbank wird erstellt

ACHTUNG!
Auch wenn wir erst eine neue Datenbank erstellen müssen, in die eine Vorlage eingelagert werden kann, müssen wir an dieser Stelle „Datenbank öffnen" wählen. Das ist leider nicht korrekt, aber mit dieser Unzulänglichkeit müssen wir leider umgehen.

Geben Sie nun der Datenbank einen Namen.

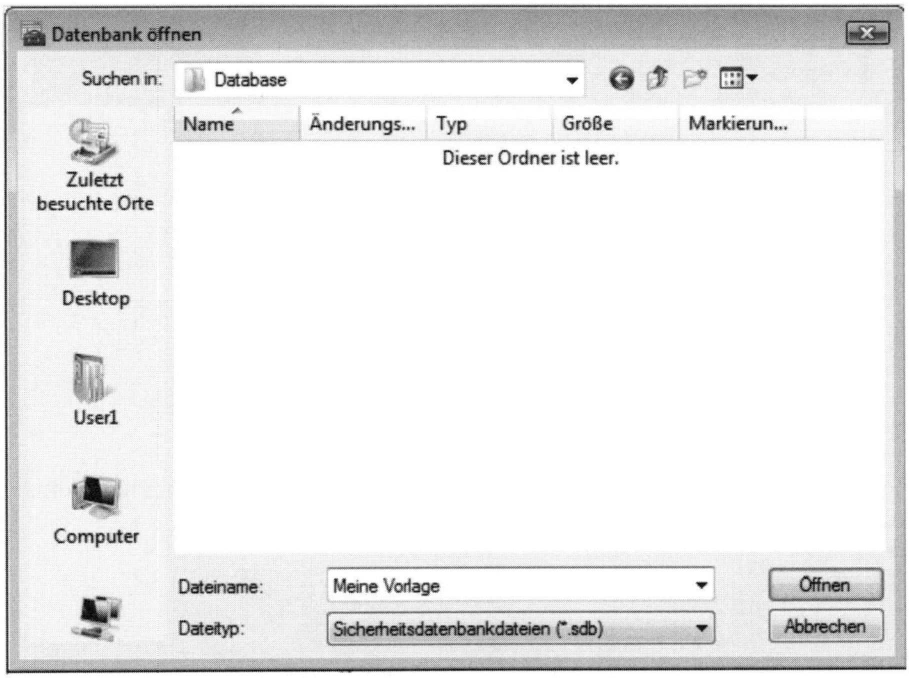

Abbildung 5.8: Datenbank wird benannt

Nun haben Sie die Möglichkeit, eine Vorlage zu importieren.

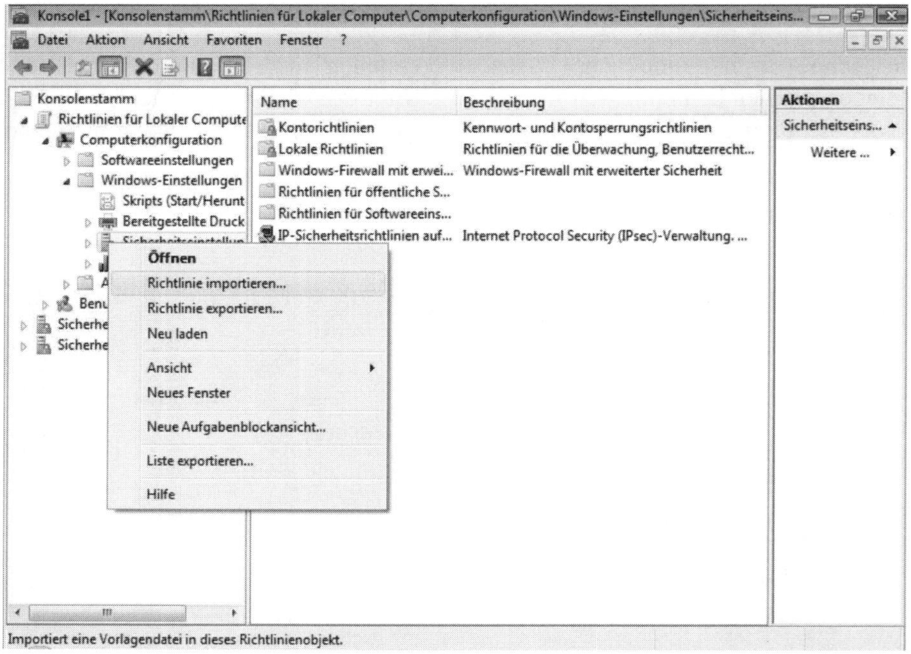

Abbildung 5.9: Sicherheitsvorlage wird importiert

Auf diese Art können Sie Vorlagen einmal anfertigen und an verschiedenen Computern benutzen.

5.2.2 Sicherheitseinstellungen testen

Wenn Sie sich nun für eine Sicherheitsvorlage entschieden haben und dieser eine Datenbank zugewiesen haben, möchten Sie sicherlich diese neuen Sicherheitseinstellungen erst einmal betrachten, und mit den derzeitigen Einstellungen vergleichen, bevor Sie endgültig die neuen Einstellungen zuweisen.

Windows Vista bietet dafür eine sehr angenehme Möglichkeit, die Sicherheitsanalyse.

Nach dem Öffnen (oder Erstellen) der Datenbank wählen Sie „Computer jetzt analysieren“.

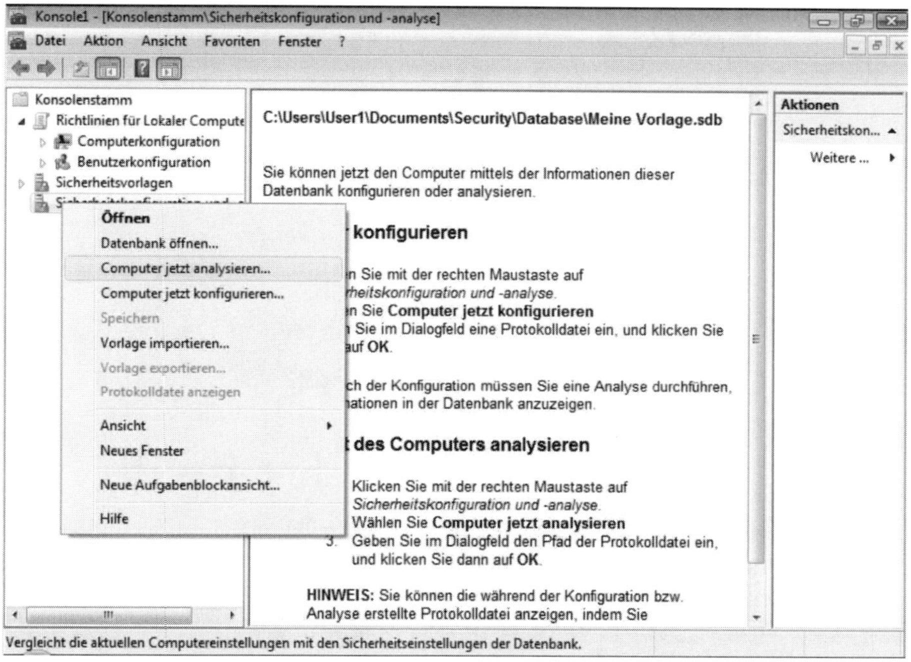

Abbildung 5.10: Analyse des neuen Sicherheitssatzes

Sie werden nach dem Pfad gefragt, in dem das Fehlerprotokoll gespeichert werden soll.

Abbildung 5.11: Speicherort des Fehlerprotokolls

Nun vergleicht Windows die momentan zugewiesenen Sicherheitseinstellungen mit den Sicherheitseinstellungen, die Sie in der neuen Vorlage definiert haben.

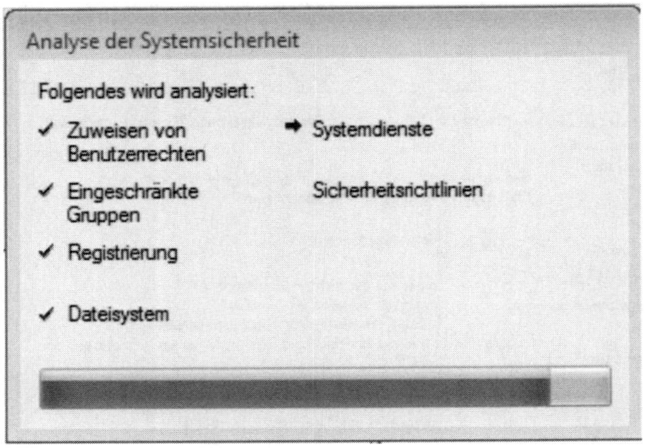

Abbildung 5.12: Abgleich

Dieser Vorgang kann einige Zeit dauern.

Im Anschluss erhalten Sie unter dem Punkt „Sicherheitskonfiguration und –analyse" eine Gegenüberstellung der Einstellungen der Datenbank und der momentanen Einstellungen des Computers.

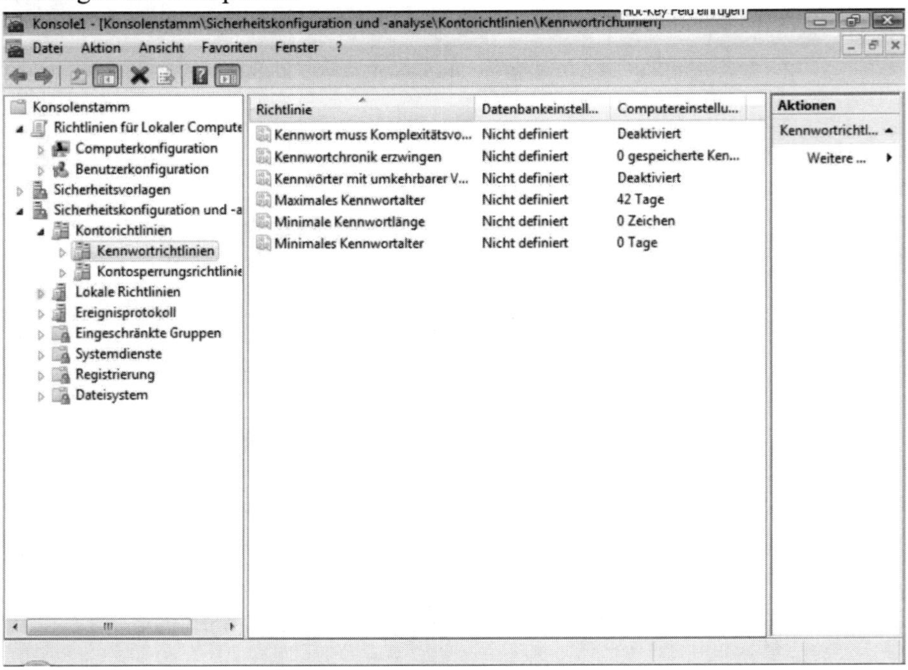

Abbildung 5.13: Die Analyse ist fertig

Sie können deutlich erkennen, dass die Werte der „Datenbankeinstellung“ und der „Computereinstellung“ gegenübergestellt sind. Damit können Sie genau vergleichen, wo die Unterschiede der momentanen Einstellungen (Computereinstellungen) zu den Einstellungen in der Vorlage (Datenbankeinstellungen) liegen.

Wenn Sie die Einstellungen überprüft haben, und Sie sind sich sicher, dass die Datenbankeinstellungen genau die Sicherheitsbelange beinhalten, die Sie möchten, können Sie diese Einstellungen nun zuweisen.

Auch dies machen Sie bei „Sicherheitskonfiguration und -analyse“, und wählen „Computer jetzt konfigurieren“.

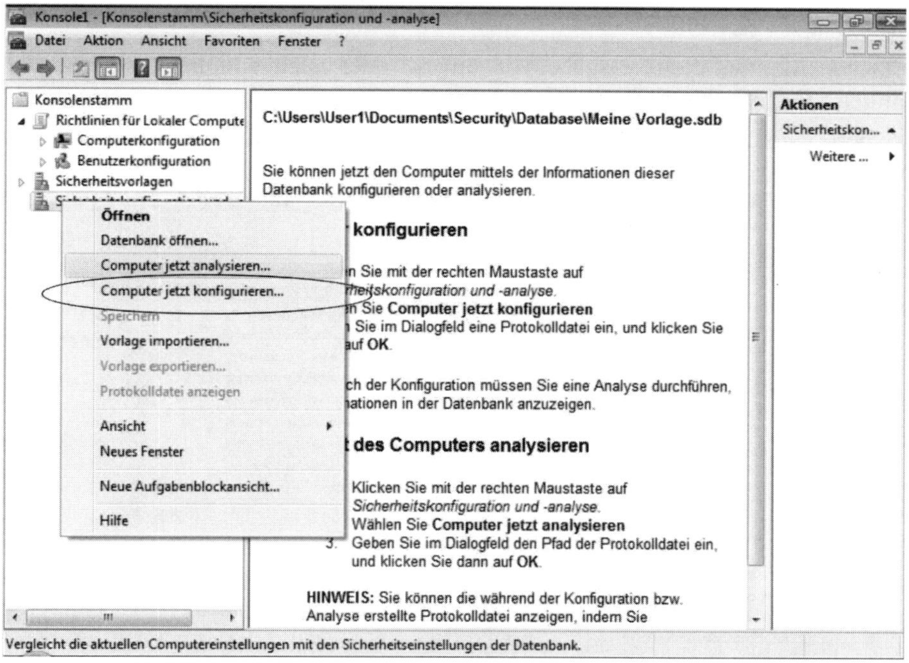

Abbildung 5.14: Konfiguration des Computers

Nach dem Zuweisen der neuen Einstellungen sind diese nun aktiv.

5.3 Überwachungsrichtlinie

Manchmal ist es nötig, nachzuprüfen, ob das Netzwerk wirklich so sicher ist, wie man es gerne hätte. Microsoft hat eine ganze Reihe an Überwachungsmöglichkeiten mit Windows Vista mitgeliefert, es sollte in jedem Fall möglich sein, das Netzwerk nach Schwachpunkten zu untersuchen.

Ein großer Schwachpunkt ist die Sicherheit nach außen. Wie sollen Sie zum Beispiel nachvollziehen, dass niemand versucht, durch Erraten des Kennwortes in das Netzwerk einzudringen?

Oder ist es in Ihrer Firma auch schon passiert, dass Dateien verschwunden sind, aber niemand hat sie gelöscht?

Um solche Manipulationsversuche von außen (oder auch von innen!) festzustellen, benötigen Sie eine Überwachungsfunktion.

In der lokalen Sicherheitsrichtlinie wird auch ein Menüpunkt „Überwachungsrichtlinie“ verwaltet.

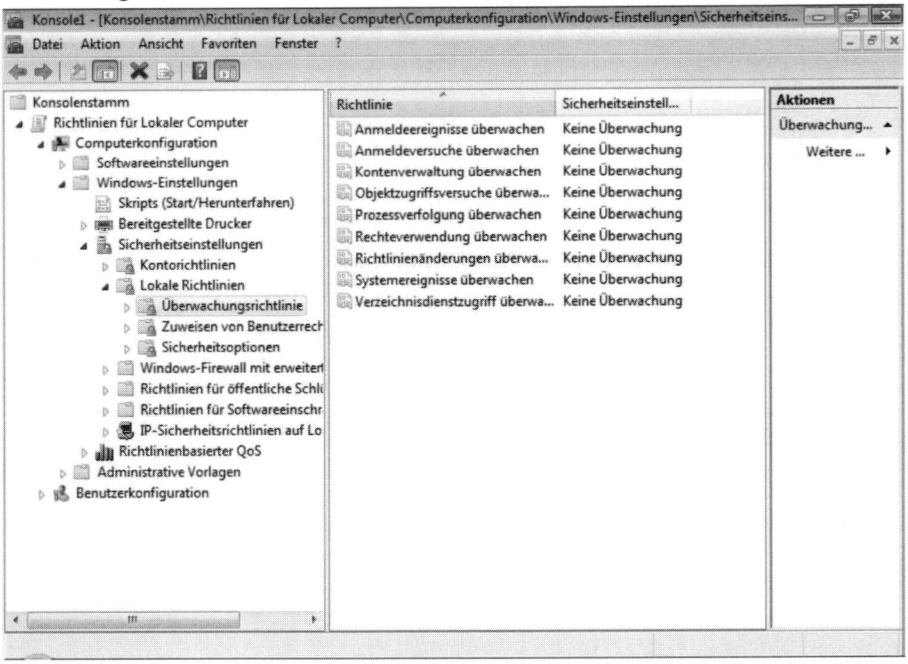

Abbildung 5.15: Überwachungsrichtlinie

Hier sind verschiedene Überwachungseinstellungen dargestellt.

Einstellung	**Bedeutung**
Anmeldeereignisse überwachen	Zugriffe auf den lokalen Computer, um sich lokal anzumelden, können überwacht werden
Anmeldeversuche überwachen	Zugriffe auf das Active Directory, um sich an der Domäne anzumelden, können überwacht werden
Kontenverwaltung überwachen	Zugriff auf Konten, mit dem Ziel der Erstellung, Änderung oder Löschung, können überwacht werden
Objektzugriffsversuche überwachen	Zugriffe auf Ordner, Dateien oder Drucker können überwacht werden
Prozessverfolgung überwachen	Einzelne Prozesse, das sind Teile eines Programms, können überwacht werden
Rechteverwendung überwachen	Das Einsetzen eines Benutzerrechts kann überwacht werden
Richtlinienänderung überwachen	Änderungen an Gruppenrichtlinien können überwacht werden
Systemereignisse überwachen	Ereignisse, die das System betreffen, können überwacht werden. Beispiel: Herunterfahren eines Computers
Verzeichnisdienstzugriff überwachen	Der Zugriff auf Objekte im Active Directory kann überwacht werden

Wenn Sie hier Konfigurationen vornehmen, werden die entsprechenden Überwachungseinträge im Ereignisprotokoll vorgenommen.

Wie Sie sehen, sind die Überwachungsmöglichkeiten mehr als ausreichend. Sie müssen sich als nächstes überlegen, ob Sie

- Erfolg oder
- Fehlschlag

einer Aktion aufzeichnen möchten.

Abbildung 5.16: Erfolg oder Fehlschlag

Ein Beispiel:

Seit einiger Zeit vermuten Sie Zugriffsversuche auf die Domäne von unbefugten Personen. Sie möchten gerne wissen, wann und von welcher Maschine aus Angriffe versucht werden.

In diesem Fall sollten Sie „Anmeldeversuche“ und dabei „Fehlschlag“ aktivieren. Erfolgreiche Anmeldeversuche können Sie getrost außen vor lassen, denn sonst zeichnen Sie auch alle Anmeldeversuche aller Mitarbeiter auf.

ACHTUNG!
Jede Überwachung ist ein Eingriff in die Arbeitsumgebung der Mitarbeiter. Sprechen Sie jede Überwachung mit den Mitarbeitern oder dem Betriebsrat ab!

Nun stellt sich die Frage, ob das einfache Aussuchen, ob Erfolg oder Fehlschlag aufgezeichnet werden soll, ausreicht.

In den allermeisten Fällen wird es ausreichen, aber bei einigen Zugriffen wäre die Überwachungsbandbreite zu groß, und das Ereignisprotokoll würde in kürzester Zeit überquellen.

Diese Ereignisse sind

- Objektzugriffsversuche
- Verzeichnisdienstzugriffe

Wenn Sie Objektzugriffe nicht weiter einschränken könnten, würde jedes Öffnen, Benutzen oder Löschen einer Datei oder eines Ordners von Jedem aufgezeichnet werden. Das kann natürlich keine Lösung sein.

Auch bei Verzeichnisdienstzugriffen ist das Problem vorhanden. Aus diesem Grund müssen für diese zwei Überwachungsrichtlinien weitere Einschränkungen getroffen werden.

Einstellungen	**Weitere Einschränkungen**
Anmeldeereignisse überwachen	Nicht nötig
Anmeldeversuche überwachen	Nicht nötig
Kontenverwaltung überwachen	Nicht nötig
Objektzugriffsversuche überwachen	Ja: Welche Gruppe Welches Ereignis
Prozessverfolgung überwachen	Nicht nötig
Rechteverwendung überwachen	Nicht nötig
Richtlinienänderung überwachen	Nicht nötig
Systemereignisse überwachen	Nicht nötig
Verzeichnisdienstzugriff überwachen	Ja: Welche Gruppe Welches Ereignis

5.3.1 Weitere Einschränkungen: Objektzugriff Ordner und Dateien

Um die Überwachung des Objektzugriffs auf Ordner oder Dateien weiter einzuschränken, öffnen Sie den Explorer.

Ein Beispiel:

Aus einem Ordner mit Namen „Daten" verschwinden regelmäßig Dateien, aber niemand will sie gelöscht haben. Aus diesem Grund haben Sie eine Überwachungsrichtlinie erstellt, die den Erfolg und den Fehlschlag des Objektzugriffs überwachen soll. Sie möchten nicht nur wissen, wer erfolgreich eine Datei gelöscht hat, sondern auch, wer es erfolglos probiert hat.

Um nun die weiteren Einschränkungen zu treffen, öffnen Sie die Eigenschaften des Ordners „Daten".

- Sicherheit
- Erweitert
- Überwachung

Abbildung 5.17: Überwachen eines Ordners

Wie Sie sehen, ist kein Überwachungseintrag erstellt.

Um die Überwachung zu konfigurieren, klicken Sie auf „Hinzufügen".

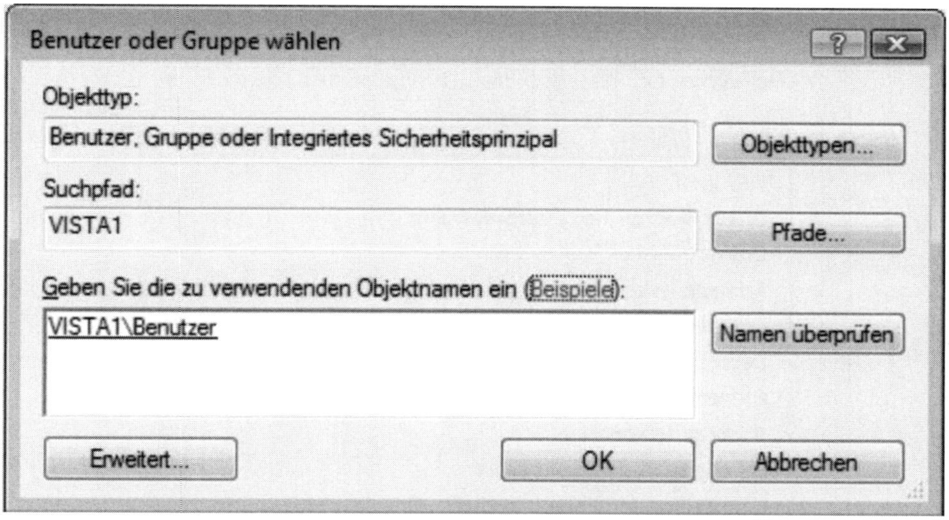

Abbildung 5.18: Wer soll überwacht werden?

Hier suchen Sie sich die Gruppe oder den Benutzer aus, den Sie überwachen wollen.

In unserem Beispiel haben wir noch keine Ahnung, wer der Übeltäter sein könnte. Aus diesem Grund wählen wir die zu überwachende Gruppe sehr groß, nämlich die Benutzer.

Nun erscheint ein Fenster, in dem wir noch die Art der Aktion eintragen müssen, die überwacht werden soll.

Abbildung 5.19: Welcher Zugriff soll überwacht werden

Da wir in unserem Beispiel nur wissen möchten, wer Daten löscht, wählen wir auch nur „Löschen" aus.

ACHTUNG!

Wie Sie bemerkt haben, werden hier die NTFS-Rechte bearbeitet. Deswegen ist es nur auf NTFS-Partitionen möglich, Datei- und Ordnerzugriff zu überwachen. Auf einer FAT Partition besteht dafür keine Möglichkeit!

Ein Tipp:

Entfernen Sie die Überwachungseinträge nach Beendigung der Überwachung wieder. Wenn Sie nur die Überwachung deaktivieren, haben Sie auf den ersten Blick zwar das Gleiche erreicht, aber wenn Sie später ein anderes Objekt überwachen möchten, und die Überwachung in der Sicherheitskonsole wieder einrichten, bekommen Sie ansonsten auch die alten Einträge angezeigt. Um diesen Datenmüll zu vermeiden und um das Ganze übersichtlich und verwaltbar zu halten, sollten Sie die NTFS-Rechte auf jeden Fall entfernen.

Die Verzeichnisdienstzugriffsüberwachung wird an dieser Stelle nicht besprochen, da dies eine Aufgabe der Domänenadministratoren ist.

5.4 Die Aufgabenplanung

Seit es Windows Betriebssysteme gibt, gibt es auch die Aufgabenplanung, die uns ermöglicht, verschiedene Aufgaben nach einem bestimmten Zeitplan durchzuführen.

Windows Vista hat hierbei die Oberfläche stark modernisiert, und einige Aufgaben bereits in einer Standardinstallation mit angelegt.

Um die Aufgabenplanung zu starten, geben wir ein:

- Start
- Suche starten
- Aufgabenplanung

Das Programm können wir nun mit „Enter“ starten.

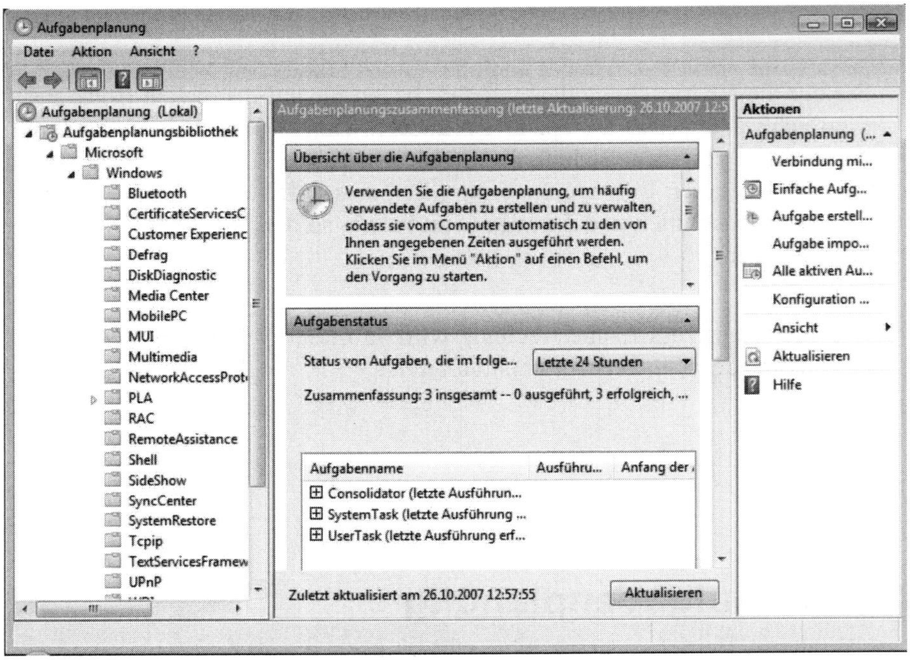

Abbildung 5.20: Aufgabenplanung

Wie wir sofort erkennen können, hat Microsoft bereits Aufgaben vordefiniert, und diese nach Kategorien gegliedert.

Als Beispiel betrachten wir die Aufgabe „Defrag“. Hierbei ist eine Aufgabe definiert, die die Festplatten regelmäßig defragmentiert.

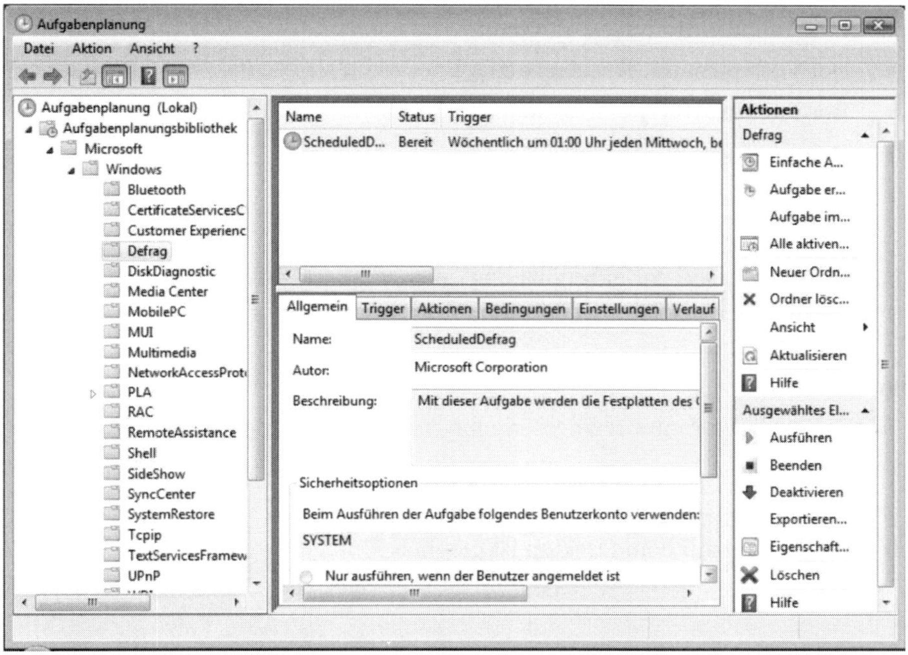

Abbildung 5.21: Die Aufgabe „Defrag“

Eine Aufgabe setzt sich aus mehreren Teildefinitionen zusammen:

Allgemein:

Name der Aufgabe, Definition des Benutzerkontos, unter dem die Aufgabe ausgeführt wird.

Trigger

Der Trigger ist das Ereignis, das die Aufgabe auslöst. Im Normalfall ist der Trigger eine Zeitdefinition, es gibt aber mittlerweile sehr viele Trigger:

- Nach einem Zeitplan
- Bei Anmeldung
- Beim Start
- Im Leerlauf
- Bei einem Ereignis

- Bei Aufgabenstellung /-änderung
- Bei Verbinden mit Benutzersitzung
- Bei Trennen von Benutzersitzung
- Bei Arbeitsgruppensperre
- Beim Aufheben der Arbeitsgruppensperre

So haben Sie mit der Aufgabenplanung jetzt viele Möglichkeiten, eine bestimmte Aktion auszulösen.

Aktion

Die Aktion, die beim Eintreffen des Triggers ausgeführt werden soll.

Im Normalfall ist das entweder das Starten eines Programms, oder das Senden einer E-Mail.

Auch eine Meldung auf dem Desktop ist möglich.

ACHTUNG!
Normalerweise werden Sie wahrscheinlich ein getrenntes Benutzerkonto für das Ausführen der Aufgaben definieren. In diesem Fall macht das Anzeigen einer Meldung auf dem Desktop wenig Sinn, da Sie ja mit Ihrem eigenen Konto angemeldet sind, und diese Meldung nicht sehen können!

Bedingung

Als Bedingungen können Sie festlegen, ob sich der Computer im Leerlauf befinden muss, damit diese Aufgabe gestartet wird, oder ob ein Notebook beispielsweise eine Netzverbindung haben muss.

Einstellungen

Hier können Sie noch das „Feintuning“ der Aufgabe festlegen.

Verlauf

Der Verlauf zeigt Ihnen die bisherigen Ausführungen der Aufgabe.

Natürlich können Sie auch eigene Aufgaben selber erstellen, und auch dafür einen eigenen Ordner anlegen.

Klicken Sie einfach mit der rechten Maustaste an die Stelle, an der Sie die Aufgabe erstellen möchten, und wählen Sie „Aufgabe erstellen".

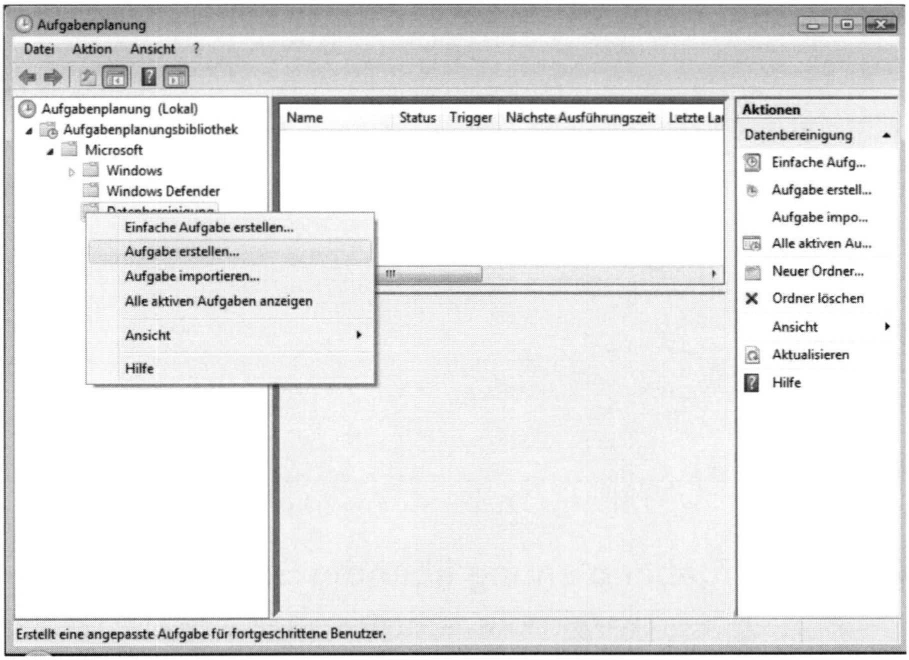

Abbildung 5.22: Erstellen einer neuen Aufgabe

ACHTUNG!

Natürlich können Sie auch „Einfache Aufgabe erstellen" wählen, dann startet ein Assistent, der Sie durch die Erstellung der Aufgabe führt.

Natürlich können Sie jederzeit die erstellten Aufgaben bearbeiten, beispielsweise die Startzeit verändern.

Dazu wählen Sie die entsprechenden Einstellungen aus, und ändern die Eigenschaften.

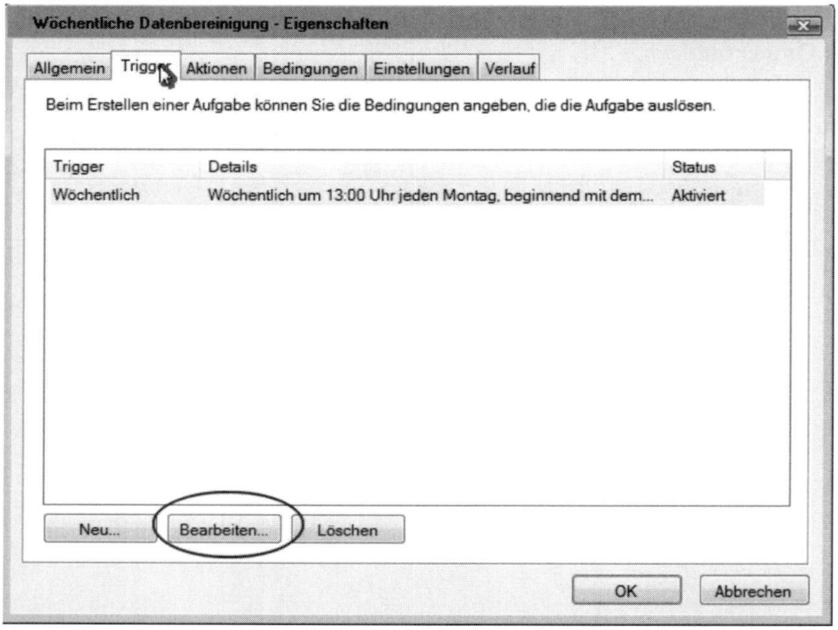

Abbildung 5.23: Bearbeitung der Startzeit

5.4.1 Aufgabenplanung über die Befehlszeile

Die Aufgabenplanung kann auch mithilfe der Befehlszeile ausgeführt werden, nämlich mit dem Befehl „schtasks.exe".

Die wichtigsten Parameter sollten Sie kennen:

Parameter	**Bedeutung**
/create	Eine neue Aufgabe wird erstellt
/delete	Eine geplante Aufgabe wird gelöscht
/query	Alle geplanten Aufgaben werden gezeigt
/change	Die Eigenschaften einer geplanten Aufgabe werden geändert
/run	Eine geplante Aufgabe wird sofort ausgeführt
/end	Die aktive Aufgabe wird sofort beendet
/?	Hilfe

Mit diesem Befehl können Sie Aufgaben, die nicht reagieren, schnell beenden.

5.5 Sammlungssätze

Sammlungssätze sind eine hervorragende Methode, sich einen Überblick über bestimmte Leistungsparameter eines Rechners zu verschaffen.

Auch hier hat Microsoft bereits einige vielgebrauchte Sammlungssätze vordefiniert, damit wir die wichtigsten Informationen über das jeweilige System sofort abfragen können.

Um zu den Sammlungssätzen zu gelangen, öffnen Sie die Computerverwaltung. Navigieren Sie nun zu „Zuverlässigkeit und Leistung“ und wählen Sie dort „Sammlungssätze“.

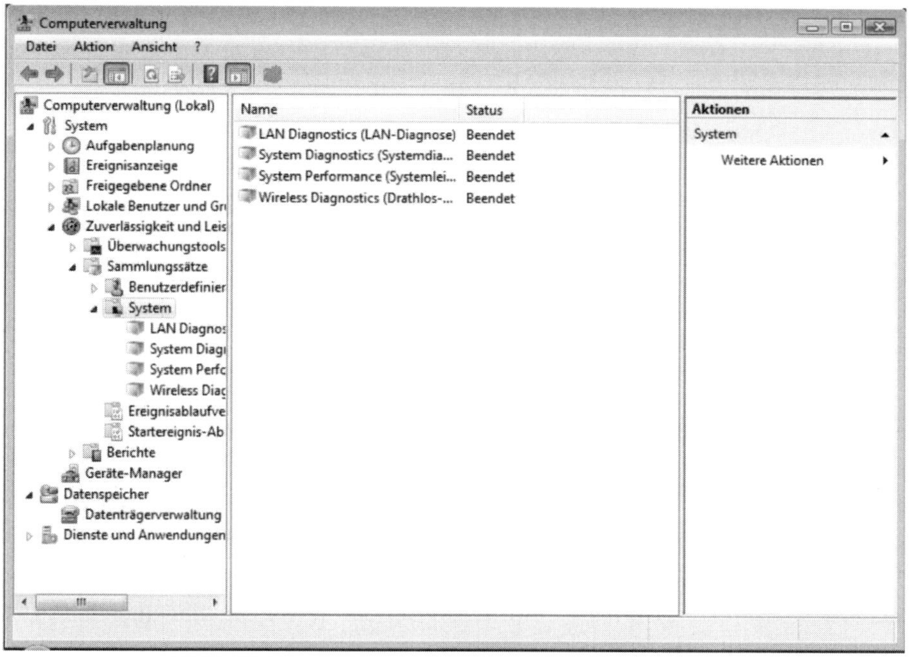

Abbildung 5.24: Sammlungssätze

Sie sehen, es gibt einige Arten von Sammlungssätzen. Die wichtigsten sind die systembezogenen Sammlungssätze:

- LAN-Diagnostics
- System Diagnostics
- System Performance
- Wireless Diagnostics

Einen vorhandenen Sammlungssatz können Sie starten, indem Sie mit der rechten Maustaste darauf klicken, und wählen "Startmenü".

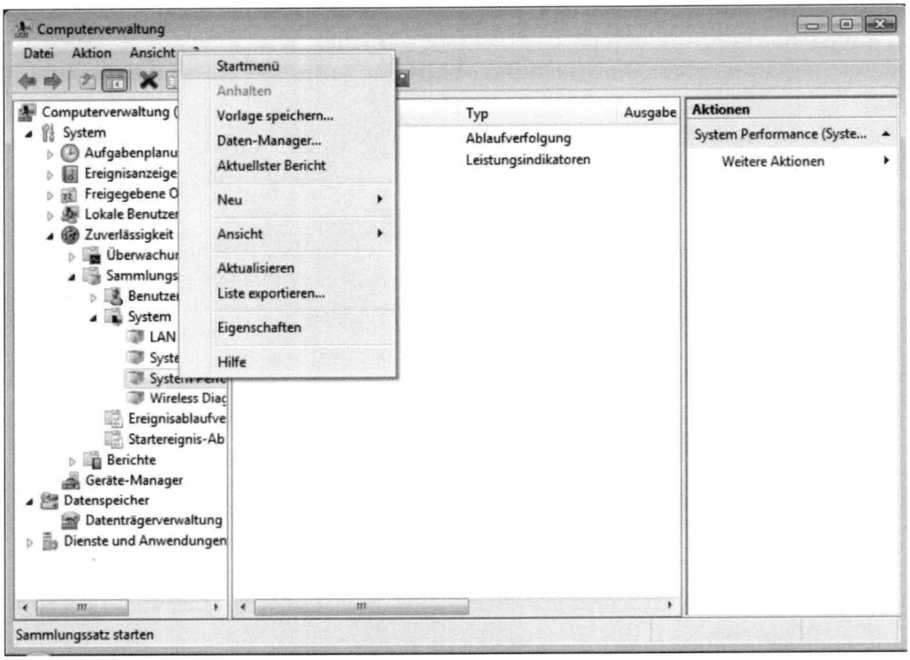

Abbildung 5.25: Sammlungssatz starten

Nun werden die Daten solange aufgezeichnet, bis die Aufzeichnung wieder gestoppt wird.

Danach ist im Bereich „Berichte" ein neuer Bericht verfügbar, der über die erfolgte Aufzeichnung detailliert informiert.

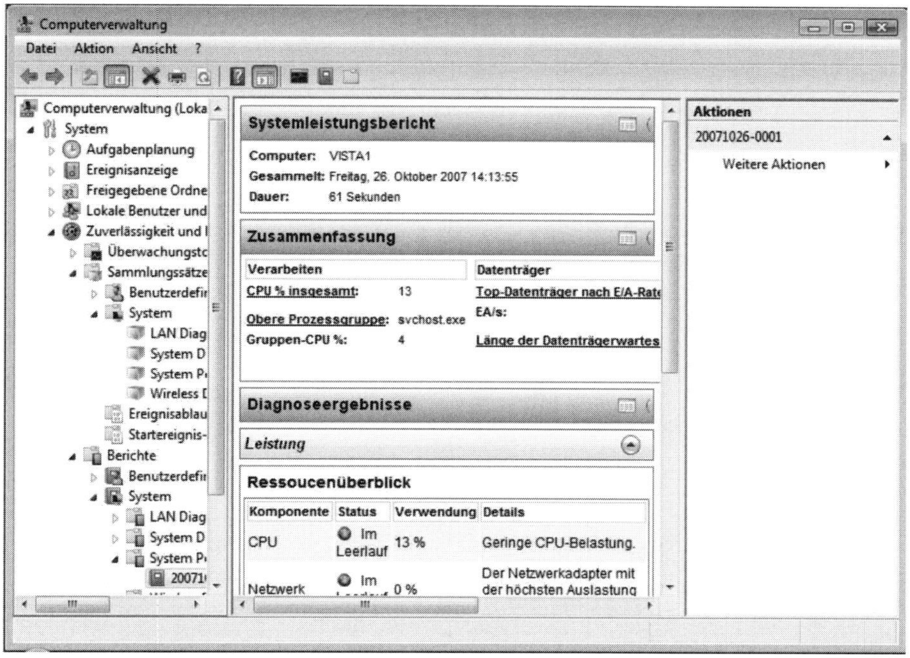

Abbildung 5.26: Bericht

Natürlich können Sie auch jederzeit eigene, selbstdefinierte Sammlungssätze erstellen, mit denen Sie diese Systemparameter beobachten können, die nicht in einer standardisierten Aufzeichnung überprüft werden.

Dazu klicken Sie mit der rechten Maustaste auf „Benutzerdefiniert" und erstellen einen eigenen Sammlungssatz.

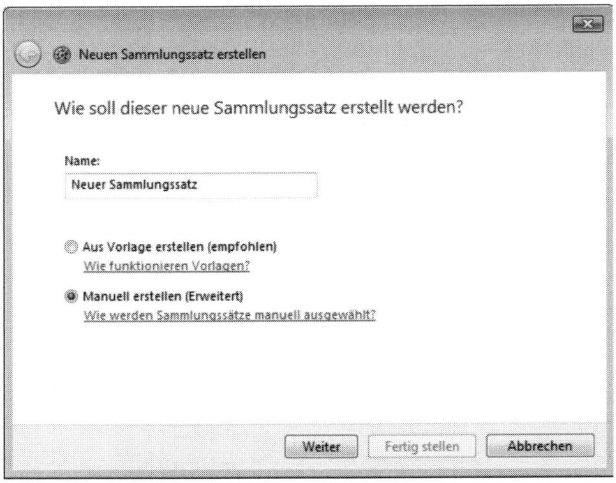

Abbildung 5.27: Eigener Sammlungssatz

Betrachten wir das Format, in dem die Aufzeichnungen gespeichert sind. Dazu navigieren wir im Explorer an die Speicherstellen, dies ist C:\perflogs.

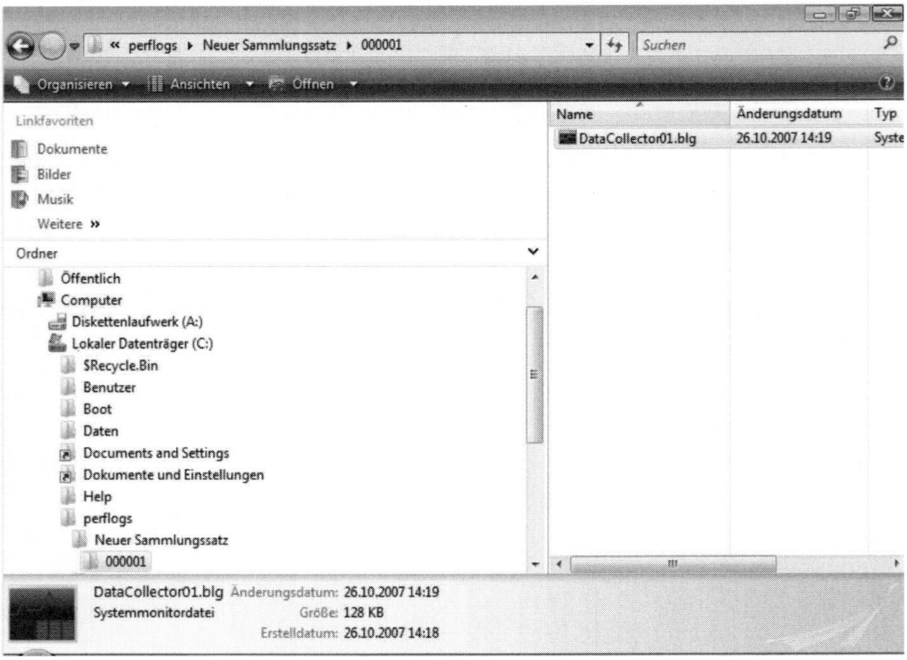

Abbildung 5.28: Gespeicherter Sammlungssatz

Wir sehen, dass das Dateiformat .blg ist. Dies ist eine binäre Protokolldatei, mit der leider die meisten anderen Programme nichts anfangen können.

Wir können diese Daten also nur als Bericht darstellen lassen?

Nein, zum Glück gibt es ein Tool, mit dem man dieses Format in ein verbreiteteres ändern kann, wie beispielsweise .csv oder in ein SQL-Format.

Dieses Tool nennt sich „relog.exe" und kann an der Eingabeaufforderung gestartet werden.

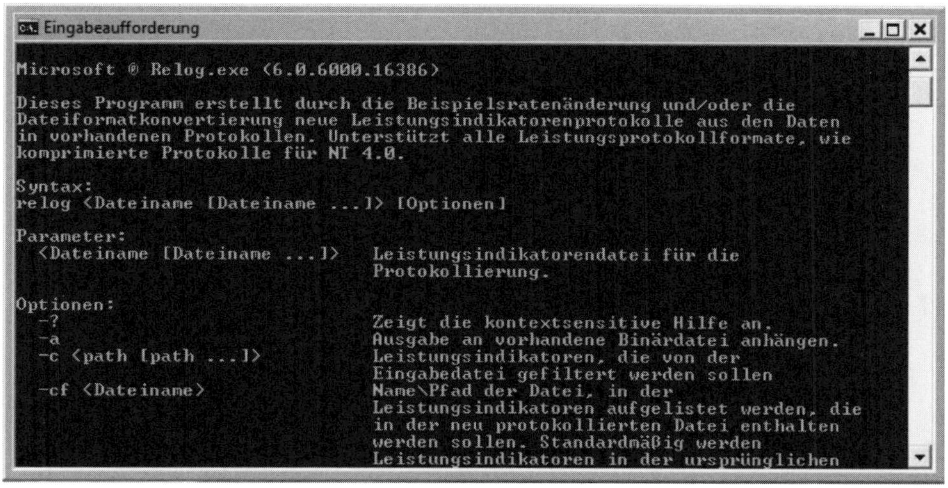

Abbildung 5.29: Relog.exe

5.6 Die Ereignisanzeige

Auch die Ereignisanzeige ist ein Tool, mit dem Sie die Leistung und Stabilität des Rechners untersuchen können.

Sie finden sie ebenfalls in der Computerverwaltung.

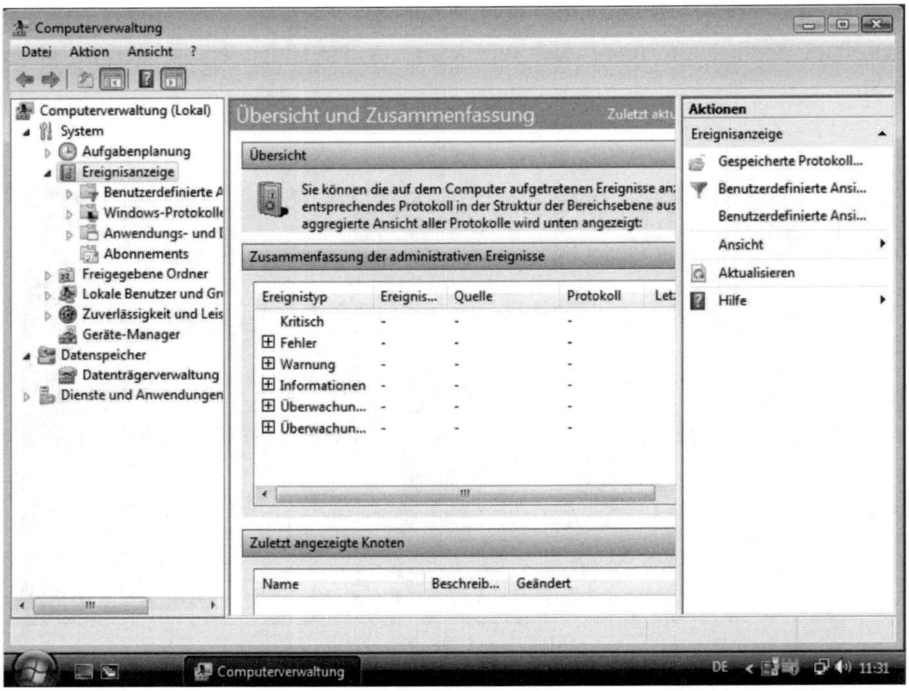

Abbildung 5.30: Ereignisanzeige

Auf den ersten Blick fällt auf, dass die Ereignisanzeige ebenfalls deutlich detaillierter geworden ist, und die Protokolle bereits sinnvoll vordefiniert sind.

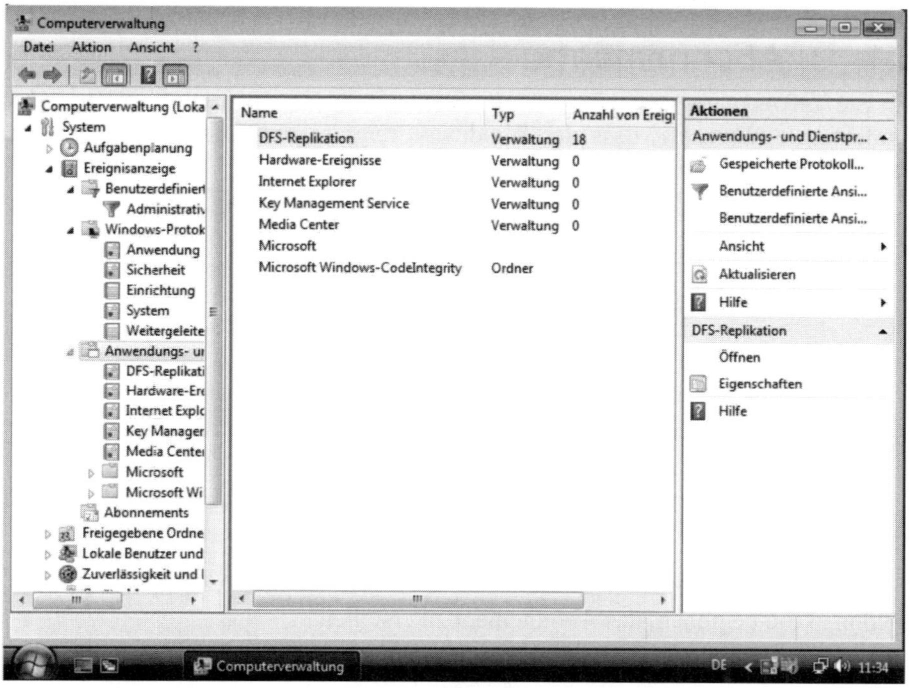

Abbildung 5.31: Vordefinierte Protokolle

Neu in Windows Vista ist, dass Sie auch eigene Ereignisprotokolle definieren können, und dies ohne großen Aufwand.

Allerdings hat sich die Ereignisanzeige bisher immer nur auf den eigenen Computer bezogen.

Das ist nun vorbei, denn in Windows Vista besteht die Möglichkeit, mithilfe von Abonnements auch die Ereignisse von anderen Computern aufzuzeichnen.

5.6.1 Abonnements

Wenn Sie auf Abonnements klicken, um ein neues Abonnement zu erstellen, erhalten Sie sofort eine Warnung, dass der Windows-Ereignissammeldienst gestartet werden muss.

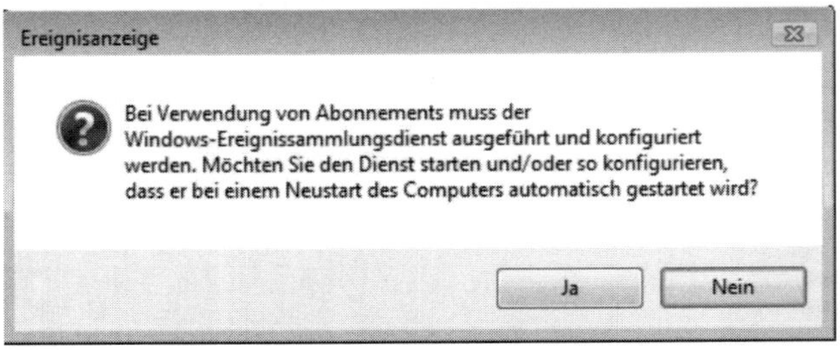

Abbildung 5.32: Warnmeldung

Dieser Dienst ist dafür verantwortlich, dass Sie Informationen von fremden Computern sammeln können.

Wenn Sie auf „Ja" klicken, wird die Konfiguration automatisch vorgenommen.

Nun können Sie beginnen, das Abonnement zu erstellen.

Sie legen alle Computer fest, deren Ereignisse aufgezeichnet werden sollen.

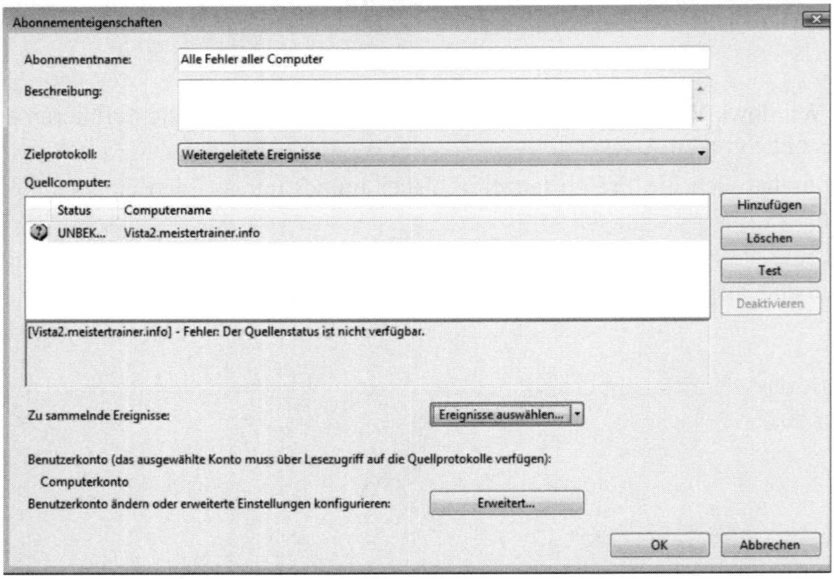

Abbildung 5.33: Festlegen der Rechner

Nun legen Sie fest, welche Ereignisse überwacht werden sollen.

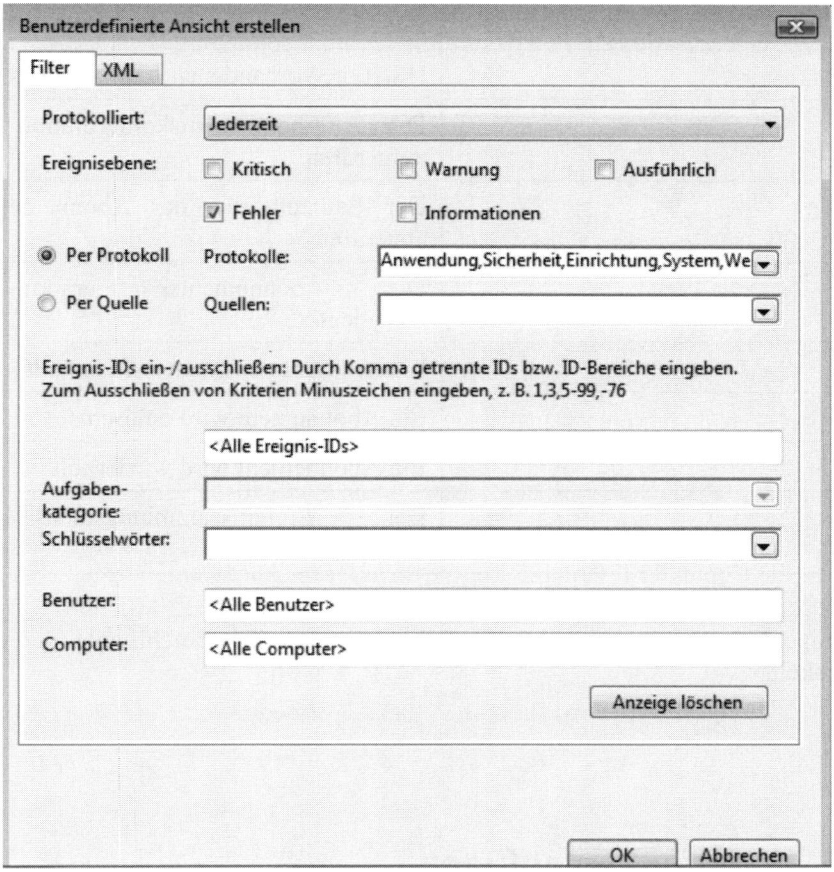

Abbildung 5.34: Ereignisse

Damit ist das Abonnement erstellt, und Sie können alle gewählten Rechner von Ihrem Rechner aus überwachen.

Übrigens:

Auch für das Ereignisprotokoll gibt es ein Befehlszeilentool, es heißt „Wecutil.exe“!

Die Syntax ist relativ komplex, deswegen beschränken wir uns an dieser Stelle auf die wichtigsten Befehle:

Befehl	**Bedeutung**
es	Listet die vorhandenen Abonnements auf
gs	Die Abonnementskonfiguration wird aufgerufen
gr	Der Laufzeitstatus der Abonnements wird abgerufen
ss	Die Abonnementskonfiguration wird festgelegt
cs	Ein neues Abonnement wird erstellt
ds	Ein Abonnement wird gelöscht
rs	Ein Abonnement wird wiederholt
qs	Der Ereignissammlungsdienst wird konfiguriert

Für einige Einstellungen ist die Konfiguration über die Befehlszeile die einzige Möglichkeit.

5.6.2 Aufgaben anfügen

Nun können Sie die Ereignisse sammeln, aber sehen Sie auch regelmäßig im Ereignisprotokoll nach?

Leider ist dies oft ein Problem, denn das regelmäßige Überprüfen der Ereignisprotokolle wird häufig vernachlässigt.

Aus diesem Grund bietet Windows Vista jetzt die Möglichkeit, beim Eintreffen eines bestimmten Ereignisses warnen zu lassen.

Um diese Warnung zu konfigurieren, suchen Sie sich das Ereignis aus, bei dessen Eintreffen Sie in Zukunft gewarnt werden wollen, und klicken mit der rechten Maustaste auf dieses Ereignis.

Dann wählen Sie „Aufgabe an dieses Ereignis anfügen“.

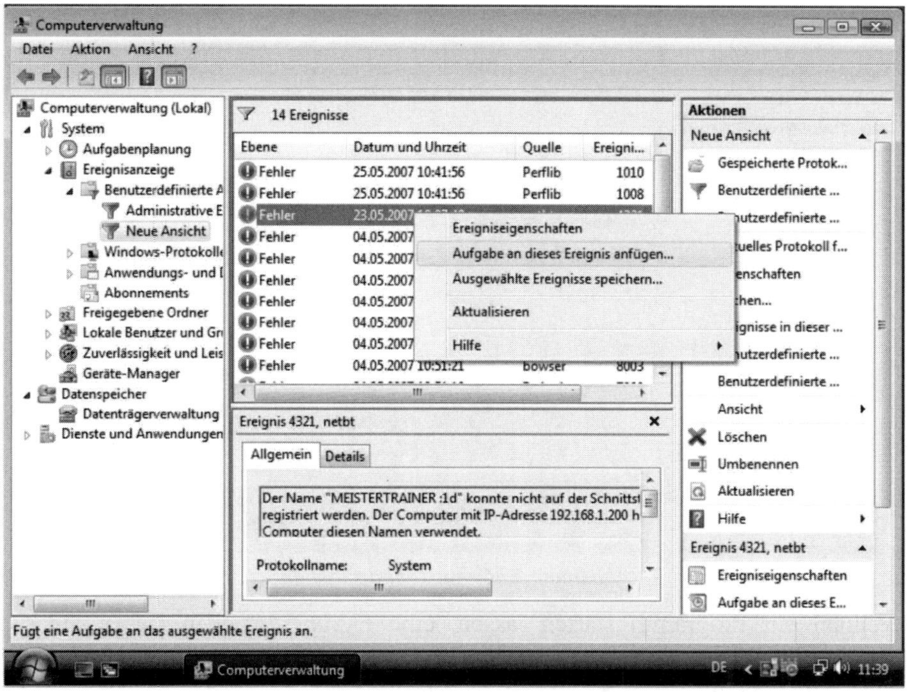

Abbildung 5.35: Aufgabe an ein Ereignis anfügen

Ein Assistent startet, der Ihnen hilft, festzulegen, was in Zukunft passieren soll.

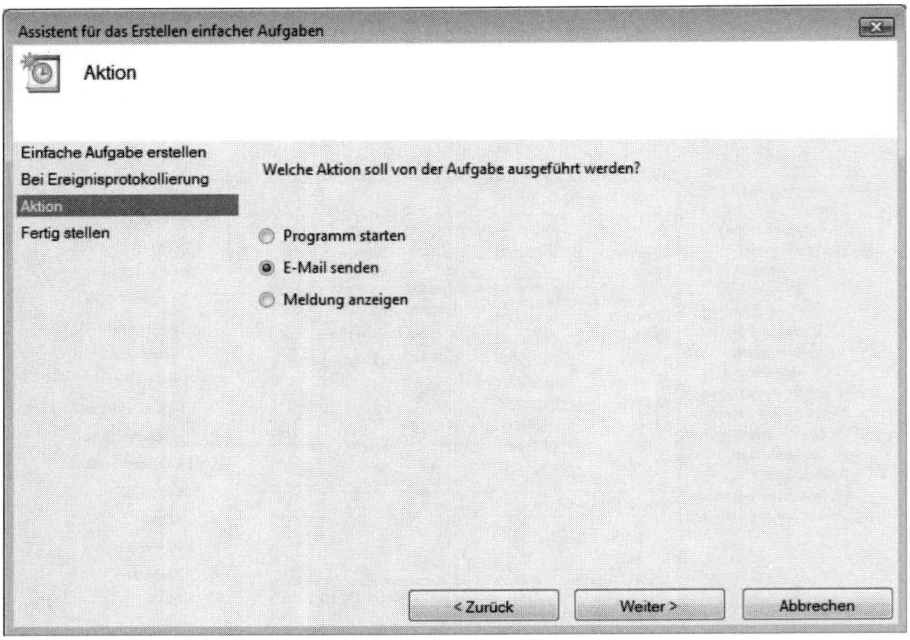

Abbildung 5.36: Auswahl der Aktion

Sie können ein Programm starten lassen, eine E-Mail schicken lassen, oder eine Meldung auf dem Bildschirm anzeigen lassen.

Die sinnvollste Maßnahme ist wahrscheinlich die E-Mail, aus den gleichen Gründen wie bei der Aufgabenerstellung.

5.6.3 Weitere Überlegungen

Ein Abonnement muss natürlich in einer sicheren LAN-Umgebung weitaus weniger genau überlegt werden, als in einer unsicheren Umgebung.

Wenn Sie vermuten, dass die Daten ausspioniert werden können, sollten Sie überlegen, ob Sie die Datenübertragung nicht absichern möchten.

Dazu stehen Ihnen mehrere Möglichkeiten zur Verfügung, aber in jedem Fall muss die Übertragung verschlüsselt werden.

In den meisten Fällen wird dies über Zertifikate gemacht, die Sie auf den Computern installieren müssen. Wenn Sie beispielsweise per SSL verschlüsseln, muss natürlich auch die Firewall dementsprechend angepasst werden.

Übrigens: Wenn Sie Remotecomputer verwalten wollen, können Sie dazu das Tool „Winrm.exe“ (Windows-Remoteverwaltung) benutzen!

5.7 Zusammenfassung, Übungen / Aufgaben

5.7.1 Zusammenfassung

Mit Sicherheitsvorlagen können Sie die Sicherheitseinstellungen eines Computers nach Ihren Vorstellungen definieren. Sie sollten niemals definierte Vorlagen verändern, sondern immer neue Vorlagen erstellen.

Bevor Sie eine Sicherheitseinstellung zuweisen, sollten Sie erst eine Analyse machen, und die Unterschiede zur momentanen Computerkonfiguration beurteilen.

Windows Vista gibt Ihnen die Möglichkeit, Überwachungsrichtlinien zu definieren, mit denen Sie verschiedene Systemereignisse beobachten können. Alle diese Ereignisse werden im Sicherheitsprotokoll der Ereignisanzeige gespeichert.

Mit der Aufgabenplanung können Sie verschiedene Aufgaben in regelmäßigen Abständen ausführen lassen.

Mit Sammlungssätzen können Sie die Performance eines Computers überwachen.

Die Ereignisanzeige gibt Ihnen die Möglichkeit, sowohl den eigenen Computer zu untersuchen, als auch die Daten von Remotecomputern aufzuzeichnen. Dies wird durch das Erstellen eines Abonnements gelöst.

5.7.2 Übungen

1. Melden Sie sich an der Domäne „Meistertrainer.info“ mit dem Konto „Administrator“ und dem Kennwort „Kennw0rt!“ an.

2. Öffnen Sie eine MMC und fügen Sie die Snap-Ins „Sicherheitskonfiguration und –analyse“ und „Sicherheitsvorlagen“ hinzu.

3. Öffnen Sie die Sicherheitsvorlagen. Sind bereits Vorlagen vorhanden?

4. Kopieren Sie eine Sicherheitsvorlage aus einem älteren System oder laden Sie eine Sicherheitsvorlage aus dem Internet herunter.

5. Speichern Sie diese Sicherheitsvorlage in Ihrem Profil, unter „Dokumente\Microsoft\Templates“.

6. Aktualisieren Sie die Ansicht im Snap-In „Sicherheitsvorlagen“. Ist die Sicherheitsvorlage vorhanden?

7. Kopieren Sie diese Sicherheitsvorlage und geben Sie der Kopie einen anderen Namen.

8. Erstellen Sie eine neue Sicherheitsvorlage.

9. Machen Sie mit „Sicherheitskonfiguration und –analyse“ einen Vergleich zwischen der momentan zugewiesenen Sicherheitsvorlage und der neu erstellten.

10. Öffnen Sie in der lokalen Gruppenrichtlinie die Überwachungsrichtlinie.

11. Aktivieren Sie die Objektüberwachung.

12. Wählen Sie einen Ordner, dessen Zugriffe Sie überwachen wollen.

13. Konfigurieren Sie dort die Überwachung der Gruppe „Benutzer“ und deren Löschversuche (erfolgreich und fehlgeschlagen).

14. Erstellen Sie eine Datei in diesem Ordner und löschen Sie diese wieder.

15. Überprüfen Sie das Ereignisprotokoll auf Einträge.

16. Machen Sie alle Einstellungen zur Überwachung rückgängig.

17. Öffnen Sie die Aufgabenplanung.

18. Erstellen Sie eine beliebige neue Aufgabe. Betrachten Sie dabei alle möglichen Trigger.

19. Öffnen Sie die Computerverwaltung.

20. Starten Sie den Sammlungssatz „System Performance“, und lassen Sie ihn einige Minuten laufen. Belasten Sie in dieser Zeit das System mit verschiedenen Aufgaben, wie Bilder öffnen und Dateien kopieren.

21. Beenden Sie den Sammlungssatz, und betrachten Sie den neuen Bericht.

22. Erstellen Sie einen benutzerdefinierten Sammlungssatz, zeichnen Sie damit Daten auf, und betrachten Sie auch diesen Bericht.

23. Öffnen Sie die Ereignisanzeige, und erstellen Sie ein Abonnement.

5.7.3 Aufgaben

1. Alle Clients haben Windows Vista als Betriebssystem.

   Wie können Sie eine Sicherheitsvorlage, die Sie von einer befreundeten Firma erhalten haben, mit der momentan angewendeten Vorlage vergleichen?

2. Wie können Sie überprüfen, welcher Benutzer versucht, eine bestimmte Datei zu löschen?

3. Wie können Sie sicherstellen, dass Windows Vista sofort herunterfährt, wenn ein bestimmtes Ereignis eintritt?

4. Momentan läuft jede Nacht um 1 Uhr ein Programm, das temporäre Dateien auf den Computern löscht.

   Sie möchten, dass dieses Programm erst um 4 Uhr ausgeführt wird.

   Wie konfigurieren Sie das möglichst einfach?

5. Wie können Sie sicherstellen, dass Sie eine E-Mail erhalten, falls sich ein bestimmter Benutzer an seiner Arbeitsstation anmeldet?

6. Was sollten Sie tun, wenn eine geplante Aufgabe nicht ordnungsgemäß ausgeführt wird, und dadurch das System beeinträchtigt wird?

7. Wie können Sie feststellen, warum eine Anwendung nicht mehr schnell reagiert, sondern langsamer geworden ist?

8. Wie können Sie die Dienste und Programme überwachen, die automatisch starten?

9. Sie möchten einen bestimmten Computer und seine Leistungsmerkmale täglich überwachen.

   Wie machen Sie das?

10. Wie können Sie eine Datei mit Namen „Perfmon.blg“ in einer SQL-Datenbank betrachten?

11. Sie haben eine Arbeitsgruppe, und möchten alle kritischen Ereignisse aller Computer auf einem Server speichern.

    Was müssen Sie zuerst machen?

12. Wie können Sie alle kritischen Ereignisse aller Computer auf einem Computer sammeln?

13. Wie können Sie während der Laufzeit eines Abonnements den aktuellen Status sehen?

14. Sie möchten eine Weiterleitung von Ereignissen konfigurieren, und die Daten sollen verschlüsselt sein.

    Wie machen Sie das?

6 Netzwerkkonfiguration

Lernziele:

- Das „Netzwerk und Freigabecenter“
- Die IP-Adressierung
- Remotezugriff
- IPv6
- Sicherheit in Wireless Netzwerken

Prüfungsanforderungen von Microsoft:

- Configure and troubleshoot network protocols
- Configure and troubleshoot network services at the client level
- Configure and troubleshoot remote access
- Troubleshoot connectivity issues
- Configure and troubleshoot wireless networking
- Configure network security
- Troubleshoot access to network ressources

Quelle: Microsoft

6.1 Einführung

Das Netzwerk- und Freigabecenter ermöglicht Ihnen die Grundkonfiguration des Netzwerkzugriffs in Windows Vista.

Die IP Adressierung ist wichtig für die Identifikation des Rechners im Netzwerk. Es muss immer die IP-Adresse zusammen mit der Subnetzmaske betrachtet werden, denn erst die Subnetzmaske kann eine IP-Adresse in einen Netzwerkanteil und einen Hostanteil unterteilen.

Die IP-Adressen können statisch oder dynamisch vergeben werden. Wenn eine dynamische Vergabe der IP-Adresse erfolgt ist, und es ist kein DHCP-Server verfügbar, wird zunächst eine eventuelle alternative Konfiguration benutzt. Erst wenn diese nicht vorhanden ist, gibt sich der Rechner selbst eine Adresse aus dem APIPA Bereich 169.254.0.0/16 .

Die Namensauflösung ist bei NetBios Rechnern und Hosts verschieden. Aus diesem Grund sollte in einem gemischten Netzwerk mit NetBios Rechnern ein WINS-Server vorhanden sein.

Die Hilfsprogramme IPCONFIG, PING, NETSTAT, NBTSTAT, TRACERT und PATHPING können Ihnen helfen, Fehler in der IP Konfiguration zu erkennen.

Wenn Sie zwei Netzwerkkarten mit ein und derselben IP-Adresse konfigurieren möchten, können Sie dies, indem Sie beide Karten mit einer Netzwerkbrücke zusammenfassen.

Bei RAS Verbindungen sind die Authentifizierungsprotokolle sehr wichtig. Sie sollten immer das höchstmögliche Protokoll wählen, und wenn möglich auch auf Verschlüsselung der Daten achten.

Wenn Sie sich mit einer Smartcard authentifizieren, ist immer das Protokoll EAP zu wählen.

VPN-Verbindungen benutzen die VPN-Protokolle PPTP oder L2TP. Mit L2TP haben Sie die Möglichkeit, die Verschlüsselung IPSec zu benutzen.

IPv6 ist zwar schon der verabschiedete Standard für die zukünftige Kommunikation, wird aber noch laufend überarbeitet. Einige Adressbereiche sollten Sie aber schon kennen.

Die Sicherheit in Wireless Netzwerken ist von großer Bedeutung, Sie sollten immer die höchstmögliche Verschlüsselung benutzen.

6.2 Das „Netzwerk und Freigabecenter"

Microsoft hat in Windows Vista eine grafische Darstellung für die Verwaltung des Netzwerks gewählt, die sich von den bisherigen Darstellungen unterscheidet und bedeutend anschaulicher ist.

Öffnen Sie

- Start
- Systemsteuerung
- Netzwerk und Internet
- Netzwerk und Freigabecenter

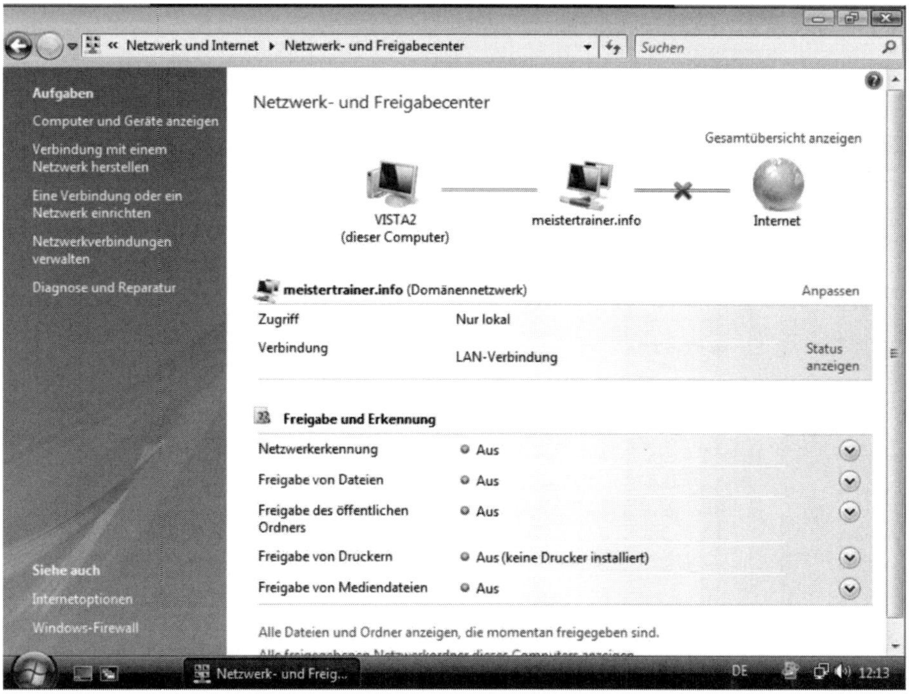

Abbildung 6.1: Netzwerk- und Freigabecenter

Was zunächst ins Auge fällt, ist die grafische Darstellung des Netzwerks.

Diese Darstellung ist möglich, da hier ein neues Protokoll eingesetzt wird, LLTD (Link Layer Topology Discovery).

> **ACHTUNG!**
> LLTD ist ein neues Protokoll, das unter vorherigen Windows Systemen nicht zum Einsatz kam.
> Wenn Sie möchten, dass auch die Windows XP-Rechner grafisch im Netzwerk dargestellt werden, müssen Sie auf den XP-Rechnern ein Tool installieren, das „Verbindungsschicht-Topologieerkennungs-Antwortprogramm“.
> Dieses können Sie sich im Microsoft Downloadcenter herunterladen, und auf den XP-Rechnern installieren.

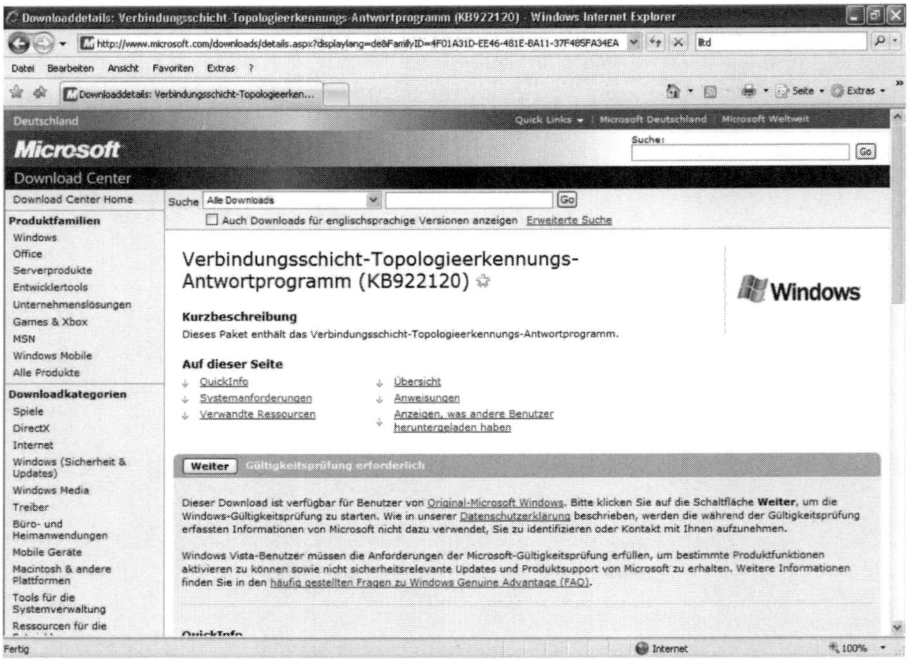

Abbildung 6.2: LLTD auf XP

6.2.1 Problemdiagnose

Leider haben Sie als Desktopsupporter wahrscheinlich oft das Problem zu lösen, dass ein Verbindungsproblem besteht.

Dafür hat Microsoft das sogenannte Netzwerkdiagnoseframework (NDF) eingeführt.

Immer wenn unter Windows Vista ein Netzwerkproblem auftritt, können Sie mithilfe von NDF das Problem analysieren.

Eine Möglichkeit, NDF zu benutzen, ist im Netzwerk- und Freigabecenter zu finden.

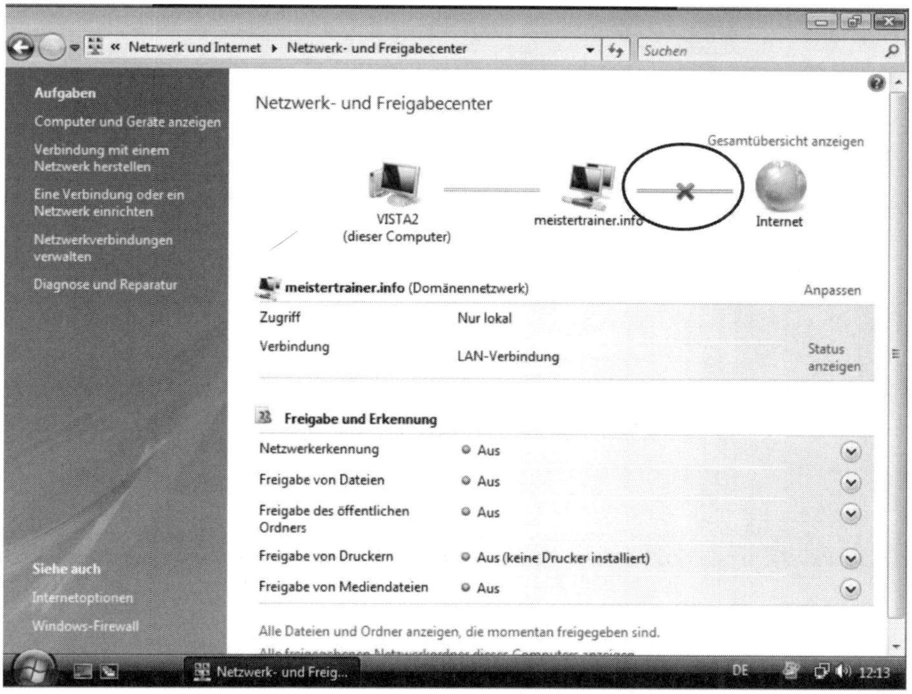

Abbildung 6.3: Netzwerkverbindungsproblem

Wie im Bild erkennbar, scheint es in diesem Netzwerk ein Verbindungsproblem zu geben.

Windows Vista bietet für die Problemanalyse eine sehr einfache Möglichkeit: Die „Diagnose und Reparatur".

Sie können diese Funktion entweder links im Fenster öffnen, oder Sie setzen einfach einen Doppelklick auf das rote Kreuz in der Grafik, das Ihnen das Problem anzeigt.

Die Problemerkennung startet.

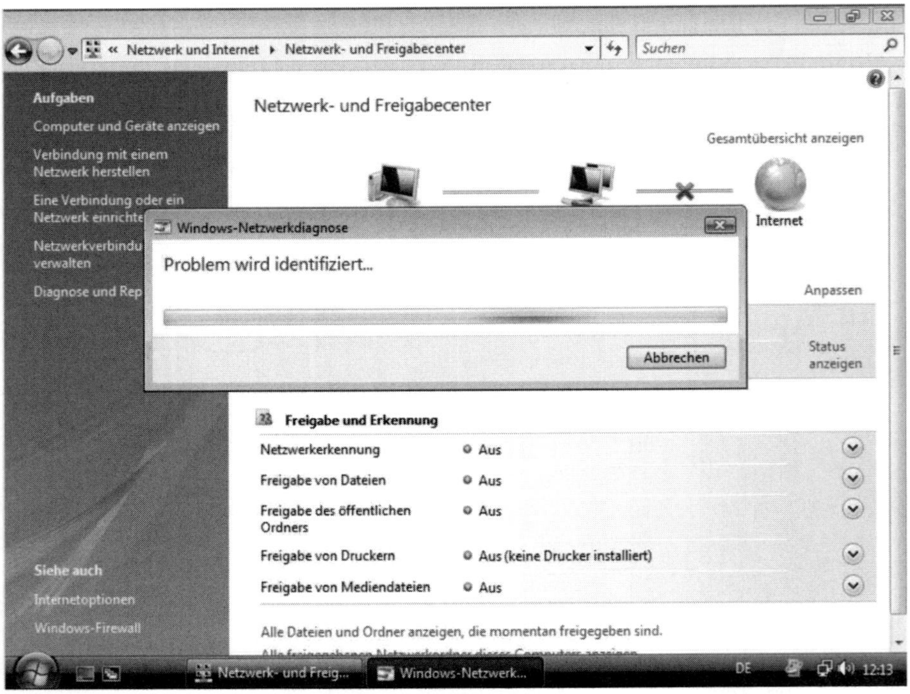

Abbildung 6.4: Problemerkennung

Im Anschluss erhalten Sie eine Analyse des Problems.

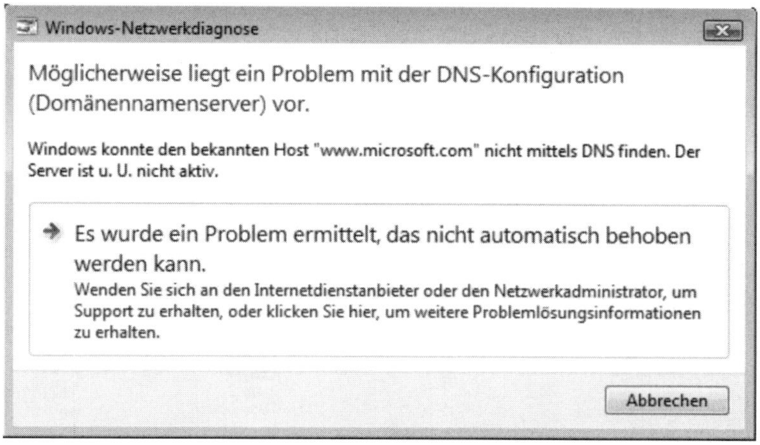

Abbildung 6.5: Analyse

In unserem Beispiel handelt es sich tatsächlich um ein DNS-Problem, denn der interne DNS-Server hat keine Weiterleitung an einen öffentlichen DNS-Server konfiguriert. Die Analyse ist also korrekt.

ACHTUNG!
Wenn ein Netzwerkverbindungsproblem auftritt, sollten Sie diese neue Möglichkeit nutzen, und zunächst versuchen, mit dem Tool „Diagnose und Reparatur“ eine Lösung zu finden.

NDF kann auch aus Programmen aufgerufen werden, z. B. aus dem Internet Explorer. Hier finden Sie unter „Extras“ den Punkt „Diagnose von Verbindungsproblemen…“. Auch dies ist ein Teil des NDF.

6.2.2 Netzwerkstandort

Der Netzwerkstandort ist ein Tool, mit dem Sie den Vista-Rechner den Sicherheitsanforderungen anpassen können.

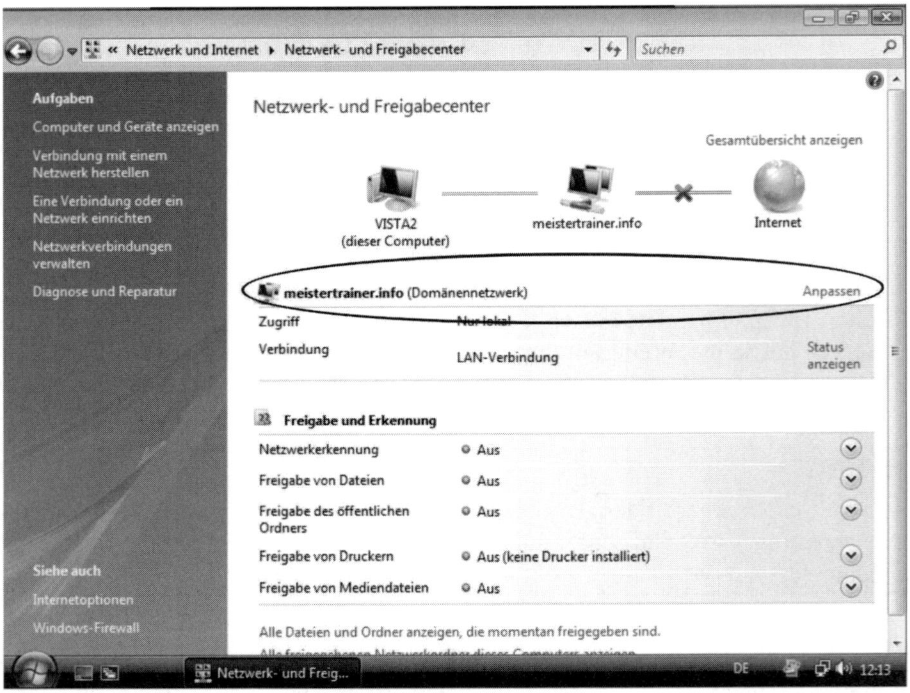

Abbildung 6.6: Netzwerkstandort

Unterhalb der Grafik wird der Name der Domäne dargestellt, und dahinter eine Klassifizierung, nämlich Domänennetzwerk.

Wenn Sie auf „Anpassen“ klicken, erhalten Sie folgende Darstellung:

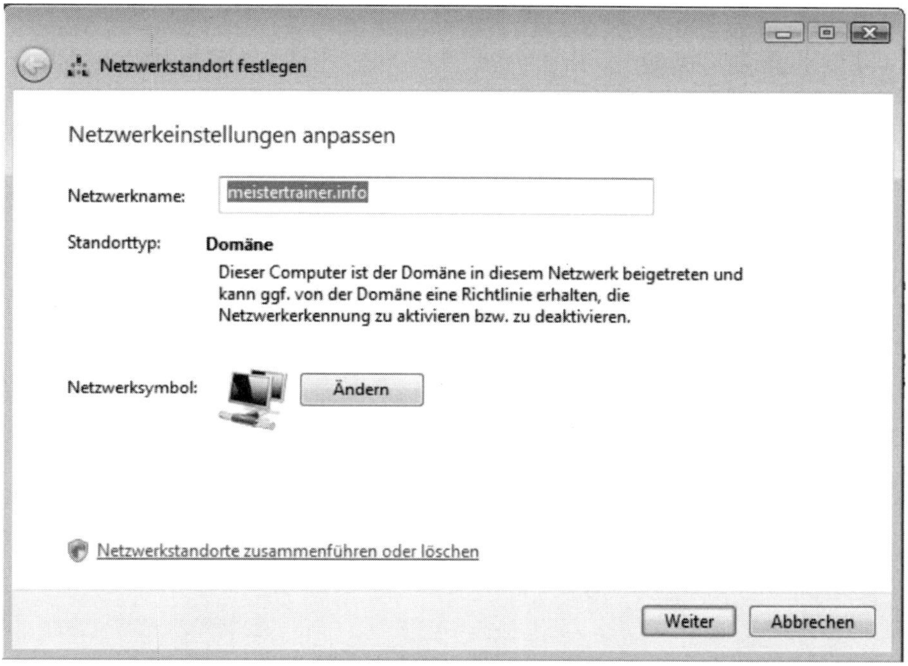

Abbildung 6.7: Domänennetzwerk

Sie sehen, dass sich dieser Rechner in einer Domäne befindet, und deswegen das Domänenprofil zugewiesen hat. Leider haben wir in diesem Fall keine Auswahlmöglichkeit.

Aber interessant wird es, wenn wir die gleiche Information bei einem Windows Vista-Rechner betrachten, der sich nicht in einer Domäne befindet:

Abbildung 6.8: Standort ohne Domäne

Hier können wir auswählen zwischen

- Öffentlich und
- Privat

Öffentlich bedeutet, dass der Computer an einem öffentlichen Platz betrieben werden kann, wie beispielsweise mit einem direkten Zugang zum Internet, und trotzdem sicher ist.

Die Firewall ist automatisch so konfiguriert, dass keine Ausnahmen zugelassen sind, die Netzwerkerkennung ist ausgeschaltet.

Privat bedeutet, dass der Computer sich nicht an einem öffentlich zugänglichen Platz befindet, und Sie zulassen möchten, dass dieser Computer mit anderen Computern Daten austauschen kann.

In diesem Fall ist die Firewall mit Ausnahmen konfiguriert, und auch die Netzwerkerkennung ist eingeschaltet.

Sie sehen, diese Einteilung in verschiedene Standorttypen ermöglicht Ihnen, einen Computer, der nicht in einer Domäne ist, schnell so zu konfigurieren, wie die Situation es erfordert.

Ein Beispiel:

Sie haben ein Notebook, und arbeiten normalerweise in einem kleinen privaten Netzwerk, das über einen Router an das Internet angeschlossen ist.

In diesem Fall werden Sie den Computer wahrscheinlich in einem „privaten Netzwerk" betreiben, und dies auch konfigurieren. Damit können Sie auf alle Ressourcen Ihres Rechners zugreifen lassen, und die Firewall ist dementsprechend konfiguriert.

Nun müssen Sie verreisen, und Sie möchten Ihr Notebook am Flughafen benutzen, und dort über einen öffentlichen Access-Point ins Internet gehen.

In dieser Situation sollte Ihr Notebook so gut wie möglich geschützt sein, da es an einem öffentlichen Ort betrieben wird, und niemand sollte auf Ihre Daten zugreifen können.

Sie stellen einfach den Standorttyp auf „Öffentlich" um, und Windows Vista ist geschützt. Die entsprechenden Firewalleinstellungen werden automatisch gemacht.

Die verschiedenen Netzwerkstandorte bieten Ihnen große Konfigurationsmöglichkeiten.

So können Sie auch weiter Anpassungen in den jeweiligen Netzwerkstandorten vornehmen, beispielsweise die Firewall weiter an die Bedürfnisse anpassen, weitere Ports öffnen oder schließen.

6.2.3 Freigabe und Erkennung

Im unteren Teil des Fensters befinden sich alle Einstellungen für die Freigaben und Netzwerkerkennungen.

Hier können Sie sehr fein festlegen, ob Zugriff von außen auf bestimmte Daten erlaubt sein soll, oder nicht. Außerdem haben Sie die Möglichkeit die Art des Zugriffs zu bestimmen.

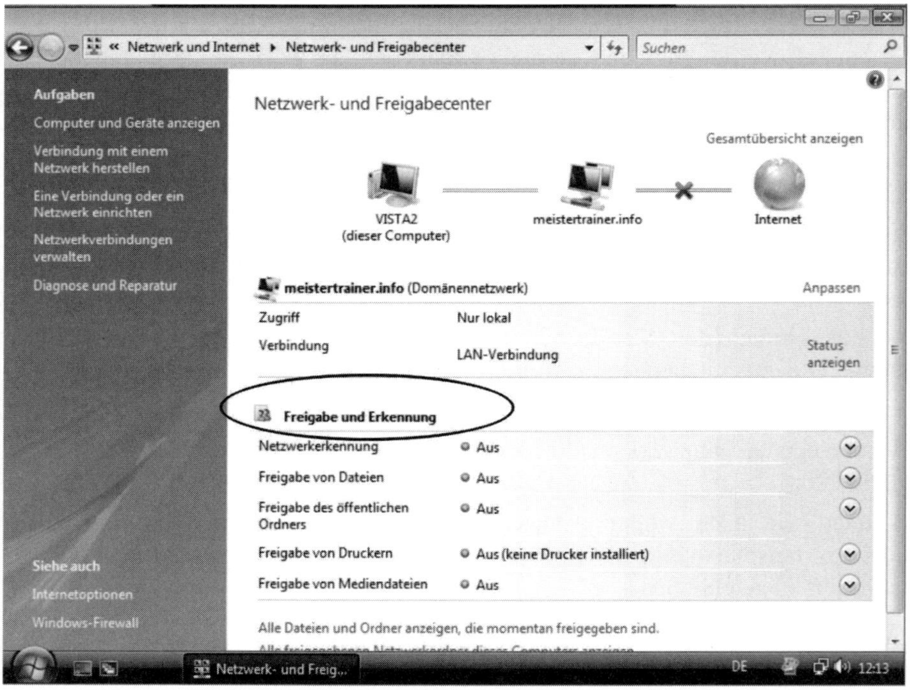

Abbildung 6.9: Freigabe und Erkennung

Netzwerkerkennung

Mit der Netzwerkerkennung legen Sie prinzipiell fest, ob der Rechner im Netzwerk überhaupt in Erscheinung treten soll, oder nicht.

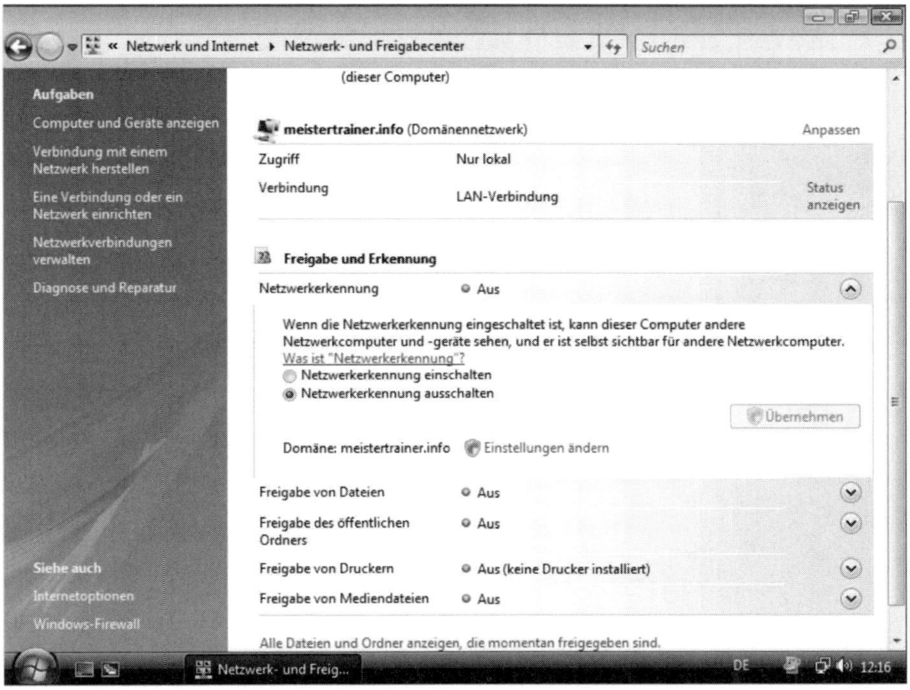

Abbildung 6.10: Netzwerkerkennung

Wenn Sie die Netzwerkerkennung einschalten, kann der Computer andere Rechner im Netzwerk sehen, und nur dann kann er selber auch gesehen werden.

Freigabe von Dateien

Wenn Daten im Netzwerk verfügbar gemacht werden sollen, können Sie das an dieser Stelle einschalten.

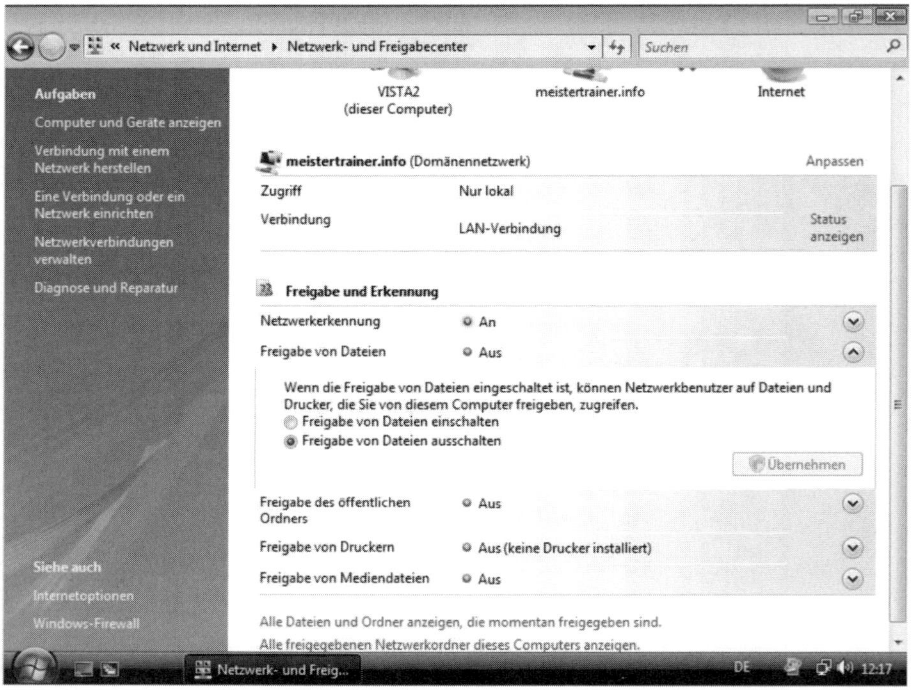

Abbildung 6.11: Freigabe von Daten

Sie können die Freigabe von Daten natürlich auch ausschalten, in diesem Fall ist es nicht möglich, dass andere Rechner auf Ressourcen dieses Computers zugreifen können.

> **ACHTUNG!**
> Die Daten, die Sie freigeben möchten, sollten mit Freigaberechten und NTFS-Rechten geschützt werden!

Freigabe des öffentlichen Ordners

Ebenso, wie Daten freigegeben werden können, kann auch der öffentliche Ordner freigegeben werden. Dieser Ordner ist ein besonderer Ordner auf einem Windows Vista Rechner.

Der öffentliche Ordner ist eine Stelle, an der Sie alle Daten speichern können, die Sie für andere Personen zugänglich machen möchten.

Besonders praktisch ist daran, dass in einer Umgebung, in der mehrere Personen am gleichen Rechner arbeiten, alle auf diesen einen Ordner zugreifen können, und somit ein Datenaustausch stattfinden kann.

Sie finden den öffentlichen Ordner im Explorer.

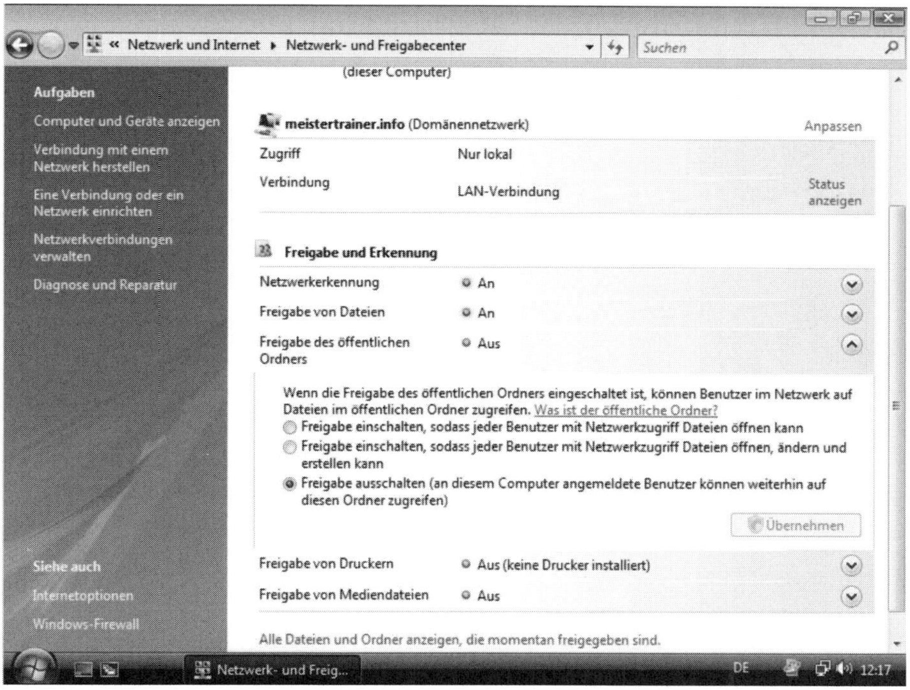

Abbildung 6.12: Freigabe des öffentlichen Ordners

Die Besonderheit am „öffentlichen Ordner“ ist, dass auch ohne Freigabe alle am Computer angemeldeten Benutzer auf diesen zugreifen können.

Wenn Sie die Freigabe aktivieren, erhalten auch Netzwerkbenutzer die Möglichkeit, auf diesen Ordner zuzugreifen.

Hier können Sie noch differenzieren, ob die Netzwerkbenutzer die Daten im öffentlichen Ordner nur lesen sollen, oder ob sie auch die Möglichkeit haben sollen, Daten zu ändern und neue Daten zu erstellen.

Freigabe von Druckern

Auch Drucker können Sie für andere Netzwerkbenutzer freigeben.

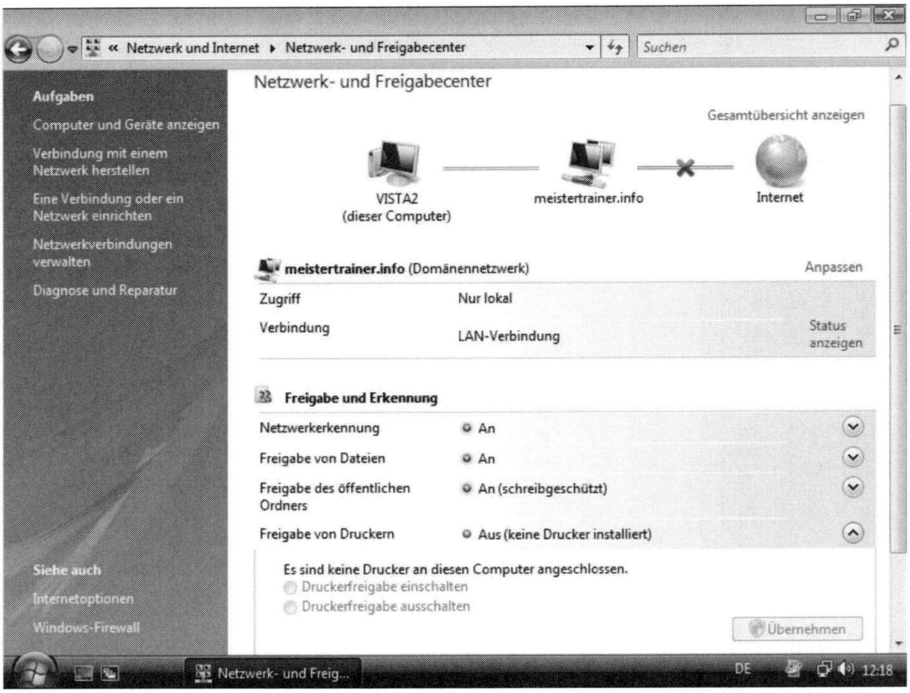

Abbildung 6.13: Freigabe von Druckern

Freigabe von Mediendaten

Mediendaten können Sie ebenfalls freigeben, allerdings auf eine etwas andere Art, wie Sie es bisher gewohnt sind.

Es werden nicht Dateien, die an einer bestimmten Stelle (in einem Ordner) gespeichert sind, für die Benutzung im Netzwerk freigegeben, sondern alle Dateien eines bestimmten Typs freigegeben, egal, wo diese gespeichert sind.

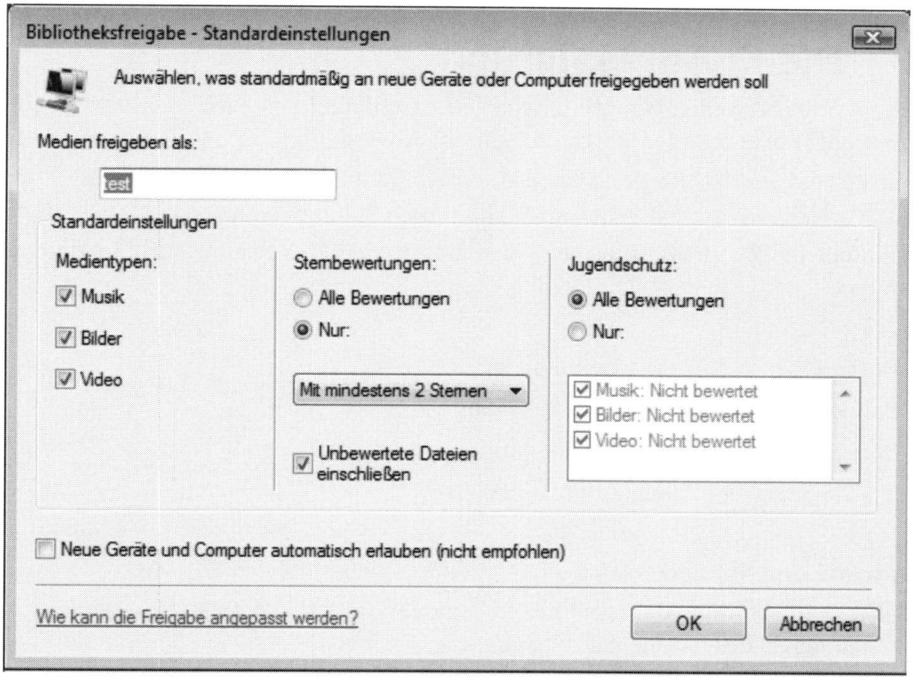

Abbildung 6.14: Freigabe von Mediendaten

Mit der Aktivierung dieser Freigabe legen Sie fest, welche Arten von Mediendaten freigegeben werden sollen, und Sie können auch noch einige Parameter festsetzen.

ACHTUNG!
Mit Aktivierung der Freigabe von Mediendaten geben Sie nicht nur Ihre Mediendaten frei, Ihr Rechner kann nun auch im Netzwerk Mediendaten finden, die auf anderen Rechnern freigegeben sind.

6.3 Die IP Adressierung

In einem professionellen Netzwerk muss jeder Computer eindeutig identifiziert werden können, dafür bekommt jeder Rechner eine IP-Adresse.

Momentan ist noch IPv4 der Standard, deswegen besprechen wir dies hier in erster Linie. Auch IPv6 wird von Windows Vista bereits voll unterstützt, später mehr dazu.

Eine komplette IP Adressierung setzt sich immer aus vier verschiedenen Komponenten zusammen:

- IP-Adresse: in jedem Fall nötig
- Subnetzmaske: in jedem Fall nötig
- Standardgateway: nicht immer nötig
- DNS-Server: nicht immer nötig

IP-Adresse und Subnetzmaske

IP-Adresse und Subnetzmaske bilden eine Einheit in der IP-Adressierung. Sie definieren genau den Standort des Computers.

Eine IP-Adresse besteht aus vier Zahlenabfolgen, die zwischen 0 und 255 liegen. Diese Zahlenabfolgen werden auch „Oktette" genannt, da die Werte in binärer Schreibweise maximal 8 Stellen haben.

Jede IP-Adresse hat einen Netzwerkanteil, der in einem Netzwerk eindeutig sein muss, und einen Hostanteil, der im Netzwerk eindeutig sein muss.

Man kann eine IP-Adresse mit einer Postadresse vergleichen:

Es gibt einen Straßennamen (Netzwerkanteil), den alle Personen (Rechner) in der gleichen Straße (im gleichen Netzwerk) teilen, und einen Hostanteil (Hausnummer), der für alle individuell verschieden ist.

Die Subnetzmaske hilft uns, zu sehen, wo der Netzwerkanteil endet, und wo der Hostanteil beginnt.

Eine Subnetzmaske besteht meistens aus den Zahlen 255 und 0.

Um zu ermitteln, welchen Netzwerkanteil und welchen Hostanteil eine IP-Adresse hat, schreiben Sie die IP-Adresse und die Subnetzmaske untereinander.

Alle Oktette der IP-Adresse, die oberhalb der Zahl 255 der Subnetzmaske stehen, gehören zum Netzwerkanteil, alle Oktette der IP-Adresse, die oberhalb der Zahl 0 der

Subnetzmaske stehen, gehören zum Hostanteil.

Ein Beispiel:

IP-Adresse:	192.168.2.200
Subnetzmaske:	255.255.255.0

Daraus ergibt sich:

Netzwerkanteil:	192.168.2.0
	(Der Netzwerkanteil wird auf 4 Oktette ergänzt)
Hostanteil:	200

Subnetzmasken werden unterteilt in Klassen.

Klasse A:	255.0.0.0
Klasse B:	255.255.0.0
Klasse C:	255.255.255.0

Andere Klassen haben für die normale IP Adressierung keine Bedeutung.

ACHTUNG!

Es gibt verschiedene Schreibweisen für die Klassendarstellung.

Der Wert 255 setzt sich ja aus einem vollen Oktett zusammen. (8). Wenn die Subnetzmaske 255.255.0.0 lautet, haben wir zwei volle Oktette, die den Netzwerkanteil darstellen (16). Ein Klasse C Netz hat demzufolge 3 volle Oktette (24).

Deswegen sind folgende drei Schreibweisen für eine IP Adressierung völlig identisch:

192.168.2.200, Klasse C

192.168.2.200, 255.255.255.0

192.168.2.200/24

Standardgateway

Der Standardgateway ist die Schnittstelle des Routers, der im eigenen Netzwerk liegt.

Um aus dem eigenen Netzwerk herauszukommen, wird ein Router benötigt. Ein Router ist die Verbindung zu anderen Netzwerken. TCP/IP ist ein routingfähiges Netzwerkprotokoll, und kann deswegen über Router kommunizieren.

Wenn ein Standardgateway eingetragen ist, wird ein Datenpaket, das einen anderen Netzwerkanteil in der IP-Adresse hat, an das Standardgateway geschickt. Von dort aus wird es weiterverteilt.

Wenn ein Computer in seiner IP Konfiguration kein Standardgateway eingetragen hat, kann er in der Regel nicht außerhalb des eigenen Netzwerkes kommunizieren.

Auch der Kontakt zum Internet wird häufig über Router hergestellt. Wenn in diesem Fall kein Standardgateway eingetragen ist, ist es nicht möglich, das Internet zu benutzen.

DNS-Server

Der DNS-Server dient der Namensauflösung und stellt einige andere Dienste für eine Windows Domäne zur Verfügung.

6.3.1 Statische Adressen

Sie können den Computern statische IP-Adressen geben. Um eine IP-Adresse einzutragen, gehen Sie folgenden Weg:

- Start
- Systemsteuerung
- Netzwerk und Internet
- Netzwerk- und Freigabecenter
- Netzwerkverbindungen verwalten
- Rechte Maustaste auf die zu konfigurierende Netzwerkkarte
- Eigenschaften
- Internetprotokoll Version 4
- Eigenschaften

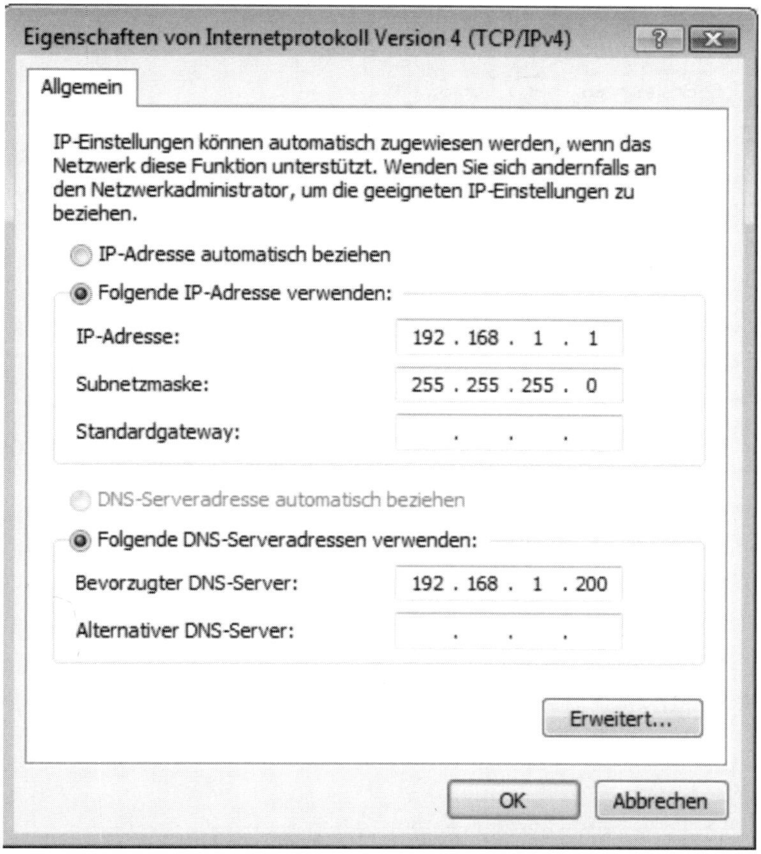

Abbildung 6.15: Statische IP-Adresse

Hier tragen Sie alle relevanten Daten der IP-Adresse ein.

Wenn Sie weitere Eintragungen machen möchten, klicken Sie auf die Schaltfläche „Erweitert…“.
Sie gelangen zunächst auf die Karteikarte „IP-Einstellungen“.

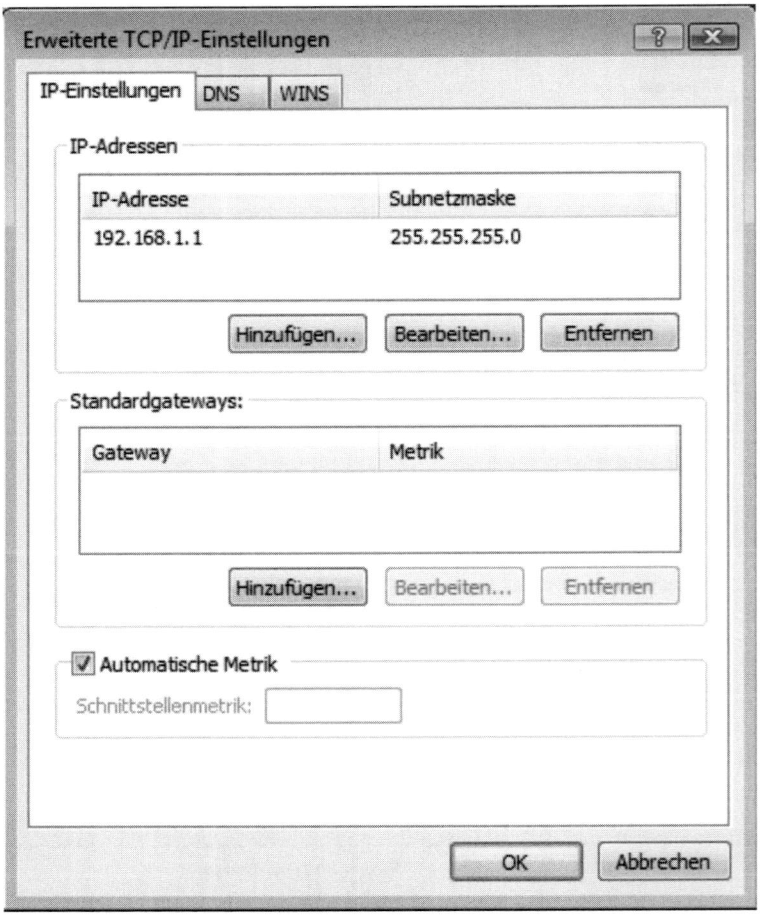

Abbildung 6.16: IP-Einstellungen

Hier haben Sie die Möglichkeit, zusätzliche IP-Adressen an diese Karte zu binden, und eventuell weitere Routerschnittstellen einzutragen.

Auf der Karteikarte „DNS" können Sie zusätzliche DNS-Server eintragen, die benutzt werden können, falls der erste DNS nicht erreichbar ist. Außerdem haben Sie hier noch weitere Konfigurationsmöglichkeiten für DNS.

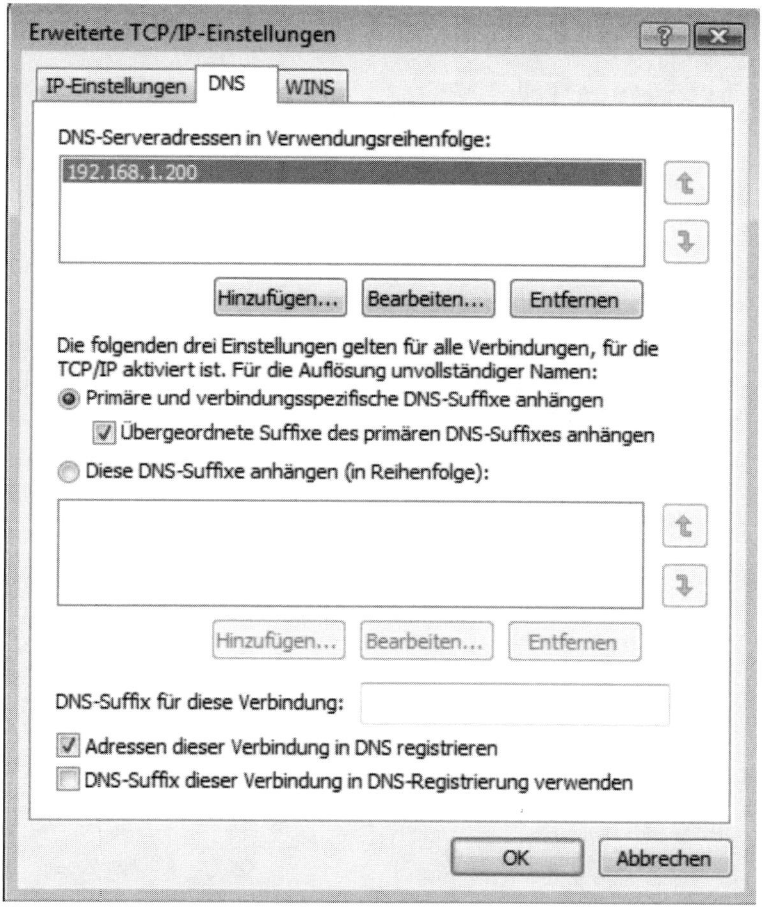

Abbildung 6.17: Karteikarte „DNS"

Auf der Karteikarte „WINS" können Sie WINS-Server eintragen.

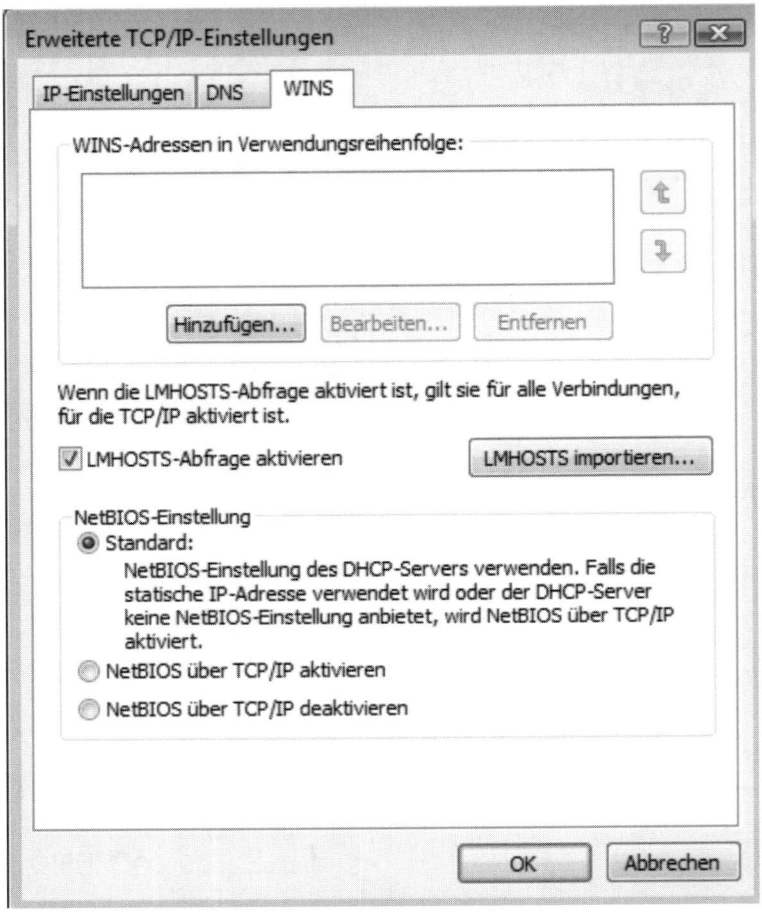

Abbildung 6.18: Karteikarte „WINS“

ACHTUNG!

Sollten Sie noch ältere Windows Rechner im Netzwerk haben, (NT 4.0, W95 und älter), benötigen Sie auf jeden Fall einen WINS-Server. Diese älteren Rechner funktionieren anders, als die neuen Windows Rechner ab Windows 2000, und benutzen für die Namensauflösung nicht den DNS-Server.

Wenn Sie solche, so genannten NetBios Rechner im Netzwerk haben, sollten Sie auf jeden Fall einen WINS-Server eintragen, da andernfalls NetBios Rechner in anderen Subnetzen nicht erreicht werden können!

Die anderen Einstellungen auf dieser Karte sollten Sie so belassen.

6.3.2 Dynamische Adressen

Die wichtigsten IP Adressierungen können Sie auch dynamisch zuweisen lassen.

Dazu benötigen Sie im Netzwerk einen DHCP-Server (Dynamic Host Configuration Protocol). Dieser DHCP-Server verwaltet einen Pool von IP-Adressen, und die Computer, die starten, bitten bei diesem Server um eine IP-Adresse.

Wenn Sie diese Funktionalität benutzen, dürfen Sie natürlich keine statische IP-Adresse eintragen, sondern müssen die Haken setzen bei

- IP-Adresse automatisch beziehen
- DNS-Serveradresse automatisch beziehen

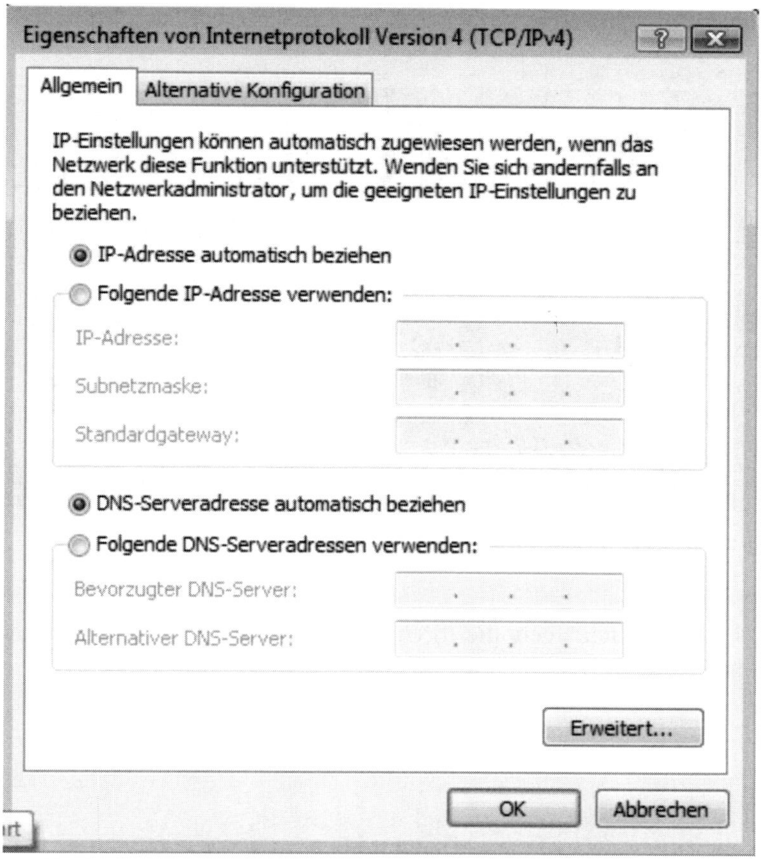

Abbildung 6.19: dynamische IP-Adressierung

> **ACHTUNG**
> Damit der Empfang einer dynamischen IP-Adresse auch funktioniert, muss der Dienst „DHCP-Client" gestartet sein!

Sie können natürlich in diesem Fall die IP-Adresse nicht in dieser Maske sehen, deswegen müssen Sie sich die IP Adressierung mit der Eingabeaufforderung betrachten.

Geben Sie an der Eingabeaufforderung ein:

IPCONFIG

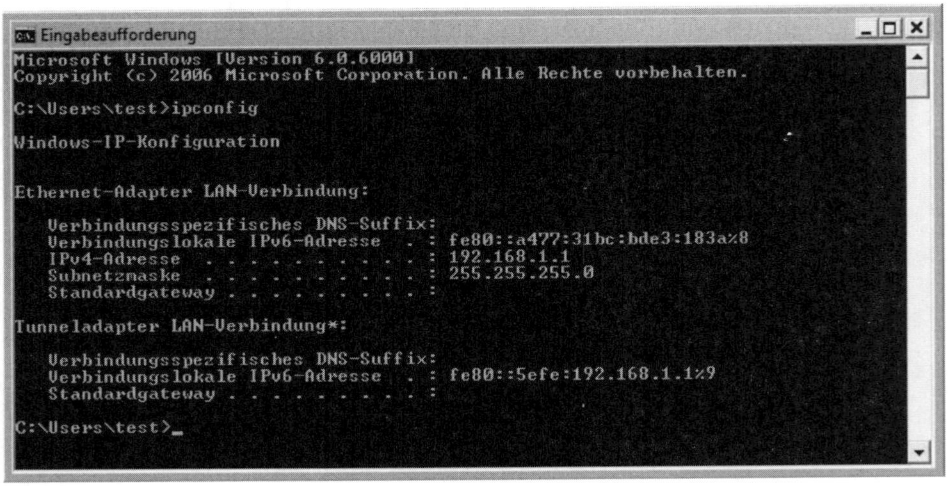

Abbildung 6.20: Ipconfig

Sie sehen hier natürlich auch die IPv6 Adresse, die aber momentan noch keine Bedeutung hat.

6.3.3 Alternative Konfiguration

Manchmal werden Computer in mehreren Netzwerken benutzt. Dieser Fall tritt häufig bei Notebooks ein. Ein Mitarbeiter reist mit dem Notebook in eine andere Filiale, und möchte dort dem Netzwerk beitreten.

Wenn in beiden Netzwerken mit DHCP gearbeitet wird, ist dies aus Sicht der IP Adressierung kein Problem. Der Client fordert eben in jedem Netzwerk beim Systemstart eine IP-Adresse an und erhält jeweils eine gültige IP-Adresse.

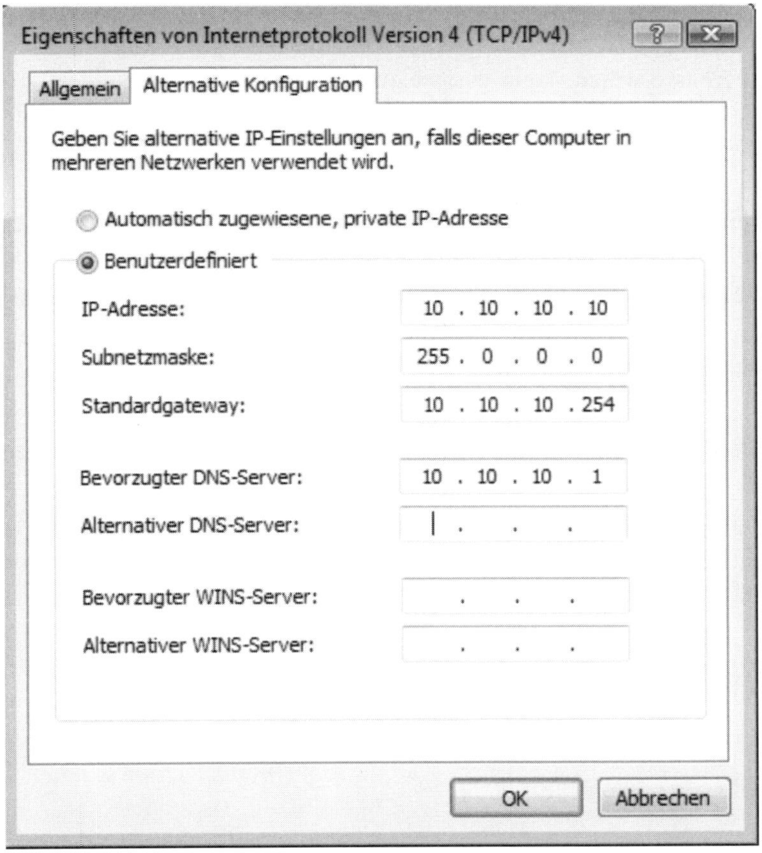

Abbildung 6.21: Alternative Konfiguration

Sollte aber in einem der beiden Netzwerke mit statischen IP-Adressen gearbeitet werden, wird der DHCP-Client in diesem Netzwerk nicht funktionieren.

Aus diesem Grund stellt Microsoft bei Windows Vista eine alternative IP-Adressierung zur Verfügung.

Wenn der Client auf DHCP-Client konfiguriert ist, existiert eine zweite Karteikarte mit Namen „alternative Konfiguration".

Hier können Sie statische Werte eintragen, die dann verwendet werden, wenn kein DHCP-Server erreicht werden kann.

6.3.4 DHCP-Server ist nicht erreichbar

Wie eben bereits erwähnt, kann es in Netzwerken passieren, dass der DHCP-Server nicht erreichbar ist. Dies kann ein Versehen sein, es kann aber auch Absicht sein, beispielsweise kann es sein, dass gar kein DHCP-Server installiert wurde.

Wenn nun ein Client, der DHCP-Client ist, also seine IP-Adresse automatisch beziehen soll, keinen DHCP-Server antrifft, wie kann er dann eine IP-Adresse bekommen?

Eine Möglichkeit haben Sie bereits kennen gelernt: Die alternative IP-Adressierung.

Aber wenn keine alternative IP-Adressierung definiert ist, muss ein anderer Mechanismus zum Tragen kommen.

In diesem Fall gibt es die APIPA Adressierung (Automatic Privat IP Adressing).

Der Client versucht, eine IP-Adresse zu bekommen. Gelingt ihm das nicht, versucht er eine alternative, statische Adresse zu benutzen. Erst wenn keine alternative Adresse definiert ist, macht er APIPA.

Er gibt sich selber eine IP-Adresse aus dem Bereich 169.254.0.0 / 16.

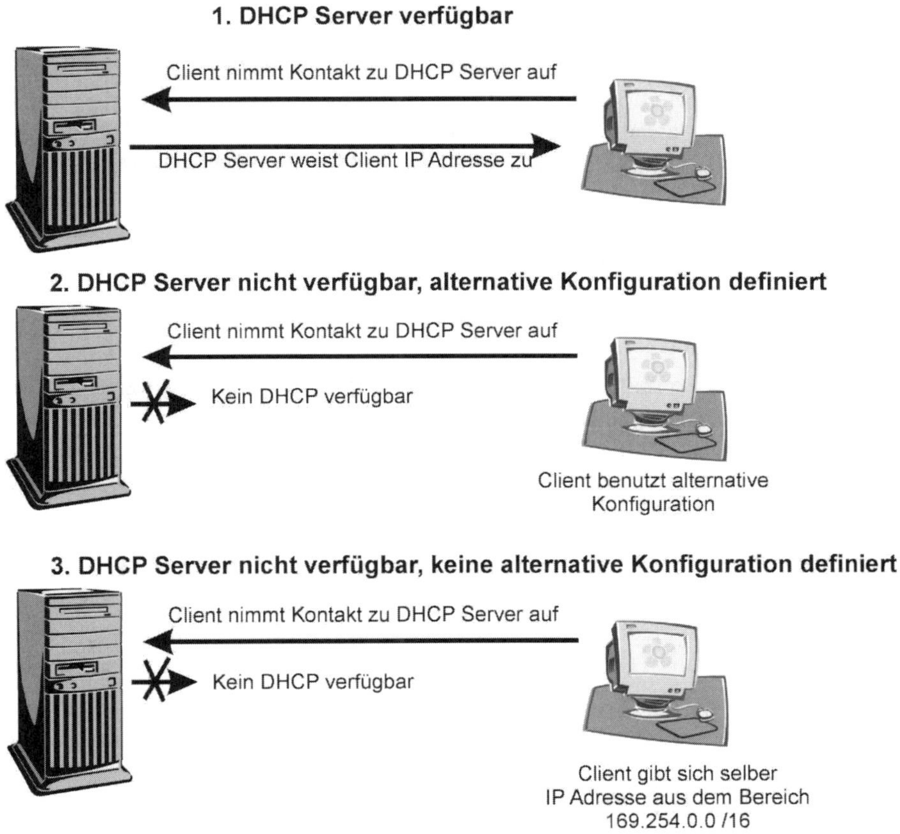

Abbildung 6.22: Die drei Möglichkeiten des DHCP-Clients

Das hat natürlich Auswirkungen. Sollte es nicht beabsichtigt sein, dass kein DHCP-Server verfügbar ist, erhält der Client keine Fehlermeldung, sondern eine gültige IP-Adresse aus dem APIPA Bereich.

Da wahrscheinlich alle Server IP-Adressen aus einem anderen Bereich haben, kann der Client keine Netzwerkressource erreichen.

Sollte dieser Fall auftreten, und ein Client in Ihrem Netzwerk kann keinen Server erreichen, sollten Sie immer die IP-Adressierung überprüfen. Häufig liegt es an einer APIPA Adressierung.

ACHTUNG!

APIPA wurde mit Windows 98 vorgestellt. Der Grundgedanke war, dass jeder ein Netzwerk mit TCP/IP aufbauen kann, ohne tiefere Kenntnisse über die IP-Adressen zu haben. Wenn man in einem Netzwerk alle Clients als DHCP-Clients konfiguriert, aber keinen DHCP-Server installiert, bekommen alle Clients eine APIPA Adresse. In diesem Fall können sie wieder miteinander kommunizieren, da sich alle Clients im gleichen Netzwerk befinden.

6.3.5 Die Namensauflösung

Ein kritischer Punkt bei der Kommunikation mit anderen Computern im Netzwerk ist immer die Namensauflösung.

Wir benutzen gerne Computernamen, um andere Rechner zu identifizieren. Für die Kommunikation benötigen die Rechner jedoch die IP-Adressen.

Der Vorgang des Umwandelns des Computernamens in die entsprechende IP-Adresse wird „Namensauflösung“ genannt.

Microsoft Computer – zwei verschiedene Architekturen

Microsoft hat bis einschließlich Windows NT 4.0 alle Computer als so genannte NetBios Rechner ausgelegt. NetBios Rechner waren nicht vollkommen für die Benutzung des Protokolls TCP/IP konzipiert, und sind einige Sonderwege gegangen.

Ab Windows 2000 hat Microsoft seine Philosophie geändert, und seine Computerarchitektur komplett an den Internetstandard mit dem Protokoll TCP/IP angepasst.

Dies ist der Hintergrund dafür, dass NetBios Rechner (Windows 3.x, 95. 98. ME, NT) eine andere Namensauflösung machen, als Hosts (Windows 2000, 2003, 2008 XP, Vista, UNIX, LINUX).

Hilfsmittel für die Namensauflösung

Für die Namensauflösung im Netzwerk stehen verschiedene Hilfsmittel zur Verfügung:

Dies sind dynamische Datenbanken, in denen die Zuordnung von Namen zu IP-Adressen gespeichert wird:

- WINS-Server (nur NetBios Rechner eingetragen)
- DNS-Server (nur HOSTS eingetragen)

Die genaue Funktionsweise der dynamischen Datenbanken ist nicht Bestandteil einer Clientadministration und wird in diesem Buch nicht behandelt.

Außerdem gibt es statische Tabellen, in denen die Zuordnung von Namen zu IP-Adressen eingetragen werden kann.

- LMHOSTS (nur NetBios Rechner eingetragen)
- HOSTS (nur HOSTS eingetragen)

Diese Tabellen finden Sie auf jedem Computer im Ordner %SYSTEMROOT%\System32\Drivers\etc.

Hier können Sie diese Dateien betrachten und editieren.

Die genaue Reihenfolge für die Namensauflösung ist für NetBios Rechner und HOSTS verschieden.

Namensauflösung NetBios Rechner	**Namensauflösung HOSTS**
NetBios Namenscache	LocalHostName
Wins-Server	DNS-Cache
Broadcast	HOSTS
LMHOSTS	DNS
HOSTS	NetBios Namenscache
DNS	Wins-Server
	Broadcast
	LMHOSTS

Tabelle 4.1: Die Reihenfolge der Namensauflösung

Wenn Sie also ein gemischtes Netzwerk haben, in dem sowohl NetBios Rechner als auch HOSTS zu finden sind, sollten Sie darauf achten, dass in jedem Fall ein WINS-Server vorhanden ist.

6.3.6 Hilfsprogramme

Zum Überprüfen der IP Adressierung stehen Ihnen einige Hilfsprogramme zur Verfügung.

IPCONFIG

Das bekannteste Tool ist das Tool IPCONFIG. Mit ihm können Sie die IP Konfiguration anzeigen.

IPCONFIG gibt es mit mehreren Parametern.

IPCONFIIG /ALL

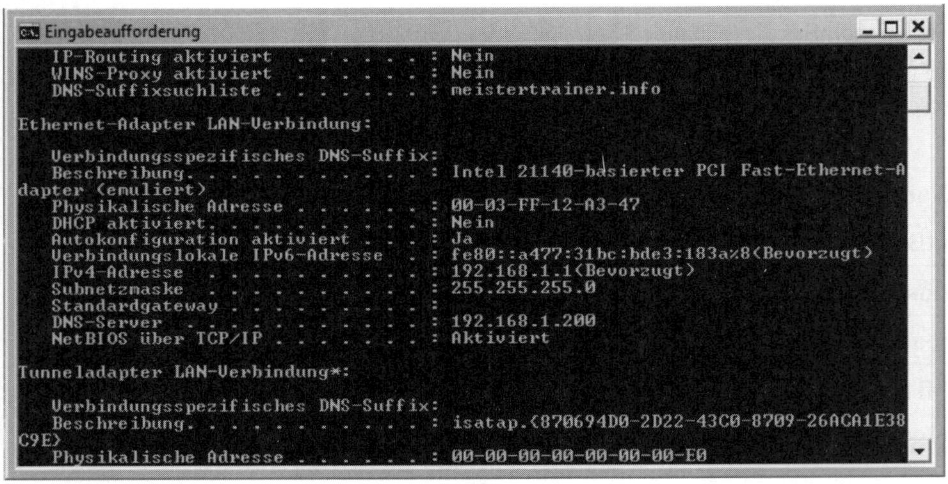

Abbildung 6.23: ipconfig /all

Mit dem Befehl ipconfig /all können Sie sich alle Parameter der IP Adressierung anzeigen lassen, nicht nur die IP-Adresse, Subnetzmaske und Standardgateway.

IPCONFIG /RELEASE

Abbildung 6.24: ipconfig /release

Mit ipconfig /release können Sie eine IP-Adresse, die Sie per DHCP erhalten haben, zurückgeben. Dies tun Sie, wenn Ihre IP-Adresse nicht ordentlich funktioniert.

ACHTUNG!
Zum Ausführen dieses Befehls benötigen Sie erhöhte Rechte, das heißt, Sie müssen die Eingabeaufforderung als Administrator öffnen!

IPCONFIG /RENEW

Abbildung 6.25: ipconfig /renew

Anschließend holen Sie sich mit dem Befehl ipconfig /renew eine neue IP-Adresse vom DHCP-Server.

IPCONFIG /REGISTERDNS

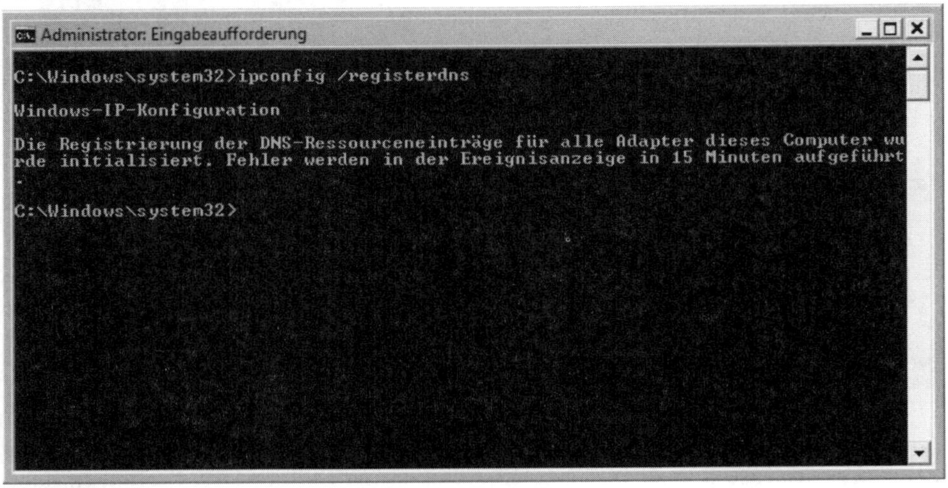

Abbildung 6.26: ipconfig /registerdns

Dieser Befehl zwingt Ihren Computer, seine IP-Adresse im DNS-Server zu registrieren. Falls andere Computer Ihren Computer nicht finden können, da er im DNS nicht eingetragen ist, ist dieser Befehl die Lösung.

IPCONFIG /FLUSHDNS

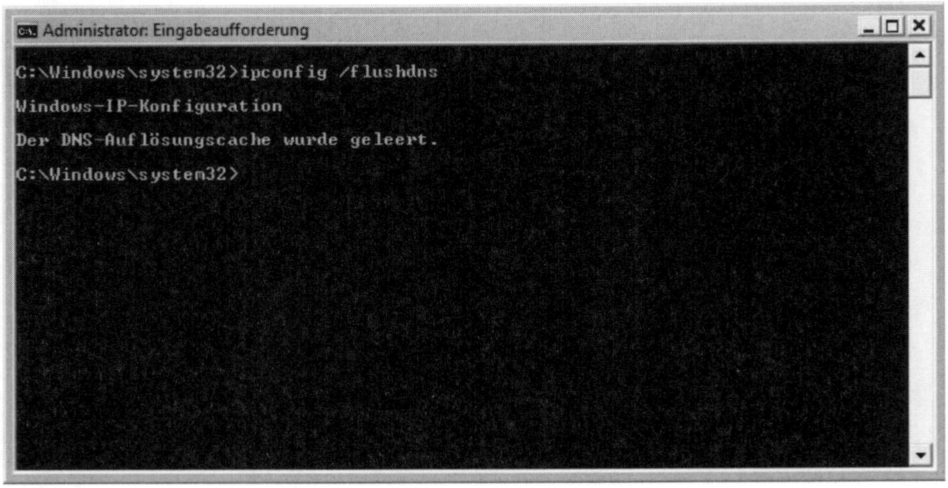

Abbildung 6.27: ipconfig /flushdns

Ihr Computer speichert die Zuordnung von Computernamen zu IP-Adressen in einem DNS-Cache zwischen.

Falls nun ein Computer eine andere IP-Adresse erhalten hat, zum Beispiel durch DHCP, stimmt der Eintrag in Ihrem DNS-Cache nicht mehr, und Sie können den Computer nicht mehr erreichen.

Wenn ein solches Problem auftaucht, müssen Sie den DNS-Cache leeren, und das tun Sie mit dem Befehl ipconfig /flushdns.

PING

Mit dem Befehl „Ping“ können Sie untersuchen, ob Sie einen Rechner erreichen können.

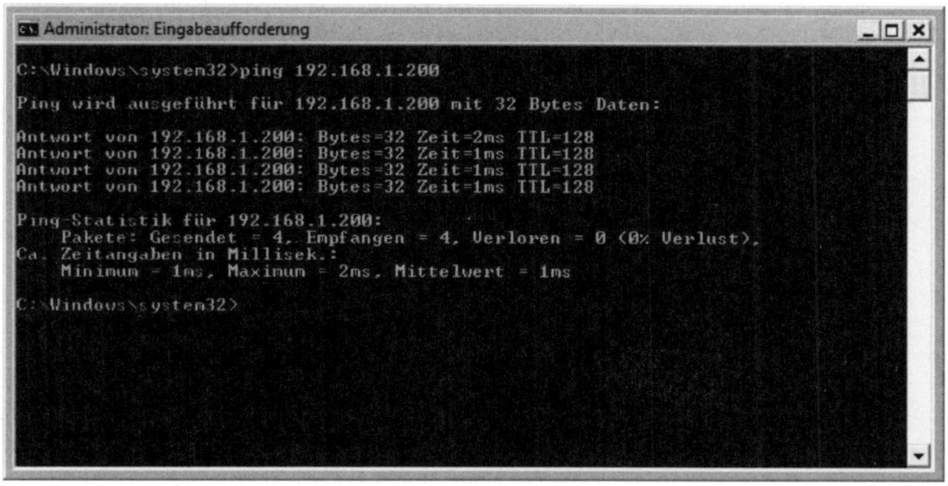

Abbildung 6.28: Ping

Wenn Sie den Namen anpingen, testen Sie auch gleich die Namensauflösung.

NBTSTAT

NBTSTAT zeigt Ihnen Statistiken über NetBios Namensauflösungen an. NBTSTAT muss mit Parametern benutzt werden.

Parameter	Bedeutung
/?	Zeigt die Hilfe an der Eingabeaufforderung an
-a Remotename	Zeigt die NetBIOS-Namentabelle eines Remotecomputers an, wobei Remotename dem NetBIOS-Computernamen des Remotecomputers entspricht. Die NetBIOS-Namentabelle ist die Liste der NetBIOS-Namen, die auf diesem Computer ausgeführten NetBIOS-Anwendungen entsprechen
-A IP-Adresse	Zeigt die NetBIOS-Namentabelle eines Remotecomputers an, der durch die IP-Adresse des Remotecomputers (in punktierter Dezimalschreibweise) angegeben wird
-c	Zeigt den Inhalt des NetBIOS-Namenzwischenspeichers, die Tabelle der NetBIOS-Namen und deren aufgelöste IP-Adressen an
-n	Zeigt die NetBIOS-Namentabelle des lokalen Computers an. Der Status Registriert zeigt an, dass der Name entweder durch Broadcast oder auf einem WINS-Server registriert ist
-r	Zeigt NetBIOS-Namensauflösungsstatistiken an. Auf einem Computer unter Windows XP, der zur Verwendung von WINS konfiguriert wurde, gibt dieser Parameter die Anzahl der Namen zurück, die über Broadcast und WINS registriert sind
-R	Löscht den Inhalt des NetBIOS-Namenzwischenspeichers und lädt dann erneut die durch #PRE gekennzeichneten Einträge aus der Datei Lmhosts

-RR	Gibt NetBIOS-Namen für den lokalen Computer frei, der auf WINS-Servern registriert ist, und aktualisiert sie dann
-s	Zeigt NetBIOS-Client- und -Serversitzungen an und versucht dabei, die Ziel-IP-Adresse in einen Namen zu konvertieren
-S	Zeigt NetBIOS-Client- und -Serversitzungen an, wobei für Remotecomputer nur die IP-Adresse aufgelistet wird

Tabelle 4.2: Parameter nbtstat

Abbildung 6.29: nbtstat -n

NETSTAT

Netstat zeigt Ihnen eine Netzwerkstatistik an. Sinnvolles Benutzen des Befehls ist nur mit Parametern möglich.

Parameter	**Bedeutung**
/?	Zeigt Hilfe an der Eingabeaufforderung an
-a	Zeigt alle aktiven TCP-Verbindungen sowie die TCP- und UDP-Anschlüsse an, an denen der Computer empfangsbereit ist
-e	Zeigt Ethernet-Statistiken an, beispielsweise die Anzahl gesendeter und empfangener Bytes und Pakete. Dieser Parameter kann mit -s kombiniert werden
-n	Zeigt aktive TCP-Verbindungen an. Die Adressen und Anschlussnummern werden jedoch in numerischer Form angezeigt, und es wird nicht versucht, Namen zu ermitteln
-o	Zeigt aktive TCP-Verbindungen an und enthält die Prozess-ID (PID) für jede Verbindung. Sie können die Anwendung anhand der PID auf der Registerkarte Prozesse im Windows Task-Manager finden. Dieser Parameter kann mit -a, -n und -p kombiniert werden
-p Protokoll	Zeigt Verbindungen für das in Protokoll angegebene Protokoll an. Mögliche Werte für Protokoll sind hier tcp, udp, tcpv6 oder udpv6. Wird dieser Parameter zusammen mit -s zur Anzeige von Statistiken nach Protokollen verwendet, kann für Protokoll tcp, udp, icmp, ip, tcpv6, udpv6, icmpv6 oder ipv6 angegeben werden
-s	Zeigt Statistiken nach Protokollen an. Standardmäßig werden Statistiken für die Protokolle TCP, UDP, ICMP und IP angezeigt. Wenn das IPv6-Protokoll für Windows XP installiert ist, wird die Statistik für die Protokolle TCP über IPv6, UDP über IPv6, ICMPv6 und IPv6 angezeigt. Mit dem Parameter -p können Sie eine Gruppe von Protokollen angeben
-r	Zeigt den Inhalt der IP-Routingtabelle an. Dieser Parameter entspricht dem Befehl route print

Tabelle 4.3: Die Parameter von netstat

Ein häufig benutzter Befehl ist netstat –r. Hierbei können Sie sich die Routingtabelle betrachten.

Abbildung 6.30: netstat -r

Was Sie hier sofort erkennen können, ist das eingetragene Standardgateway, an das alle Pakete geschickt werden, die nicht im eigenen Netzwerk aufgelöst werden können.

TRACERT und PATHPING

Mit den Befehlen tracert und pathping können Sie eine Route zu einem anderen Rechner verfolgen.

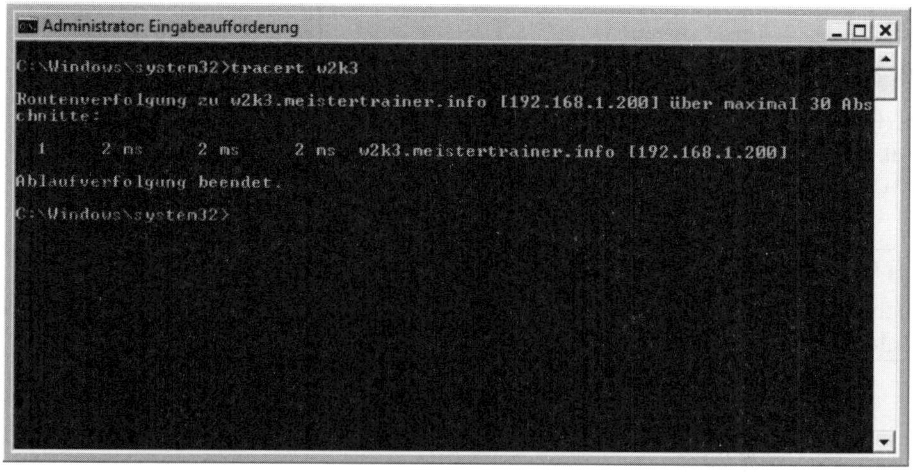

Abbildung 6.31: tracert

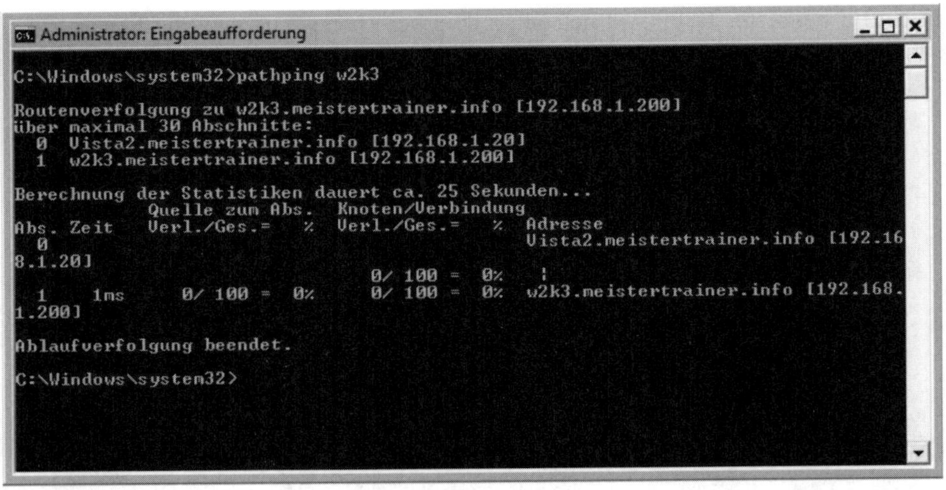

Abbildung 6.32: pathping

6.4 Der Remotezugriff

Der Remotezugriff mit einem Windows Vista System ist relativ einfach. Wir kennen hier schon den Remotedesktop, der in erster Linie die Möglichkeit gibt, Rechner fernzusteuern.

Allerdings gibt es auch die Möglichkeit von RAS und VPN, die beide bevorzugt über das Internet benutzt werden.

6.4.1 Remote Desktop

Der Remote Desktop stellt eine Remoteverwaltungsmöglichkeit dar. Mit ihm verbinden Sie sich mit einem Remotecomputer, und können ihn benutzen, als wenn Sie direkt an der Maschine sitzen würden.

ACHTUNG!
Windows Vista erlaubt nur eine Verbindung! Wenn Sie sich an einem Rechner Remote anmelden, wird der Benutzer, der an der Maschine arbeitet, sofort abgemeldet!

Voraussetzung

Die Voraussetzungen, um eine Remotesitzung aufbauen zu können, sind einfach.

1. **Das Aufbauen einer Remotesitzung muss am Zielrechner genehmigt werden.**

- Am Server rechte Maustaste auf Computer
- Eigenschaften

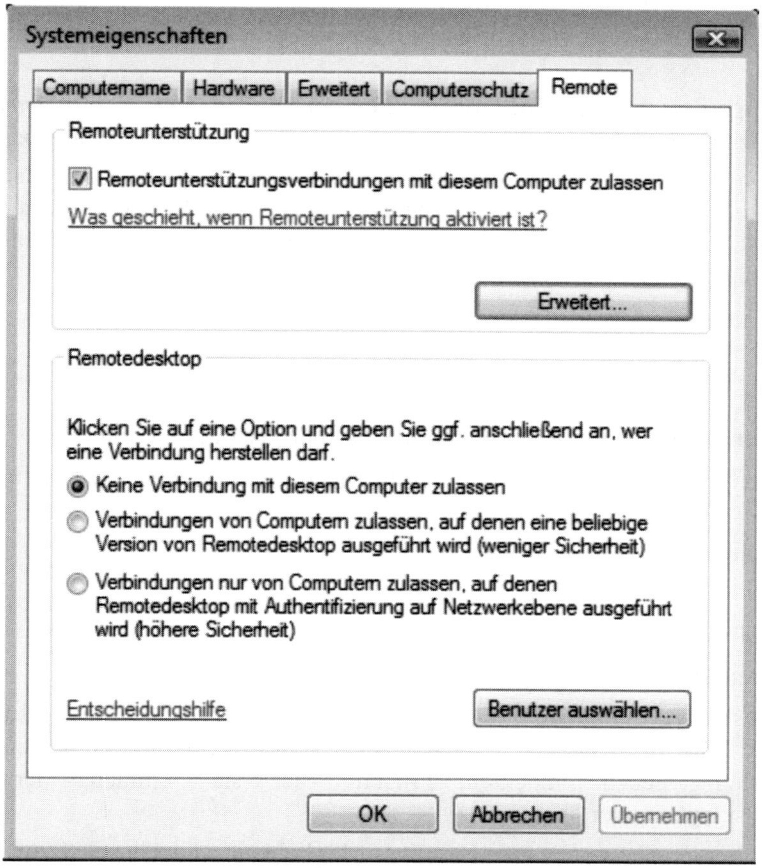

Abbildung 6.33: Grundeinstellungen für Remotedesktop

In beiden Fällen klicken Sie nun links auf die Schaltfläche „Remoteeinstellungen“.

Im unteren Teil der Karteikarte finden Sie „Remotedesktop“.

Hier haben Sie drei Auswahlmöglichkeiten:

Keine Verbindung zu diesem Computer zulassen

Auf diesen Computer kann nicht über Remotedesktop zugegriffen werden.

Verbindungen von Computern zulassen, auf denen eine beliebige Version von Remotedesktop ausgeführt wird (wenig Sicherheit)

Mit dieser Wahl werden auch noch die älteren Versionen von Remotedesktop unterstützt.

Verbindungen nur von Computern zulassen, auf denen Remotedesktop mit Authentifizierung auf Netzwerkebene ausgeführt wird (höhere Sicherheit)

Wenn Sie sicher wissen, dass es nur ein Windows Vista Client sein kann, der auf Ihren Client zugreifen möchte, dann wählen Sie diese Einstellung. Windows Vista unterstützt die Authentifizierung auf Netzwerkebene, wobei diese Funktionalität auch für ältere Clients heruntergeladen und installiert werden kann.

2. Der Benutzer muss das Recht haben, sich Remote anzumelden.

Der Benutzer muss Mitglied in einer Gruppe sein, die das Recht hat, sich an einem Remotesystem anzumelden.

Dieses Recht haben zwei Gruppen

- Administratoren
- Remotedesktopbenutzer

Für administrative Tätigkeiten ist sowieso nur die Gruppe der Administratoren von Bedeutung. Falls Sie zusätzlich einigen Benutzern das Recht zum Anmelden an einem Remotesystem geben möchten, fügen Sie sie einfach der Gruppe „Remotedesktopbenutzer" hinzu.

Es gibt aber auch noch eine zweite Möglichkeit, einzelnen Benutzern den Remotezugriff auf einen einzelnen Rechner zu gewähren, indem Sie auf die Schaltfläche „Benutzer auswählen" klicken, und die ausgewählten Benutzer hinzufügen.

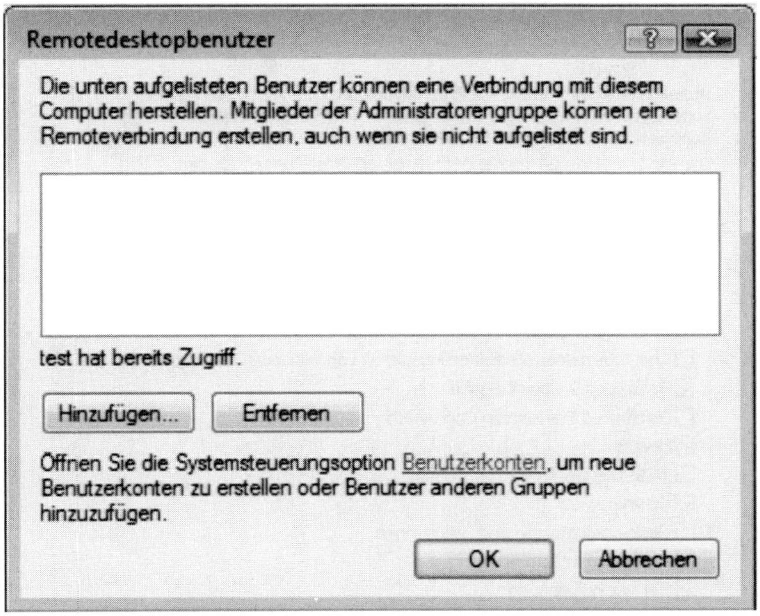

Abbildung 6.34: Benutzer hinzufügen

3. Die Firewall muss eine Remotedesktopsitzung zulassen.

Natürlich müssen Sie darauf achten, dass die Windows Firewall eine Remotedesktopsitzung erlaubt.

Dazu kontrollieren Sie, ob der Haken bei der Ausnahme „Remotedesktop“ gesetzt ist.

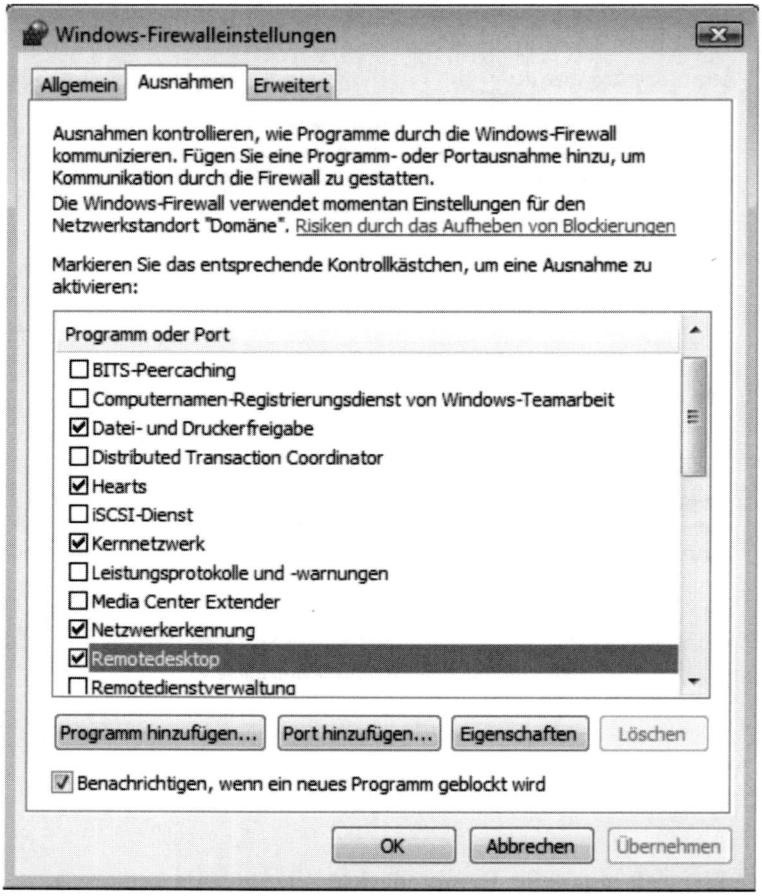

Abbildung 6.35: Konfiguration der Firewall

6.4.2 Remote Access Verbindungen (RAS)

Oft müssen Sie eine RAS-Verbindung aufbauen, um den Client mit dem Firmennetz zu verbinden.

Die einfachste RAS Verbindung kennen wir alle, das ist die Verbindung ins Internet.

Eine RAS Verbindung ist immer eine Kommunikation eines Clients mit einem RAS Server. Dieser RAS Server authentifiziert die Clients, die mit ihm kommunizieren möchten, und lehnt nicht autorisierte Verbindungen ab. So ist es auch, wenn Sie sich mit Ihrem Internet Service Provider (ISP) verbinden.

Eine RAS Verbindung findet immer über eine Telefonleitung statt. Nun ist eigentlich eine Telefonleitung nicht geeignet, Daten zu übertragen, sie wurde für Sprachkommunikation entwickelt.

Um Daten über eine Telefonleitung transportieren zu können, müssen wir die Daten auf eine ganz bestimmte Art „formatieren". Dafür ist ein Protokoll zuständig, das für jede RAS / DFÜ – Verbindung benötigt wird: PPP (Point to Point Protocol).

Das bedeutet, wenn wir eine DFÜ-Verbindung erstellen, werden die Daten in einem TCP/IP Netzwerk (denn das Internet ist ein TCP/IP Netzwerk) übertragen, und dazu wird das Protokoll PPP benutzt.

ACHTUNG!

In Deutschland hat sich DSL durchgesetzt. Auch hier wird eine Art von DFÜ Verbindung aufgebaut, allerdings wird hier ein anderes Protokoll benutzt, nämlich PPPoE (Point to Point Protocol over Ethernet). Dieses Protokoll wird ab Windows XP Professional komplett unterstützt, und muss nicht mehr nachinstalliert werden.

Zunächst einmal muss eine DFÜ-Verbindung aufgebaut werden. Dies nehmen wir im Netzwerk- und Freigabecenter vor, unter dem Menüpunkt „Eine Verbindung oder ein Netzwerk einrichten".

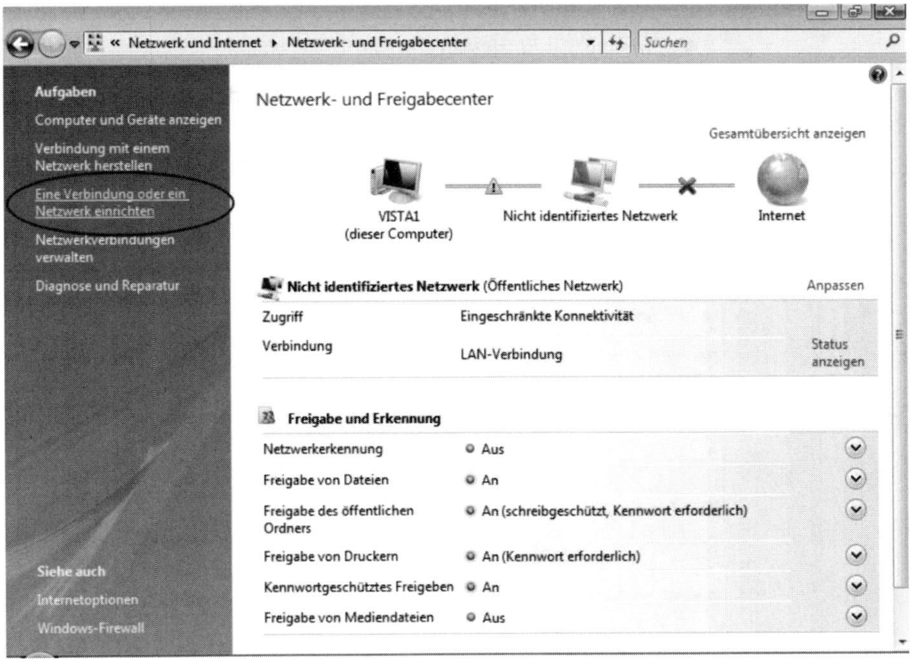

Abbildung 6.36: Netzwerk oder Verbindung einrichten

Wählen Sie hier „Verbindung mit dem Arbeitsplatz herstellen“.

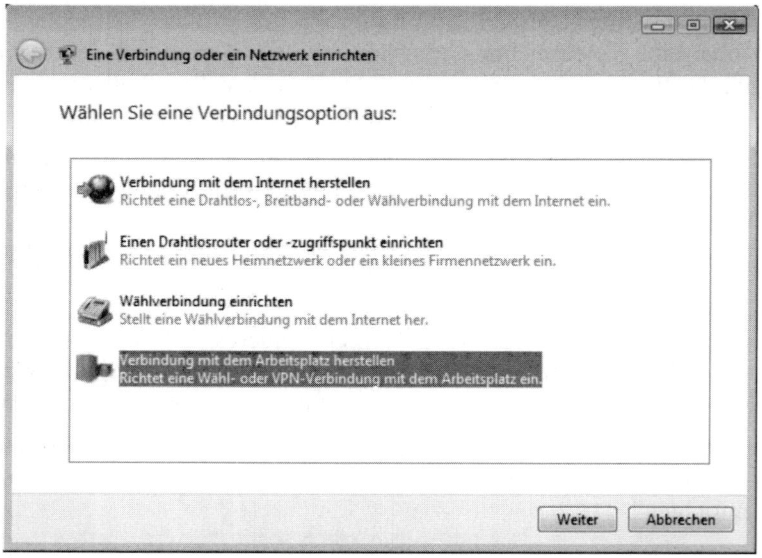

Abbildung 6.37: Einrichten einer DFÜ-Verbindung

Im nächsten Schritt wählen Sie, ob Sie eine VPN-Verbindung oder eine direkte Verbindung erstellen wollen.

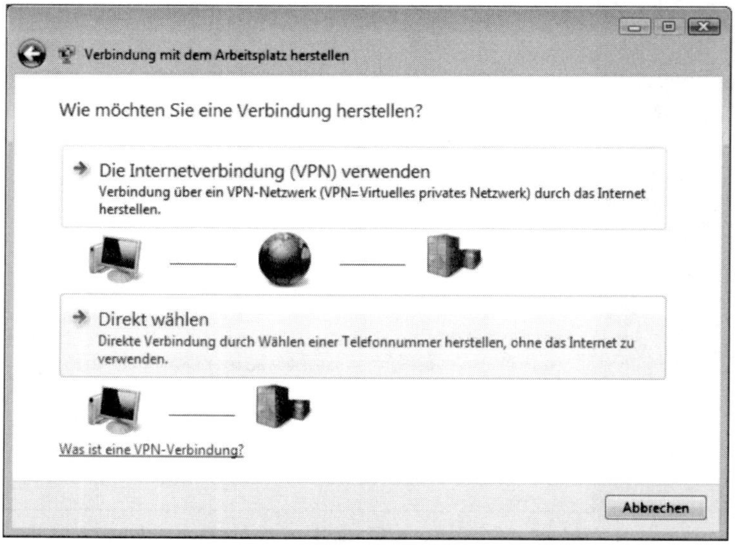

Abbildung 6.38: VPN oder direkte Verbindung

In unserem Fall ist die direkte Verbindung richtig.

Im nächsten Schritt geben Sie die Wahlparameter ein.

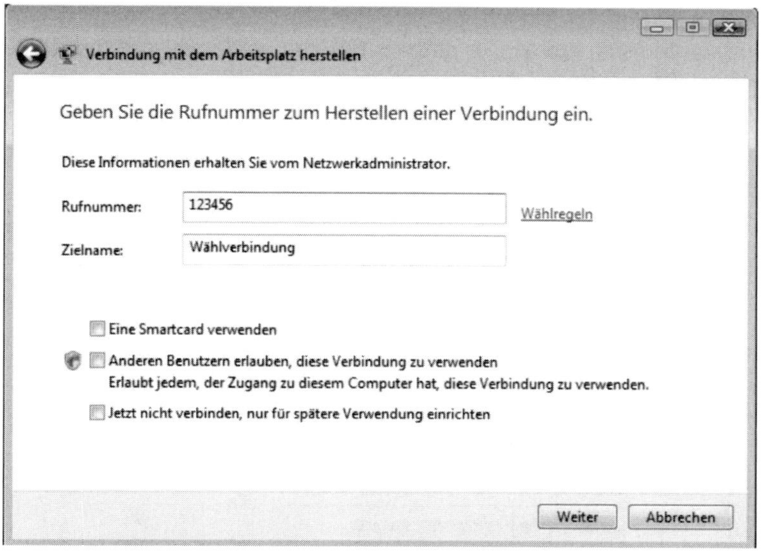

Abbildung 6.39: Wahlparameter

Damit ist die Verbindung erstellt und wird automatisch getestet.

Abbildung 6.40: Verbindungstest

Wenn die Verbindung erstellt ist, können Sie die Parameter konfigurieren, indem Sie die Eigenschaften der Verbindung bearbeiten.

Die wichtigsten Parameter finden Sie auf der Karteikarte „Sicherheit". Wie bereits erwähnt, müssen Sie sich am Server authentifizieren, und zwar mit den Benutzerdaten, die Ihnen mitgeteilt worden sind.

Gerade bei Firmennetzen ist aber eine Authentifizierung bei Weitem nicht genug. Es muss auf jeden Fall dafür gesorgt werden, dass die Authentifizierungsdaten verschlüsselt übertragen werden.

Wenn die Anmeldedaten nicht verschlüsselt gesendet werden, ist die Möglichkeit gegeben, dass jemand die Leitung abhört, und sich die Anmeldedaten „besorgen" kann.

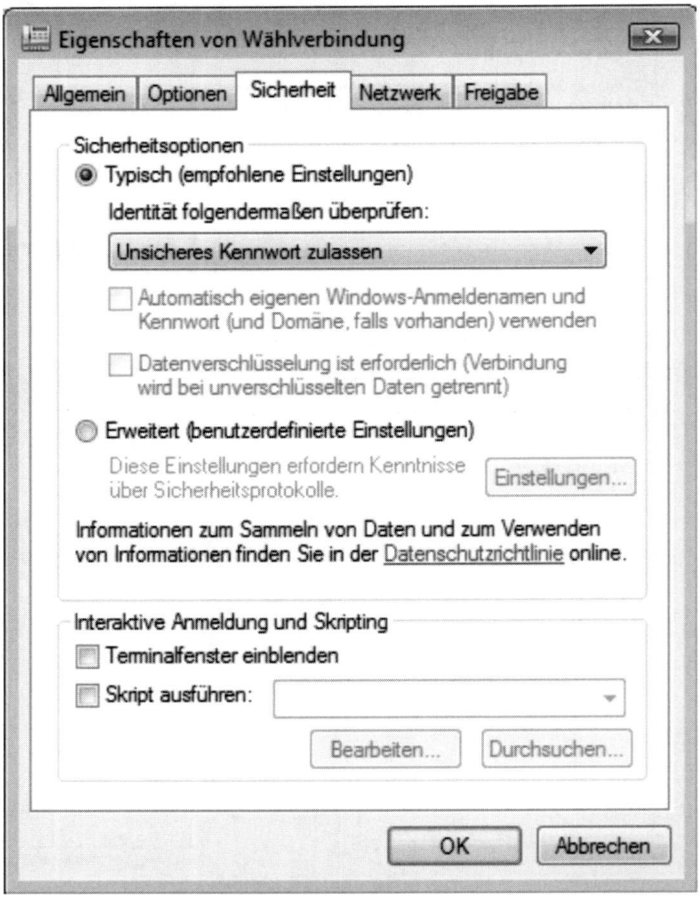

Abbildung 6.41: Sicherheitseinstellungen

ACHTUNG!
Hier geht es nicht in erster Linie um die Verschlüsselung der Daten! Bei den Authentifizierungsprotokollen geht es hauptsächlich um die Verschlüsselung der Anmeldeinformationen! Manche Authentifizierungsprotokolle verschlüsseln zwar auch noch die Daten, aber das ist nicht der Hauptzweck der Protokolle.

Die Standardsicherheitsoptionen sind nicht sehr sicher. Für eine sichere Kommunikation sollten Sie den Haken setzen bei „Erweitert (benutzerdefinierte Einstellungen)“, und dann auf „Einstellungen…“ klicken.

Hier können Sie nun die Authentifizierungsprotokolle wählen.

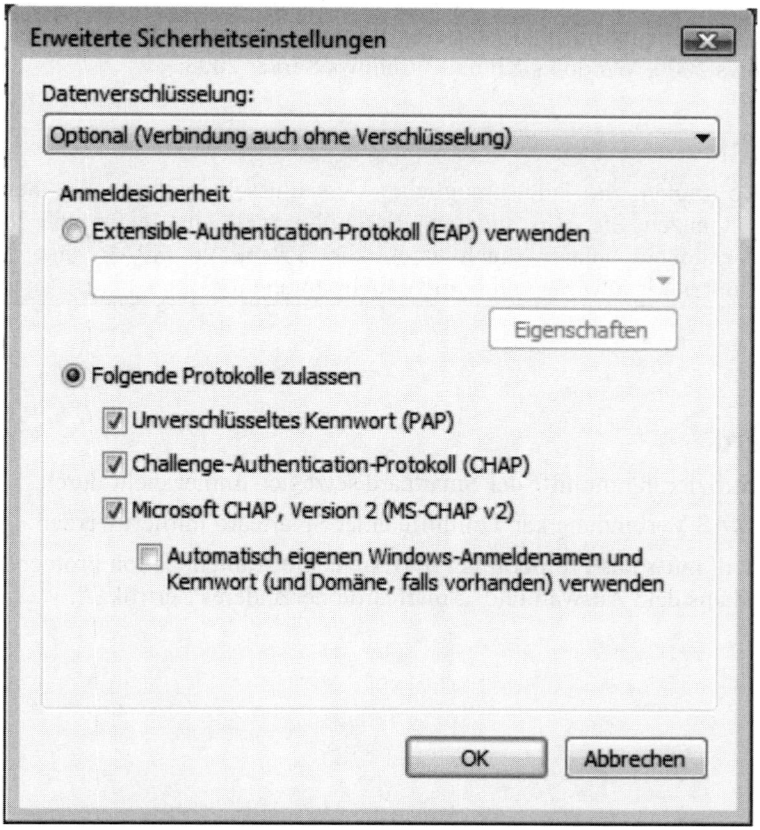

Abbildung 6.42: Authentifizierungsprotokolle

PAP (Password Authentication Protocol)

Sendet Benutzername und Kennwort unverschlüsselt, und ist aus diesem Grund möglichst nicht zu wählen.

CHAP (Challange Authentication Protocol)

Auch CHAP verschlüsselt zwar Benutzername und Kennwort, sendet aber Daten unverschlüsselt.

Für eine VPN-Verbindung über PPTP muss CHAP benutzt werden.

MS-CHAP v2 (Microsoft Challange Authentication Protocol Version 2)

Dies ist die modernste und beste Version des Protokolls CHAP. Diese Version wird unterstützt von Clients mit den Betriebssystemen Windows 95/98/ME, Windows NT 4.0, Windows 2000, Windows XP und Windows Server 2003.

ACHTUNG!
Wählen Sie immer die höchstmögliche Verschlüsselungsstufe, die beide Seiten verstehen! Kreuzen Sie alle anderen Protokolle möglichst nicht an! In früheren Windows-Versionen wurden auch noch die Protokolle SPAP und MS-CHAP unterstützt, unter Vista werden diese nicht mehr unterstützt!

Smartcard

Die Authentifizierung mithilfe der Smartcard setzt sich immer mehr durch.

Auch eine RAS Verbindung kann mithilfe einer Smartcard initiiert werden.

In diesem Fall muss das Protokoll „EAP (Extensible Authentication Protocol)“ gewählt werden, und aus dem Auswahlfeld „Smartcard oder anderes Zertifikat“.

Abbildung 6.43: Smartcard-Anmeldung

Natürlich können Sie auch bei der Smartcard Authentifizierung wählen, was bei einer Kommunikation mit unverschlüsselten Daten zu geschehen hat.

6.4.3 VPN (Virtual Privat Network)

DFÜ-Verbindungen können sehr teuer sein. Stellen Sie sich vor, Sie wählen sich von München aus mit Ihrem Client an einem Server in Hamburg ein. Sie zahlen die Telefongebühren für ein Ferngespräch.

Um diese Kosten zu vermeiden, können Sie ein VPN aufbauen. Ein VPN benutzt das Internet als Kommunikationsweg. Sie stellen über Ihren ISP eine Verbindung zum Internet her, und Ihre Daten werden dann durch das Internet bis zum VPN-Server der Firma geschickt.

Eine VPN-Verbindung stellen Sie ähnlich her, wie eine DFÜ-Verbindung.

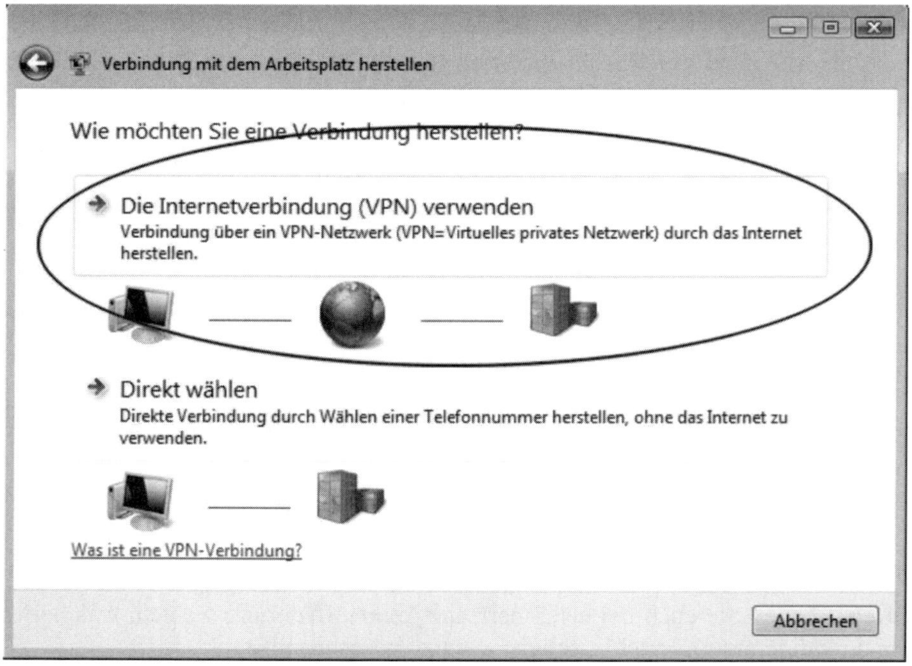

Abbildung 6.44: Erstellen einer VPN-Verbindung

Sie können natürlich auch die so genannte Anfangsverbindung definieren. Das ist die Verbindung, die Sie zunächst wählen müssen, um sich mit Ihrem ISP zu verbinden.

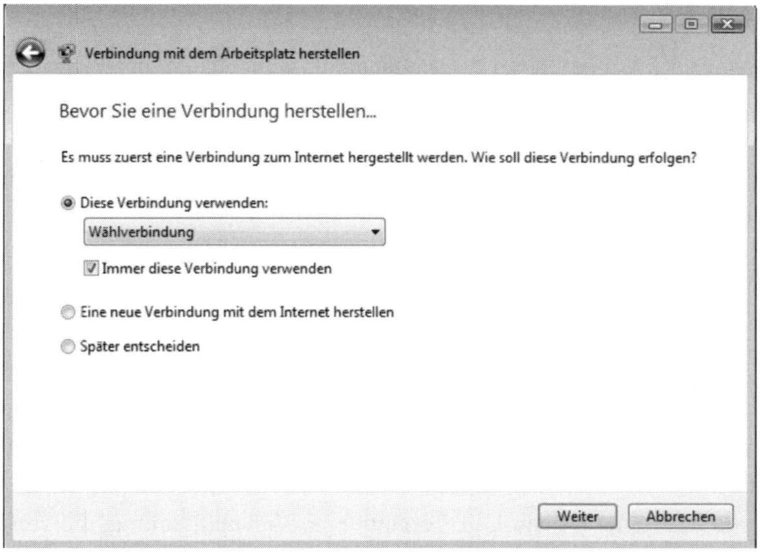

Abbildung 6.45: Anfangsverbindung

Zum Schluss müssen Sie noch den Namen oder die IP-Adresse des VPN-Servers in der Firma angeben, wobei der Name oder die IP-Adresse natürlich öffentlich und im Internet bekannt sein muss.

Abbildung 6.46: Angabe des VPN-Servers

VPN-Protokolle

Gerade in einem VPN müssen wir Sorge tragen, dass die Daten unversehrt ankommen.

Die Datenübertragung über das Internet erfolgt natürlich über ein DFÜ-Protokoll, also entweder PPP oder PPPoE.

Damit das Internet benutzt werden kann, muss aber noch eine zweite Protokollschicht darüber gelegt werden, nämlich ein VPN-Protokoll.

Momentan gibt es zwei verschiedene VPN-Protokolle:

PPTP: Das ältere Protokoll

L2TP: Neuer und moderner

L2TP erscheint in allen Belangen besser, bis auf den wichtigsten: L2TP kann nicht verschlüsseln.

Das ist aber kein Problem, denn L2TP erlaubt eine Verschlüsselung, die viel besser ist, als die eigene Verschlüsselung von PPTP.

Mit L2TP ist es möglich, eine Verschlüsselung über IPSec zu machen.

IPSec ist ein Industriestandard, und momentan wohl eine der sichersten Verschlüsselungen. Bei IPSec werden die Daten von der sendenden Netzwerkkarte bis zur empfangenden Netzwerkkarte verschlüsselt.

Versuchen Sie, wenn möglich, bei einem VPN immer L2TP zusammen mit IPSec zu benutzen.

Funktion	**PPTP**	**L2TP**
Header Komprimierung	Nein	Ja
Tunnel Authentifizierung	Nein	Ja
Eigene Verschlüsselung	Ja	Nein
Kann mit IP-basierten Netzwerken benutzt werden	Ja	Ja
Kann mit Netzwerken benutzt werden, die auf Frame Relay, X25 oder ATM basieren	Nein	Ja

6.4.4 VPN und IPSec

Wie bereits erwähnt, ist eine Verschlüsselung über L2TP und IPSec im VPN-Bereich absolut üblich.

Leider ist die Konfiguration von IPSec alles andere als profan, und wird in den meisten Fällen von den Administratoren vorgenommen.

Unter Windows Vista wird IPSec mit so genannten Richtlinien eingerichtet.

IPSec-Richtlinien bestehen aus mindestens einer Regel, die die Behandlung von IPSec auf diesem Computer definiert.

Eine IPSec Regel besteht aus folgenden Teilen:

Filter

Filter definieren, für welche Art von Datenverkehr die Regel gelten soll.

Filteraktion

Mit der Filteraktion wird festgelegt, welche Aktion ausgeführt werden soll, wenn der Filter zutrifft. Beispielsweise können Sie den kompletten ICMP Datenverkehr sperren.

Außerdem legen Sie hier auch die Verschlüsselungsalgorithmen fest.

Authentifizierungsmethode

Hier legen Sie fest, auf welche Art eine gegenseitige Authentifizierung stattfinden kann. Hier gibt es nur drei Möglichkeiten:

- Kerberos
- Zertifikate
- Vorinstallierte Schlüssel

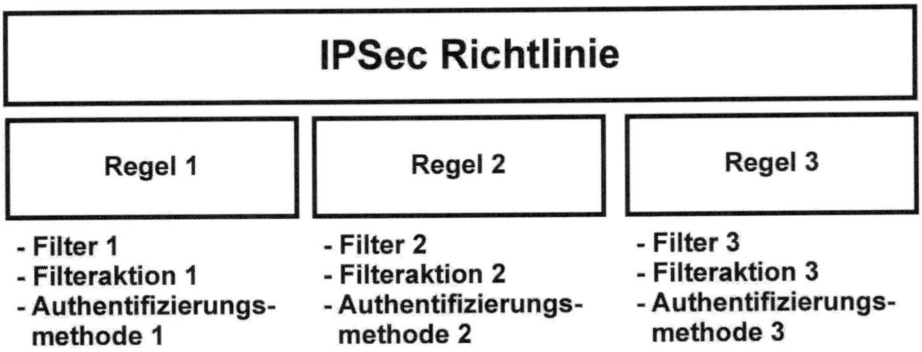

Abbildung 6.47: Prinzip einer IPSec Richtlinie

Windows Vista bietet uns die Möglichkeit, IPSec-Richtlinien völlig frei zu gestalten.

Dies können Sie in der lokalen Gruppenrichtlinie tun, hier finden Sie in den „Sicherheitseinstellungen“ die „Sicherheitsrichtlinien auf dem lokalen Computer“.

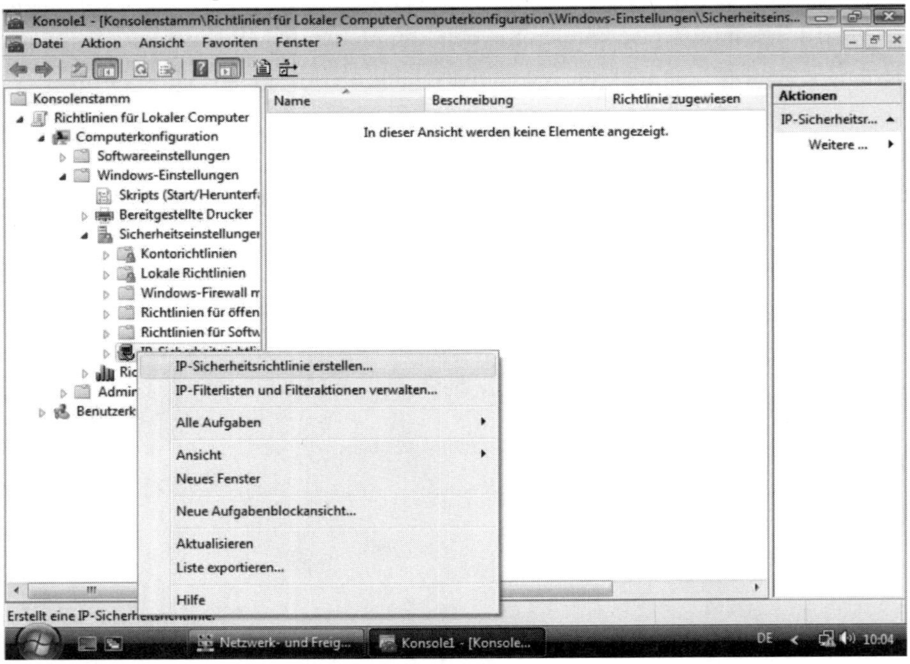

Abbildung 6.48: IPSec-Richtlinien

Hier können Sie eine neue IPSec-Richtlinie erstellen und konfigurieren.

Unter anderem können Sie bei der Filteraktion wählen, ob eine Kommunikation mit IPSec vorgeschrieben sein soll, oder nicht.

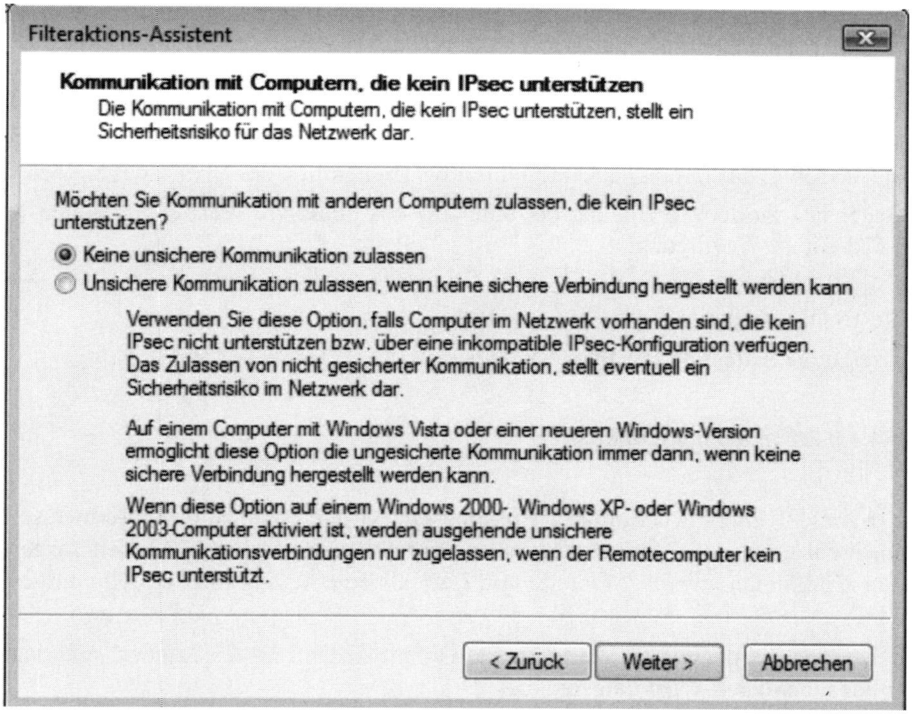

Abbildung 6.49: IPSec vorgeschrieben oder nicht

ACHTUNG!

Wenn Sie eine Kommunikation mit IPSec vorschreiben, also keine unsichere Kommunikation zulassen, ist die Gefahr groß, dass gar keine Kommunikation mehr stattfinden kann.

Ältere Rechner, wie beispielsweise Windows NT 4.0 können die Kommunikation nicht mit IPSec verschlüsseln, falls also ein Kommunikationspartner ein solcher älterer Rechner ist, oder nicht für IPSec konfiguriert ist, wird in diesem Fall der Kommunikationsaufbau abgelehnt!

Achten Sie also darauf, dass Sie IPSec auf einem Client immer mit der höchstmöglichen Sicherheit konfigurieren, aber trotzdem so, dass in jedem Fall eine Kommunikation stattfinden kann!

6.5 IPv6

Windows Vista unterstützt sowohl IPv4, mit dem wir momentan arbeiten, und auch bereits das IPv6, das in den nächsten Jahren wahrscheinlich das IPv4 ablösen wird.

Im Gegensatz zu den 32 Bit, die bei einer IPv4 Adresse zur Verfügung stehen, stellt IPv6 128 Bit zur Verfügung.

Dies würde bedeuten, dass es nicht mehr nur vier Oktette geben kann, sondern es könnte 16 Oktette geben.

Eine mögliche Adresse unter IPv6 wäre also

63.254.4.0.2.128.0.0.0.0.0.0.0.0.0.1

Dies ist nicht mehr verwaltbar. Aus diesem Grund wird die Schreibweise auf hexadezimal umgestellt. In hexadezimaler Schreibweise können 16 Stellen dargestellt werden. So können jeweils 2 Oktette von IPv6 als eine hexadezimale Stelle dargestellt werden.

Dafür werden die dezimalen Werte zweier Oktette zusammengeschrieben, und dann in einen hexadezimalen Wert umgerechnet.

<table>
<tr><td>63</td><td>254</td><td>4</td><td>0</td><td>2</td><td>128</td><td>0</td><td>0</td><td>0</td><td>0</td><td>0</td><td>0</td><td>0</td><td>0</td><td>0</td><td>1</td></tr>
<tr><td colspan="2">3FFE</td><td colspan="2">400</td><td colspan="2">250</td><td colspan="2">0</td><td colspan="2">0</td><td colspan="2">0</td><td colspan="2">0</td><td colspan="2">1</td></tr>
</table>

Diese Schreibweise benutzt als Trennzeichen keine Punkte mehr, sondern Doppelpunkte.

3FFE:400:250:0:0:0:0:1

Als Besonderheit können wiederholte Nullen durch zwei Doppelpunkte dargestellt werden.

3FFE:400:250::1

Durch die Umstellung der IP-Adressierung werden wir 340.282.366.920.938.463.463.374.607.431.768.211.456 mögliche Adressen zur Verfügung haben.

Dies ist eine unvorstellbar große Zahl, mit der theoretisch jeder Quadratkilometer der Erdoberfläche mit 665.570.793.348.866.943.898.599 Adressen abgedeckt werden könnte.

6.5.1 Die Adressbereiche von IPv6

Bei der Einführung von IPv6 werden wir uns auch an eine neue Einteilung der Adressbereiche gewöhnen müssen.

Bereich IPv6	**Entsprechung IPv4**
::/128 (128 0-Bits)	Undefinierte Adresse (0.0.0.0)
::1/128 (127 0-Bits, 1 1-Bit)	Loopback, localhost 127.0.0.1
fe80::/10 (fe80… bis febf…) link local unicast	Nicht routbare Adressen APIPA (169.254.0.0)
ff00::/8 (ff…)	Multicast
ff01::1, ff02::1: All Nodes Adressen	Broadcast
ff01::2, ff02::2, ff05::2: All Routers Adressen	Adressiert alle Router
0:0:0:0:0:FFFF::/96	IPv4 mapped (abgebildete) IPv6 Adressen
2000::/3 Global unicast	Öffentliche IP-Adressen
fc00::/7 Unique local	Private IP-Adressen

Dies sind die momentanen Festlegungen, die sich allerdings noch ändern können.

Ein Beispiel:

Die Adressbereichw fec0::/10 wurden eigentlich als die Nachfolger der privaten IP-Adressen definiert. Sie hießen „Site-local (standortlokal)“.

Nach RFC 3879 sind sie aber mittlerweile veraltet, und werden aus zukünftigen Standards möglicherweise verschwinden. Neue Implementierungen müssen diesen Adressbereich als Global-Unicast-Adressen behandeln.

Sie sehen, die Definitionen sind noch nicht ganz eindeutig, aber Sie sollten die momentan gültigen Implementierungen kennen.

6.6 Sicherheitskonfiguration von Wireless-Netzwerken

An dieser Stelle müssen wir uns noch einmal über die Sicherheitskonfiguration von Wireless Netzwerken unterhalten.

Sie sollten versuchen, jede Kommunikation über das ungeschützte Medium „Luft“, das ja der Träger der Wireless Übertragung ist, zu schützen.

Hierfür stehen uns mehrere Verschlüsselungsarten zur Verfügung.

WEP (Wired Equivalent Privacy)

WEP ist die einfachste, älteste, und auch schlechteste Methode, ein Wireless Netzwerk zu schützen. Bei WEP werden die Daten mit einem 40, 128, 154 oder 256 Bit Schlüssel geschützt, der allen Seiten bei der Kommunikation bekannt sein muss.

Das Problem bei WEP ist, dass es möglich ist, den Schlüssel aus aufgezeichneten Datenpaketen zu errechnen. Nach neuesten Berichten ist es bereits mit unter 100.000 Datenpaketen möglich, den Schlüssel mit einer Wahrscheinlichkeit von etwa 95% zu errechnen. Dies kann in wenigen Minuten Datenverkehr geschehen.

Vermeiden Sie die Verschlüsselung mit WEP, wenn Sie die Möglichkeit haben, andere Sicherheitsmaßnahmen zu ergreifen, wie zum Beispiel

WPA (Wi-Fi Protected Access)

WPA ist eine Weiterentwicklung von WEP, bringt jedoch zusätzlichen Schutz durch dynamische Schlüssel, die auf dem Temporal Key Integrity Protocol (TKIP) basieren, und bietet zur Authentifizierung von Nutzern Pre-Shared Keys (PSK) oder Extensible Authentication Protocol (EAP) über IEEE 802.1x an.

WPA2

WPA2 ist die logische Weiterentwicklung von WPA, und existiert seit 2004. Hier wird der Verschlüsselungsalgorithmus AES benutzt.

WPA und WPA2 werden in der Konstellation eines einfachen Wireless Netzwerks im so genannten „Personal“ Mode benutzt, in dem jeder Benutzer einen erhält, über den die Verschlüsselung vorgenommen wird.

Hierbei hängt die Sicherheit des Netzwerks natürlich von der Güte des Pre-Shared Keys ab.

ACHTUNG!
Nutzen Sie, wenn möglich, die maximale Schlüssellänge von 63 Zeichen, und kombinieren Sie Buchstaben, Ziffern und Sonderzeichen!

802.1x-Authentifizierung

Die momentan sicherste Möglichkeit, ein Wireless Netzwerk zu schützen, ist die Methode 802.1x.

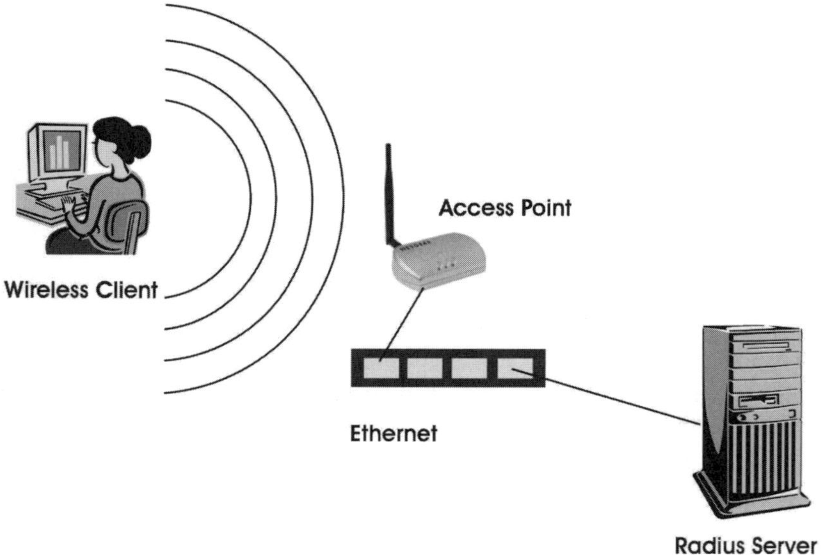

Abbildung 6.50: 802.1x

Der Wireless Client möchte über den Access Point Zugriff auf das Netzwerk erhalten. Damit der Zugriff stattfinden kann, muss zunächst eine Authentifizierung stattfinden, die von einem Authentifizierungsserver (RADIUS-Server) vorgenommen wird.

Somit muss sich der Client zunächst authentifizieren, bevor er Zugriff auf das Netzwerk erhalten kann.

In einem Netzwerk mit 802.1x Authentifizierung kann WPA und WPA2 im Enterprise Modus benutzt werden.

6.7 Zusammenfassung, Übungen / Aufgaben

6.7.1 Zusammenfassung

Das Netzwerk- und Freigabecenter ist ein neuer zentraler Bestandteil von Windows Vista. Hier steuern Sie die prinzipielle Funktionalität Ihres Rechners im Netzwerk.

Die IP Adressierung ist wichtig für die Identifikation des Rechners im Netzwerk. Es muss immer die IP-Adresse zusammen mit der Subnetzmaske betrachtet werden, denn erst die Subnetzmaske kann eine IP-Adresse in einen Netzwerkanteil und einen Hostanteil unterteilen.

Die IP-Adressen können statisch oder dynamisch vergeben werden. Wenn eine dynamische Vergabe der IP-Adresse erfolgt ist, und es ist kein DHCP-Server verfügbar, wird zunächst eine eventuelle alternative Konfiguration benutzt. Erst wenn diese nicht vorhanden ist, gibt sich der Rechner selbst eine Adresse aus dem APIPA Bereich 169.254.0.0/16 .

Die Namensauflösung ist bei NetBios Rechnern und Hosts verschieden. Aus diesem Grund sollte in einem gemischten Netzwerk mit NetBios Rechnern ein WINS-Server vorhanden sein.

Die Hilfsprogramme IPCONFIG, PING, NETSTAT, NBTSTAT, TRACERT und PATHPING können Ihnen helfen, Fehler in der IP Konfiguration zu erkennen.

Sie können den Remotezugriff über Remotedesktop, DFÜ oder VPN erstellen. Hierbei sind die Sicherheitseinstellungen zu beachten.

6.7.2 Übungen

1. Melden Sie sich als Administrator an der Domäne an.

2. Öffnen Sie das Netzwerk- und Freigabecenter.

3. Erlauben Sie die Netzwerkkennung und die Freigabe von Daten.

4. Überprüfen Sie Ihre IP Konfiguration. Haben Sie eine statische oder eine dynamische Adresse?

5. Erstellen Sie, wenn möglich, eine alternative IP Konfiguration.

6. Achten Sie darauf, dass Sie DHCP-Client sind. Entfernen Sie das Netzwerkkabel, und geben Sie ein IPCONFIG /RELEASE und IPCONFIG /RENEW. Überprüfen Sie nun Ihre IP-Adresse.

7. Verbinden Sie sich wieder mit dem Netzwerk und stellen Sie die ursprüngliche Adressierung wieder her.

8. Versuchen Sie mit Ping verschiedene Rechner zu erreichen.

9. Versuchen Sie, eine Remotesitzung zu einem Übungspartner aufzubauen.

10. Erstellen Sie eine DFÜ-Verbindung.

11. Überprüfen Sie die Sicherheitseinstellungen der DFÜ-Verbindung. Welches Authentifizierungsprotokoll wird benutzt, und halten Sie das für gut?

12. Erstellen Sie eine VPN-Verbindung.

13. Erstellen Sie in der lokalen Gruppenrichtlinie eine IPSec Richtlinie, die sowohl verschlüsselten, als auch unverschlüsselten Verkehr zulässt. Aktivieren Sie diese Richtlinie nicht.

6.7.3 Aufgaben

1. Wie können Sie dafür sorgen, dass auch die XP-Clients im Netzwerkdiagramm angezeigt werden?

2. Was sollten Sie immer zuerst tun, wenn Sie ein Kommunikationsproblem feststellen?

3. In Ihrer Firma ist die Windows Firewall per Gruppenrichtlinie aktiviert.
   Nun wird eine zentrale Firewall installiert und konfiguriert.
   Was sollten Sie tun, damit der Datenverkehr innerhalb der Firma problemlos stattfinden kann?

4. Wie können Sie dafür sorgen, dass andere Computer Ihren Vista-Computer nicht entdecken können?

5. Welche Berechtigungen werden benötigt, um Zugriffsberechtigungen auf Ordner zu ändern?

6. Sie aktivieren den Zugriff auf Ihren öffentlichen Ordner. Sie möchten, dass nur bestimmte Kollegen auf diesen Ordner zugreifen können.
   Wie können Sie das machen?

7. Das Netzwerk in Ihrer Firma besteht aus mehreren Subnetzen, die mit Routern verbunden sind.
   Was sollten Sie überprüfen, wenn die Clients eines bestimmten Subnetzes keine Ressourcen in anderen Subnetzen erreichen können, aber nur diese Clients dieses Problem haben?

8. Ein DHCP-Client kann keine IP-Adresse empfangen, obwohl er für den automatischen Bezug konfiguriert ist. Sie überprüfen den DHCP-Server, er funktioniert einwandfrei.

Auch ein Neustart des Clients sorgt nicht für Besserung. Der Netzwerkkontakt ist vorhanden, eigentlich sollte der Bezug der Netzwerkadresse funktionieren.

Was kann noch die Ursache sein?

9. Sie haben momentan eine große Geschäftsstelle, in der sich ein Domänencontroller, ein DNS-Server und ein DHCP-Server befinden.

   Nun eröffnen Sie eine zusätzliche Geschäftsstelle, in der sich 20 Vista-Computer befinden. Dort wird ein Domänencontroller installiert, der auch als DNS-Server dient. Die Verbindung mit der großen Geschäftsstelle erfolgt durch eine VPN-Verbindung.

   Wie konfigurieren Sie die Vista-Rechner, damit möglichst wenig unnötiger Datenverkehr über die VPN-Verbindung geht?

10. Welche Möglichkeit haben Sie, den Vista-Rechner zu zwingen, eine neue IP-Adresse vom DHCP-Server anzufordern?

11. Sie sind Desktopsupporter in Ihrer Firma.

    Sie haben bisher mit einem einzigen DHCP-Adressbereich gearbeitet, alle Vista Computer sind DHCP-Clients.

    Nun erstellen Sie ein weiteres Subnetz, und definieren dafür einen weiteren DHCP-Bereich.

    Wie können Sie dafür sorgen, dass die entsprechenden Computer die neuen IP-Adressen schnell empfangen?

12. Wie können Sie überprüfen, ob ein Vista-Rechner Anfragen auf einem bestimmten Port empfängt?

13. Sie sind Desktopsupporter in Ihrer Firma.

    Nachdem ein Fileserver in einen anderen Gebäudeteil verlegt worden ist, können die Clients ihn nicht mehr erreichen.

    Was sollten Sie tun?

14. Welchen Befehl sollten Sie immer auf Clients ausführen, wenn sich IP-Adressen von Servern geändert haben?

15. Sie betreuen ein heterogenes Netzwerk, mit Clients, die NT 4.0, Windows 2000 Professional, Windows XP Professional und Windows Vista als Betriebssystem haben.

    Sie müssen nun dafür sorgen, dass intern eine Kommunikation über IPSec stattfindet, wenn möglich.

    Wie konfigurieren Sie die Gruppenrichtlinie?

16. Wie können Sie im internen Datenverkehr die höchstmögliche Sicherheitsstufe implementieren?

17. Wie beginnen öffentliche IPv6 Adressen?

18. Was entspricht im IPv6 den privaten IP-Adressen bei IPv4?

19. Sie betreiben Ihre Windows Vista Rechner mit Wireless Netzwerkkarten. Leider haben Sie keine Möglichkeit, eine Radius-Authentifizierung zu definieren, und auch eine Zertifikatshierarchie steht Ihnen nicht zur Verfügung.

    Wie können Sie trotzdem einen möglichst hohen Sicherheitsstandard erreichen?

20. In Ihrer Firma sind alle Clients mit Windows Vista ausgestattet, und haben eine Netzwerkkarte, die „Wake-on-LAN“ unterstützt.

    Sie müssen folgende Anforderungen erfüllen:

    - Die Rechner sollen in der Nacht möglichst keinen Strom benötigen
    - Installationen sollen trotzdem nachts stattfinden
    - Updates sollen nachts installiert werden

    Was sollten die Benutzer tun, wenn sie abends das Büro verlassen?

7 Verwalten von Desktopanwendungen

Lernziele:

- Arten der Softwareinstallation
- Softwareeinschränkungen
- Desktopanwendungen
- Application Compatibility Toolkit
- Virtual PC

Prüfungsanforderungen von Microsoft:

- Support deployed applications
- Troubleshoot software restrictions
- Maintain desktop applications

Quelle: Microsoft

7.1 Einführung

Anwendungen zu verwalten kann eine große Herausforderung sein, gerade wenn man ein neues Betriebssystem hat.

Sie sollten die Arten der Installation kennen, aber vor allem, wie Sie Kompatibilitätsprobleme lösen können.

7.2 Softwareinstallation

Die Softwareinstallation ist ein Vorgang, der auf Clients relativ häufig vorkommt. Hierbei ist es wichtig zu wissen, wie die Vorgehensweise ist.

7.2.1 Wer darf installieren?

Installieren dürfen natürlich nur die Administratoren, die normalen Standardbenutzer haben dieses Recht nicht.

Das ist auch gut so, denn stellen Sie sich vor, wenn jeder Benutzer installieren dürfte, wären sicherlich viele Programme auf den Firmenrechnern zu finden, die dort nichts verloren haben!

Allerdings hat dies natürlich auch einen Nachteil: Benutzer von Notebooks, die häufig unterwegs sind, müssen manchmal eigenständig Anwendungen installieren.

In diesem Fall bleibt Ihnen keine andere Möglichkeit, als diesen Personen lokale administrative Rechte zu geben.

7.2.2 Manuelle Installation

Der Normalfall der Installation ist die manuelle Installation. Sie ist leider auch die aufwändigste.

Normalerweise installieren wir Software mithilfe der Datei „Setup.exe“. Wenn wir aber eine automatisierte Installation von Software möchten, können wir auch die Installationsdatei mit der Endung .MSI benutzen.

MSI-Dateien sind vorgefertigte Installationsroutinen, die keinen Benutzereingriff bei der Installation verlangen. Um Software mithilfe einer .MSI-Datei zu installieren, muss auf dem Client der „Windows Installer Dienst“ laufen. Alle modernen Windows Computer beinhalten diesen Dienst.

Umgebungsvariablen

Ein Problem, das bei einer Installation auftauchen kann, ist der mangelnde Speicherplatz auf C:\.

Leider ist es so, dass die Installationsprogramme in vielen Fällen zunächst die Installationsdateien in das temporäre Verzeichnis speichern, und aus diesem heraus dann die Installation starten.

Wenn auf C:\ relativ wenig Speicherplatz ist, kann es vorkommen, dass die Installation abbricht.

Um das zu vermeiden, gibt es die Möglichkeit, die temporären Verzeichnisse auf eine andere Partition zu legen.

Dazu öffnen Sie die Systemsteuerung, und wählen

- System und Wartung
- System
- Erweiterte Optionen

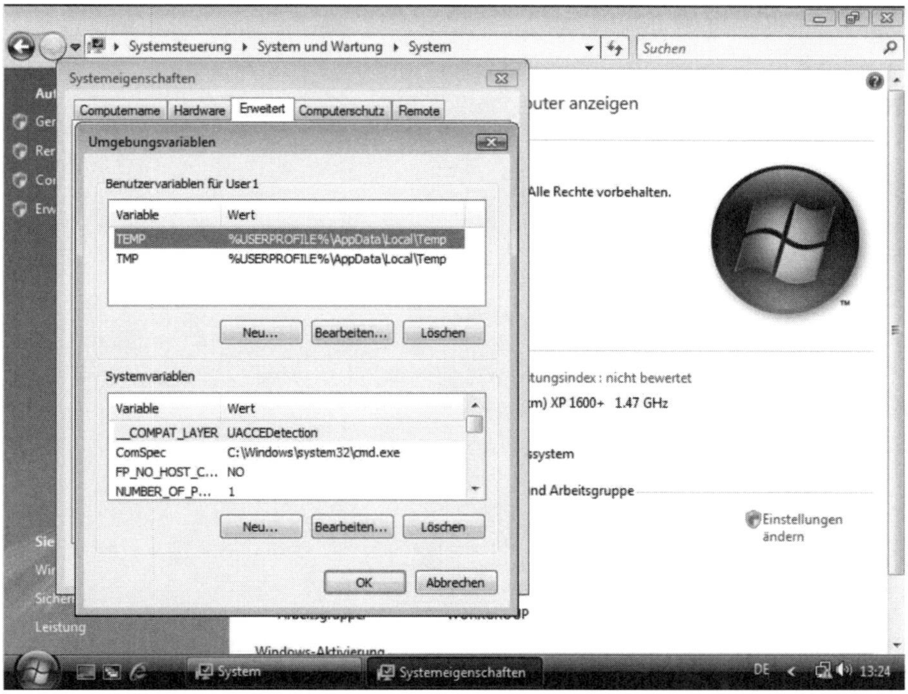

Abbildung 7.1: Systemvariablen

Hier können Sie die temporären Verzeichnisse an eine andere Stelle verlegen.

7.2.3 Installation mit MSIEXEC.EXE

Eine gute Möglichkeit, die manuelle Installation zu automatisieren, ist die Installation mit dem Tool „MSIEXEC.EXE“.

Dieses Tool bietet die Möglichkeit, Programme mithilfe der Befehlszeile zu installieren, ändern, reparieren und konfigurieren.

Die Syntax lautet: MSIEXEC /<Optionen> <Paketname>

Mit MSIEXEC.EXE können Sie

- Installationsoptionen
- Anzeigeoptionen
- Neustartoptionen
- Protokollierungsoptionen
- Aktualisierungsoptionen
- Reparaturoptionen

festlegen.

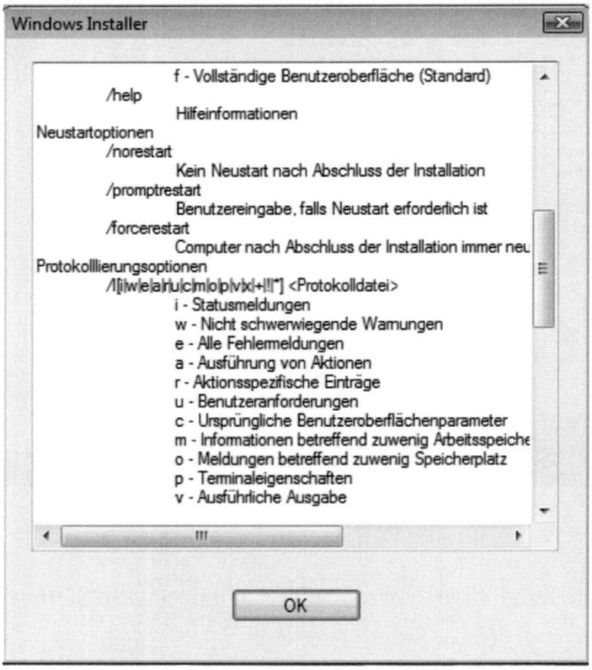

Abbildung 7.2: MSIEXEC.EXE

7.2.4 Installation mit Gruppenrichtlinien

Wenn Sie einen Windows Vista Client an einer Domäne betreiben, gibt es eine sehr komfortable Möglichkeit, Software auf den Clients zu installieren.

Sie können im Active Directory, dem Verzeichnisdienst in einer Windows Domäne eine Gruppenrichtlinie erstellen, mit der Sie festlegen können, welche Software auf Clients in der Domäne installiert wird.

Die Gruppenrichtlinien einer Domäne haben wir bereits betrachtet, nun fügen wir noch eine weitere Möglichkeit hinzu, die Softwareinstallation.

Sie können Softwareinstallation sowohl auf der Computerseite als auch auf der Benutzerseite konfigurieren.

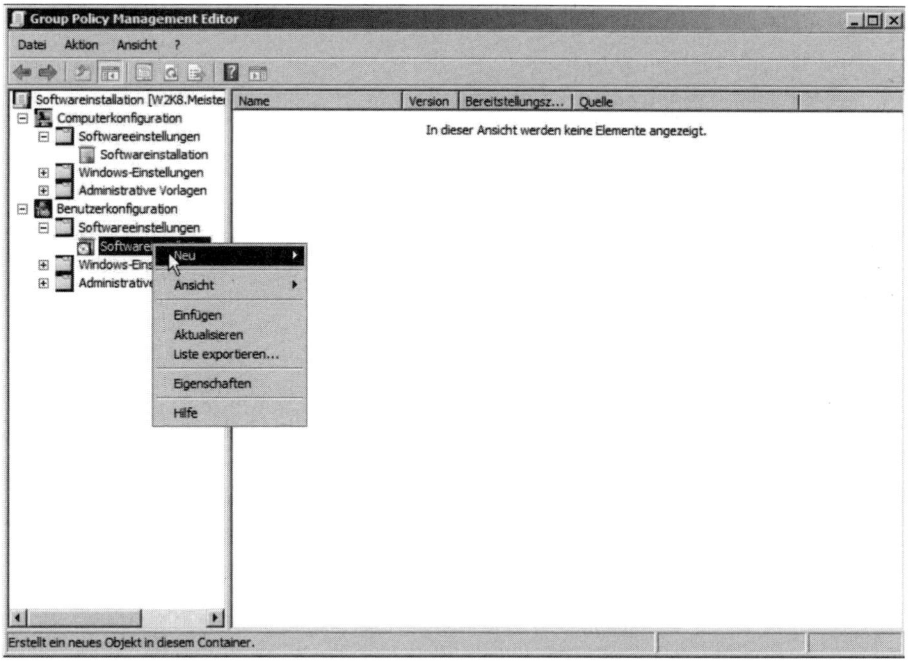

Abbildung 7.3: Softwareinstallation

In der Gruppenrichtlinie muss nun ein „Paket" erstellt werden. Dies bedeutet, dass die Installationsdateien in einer Netzwerkfreigabe zu finden sind, wobei immer auch die .MSI Datei dabei ist.

ACHTUNG!
Wenn Sie eine Installations-CD in eine Netzwerkfreigabe kopieren, ist die .MSI Datei immer dabei.

Das Erstellen des Pakets kann eine Weile dauern.
Danach beantworten Sie eine Abfrage, ob Sie die Software

- Zuweisen oder
- Veröffentlichen

möchten.

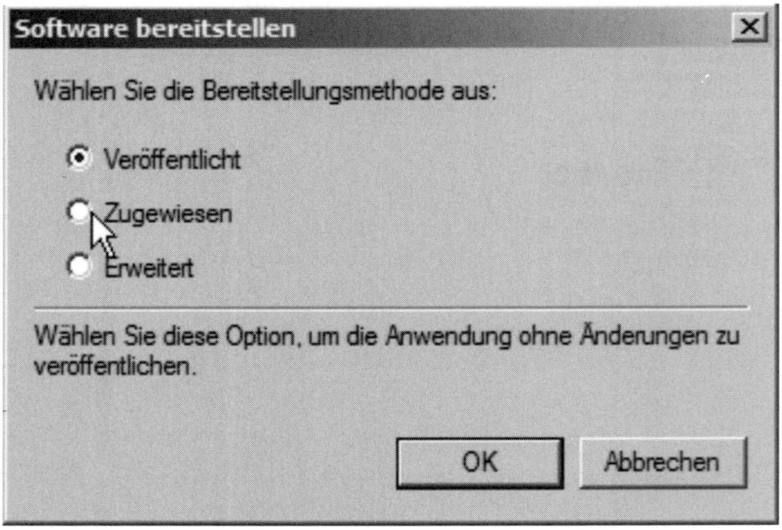

Abbildung 7.4: Zuweisen oder veröffentlichen

Diese Auswahl hat Auswirkung auf die Art der Installation der Software.

Zuweisen einer Software zu einem Benutzer

Dies bedeutet, dass die Software nur angekündigt wird, wenn der Benutzer sich anmeldet. Es erscheint eine Verknüpfung im Startmenü und eventuell auch auf dem

Desktop. Auch in der Systemsteuerung / Software erscheint das Programm.

Installiert wird die Software erst, wenn der Benutzer versucht, das Programm zu starten, oder wenn er einen Doppelklick auf die entsprechende Extension, z.B .DOC setzt.

Diese Art der Softwareinstallation entzerrt die Netzwerklast, da erst installiert wird, wenn der Benutzer dies wünscht.

Zuweisen einer Software zu einem Computer

Da ein Computer nicht entscheiden kann, ob er die Software installiert haben möchte oder nicht, muss in diesem Fall die Software direkt beim Computerstart installiert werden.

Veröffentlichen von Software für einen Benutzer

Wenn Sie wählen, eine Software für einen Benutzer zu veröffentlichen, erscheint keine Ankündigung der Software im Startmenü. Nur in der Systemsteuerung / Software werden Sie die Software finden.

Auch hier wird installiert, wenn der Benutzer die Software auswählt, oder wenn er einen Doppelklick auf die entsprechende Extension, z.B .DOC setzt.

Veröffentlichen einer Software für einen Computer

Dies ist nicht möglich, da ein Computer keine Entscheidung treffen kann.

	Zuweisen	Veröffentlichen
Benutzer	- Verknüpfung im Startmenü oder auf dem Desktop (Programmabhängig) - Eintrag in "Software" Installation erfolgt bei - Aufruf - Dokumentenaktivierung	--- - Eintrag in "Software " Installation erfolgt bei - Aufruf - Dokumentenaktivierung
Computer	- keine Ankündigung, sondern sofortige vollständige Installation IST NICHT MÖGLICH AUF DOMÄNENCONTROLLER!	

Abbildung 7.5: Softwareinstallationsmatrix

Konfiguration des Softwarepakets

Nachdem die Software als Paket erstellt ist, können Sie dieses Paket noch nach eigenen Wünschen konfigurieren, indem Sie mit einem Doppelklick das Eigenschaftsmenü öffnen.

Karteikarte „Bereitstellen von Software“

Hier können Sie in erster Linie die Verteilungsart ändern, von Veröffentlichen auf Zuweisen und umgekehrt.

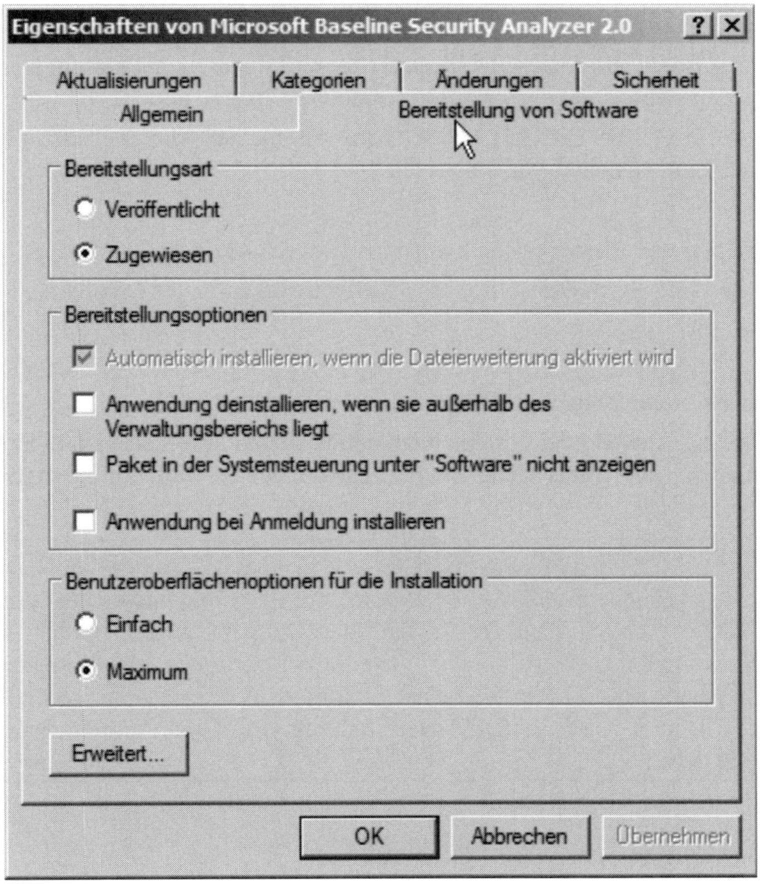

Abbildung 7.6: Bereitstellen

Bereitstellungsoptionen

Hier sind einige wichtige Einstellungen, die Sie für den Alltag benötigen.

Anwendung deinstallieren, wenn sie außerhalb des Verwaltungsbereichs liegt

Bei dieser Einstellung wird überprüft, ob sich das Konto, dem die Software bereitgestellt worden ist, noch im Geltungsbereich der Gruppenrichtlinie liegt.

Ein Beispiel:

Sie haben den Benutzerkonten OU „Einkauf“ eine Software zugewiesen. Nun wechselt ein Kollege den Arbeitsbereich, und sein Konto wird in eine andere OU verschoben.

Wenn Sie diese Option aktiviert haben, wird automatisch die Software deinstalliert, sobald er sich zum nächsten Mal anmeldet.

Paket in der Systemsteuerung unter „Software“ nicht anzeigen

Damit können Sie vermeiden, dass das Softwarepaket in der „Software“ angezeigt wird.

Anwendung bei Anmeldung installieren

Hierbei wird die Anwendung bei der Anmeldung gleich komplett installiert, und nicht nur angekündigt. Diese Einstellung ist unter Umständen für Notebookbesitzer wichtig.

ACHTUNG!

Erfolgt die Anmeldung mit zwischengespeicherten Anmeldeinformationen und wird dann eine RAS-Verbindung hergestellt, wird die Gruppenrichtlinie bei der Anmeldung nicht übernommen. Um die Verwendung von zwischengespeicherten Anmeldeinformationen in einer RAS-Verbindung zu vermeiden, müssen die Benutzer das Kontrollkästchen „Über das DFÜ-Netzwerk anmelden“ im Anmeldedialogfeld von Windows aktivieren!

Karteikarte „Aktualisieren“

In dieser Karteikarte geben Sie .MSI Pakete an, die das momentan installierte Paket aktualisieren sollen, wie beispielsweise neuere Versionen.

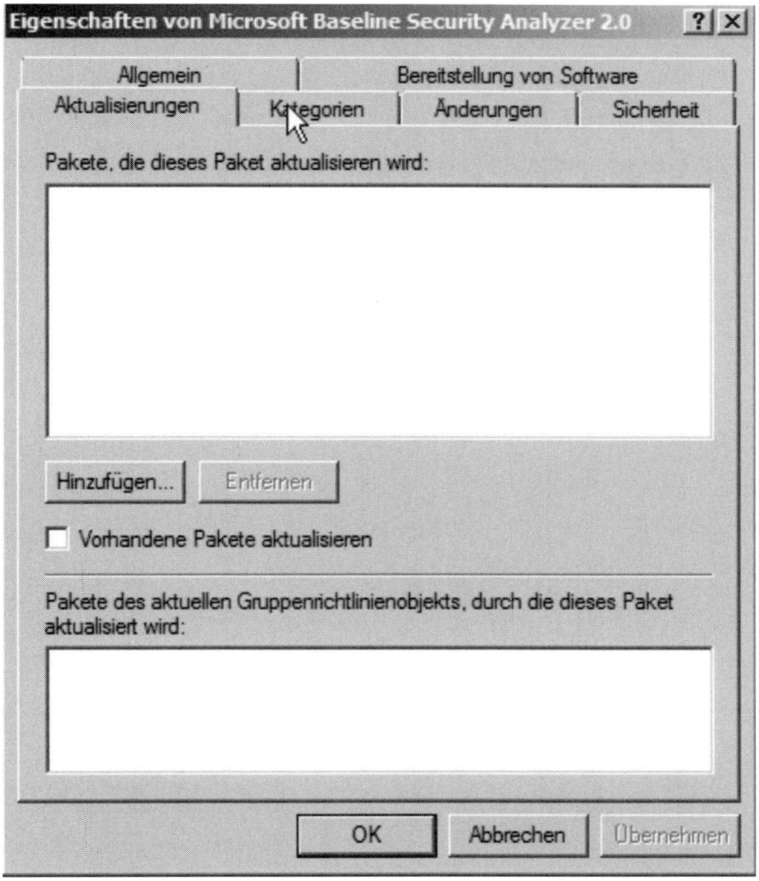

Abbildung 7.7: Neuere Versionen

Wenn Sie den Haken vor „Vorhandene Pakete aktualisieren" setzen, wird das Update auf die neuere Version verbindlich, sonst ist es optional.

Karteikarte „Kategorien"

Hier können Sie Kategorien für die Software festlegen, unter denen sie dann in der Systemsteuerung / Software angezeigt wird. Dies klappt aber nur, wenn zuvor Kategorien definiert worden sind.

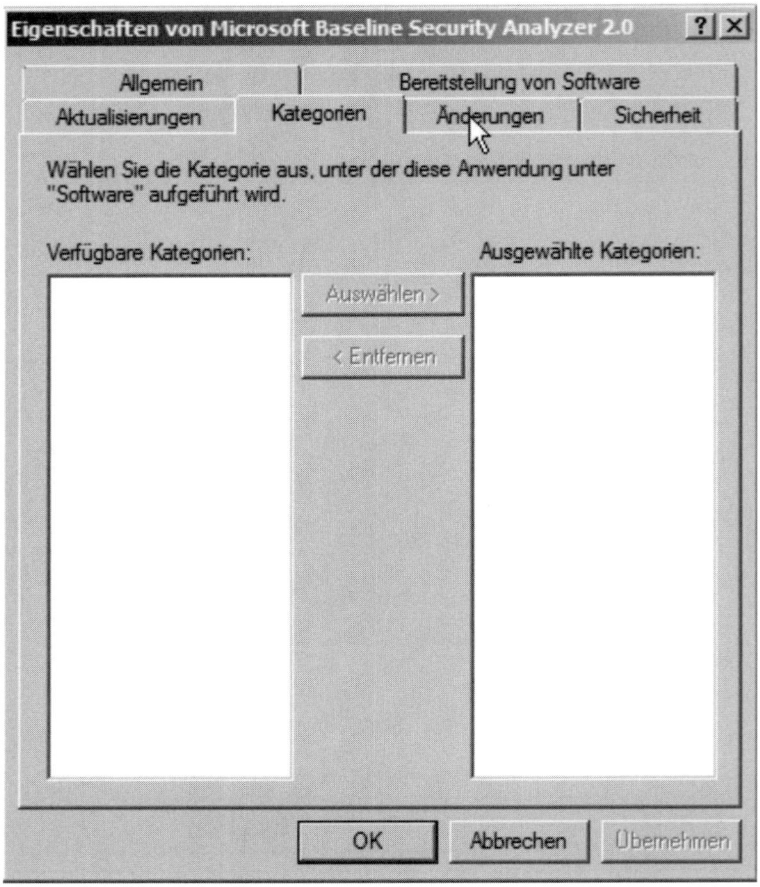

Abbildung 7.8: Auswahl der Kategorien

Karteikarte „Änderungen“

Wenn Sie Änderungen an der Standardinstallation vornehmen wollen, können Sie diese Änderungen hier angeben. So können Sie zum Beispiel ein zusätzliches Wörterbuch in einer anderen Sprache installieren, oder andere individuelle Anpassungen machen.

Um Änderungen durchzuführen benutzen Sie oder erstellen Sie eine .MST Datei, die Sie hier angeben.

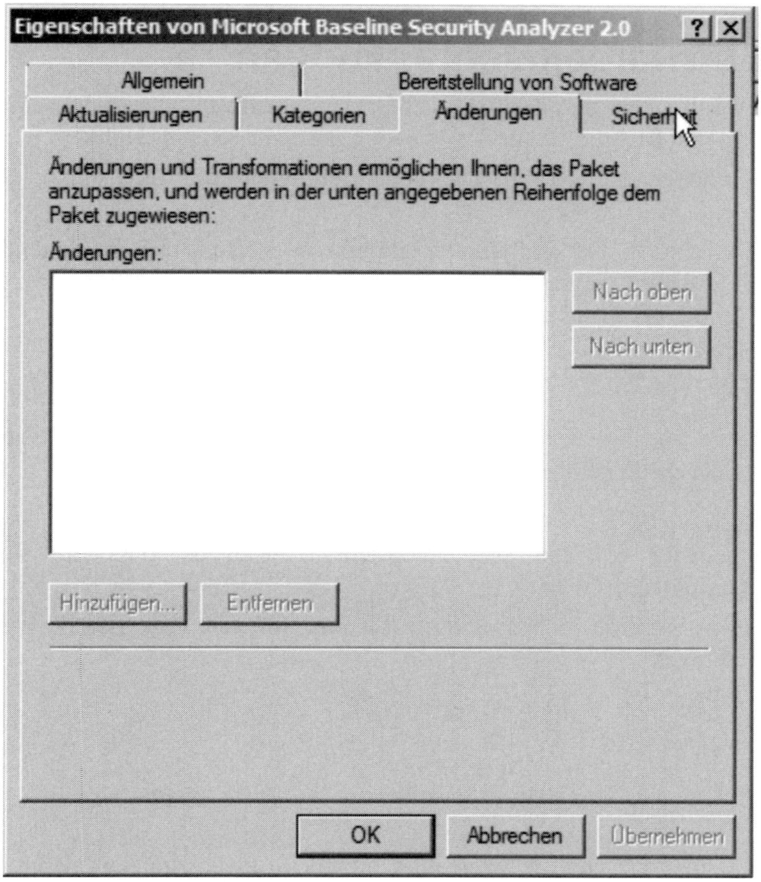

Abbildung 7.9: Änderungen durch .MST-Dateien

Natürlich können Sie die Wirksamkeit dieser Gruppenrichtlinien genauso wie alle anderen Gruppenrichtlinien mit den bekannten Tools überprüfen.

7.3 Softwareeinschränkungen

Eine neue Möglichkeit, den Zugriff auf bestimmte Softwaretypen einzuschränken, hat Microsoft mit den Richtlinien für Softwareeinschränkungen eingeführt.

Dies sind Optionen, die Sie in den Gruppenrichtlinien unter dem Punkt „Sicherheit“ finden.

Mit den Richtlinien für Softwareeinschränkung können Sie festlegen, wie mit unbekannter Software umgegangen werden soll. Dies ist in erster Linie ein zusätzlicher Schutz vor Viren und Trojanern.

ACHTUNG!
Der Einsatz von Richtlinien zur Softwareeinschränkung kann ein gutes Virenschutzprogramm nicht ersetzen!

Der Grundgedanke bei den Softwareeinschränkungen ist, dass Sie die erlaubte Software identifizieren sollen.

Zunächst legen Sie eine Sicherheitsstufe für alle Software fest. Hierfür gibt es zwei Grundeinstellungen:

- Nicht eingeschränkt
- Nicht erlaubt

Wenn Sie „nicht eingeschränkt“ wählen, kann jede Software standardmäßig ausgeführt werden, bei „nicht erlaubt“ kann keine Software ausgeführt werden.

Nun legen Sie die Ausnahmen von der Regel fest. Dafür erstellen Sie Regeln, die die Standardeinstellung für bestimmte Anwendungen außer Kraft setzen.

Konfiguration von Softwareeinschränkungen

Im Installationszustand existieren keine Softwareeinschränkungen. Sie müssen diese zunächst einmal aktivieren.

Dazu wählen Sie die entsprechende Gruppenrichtlinie aus:

- Gruppenrichtlinie
- Computerkonfiguration
- Windows-Einstellungen
- Sicherheitseinstellungen
- Richtlinien für Softwareeinschränkungen
- Neue Richtlinien für Softwareeinschränkungen erstellen

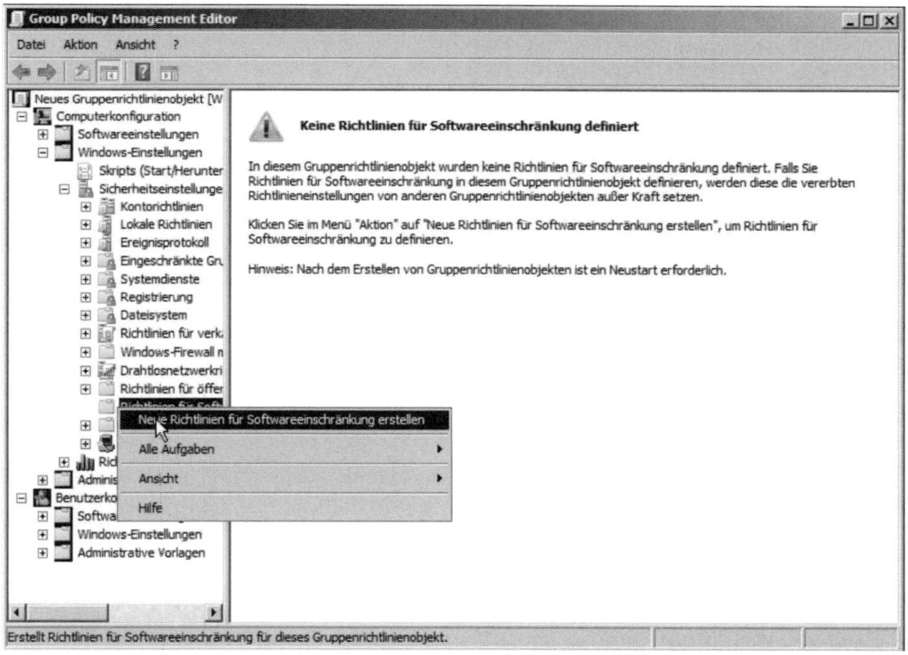

Abbildung 7.10: Erstellen von Richtlinien für Softwareeinschränkungen

Nun ist die Grundeinstellung gemacht.

Wie Sie erkennen können, ist die Grundeinstellung „nicht eingeschränkt“.

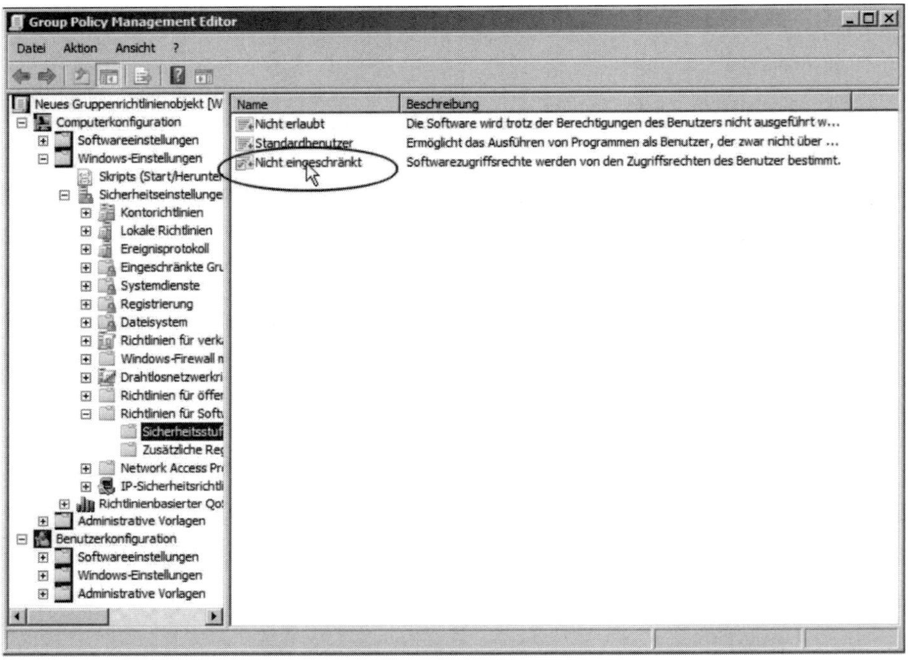

Abbildung 7.11: Grundeinstellung

Das bedeutet, in diesem Fall dürfen alle Programme ausgeführt werden, es sei denn, Sie konfigurieren Ausnahmen.

Natürlich können Sie auch die Einstellung „Nicht erlaubt“ zur Standardeinstellung machen, in diesem Fall darf kein Programm ausgeführt werden, es sei denn, Sie erstellen Ausnahmeregeln für erlaubte Programme.

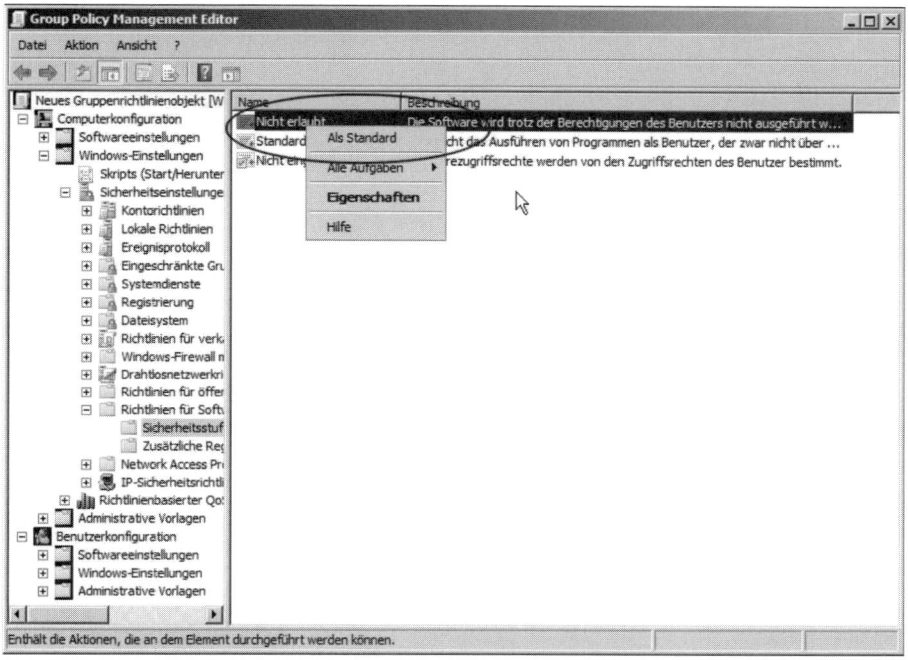

Abbildung 7.12: „Nicht erlaubt" als Standard

Das ist aber in den meisten Fällen nicht verwaltbar, deswegen ist fast immer die Grundeinstellung „Nicht eingeschränkt".

ACHTUNG!

Wenn die Einstellung „Nicht erlaubt" der Standard ist, und keine Regeln für die Ausnahmen getroffen sind, ist ein Arbeiten nicht mehr möglich!

Sollte das auf der lokalen Maschine konfiguriert sein, müssen Sie sich im abgesicherten Modus anmelden, und diese Einstellung rückgängig machen!

Die Regeln sind sehr einfach zu erstellen, indem Sie mit der rechten Maustaste auf „Zusätzliche Regeln" klicken.

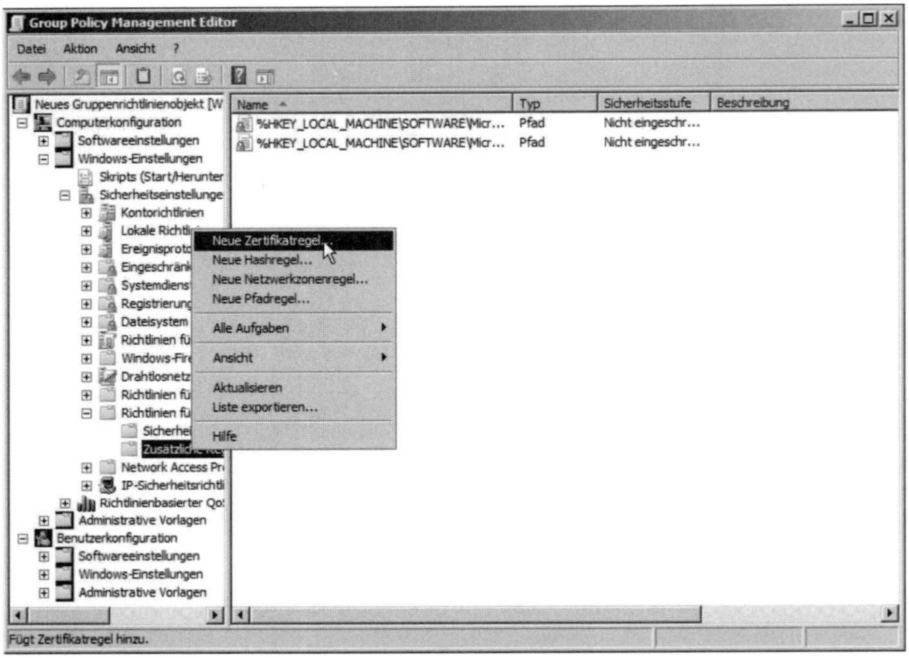

Abbildung 7.13: Zusätzliche Regeln

Sie haben mehrere Arten von Regeln zur Auswahl.

Zertifikatregeln

Bei einer Zertifikatregel wird eine Datei mit einem Zertifikat identifiziert. Die Datei wird damit immer eindeutig bestimmt, auch wenn sie umbenannt wird.

Der Inhalt der Datei darf sich nicht ändern.

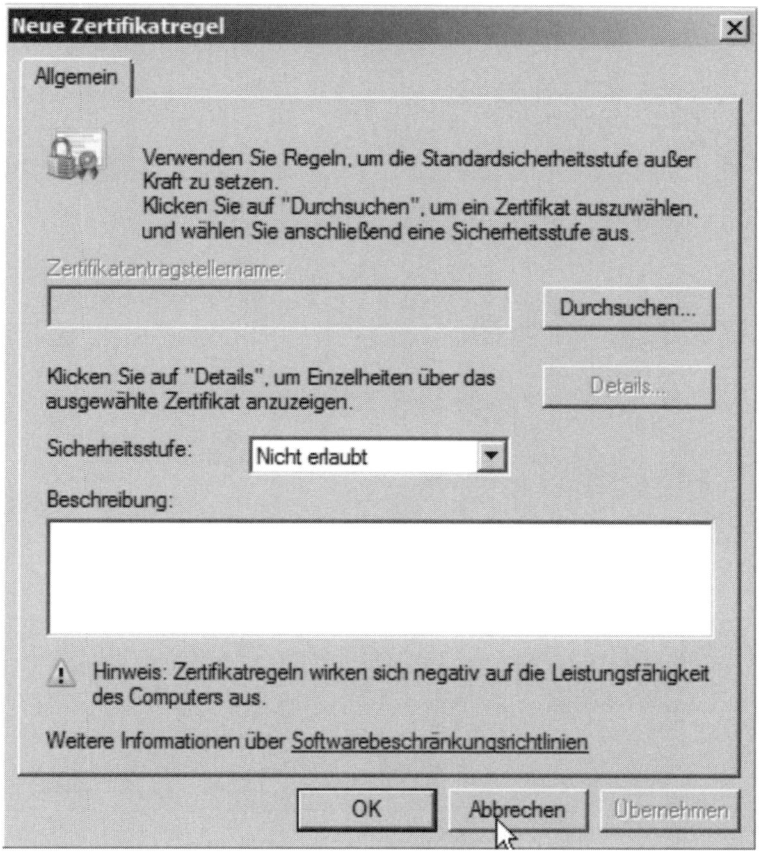

Abbildung 7.14: Zertifikatsregel

Hashregeln

Mit einer Hashregel können Sie eine Datei einwandfrei identifizieren, egal wo sich

diese Datei befindet, oder wie sie heißt. Dies ist praktisch, da eine Datei auch dann identifiziert werden kann, wenn sie umbenannt worden ist.

Eine Datei, die mit einer Hashregel signiert worden ist, kann inhaltlich nicht verändert werden.

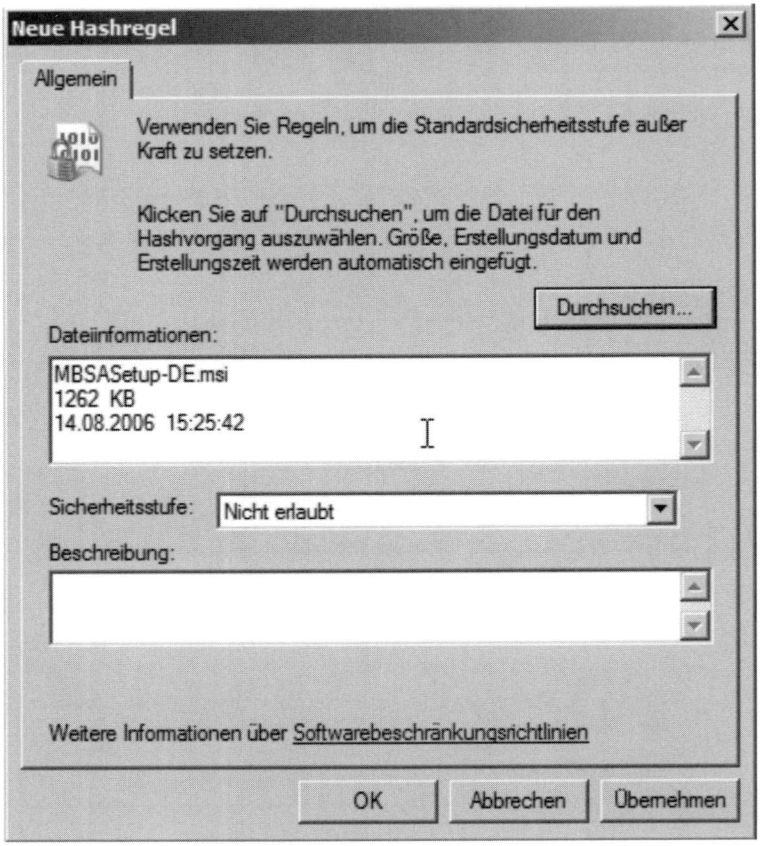

Abbildung 7.15: Hashregel

Netzwerkzonenregeln

Mit einer Netzwerkzonenregel können Sie Software signieren, die in bestimmten Internetzonen ausgeführt wird.

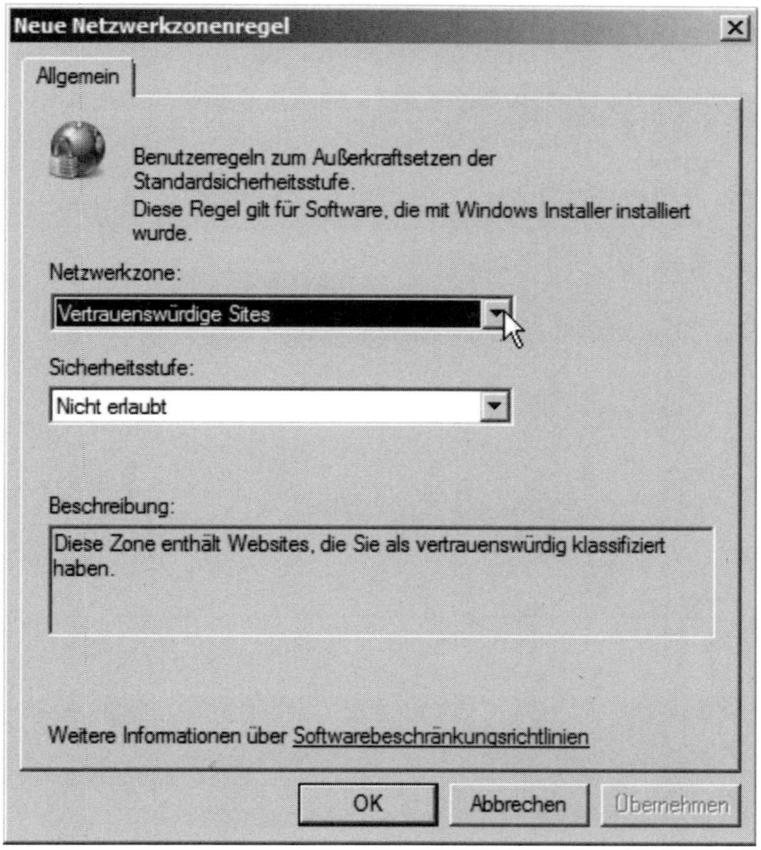

Abbildung 7.16: Netzwerkzonenregel

Pfadregeln (einschließlich Registrierungspfadregeln)

Mit einer Pfadregel können Sie eine Datei oder einen ganzen Ordner signieren, und die Standardsicherheitsstufe außer Kraft setzen.

Mit dieser Regel wird die Datei nur anhand ihres Namens und ihres Pfads identifiziert, der Inhalt kann sich ändern.

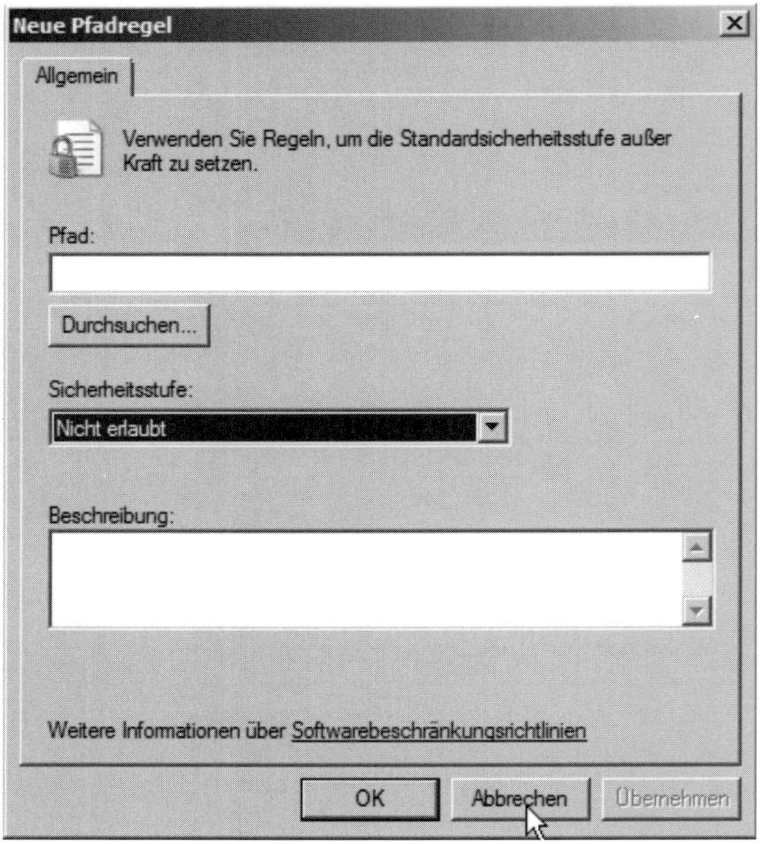

Abbildung 7.17: Pfadregeln

7.4 Desktopanwendungen

Die meisten Desktopanwendungen müssen nach der Installation noch angepasst werden. Hierbei ist häufig die Sicherheit ein Kriterium.

7.4.1 Integrierte Anwendungen

Relativ einfach zu konfigurieren sind die internen Anwendungen von Windows Vista.

Viele Einstellungen können direkt in den Programmen gemacht werden, wie beispielsweise das Verschlüsseln der E-Mails mit S/MIME in Windows Mail.

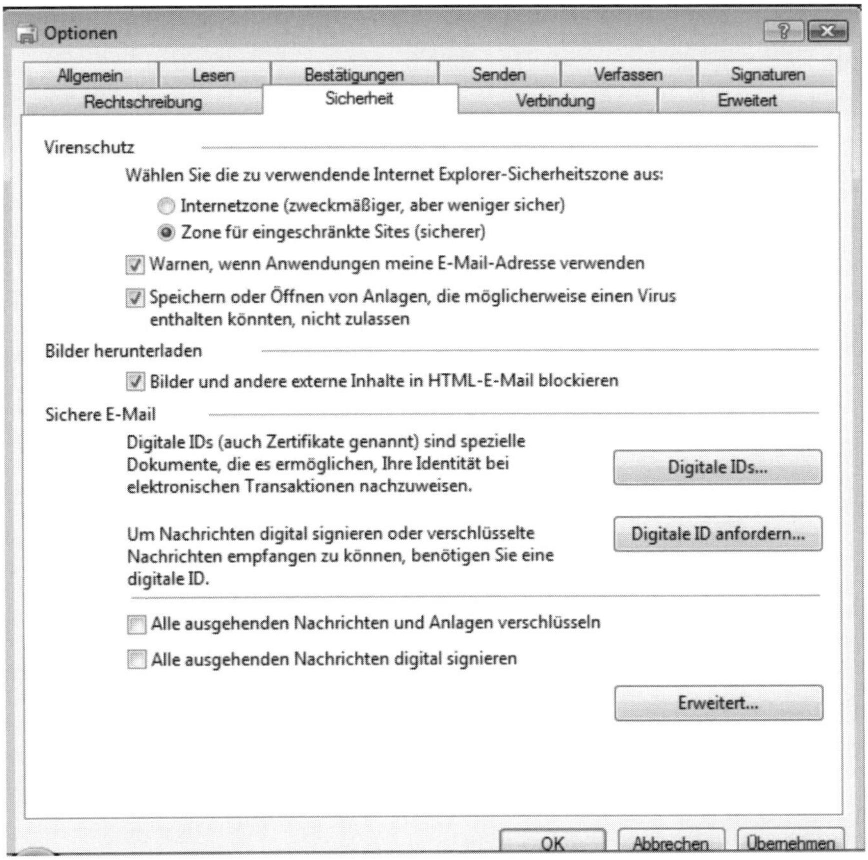

Abbildung 7.18: S/MIME

Hierzu bearbeitet man die Optionen, und dann die Sicherheitseinstellungen.

Auch für die anderen integrierten Programme gibt es natürlich diese Einstellungsmöglichkeiten.

Eine weitere Möglichkeit, integrierte Anwendungen zu konfigurieren, ist natürlich auch immer über die Gruppenrichtlinie.

Die Einstellungen der meisten integrierten Programme sind in der Computerkonfiguration, Administrative Vorlagen, Windows Komponenten zu finden.

Hier können Sie beispielsweise Anwendungen komplett deaktivieren.

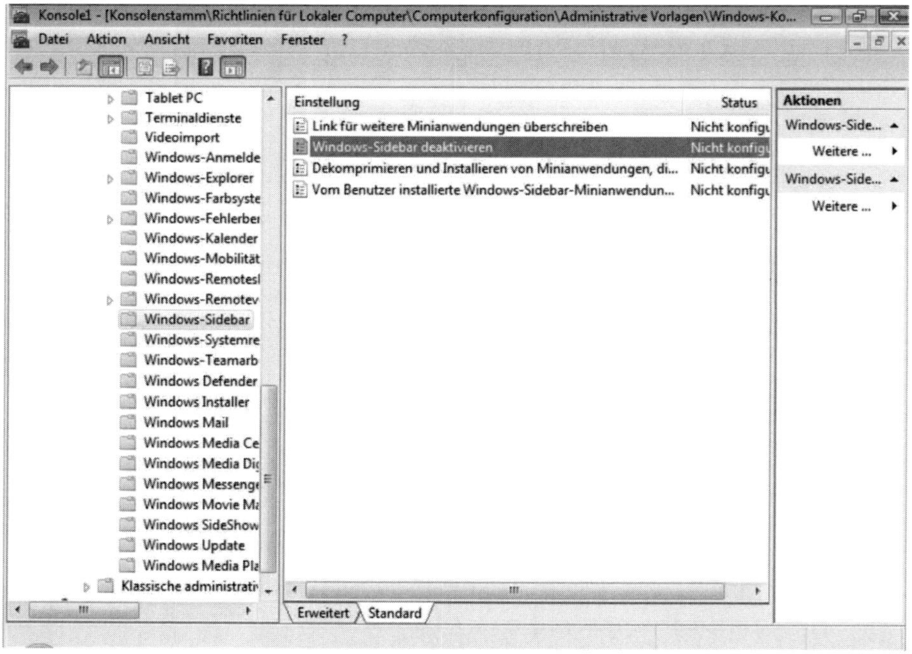

Abbildung 7.19: Deaktivieren der Sidebar

Auch sonstige Einstellungen können an dieser Stelle gemacht werden, wie beispielsweise beim Windows Update.

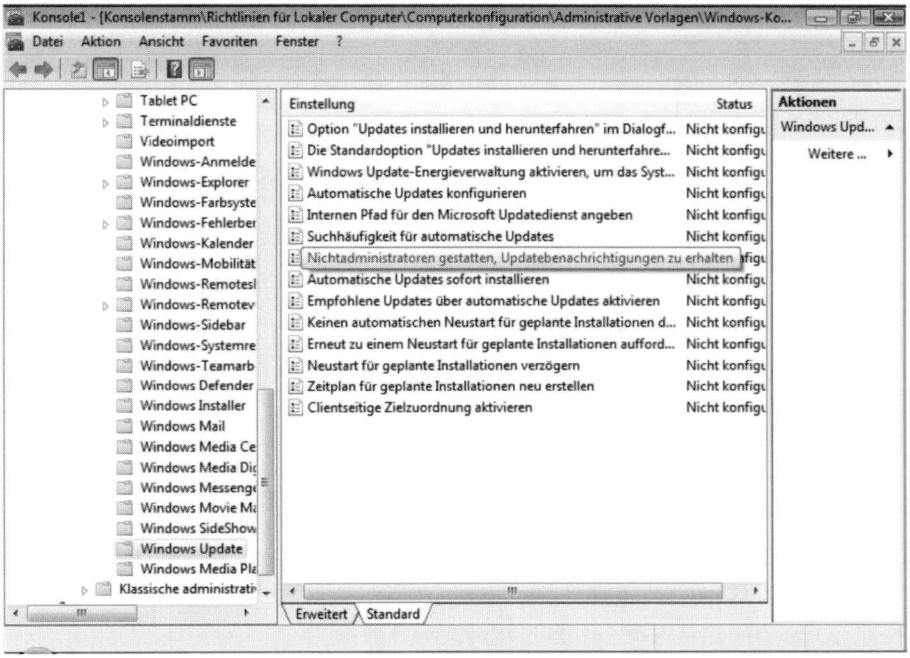

Abbildung 7.20: Windows–Update

7.4.2 Office 2003 / 2007 Kompatibilität

Die Office 2003 / 2007 Kompatibilität ist leider im Gegensatz zu den vorherigen Office Generationen nicht gegeben.

Zwar ist es auch mit Office 2007 möglich, in einem älteren Format zu speichern, aber Office 2007 arbeitet mit dem neuen xml-basierten Dateiformat wie .docx.

Damit auch die neuen Dateiformate mit einem älteren Office-System gelesen werden können, bietet Microsoft den „Office Compatibility Pack“ zum kostenlosen Download an.

Dieses Tool wird auf den Rechnern installiert, die mit Office 2003 arbeiten, dann können Sie auch die Office-Dateien im neuen Dateiformat öffnen.

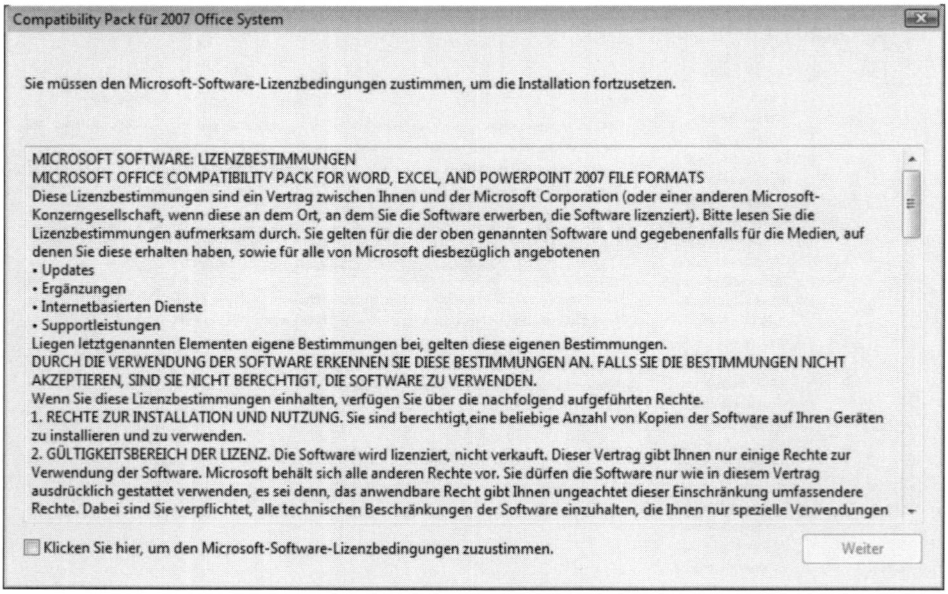

Abbildung 7.21: Installation des Office Compatibility Pack

7.5 Der Application Compatibility Toolkit (ACT)

Wenn Sie eine Migration auf Windows Vista planen, ist häufig ein großes Problem, ob die Anwendungen auch mit dem neuen Betriebssystem arbeiten werden.

Für kleinere Tests eignet sich der Windows Upgrade Advisor, aber für eine komplexe Unternehmensumgebung benötigen Sie ein professionelles Tool.

Microsoft bietet hierfür den „Application Compatibility Toolkit" (ACT) an. Mit dem Toolkit können Sie Anwendungen überprüfen, und feststellen, ob diese nach einer Migration Probleme machen werden, und gegebenenfalls bereits im Vorfeld einschreiten, beispielsweise mit verschiedenen Patches.

Eine weitere interessante Funktion ist die Möglichkeit zu überprüfen, welche Probleme mit Anwendungen im Zusammenspiel mit Vistas neuen Sicherheitsfunktionen und Standardbenutzern auftreten können.

Auch enthalten ist das Internet Explorer 7 Test Tool, mit dem sich Probleme von Anwendungen mit der neuen Version des Microsoft-Browsers aufdecken lassen.

Das Microsoft Application Compatibility Toolkit 5.0 bietet noch viel mehr Analyse- und Eingriffsmöglichekiten, die im Verlauf eines Softwarelebens von Bedeutung sein können.

Wenn Sie das ACT benutzen möchten, müssen Sie zunächst für folgende Grundausstattung sorgen:

- Das Dot.Net Framework muss installiert sein
- Sie benötigen einen SQL-Server

Eventuell müssen noch einige zusätzliche Patches installiert werden, dies hängt aber vom Patchstand des Betriebssystems ab.

Nach der Installation starten Sie den „Application Compatibility Manager".

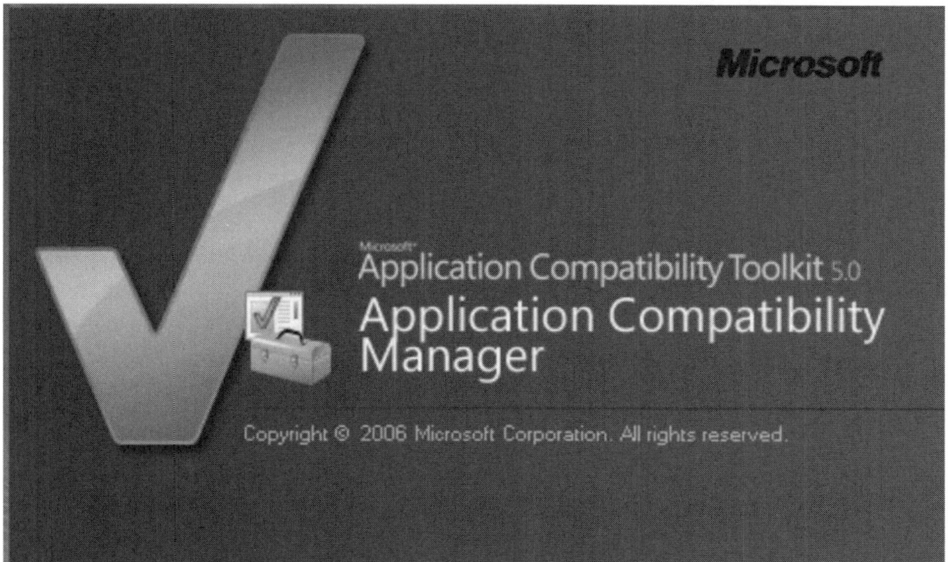

Abbildung 7.22: Der „Application Compatibility Manger"

Es wird Ihnen sofort mitgeteilt, dass Sie sich mit einem SQL-Server verbinden müssen.

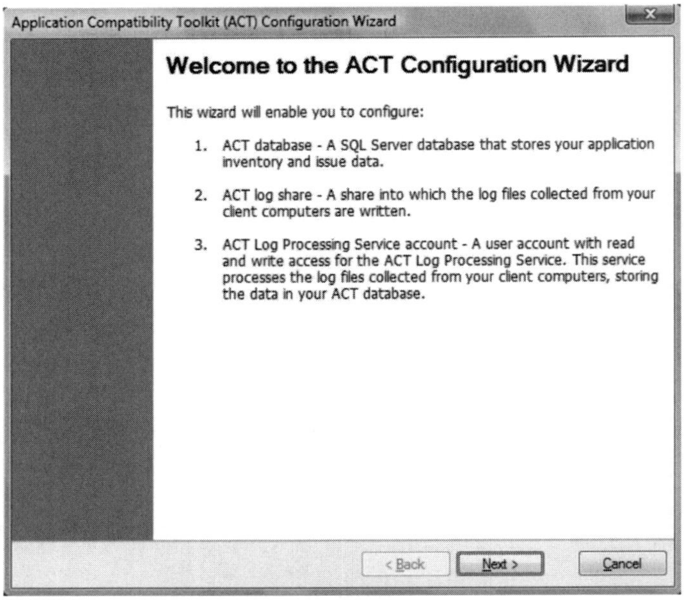

Abbildung 7.23: Ein SQL-Server wird benötigt

Klicken Sie auf „Next". Im nächsten Fenster legen Sie die Konfiguration für den SQL-Server fest.

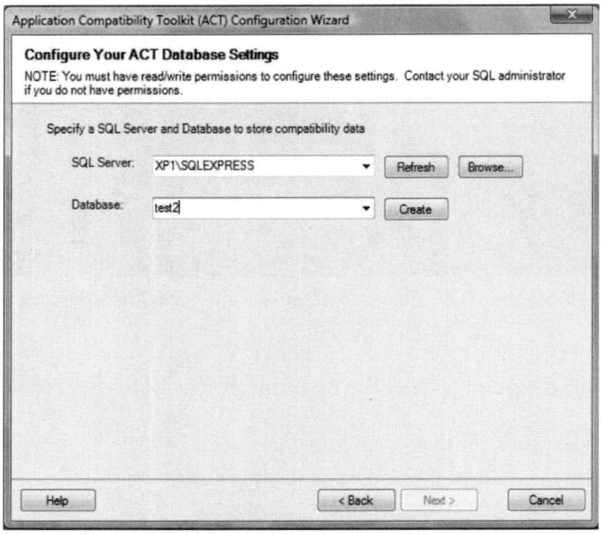

Abbildung 7.24: Konfigurationsdaten

Nun legen Sie noch den Speicherort der Log-Dateien fest.

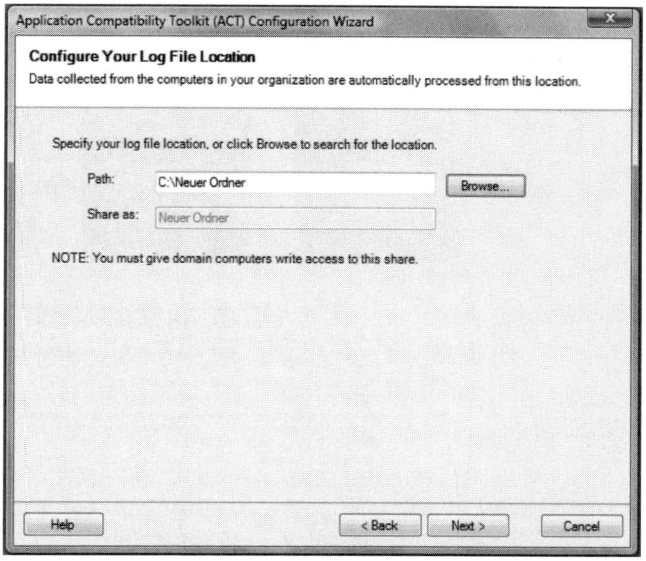

Abbildung 7.25: Log-Dateien

Der letzte Schritt ist, Benutzernamen, Kennwort und Domäne festzulegen, unter dem die Anwendung laufen soll.

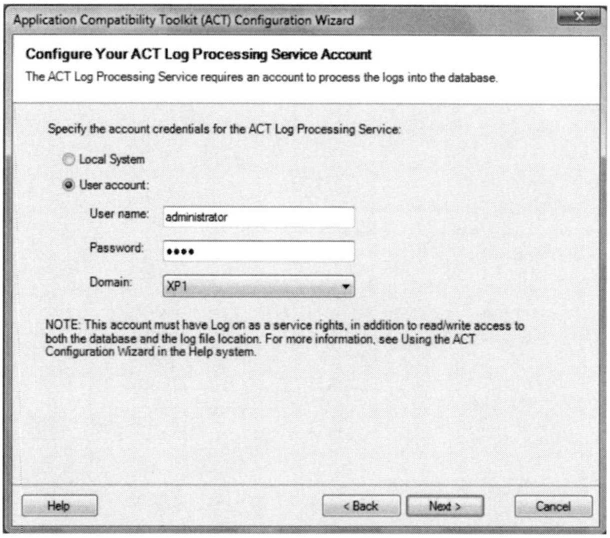

Abbildung 7.26: Festlegen der Anmeldekonfiguration

Nun ist der ACT installiert, und Sie können das System untersuchen lassen.

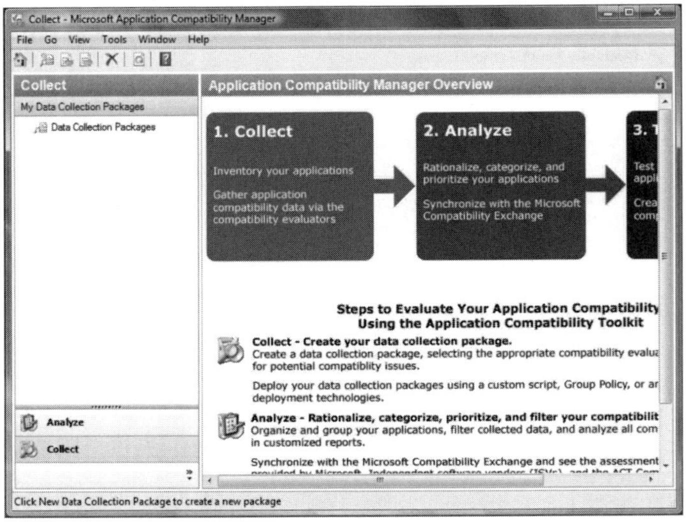

Abbildung 7.27: Installation abgeschlossen

Mit dem ACT können Sie nun Daten sammeln, und diese analysieren lassen, indem Sie auf „Collect – Create your data collection pack“ klicken.

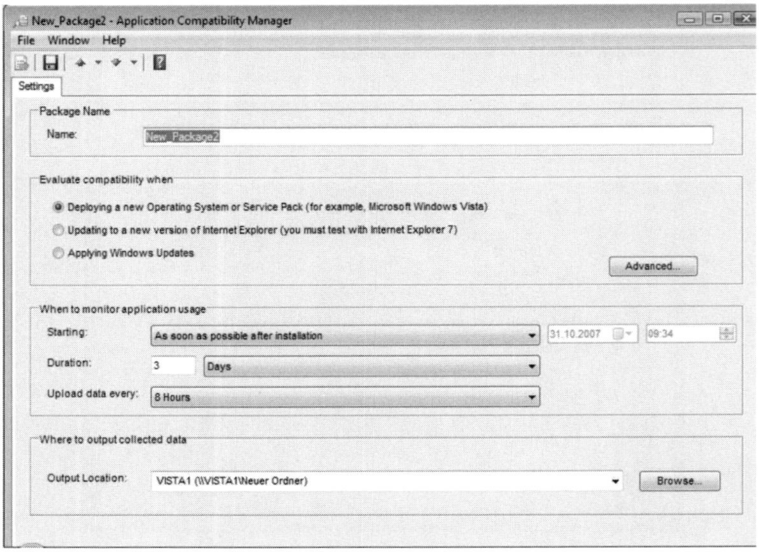

Abbildung 7.28: Erstellen eines Kompatibilitätspakets

Geben Sie hier die entsprechenden Daten an, und speichern Sie das Paket dann durch klicken auf das Speichersymbol.

Die nun erstellte Datei können Sie ausführen.

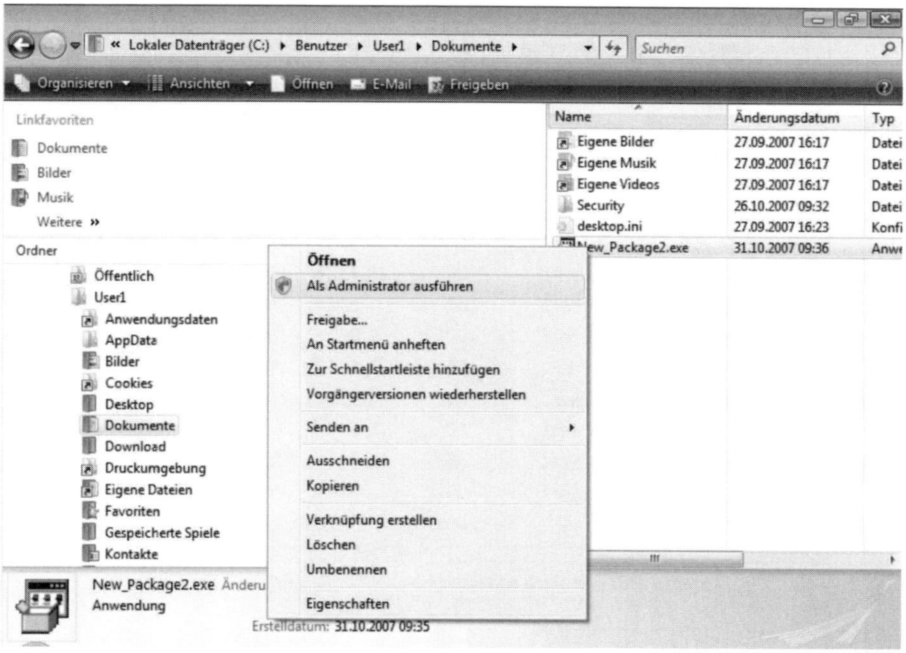

Abbildung 7.29: Ausführen der Sammeldatei

ACHTUNG!
Sie müssen die Datei mit erhöhten Rechten starten, damit sie ausgeführt wird!

Im Hintergrund werden nun der Computer und alle installierten Programme untersucht.

Das kann eine ganze Weile dauern, Sie merken nur im Taskmanager, dass das Programm (In unserem Fall New_Package2.exe) ausgeführt wird.

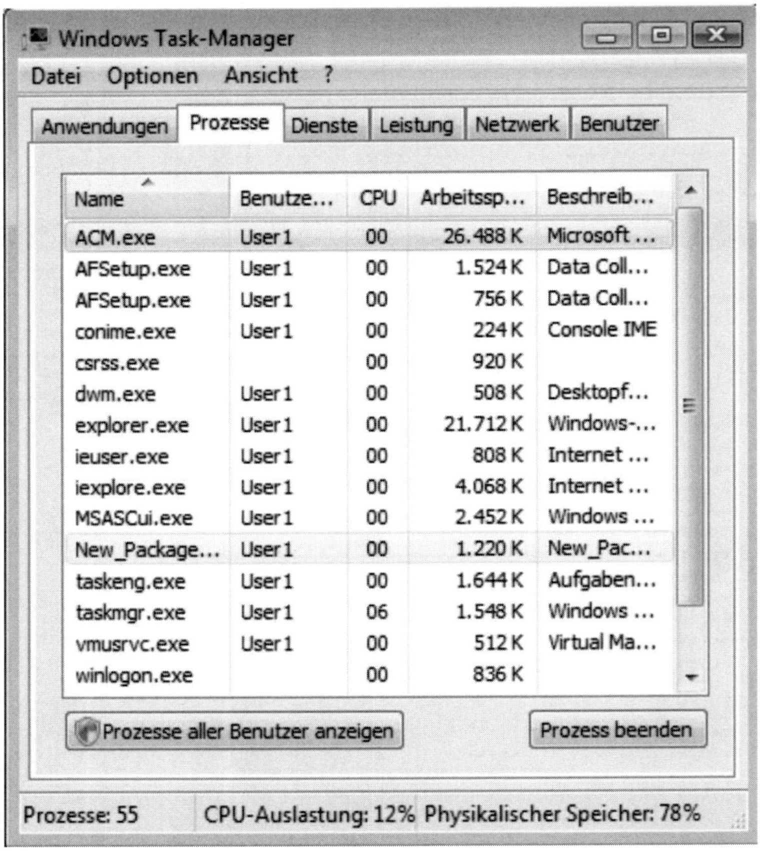

Abbildung 7.30: Ausführen der Sammlung

Nachdem die Sammlung beendet ist, können Sie im ACT durch Klicken auf „Go – Analyse“ die gesammelten Daten anzeigen lassen.

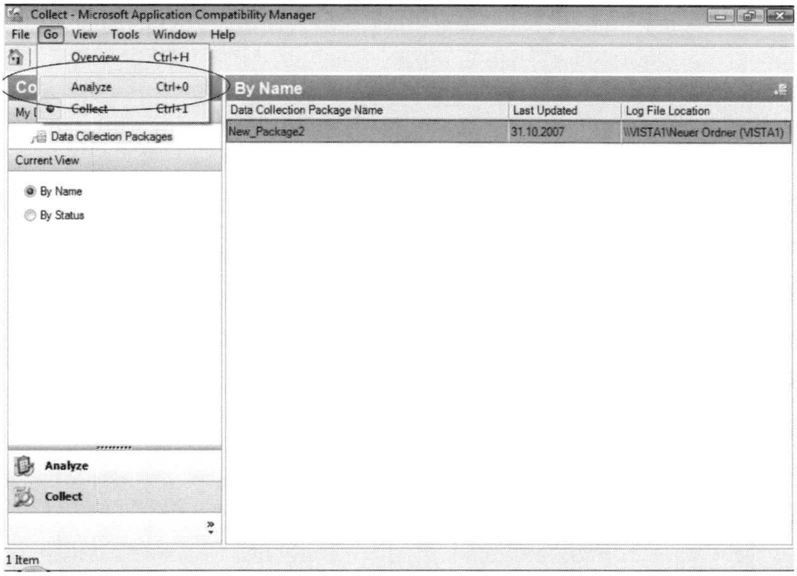

Abbildung 7.31: Analyse

Sie erhalten eine schöne Aufstellung über alle installierten Programme, und ihre eventuellen Probleme.

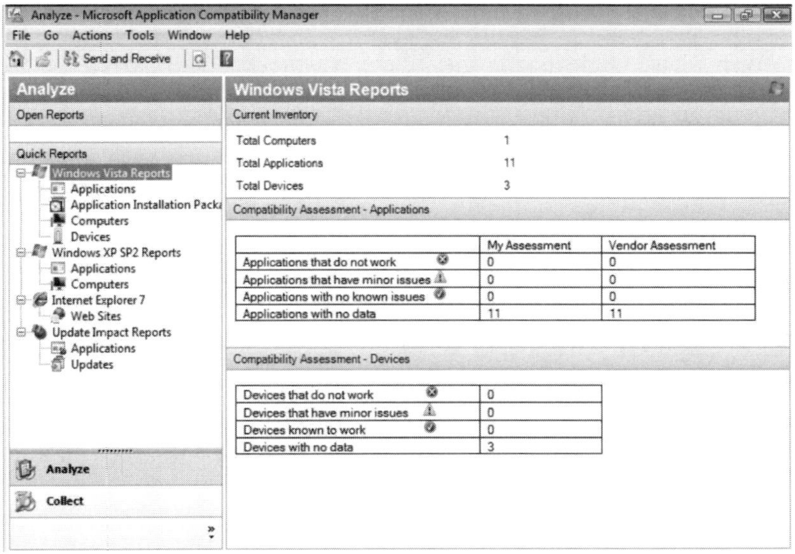

Abbildung 7.32: Auflistung

Wenn Sie möchten, können Sie über die Schaltfläche „Send and Receive" die gesammelten Informationen mit einer Online-Datenbank abgleichen. Hier erhalten Sie möglicherweise noch weitere interessante Tipps.

7.5.1 Kompatibilitätsprobleme durch UAC

Viele Programme haben Probleme durch die UAC. In früheren Kapiteln haben wir bereits gelernt, dass mit aktivierter UAC alle Benutzer, einschließlich des Administrators, als Standardbenutzer ausgeführt werden, und damit nur eingeschränkte Rechte haben.

Die bisherigen Möglichkeiten, Anwendungen zum Laufen zu „überreden", beliefen sich entweder auf den Einsatz der Virtualisierung oder auf das Ausführen mit administrativen Rechten.

Wenn sich berechtigte Benutzer bei ihrem Konto anmelden, aktivieren sie damit die Umgebung des Standardbenutzerkontos.

Allerdings gibt es für Standardbenutzer die Möglichkeit, Anwendungen mit allen Berechtigungen auszuführen, indem sie die entsprechende Genehmigung einholen. Nachdem ihnen diese gewährt wurde, können sie die Anwendung mit allen Berechtigungen nutzen.

Bei neuen, Windows Vista-kompatiblen Anwendungen, wird unterschieden zwischen Anwendungen, die unter einem Standardbenutzerkonto ausgeführt werden, und administrativen Anwendungen, die mit einem entsprechenden Eintrag markiert sind. Im letzteren Fall werden die Benutzer darauf hingewiesen, dass sie eine administrative Anwendung starten und eine entsprechende Genehmigung benötigen.

Allerdings haben wir ja eben festgestellt, dass nicht alle Anwendungen diese Konventionen einhalten.

Mithilfe des ACT können Sie feststellen, ob die Ausführung eines Programms unter Windows Vista nur möglich ist, wenn es administrative Operationen ausführen kann.

Dieses Programm muss speziell gekennzeichnet werden, damit vom Benutzer eine Genehmigung eingeholt wird, bevor er es mit allen administrativen Berechtigungen starten kann.

Die Kennzeichnung wird mithilfe von Einträgen in der AppCompat-Datenbank bereitgestellt. Das ACT enthält alle Funktionen, die hierfür erforderlich sind.

Die Ausführungsebenen

Für die Ausführung von älteren Programmen gibt es verschiedene Ausführungsebenen:

RunAsUAC

Die Anwendung wird mit denselben Berechtigungen wie der übergeordnete Prozess ausgeführt. In diesem Fall existiert keine AppCompat-Datenbank für die Anwendung. Sie wird mit denselben Berechtigungen wie der aufrufende Prozess gestartet.

RunAsHighest

Die Anwendung wird mit den höchstmöglichen Rechten ausgeführt, die der Benutzer anfordern kann. Dies funktioniert auch, wenn der Benutzer keine administrativen Rechte hat.

RunAsAdmin

Die Anwendung muss mit administrativen Rechten gestartet werden.

7.5.2 Erstellen von Kompatibilitäts-Shims

Nachdem Sie nun mit dem ACT festgestellt haben, welche Anwendungen auf Ihrem System nicht ordnungsgemäß funktionieren werden, können Sie sogenannte Kompatibilitäts-Shims erstellen.

Dies sind Datenbankeinträge, die die Ausführungsebene für die als problematisch identifizierten Programme festlegen.

Zum Erstellen der Shims starten Sie das Programm „Compatibility Administrator“, das Teil des ACT ist.

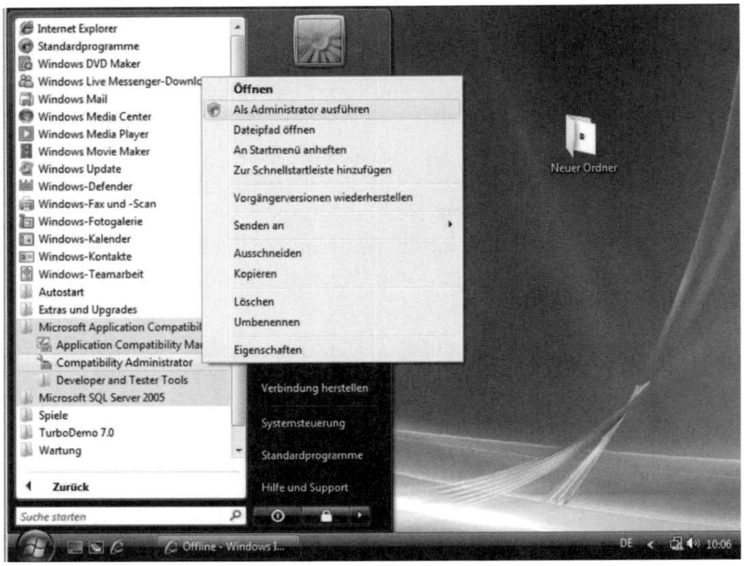

Abbildung 7.33: Start des Compatibility Administrators

Natürlich muss auch dieses Programm mit erhöhten Rechten gestartet werden.

Um nun einen Shim für ein bestimmtes Programm zu erstellen, klicken Sie auf die Schaltfläche „Fix“.

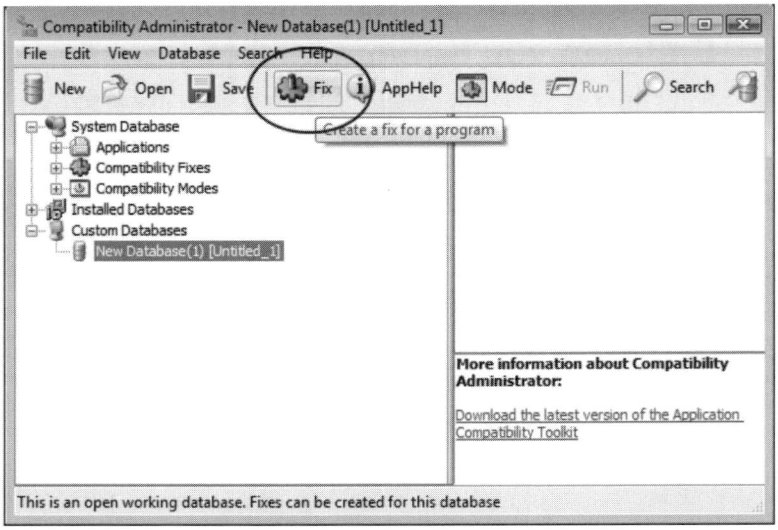

Abbildung 7.34: Shim erstellen

Sie geben nun die Daten des Programms an, für das Sie einen Shim erstellen möchten.

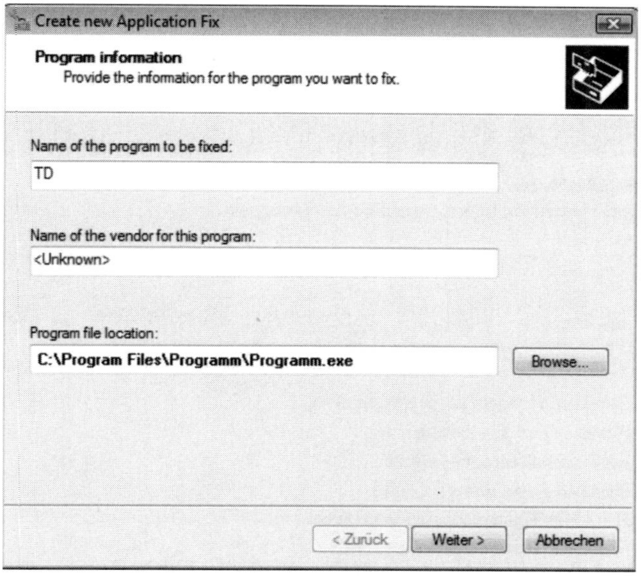

Abbildung 7.35: Erstellen eines Shims

Auf der nächsten Seite können wir entscheiden, für welches System die Kompatibilität erstellt werden soll.

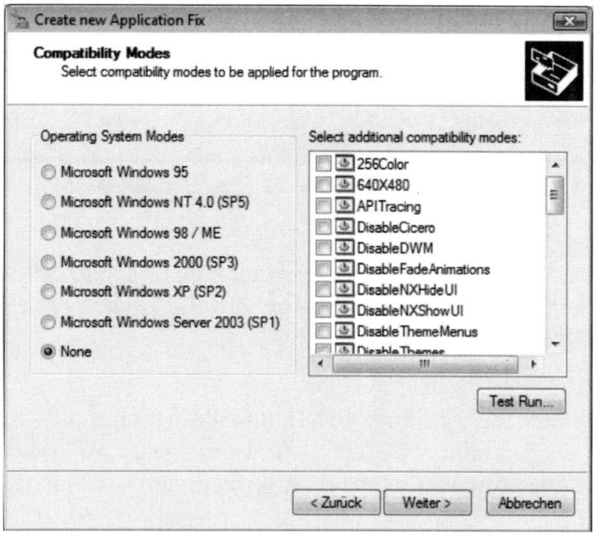

Abbildung 7.36: Auswahl System

Da Windows Vista hier nicht aufgeführt ist, wählen wir „None“ und klicken auf „Weiter“. Wir müssen ja Ausführungsebenen definieren, was wir im nächsten Fenster können.

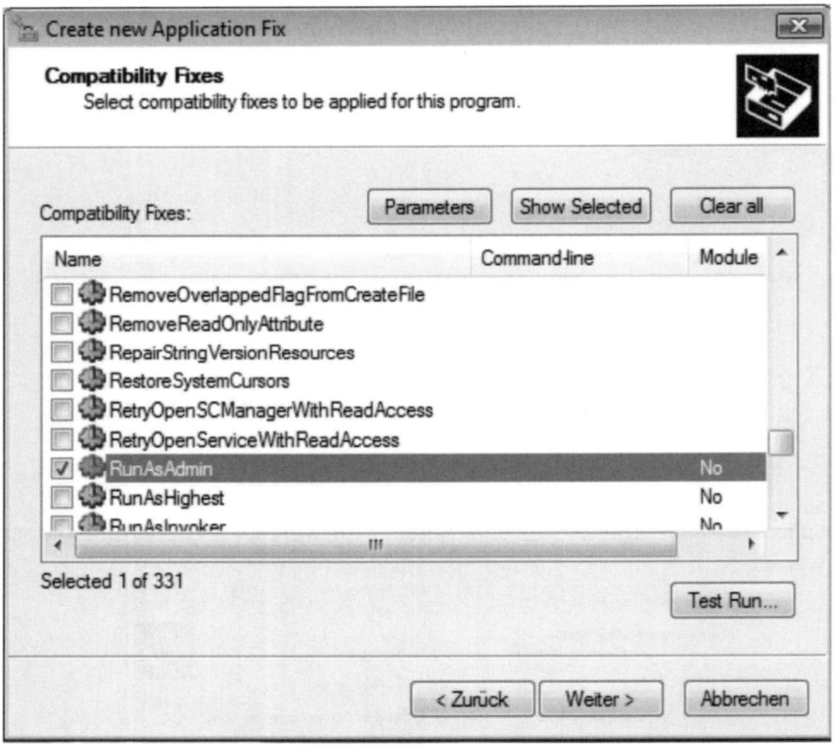

Abbildung 7.37: Definition der Ausführungsebenen

Nun wählen Sie Informationen für die Dateisuche aus. Anhand dieser Informationen wird die Datei identifiziert, zu der das Shim gehört. Sie können beliebig viele Attribute definieren, um das Programm zu identifizieren.

Normalerweise reichen die Attribute Größe und Prüfsumme aus, um zu verhindern, dass das Shim unabsichtlich anderen Anwendungen mit identischem Namen zugewiesen wird. Die Angabe weiterer Informationen ist nur in seltenen Fällen erforderlich.

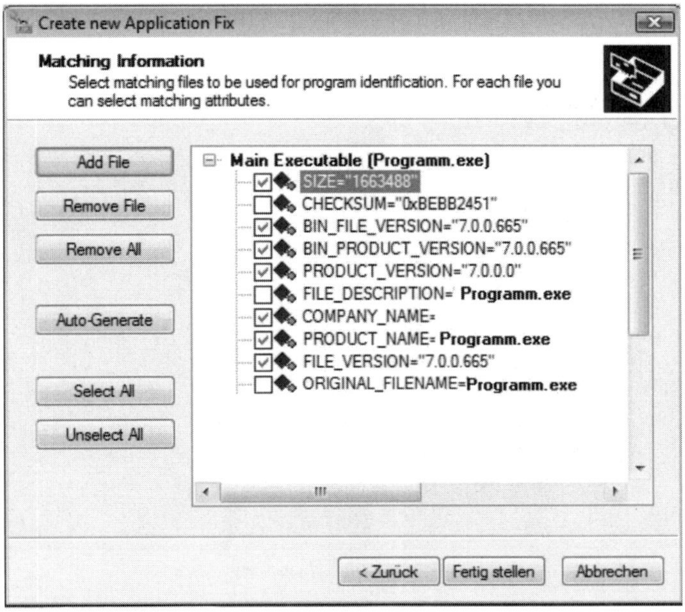

Abbildung 7.38: Attribute

Klicken Sie auf „Fertig stellen“. Nun können Sie den Shim speichern.

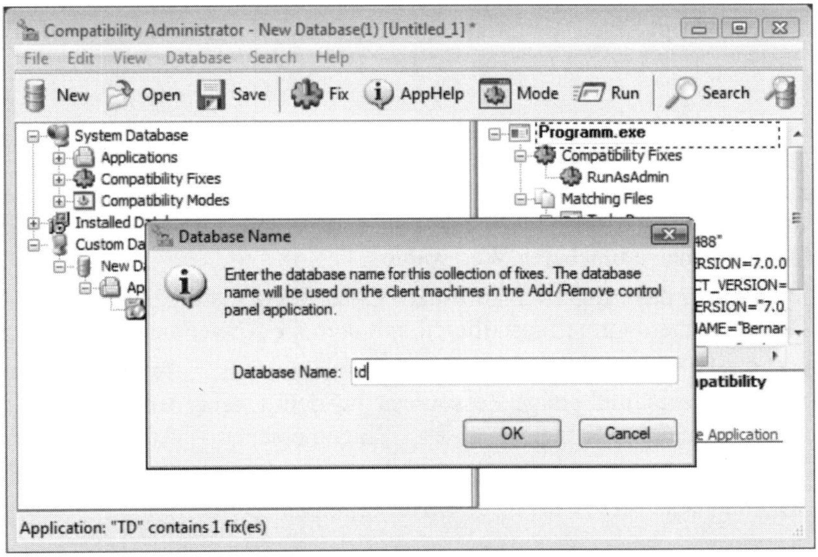

Abbildung 7.39: Speichern des Shims

Wechseln Sie nun in das Programmverzeichnis, und installieren Sie den Shim mit der Eingabeaufforderung und dem Tool „Sdbinst.exe“.

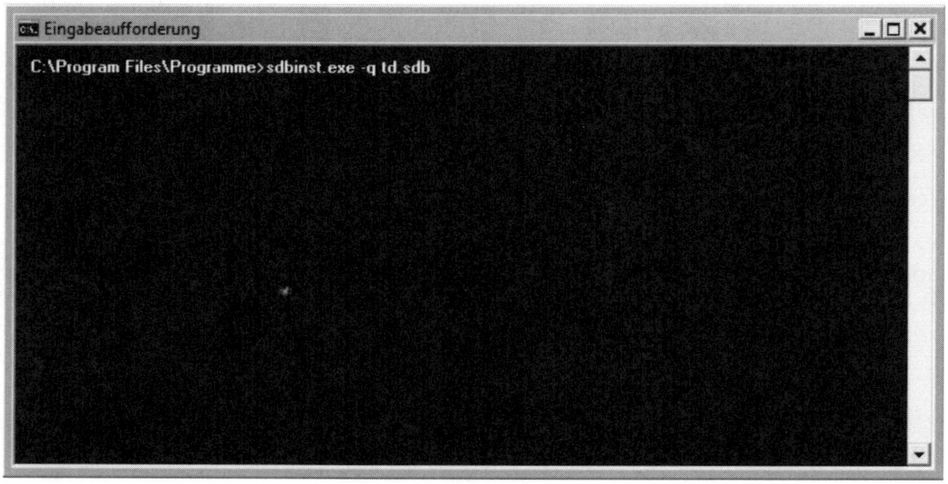

Abbildung 7.40: Installation des Shims

Nun ist der Komptabilitätsfix installiert, und die Anwendung funktioniert, wie sie sollte.

Natürlich können Sie die Shims auch mithilfe des Active Directory zuweisen, indem Sie ein Anmeldeskript für die Benutzer erstellen, und dort „Sdbinst.exe“ laufen lassen.

7.6 Virtual PC

Manchmal ist aber dieser Aufwand viel zu groß. Wenn es sich nur um eine einzelne Anwendung handelt, die noch dazu nur von einem Teil der Belegschaft verwendet wird, sollte man einen einfacheren Weg wählen.

Sie können einfach das Programm „Virtual PC“ auf den Vista-Client installieren, und dort ein Betriebssystem virtuell installieren, mit dem die Anwendung funktioniert.

Das erfordert relativ wenig Arbeit, lediglich der einmalige Aufwand der Installation des virtuellen Systems, und einige Ressourcen auf dem Client, denn natürlich benötigt auch das virtuelle System einen angemessenen Arbeitsspeicher und Festplattenspeicher.

Alles in Allem ist aber diese Lösung durchaus praktikabel.

7.7 Zusammenfassung, Übungen / Aufgaben

7.7.1 Zusammenfassung

Softwareinstallationen dürfen nur Administratoren vornehmen. Sie können manuell installieren, oder auch automatisiert.

Automatisierte Softwareinstallationen können mithilfe von Gruppenrichtlinien im Active Directory gemacht werden.

Mit Softwareeinschränkungen haben Sie die Möglichkeit, bestimmte Software zu beschränken.

Integrierte Anwendungen können Sie meistens sowohl im Programm selber, als auch in der Gruppenrichtlinie konfigurieren.

Die Office 2003 / 2007 Kompatibilität können Sie mit dem Office Compatibility Pack herstellen.

Mit dem ACT können Sie ältere Anwendungen identifizieren, die nicht problemlos unter Windows Vista laufen.

Sie können auch Kompatibilitäts-Shims (Fixe) erstellen, und diese installieren.
Auch ein Einsatz von Virtual PC ist möglich.

7.7.2 Übungen

1. Melden Sie sich als Administrator an der Domäne „Meistertrainer.info“ mit dem Konto „Administrator“ und dem Kennwort „Kennw0rt!“ an.

2. Betrachten Sie die Parameter von MSIEXEC.EXE.

3. Öffnen Sie die lokale Gruppenrichtlinie.
4. Erstellen Sie ein Paket für eine Softwareinstallation.
5. Löschen Sie dieses Paket wieder.

6. Aktivieren Sie die Softwareeinschränkung. Als Standard nehmen Sie „Nicht eingeschränkt“.
7. Erstellen Sie Ausnahmeregeln.
8. Löschen Sie die Einstellungen der Softwareeinschränkungen wieder, so dass Sie den Rechner problemlos benutzen können.

9. Betrachten Sie die lokale Gruppenrichtlinie. Suchen Sie die Einstellungen für die integrierten Anwendungen.

10. Laden Sie das Office Compatibility Pack herunter und installieren Sie es.

11. Laden Sie folgende Daten herunter:
    Dot.net Framework (mindestens Version 1.1)
    SQL-Express Server (kostenlos)
    ACT 5.0
12. Installieren Sie diese Tools.

13. Erstellen Sie mit ACT eine Datensammlung auf Kompatibilitätsprobleme.
14. Betrachten Sie die Daten.
15. Erstellen Sie ein Kompatibilitäts-Shim und installieren Sie es.

7.7.3 Aufgaben

1. Sie müssen eine Anwendung installieren, die sehr viele Dateien während der Installation in einem temporären Ordner speichert.

   Leider ist der Speicherplatz auf C:\ aber sehr knapp.

   Was können Sie tun?

2. Sie müssen allen Notebookbenutzern erlauben, Anwendungen zu installieren.

   Was müssen Sie tun?

3. Wie können Sie sicherstellen, dass die Computer nach einer Installation automatisch neu starten?

4. Sie haben in Ihrer Domäne eine Anwendung über eine Gruppenrichtlinie installiert. Hierbei haben Sie allen Benutzern der OU Einkauf die Anwendung zugewiesen.

   Ein Kollege berichtet, dass er die Anwendung nicht installiert bekommen hat.

   Woran kann das liegen?

5. In Ihrer Firma wurde ein Programm mithilfe einer Gruppenrichtlinie installiert. Dabei wurde das Programm den Benutzern zugewiesen.

   Einige Notebookbenutzer haben die Anwendung aber nicht erhalten.

   Was können Sie tun, damit das in Zukunft nicht mehr passiert?

6. Sie betreuen eine Active Directory Domäne, in der Software über Gruppenrichtlinien zugewiesen wird.

   Wie können Sie sicherstellen, dass einem Benutzer eine zugewiesene Software deinstalliert wird, wenn sein Konto in eine andere OU verschoben wird?

7. In Ihrer Firma betreuen Sie eine Domäne, in der Software mit Gruppenrichtlinien zugewiesen wird.

   Einige Notebookbenutzer beschweren sich, dass sie ein Programm nicht installiert bekommen haben.

Wie können Sie sicherstellen, dass alle Notebookbenutzer die Anwendung durch eine Gruppenrichtlinie erhalten?

8. In Ihrer Firma betreuen Sie eine Domäne, in der Software mit Gruppenrichtlinien zugewiesen wird.

   Sie möchten eine neue Version einer Software zur Verfügung stellen, aber die Benutzer nicht zwingen, diese Software zu installieren.

   Wie machen Sie das?

9. Sie betreuen eine Domäne, in der mehrere Gruppenrichtlinien eingerichtet sind.

   Sie erhalten eine Fehlermeldung, dass das Ausführen eines Programms durch eine Gruppenrichtlinie verboten ist.

   Wie können Sie herausfinden, welche Gruppenrichtlinie dies verursacht?

10. In Ihrer Firma hat jemand eine lokale Softwareeinschränkung auf einem Client definiert. Nun können die Benutzer keinerlei Anwendungen mehr ausführen. Auch als Administrator können Sie kein Programm starten.

    Wie können Sie die Softwareeinschränkung entfernen?

11. Wie können Sie den Benutzern das Ausführen eines bestimmten Programms verbieten?

12. In Ihrer Firma existiert eine Active Directory Domäne, und dort sind Softwarebeschränkungen eingerichtet.

    Eine Anwendung wurde mithilfe einer Pfadregel verboten. Allerdings können die Benutzer dieses Programm benutzen, wenn sie es umbenennen.

    Was können Sie dagegen tun?

13. In Ihrer Firma werden Softwareeinschränkungen benutzt. Für die OU „Einkauf“ wurde die Standardsicherheit auf „Nicht erlaubt“ gesetzt.

    Wie können Sie erreichen, dass eine bestimmte Anwendung trotzdem ausgeführt werden kann?

14. Sie haben ein neues VBS-Skript erstellt, und es im Pfad C:\meine_Skripte gespeichert.

    Wenn Sie das Skript starten möchten, erhalten Sie eine Meldung, dass dieses Programm durch eine Gruppenrichtlinie blockiert ist.

    Was können Sie tun, damit dieses Programm doch ausgeführt werden kann?

15. Sie möchten die Anwendung „Sidebar" von allen Vista-Rechnern entfernen.

    Wie machen Sie das?

16. Wie können Sie Daten verschlüsseln, die mit Windows Mail verschickt werden?

17. Sie müssen dafür sorgen, dass alle Benutzer Software Updates installieren können, und trotzdem Standardbenutzer bleiben.

    Was können Sie tun?

18. Sie arbeiten in der Firma mit Office 2003.

    Sie erhalten von einem Kollegen eine Datei mit der Endung .docx.

    Wie können Sie diese Datei öffnen?

19. Alle Clients in der Firma benutzen Windows Vista.

    Sie installieren eine ältere Anwendung und einen Compatibility fix.

    Wie können Sie dafür sorgen, dass der Compatibility fix nur dieser speziellen Anwendung zugeordnet wird?

20. Ein Team hat eine Anwendungskompatibilitätsdatenbank mit dem ACT 5.0 erstellt.

    Wie können Sie diese Datenbank auf alle Vista-Rechner verteilen?

21. Sie haben vor Kurzen alle Clients auf Windows Vista aufgerüstet.

    Leider gibt es eine Anwendung, die auch mit allen Kompatibilitätsangleichungen nicht funktioniert, sondern Windows XP verlangt.

    Was können Sie machen, ohne viel Geld auszugeben?

22. Sie möchten von Windows XP auf Windows Vista upgraden. Momentan laufen viele Anwendungen auf Windows XP, die auch unter Windows Vista laufen sollen.

    Wie können Sie die Anwendungen erkennen, die nach einem Upgrade nicht mehr laufen werden?

Anhang A:

Lösungen zu den Aufgaben

Lösungen Kapitel 1

1. Die Grafikkarte muss WDDM kompatibel sein.
2. Weil der RAM mindestens 512 MB sein muss.
3. 15 GB
4. Sie starten den Computer mit der WinPE CD.
   Sie formatieren die Festplatte mit Diskpart.exe.
   Sie weisen mit dem Tool „ImageX" das Image dem Laufwerk C:\ zu.
5. Eine WinPE CD.
6. Einen WDS-Server, einen DHCP-Server und die Installationsdateien in einer Freigabe.
7. Benutzen Sie Copype.cmd.
   Kopieren Sie Imagex.exe.
   Erstellen Sie eine Konfigurationsdatei mit Namen wimscript.ini, und speichern Sie diese im gleichen Verzeichnis wie Imagex.exe.
   Benutzen Sie Oscdimg.exe, und erstellen Sie ein ISO-Image.
   Brennen Sie das Image auf CD.
8. 2
9. Sie müssen sysprep.exe laufen lassen.
10. Sie ändern ein Anmeldeskript für den Benutzer, und benutzen den Parameter /q für den Befehl Loadstate.exe.
11. Mit dem Parameter /efs:skip.
12. Sie benutzen USMT.
13. /c
14. Mit BCDedit.exe.
15. Sie wählen im Gerätemanager „Treiber aktualisieren" und wählen den Pfad des Treibers aus.
16. Sie kopieren den Treiber in den „Device Store".

17. Sfc/ scanfile=C:\windows\system32\kernel32.dll.
18. Sie starten von der Vista CD, und machen eine Systemwiederherstellung.

Lösungen Kapitel 2

1. Die UAC ist nicht aktiviert.
2. Sie aktivieren in der UAC: „Verhalten der Benutzeraufforderung mit erhöhten Rechten für den Standardbenutzer“.
3. Sie deaktivieren „Alle Administratoren im Administratorbestätigungsmodus ausführen“.
   Sie aktivieren “Verhalten der Benutzeraufforderung mit erhöhten Rechten im Administratorbestätigungsmodus”.
4. Sie aktivieren die Virtualisierung in der Benutzerkontensteuerung.
5. Sie entfernen den Haken vor „Änderungen am Computer durch Software, die nicht ausgeführt werden darf“.
6. Sie aktivieren den Echtzeitschutz des Windows Defenders.
7. Sie entfernen den Haken vor „Sound wiedergeben, wenn ein PopUp geblockt wird“.
   Sie entfernen den Haken vor „Information anzeigen, wenn ein PopUp geblockt wird“.
8. Die Benutzer sollten diese Site zu den „Vertrauenswürdige Seiten“ hinzufügen.
9. In den erweiterten Einstellungen des Internet Explorer.
10. Sie installieren das Zertifikat im Internet Explorer.
11. Sie überprüfen die Einstellungen der Firewall.
12. Sie wählen die Option „Verbindung mit einem Netzwerkprojektor herstellen“ in der Firewall.
13. Wahrscheinlich sind in der Firewall die Ports für „Meeting Space“ nicht geöffnet.
14. Sie müssen die Textdatei auf dem USB-Stick öffnen, und das Kennwort benutzen.

Lösungen Kapitel 3

1. Sie wählen: „Interaktive Anmeldung: Smartcard erforderlich".
2. Sie müssen alle NT 4.0 Clients zu Vista Updaten (mindestens Windows 2000). Sie müssen alle Clients in die Domäne aufnehmen.
3. Sie exportieren das Zertifikat vom Desktop, und importieren es auf dem Notebook.
4. Sie geben ihn frei.
5. Sie mappen dem freigegebenen Drucker einen LPT-Port .
6. Sie erstellen eine Richtlinie „Bereitgestellte Drucker".
7. Sie müssen die Ausnahme für die Terminaldienste aktivieren.
8. Sie machen ein Complete PC Backup.
9. Sie aktivieren Microsoft Update und bestätigen „Updates herunterladen und Installation manuell durchführen".
10. Sie geben eine neue Zeit und ein neues Datum an, und laden die Updates erneut.
11. Entweder in „Installierte Updates" oder in der Datei %systemroot%\SoftwareDistribution\ReportingEvents.log.
12. %systemroot%\SoftwareDistribution.
13. Sie halten den Windows Update Dienst an.
    Sie benennen den Ordner %systemroot%\SoftwareDistribution um.
    Sie starten den Windows Update Dienst neu.
14. Sie müssen auf allen Vista Rechnern den „Intranet Server für die Statistik" und den „Internen Updatedienst" konfigurieren.

Lösungen Kapitel 4

1. Sie erstellen eine Gruppenrichtlinie in der Domäne, und machen die entsprechenden Einstellungen.
2. Mit dem RSOP.
3. Sie erstellen für jede Sprache eine ADMX-Datei.
4. Sie schalten die Verarbeitung der lokalen Gruppenrichtlinie aus.
5. Sie öffnen die Gruppenrichtlinie, öffnen die Computereinstellungen, gehen zu den Ordnerumleitungen und aktivieren „Umleitungsrichtlinie auch auf Betriebssystemen Windows 2000, Windows 2000 Server, Windows XP und Windows Server 2003 anwenden".

Lösungen Kapitel 5

1. Sie benutzen die Sicherheitskonfiguration und –analyse.
2. Sie überwachen den Objektzugriff.
3. Sie benutzen die Aufgabenplanung.
4. Sie ändern die Startzeit in der Aufgabenplanung.
5. Sie erstellen eine neue Aufgabe, wählen als Trigger „Bei Anmeldung" und lassen sich eine E-Mail schicken.
6. Sie sollten die Aufgabe mit den Tool „schtasks" sofort beenden.
7. Sie starten den Sammlungssatz „System Performance".
8. Sie starten den Sammlungssatz „System Diagnostics".
9. Sie erstellen einen neuen Sammlungssatz.
10. Sie benutzen das Tool „Relog.exe" und konvertieren die Datei in ein anderes Format.
11. Sie müssen den Windows-Ereignissammeldienst starten.
12. Sie erstellen ein „Abonnement" für alle Vista Rechner.
13. Mit „Wecutil.exe".
14. Sie öffnen Port 443 in der Windows Firewall.
    Sie installieren auf allen betroffenen Rechnern Computerzertifikate.
    Sie konfigurieren die Clients mit „Winrm.exe",

Lösungen Kapitel 6

1. Sie downloaden und installieren auf den XP-Rechnern die Komponente LLTD.
2. Sie benutzen die Netzwerkdiagnose.
3. Sie deaktivieren die Windows Firewall im Domänenprofil.
4. Sie setzen das Netzwerkprofil auf „Privat“.
5. Vollzugriff.
6. Sie aktivieren den Kennwortschutz.
7. Den Router dieses Subnetzes.
8. Der Dienst „DHCP-Client“ ist möglicherweise nicht gestartet.
9. Sie geben den Rechnern statische IP-Adressen (damit kein DHCP-Verkehr über VPN stattfindet).
   Sie weisen den Rechnern den lokalen DNS-Server zu.
10. Ipconfig /renew.
11. Sie führen folgende Befehle mit erhöhten Privilegien aus:
    Ipconfig /release.
    Ipconfig /renew.
12. Mit dem Tool netstat .
13. Ipconfig /flushdns.
14. Ipconfig /flushdns.
15. Sie aktivieren IPSec, und wählen „Ungesicherte Kommunikation zulassen, wenn keine sichere Verbindung aufgebaut werden kann“.
16. Sie aktivieren in der lokalen Gruppenrichtlinie die Kommunikation mit IPSec.
17. Mit 2000:/3.
18. Local adress.
19. Sie benutzen WPA-Personal mit AES.
20. Sie sollten den Rechner in den Ruhezustand schalten.

Lösungen Kapitel 7

1. Sie verschieben das TEMP-Verzeichnis auf eine andere Platte, indem Sie die Umgebungsvariablen modifizieren.
2. Sie geben ihnen lokale administrative Rechte.
3. Sie installieren mit msiexec und Parametern.
4. Sein Benutzerkonto ist nicht in der OU Einkauf.
5. Sie aktivieren den Haken vor „Anwendung bei Anmeldung installieren".
6. Sie bearbeiten die Gruppenrichtlinie und legen fest: „Anwendung deinstallieren, wenn sie außerhalb des Verwaltungsbereichs liegt".
7. Sie müssen den Notebookbenutzern sagen, dass sie eine VPN-Verbindung für den Anmeldeprozess aufbauen sollen.
8. Sie verteilen die neue Version als ein Optionales Update.
9. Durch RSOP.
10. Sie müssen im abgesicherten Modus starten.
11. Mit einer Softwareeinschränkung.
12. Sie müssen dieses Programm mit einer Hashregel verbieten.
13. Sie erstellen eine neue Pfadregel für diese Anwendung.
14. Sie erstellen eine neue Pfadregel für dieses Programm, und erlauben die Ausführung.
15. Sie bearbeiten die Gruppenrichtlinieneinstellungen der Sidebar.
16. Sie benutzen S/MIME.
17. Sie bearbeiten die Gruppenrichtlinieneinstellungen.
18. Sie müssen das Office Compatibility Pack herunterladen und installieren.
19. Sie erstellen den Compatibility fix neu, und wählen als Erkennungsmerkmal die Checksumme und die Größe.
20. Sie konfigurieren für alle Benutzer ein Anmeldeskript, das sdbinst ausführt.
21. Sie installieren Virtual PC und lassen die Anwendung dort unter Windows XP laufen.
22. Mit dem Application Compatibility Toolkit (ACT) 5.0.

Index

Unsere Prüfungsvorbereitungsbücher für Microsoft Zertifizierungsprüfungen

ISBN 13: 978-3-937239-23-1

Preis: 49,95 Euro

Aus dem Inhalt:

- Installation und Upgrade von Windows Vista
- Konfiguration und Problemlösung nach einer Installation
- Konfiguration von Windows Vista Sicherheitseinstellungen
- Netzwerkverbindungen
- Konfiguration von Windows Anwendungen
- Betreiben und Optimieren von Windows Systemen
- Konfiguration und Problemlösung bei mobilen Computern

Der Windows Vista MCTS Trainer
Vorbereitung zur MCTS-Prüfung
70-620

Microsoft hat mit dem Titel „MCTS“ (Microsoft Certified Technologie Specialist) eine neue Generation von Prüfungen geschaffen. Hier weisen Sie fundierte Kenntnisse nach, und sind somit in höchster Weise kompetent. Eine dieser MCTS-Prüfungen ist die Prüfung 70-620 „TS: Configuring Windows Vista Client“. Auf diese Prüfung werden Sie mit dem vorliegenden Buch gründlich vorbereitet.

Alle prüfungsrelevanten Themengebiete werden detailliert besprochen, und mit den Kontrollfragen am Ende jedes Kapitels können Sie Ihren Wissensstand überprüfen.
Bauen Sie sich eine Übungsumgebung auf, die Anleitung dafür ist im Buch vorhanden, und Sie können dafür auch Installationsskripte unter http://www.laue-net.de herunterladen. So können Sie alle Themen nachvollziehen, und an einer realistischen Umgebung üben.
In dieser Kombination wird Ihnen das Bestehen der Prüfung nach der Lektüre des Buchs leichtfallen!

Unsere interaktiven Bücher für Microsoft Zertifizierungsprüfungen

ISBN 10: 3-937239-24-3
ISBN 13: 978-3-937239-24-8

Preis: 79,95 Euro

Aus dem Inhalt:

- Installation und Upgrade von Windows Vista
- Konfiguration und Problemlösung nach einer Installation
- Konfiguration von Windows Vista Sicherheitseinstellungen
- Netzwerkverbindungen
- Konfiguration von Windows Anwendungen
- Betreiben und Optimieren von Windows Systemen
- Konfiguration und Problemlösung bei mobilen Computern

Der interaktive Windows Vista MCTS Trainer

Vorbereitung zur MCTS-Prüfung 70-620

Der Inhalt dieses interaktiven Buches umfasst alle Themengebiete, die für die Prüfung 70-620 relevant sind.

Jedes Kapitel besteht aus einzelnen Abschnitten, die getrennt behandelt werden können.

Abschließend können Sie Ihr Wissen mit Multiple-Choice Fragen überprüfen.

In dieser Kombination wird Ihnen das Bestehen der Prüfung nach der Lektüre des interaktiven Buchs leichtfallen!

Bitte starten Sie die CD mit administrativen Rechten, um die volle Funktionalität zu nutzen.

Das Produkt muss registriert werden, Sie erhalten Seriennummern für die Aktivierung auf zwei Computern!

Unsere Prüfungsvorbereitungsbücher für Microsoft Zertifizierungsprüfungen

Wir bieten für folgende Ausbildung komplette Bücherreihen:

MCSA 2003

MCSE 2003

Security 2003

MCDST Windows XP

Für die Zertifizierungen für Windows Server 2008
werden wir ebenfalls komplette Reihen bieten.

Fragen Sie uns oder besuchen Sie unsere Homepage!

http://www.laue-net.de